《西班牙—拉美文化概况》

主编 朱 凯
编者 黎 妮 姜 萌 刘绍安

图书在版编目(CIP)数据

西班牙—拉美文化概况/朱凯主编.—北京:北京大学出版社,2010.8
(大学外国文化通识教育丛书)
ISBN 978-7-301-16768-7

Ⅰ.西… Ⅱ.朱… Ⅲ.①文化史-西班牙-高等学校-教材②文化史-拉丁美洲-高等学校-教材 Ⅳ.①K551.03②K730.3

中国版本图书馆 CIP 数据核字(2010)第 076192 号

书　　　名：西班牙—拉美文化概况
著作责任者：朱　凯　主编
责 任 编 辑：初艳红
标 准 书 号：ISBN 978-7-301-16768-7/G · 2850
出 版 发 行：北京大学出版社
地　　　　址：北京市海淀区成府路 205 号　100871
网　　　址：http://www.pup.cn　新浪官方微博:@北京大学出版社
电 子 邮 箱：编辑部 pupwaiwen@pup.cn　总编室 zpup@pup.cn
电　　　　话：邮购部 62752015　发行部 62750672　编辑部 62759634
印　　刷　者：北京鑫海金澳胶印有限公司
经　　销　者：新华书店
　　　　　　　730 毫米×980 毫米　16 开本　23 印张　437 千字
　　　　　　　2010 年 8 月第 1 版　2024 年 5 月第 10 次印刷
定　　　　价：58.00 元

未经许可,不得以任何方式复制或抄袭本书之部分或全部内容。
版权所有,侵权必究
举报电话:010－62752024　电子邮箱:fd@pup.cn
图书如有印装质量问题,请与出版部联系,电话:010－62756370

作者简介

朱凯 对外经济贸易大学外语学院西班牙语教授,硕士生导师,曾任全国西班牙语—葡萄牙语教学研究会理事,现为世界民族研究会成员,北京作家协会会员。享受国务院特殊津贴。毕业于北京外国语大学,曾就读于墨西哥国立自治大学、墨西哥学院(研究生院)、西班牙马德里大学等学府,从事西班牙语言、文化、拉美文化以及跨文化交流研究与教学。曾在墨西哥、西班牙、阿根廷、巴西、乌拉圭等国讲学或工作。目前受聘于大连外国语学院。发表的作品有:《金阙风雨——西班牙王室》(专著)、《在鹰和仙人掌之国》(散文集)、《拉腊文选》(译著)、《体势语与跨文化交际》(论文)等等。

目　录

《大学外国文化通识教育丛书》序言 …………………………………………… (1)
序　言 …………………………………………………………………………… (1)

第一部分　西班牙文化简况

概　要 …………………………………………………………………………… (3)
第一章　西班牙地理环境与民族的形成 ………………………………………… (5)
　　第一节　群山之国——半岛之国——海洋之国 …………………………… (5)
　　第二节　多民族的形成 ………………………………………………………… (9)
第二章　西班牙简史与民族文化的形成 ………………………………………… (14)
　　第一节　古代西班牙：从分散到统一 ………………………………………… (14)
　　第二节　16世纪和17世纪的西班牙帝国：从辉煌到黯淡 ………………… (27)
　　第三节　18世纪和19世纪的西班牙：从中兴到没落 ……………………… (34)
　　第四节　20世纪的西班牙：从落后到复兴 ………………………………… (38)
　　第五节　西班牙语和西班牙文化的特点 …………………………………… (44)
第三章　国体与政治 …………………………………………………………… (60)
　　第一节　国体与政体 ………………………………………………………… (60)
　　第二节　行政、立法和司法 …………………………………………………… (65)
　　第三节　主要政党与利益团体 ……………………………………………… (68)
第四章　西班牙的文学艺术 …………………………………………………… (71)
　　第一节　早期艺术（远古—罗马时期） ……………………………………… (71)
　　第二节　阿拉伯人统治期的艺术 …………………………………………… (73)
　　第三节　中世纪艺术文学 …………………………………………………… (77)
　　第四节　黄金时代 …………………………………………………………… (81)

第五节　18、19世纪的文学艺术 …………………………………… (91)
　　第六节　20世纪的文学艺术 ……………………………………… (98)
第五章　社会生活与传统习俗 ……………………………………… (106)
　　第一节　姓名与称谓 ……………………………………………… (106)
　　第二节　衣食住行 ………………………………………………… (112)
　　第三节　主要节日 ………………………………………………… (123)
　　第四节　弗拉门戈 ………………………………………………… (128)
　　第五节　斗牛 ……………………………………………………… (131)
　　第六节　宗教习俗与传统 ………………………………………… (135)
第六章　教育简况与文化设施 ……………………………………… (140)
　　第一节　教育 ……………………………………………………… (140)
　　第二节　文化设施 ………………………………………………… (149)
西班牙小结 …………………………………………………………… (159)

第二部分　拉丁美洲文化简况

概　要 ………………………………………………………………… (163)
第七章　自然地理环境 ……………………………………………… (171)
　　第一节　环境的特点 ……………………………………………… (171)
　　第二节　自然环境产生的问题 …………………………………… (178)
第八章　印第安文明 ………………………………………………… (180)
　　概　述 ……………………………………………………………… (180)
　　第一节　古代印第安文明 ………………………………………… (183)
　　第二节　古文明辉煌的实证 ……………………………………… (199)
第九章　近代文明的形成与发展 …………………………………… (204)
　　第一节　"发现" …………………………………………………… (204)
　　第二节　征服 ……………………………………………………… (205)
　　第三节　殖民化 …………………………………………………… (212)
　　第四节　独立战争 ………………………………………………… (223)
　　第五节　多元文化的形成 ………………………………………… (227)
　　第六节　现代社会的基本轮廓 …………………………………… (235)
第十章　宗教以及宗教对社会生活的影响 ………………………… (245)
　　第一节　古代印第安人的信仰 …………………………………… (245)

第二节　天主教与征服 …………………………………………… (249)
　　第三节　非洲黑人的宗教：唯灵论 …………………………… (253)
　　第四节　拉丁美洲宗教的本土化和"混血" …………………… (254)
　　第五节　天主教与拉美当代社会 ……………………………… (257)
　　第六节　解放神学 ……………………………………………… (262)
第十一章　文学艺术的发展 ………………………………………… (268)
　　第一节　拉丁美洲文学的历史分期 …………………………… (268)
　　第二节　当代文学的代表作家 ………………………………… (276)
　　第三节　巴西文学简况 ………………………………………… (280)
　　第四节　建筑艺术 ……………………………………………… (282)
　　第五节　造型艺术 ……………………………………………… (291)
　　第六节　拉美的民间音乐和舞蹈 ……………………………… (297)
　　第七节　电影 …………………………………………………… (305)
第十二章　多元化的传统与民俗 …………………………………… (309)
　　第一节　多元性与多源性对民俗文化的影响 ………………… (309)
　　第二节　衣食住行的特点 ……………………………………… (310)
　　第三节　主要节庆活动 ………………………………………… (324)
　　第四节　特殊的技艺活动 ……………………………………… (329)
第十三章　中华文明与拉美文明的接触与交流 …………………… (333)
　　第一节　从"相似"说起 ………………………………………… (333)
　　第二节　慧深、法显、郑和、哥伦布：谁是先行者 ……………… (335)
　　第三节　中国之船（El Nao de China） ………………………… (338)
　　第四节　一页血泪史：中国苦力在拉美 ……………………… (340)
　　第五节　中华文明在拉美 ……………………………………… (342)
　　第六节　文明交流的新篇章 …………………………………… (345)
拉丁美洲小结 ………………………………………………………… (351)
参考书目 ……………………………………………………………… (353)
推荐书目 ……………………………………………………………… (354)

《大学外国文化通识教育丛书》序言

我们的时代是一个国际化、信息化、数码化的时代,也是一个多种文化和谐相处或者激烈冲突的时代。

我们的时代,技术进步神速。通过互联网,我们可以接触到大量的"数码"信息,包括电子邮件和网页,也包括大量的可供下载的数码产品,例如电子书、音乐、电影等。在上世纪70年代,互联网才刚刚出现;到了上世纪90年代初,互联网就已经得到广泛使用。到了21世纪初,全世界已经有3亿6000万人使用互联网,约占全球人口的6%。据推测,到2010年,全球人口的一半将会用上互联网。在技术飞速发展的同时,人们受益于这种进步的情况却大相径庭:有的国家和人群获益良多,有的则受益甚少。人们发明了"数码鸿沟"(digital divide)这一术语来形容这一将贫与富、优势与弱势分隔开来的巨大差别。

我们的时代,各种信息铺天盖地,对于适当信息的有效掌握就意味着效率和竞争力。互联网是一个相当重要的信息来源,大量的一般性的教育、科技、政治、社会信息都可以从互联网获取。但是,互联网上的资料大部分都是英文的;同时,全世界的纸质出版物也大部分都是英文的。英文已经成为一门国际语言;同时,英文似乎也不再仅仅是一种工具,而是一种能力,即接触到世界上数量最为庞大的那一部分信息的能力。

在我们这个高度国际化的"地球村"里,只要能够通过计算机上网(只要有网络信号覆盖,无线上网也已经易如反掌),就可以了解地球上任何一个角落里发生的事情。我们既可以通过官方的网站得到官方的信息,也可以通过博客、聊天室之类的手段,得到非常个人化的信息。在数码信息的世界里,似乎已经没有国界,大家都是世界的居民。在这样的一个世界里,"世界"走到了我们面前,我们也作为"世界"的一部分走到了世界的各个地方。

中国最早的大学是为了应对世界的挑战而建立的。1862年,在北京大学的直接前身京师大学堂成立的36年之前,清政府建立了后来亦并入京师大学堂的"京师同文馆"。恭亲王奕䜣等人在建立京师同文馆的奏折上说:"臣等伏思欲悉各国情景,必先谙其言语文字,方不受人欺蒙。各国均以重资聘请中国人讲解文义而中国迄无熟悉外国语言文字之人，恐无以悉其底蕴。"学习他国语言文字，目的在于维护自身的安全。因此，当时所开设的语言仅有英、法、俄三门，后来又增加了德、日两门，皆是有可能危及自身身份的语言。而在北京大学最初建系时，14个系中就有4个外语系，即英、法、德、俄，可见外语在当时的地位。

今天，中国的大学同样面临着世界的挑战。在"全球化"的进程中，不仅某些产品成为全球品牌，某些价值观念也迅速普及。"文化"的表现形式逐渐趋同。在这种情况下，大学教育不仅应该使学生了解强势的英语文化以及其他的西文文化，也应该使学生了解世界文化的多元性和丰富性。多元文化的通识教育应该使学生了解中华文明在世界文化体系中的相对地位，并且理解、包容其他民族的文化，成为胸襟开阔，能够化解"文明的冲突"，努力促进文化和谐的世界公民。

就大学这一较小的环境而言，"全球化"的评价标准也使我们必须了解强势文化、多元文化和自身文化这三者之间的相互关系。目前，所谓"世界一流大学"大多是西方大学，而我们评价自己的教育质量也往往参照"世界一流大学"的标准。中国的大学教育要想了解这一等级森严的评价体系对于自身的价值，并建立起独具特色的中国大学文化，首先就必须了解所谓"世界一流大学"背后的各种文化。这种了解有助中国大学教育的自身定位。

本套《大学外国文化通识教育丛书》的编审者都是大学的管理者、外国语言文化方面的专家；组织编写这套丛书的目的是从当今大学教育的结构着眼，为学生的文化养成提供一个重要方面的必不可少的材料。当然，丛书的读者也不限于在校学生，希望也能为社会上具有大学或者大学以上水平的读者，提供一些了解外国文化的读本。丛书的体例不拘一格，既可以做大学通识课的教材，也可以做课外读物。丛书不求达到直接的实用目的，但求给人以文化上的些微滋润和启迪。

2007年4月25日

序　言

在高等教育改革中,素质教育是重要的前提,也是教改内容的重要组成部分。上个世纪90年代末,为适应国家长远发展战略的需要,教育部提出了进一步加强学生素质教育的号召。近年来,重基础,宽口径,优化知识结构,拓宽人文视野,与时俱进,已经成为我国高等教育的发展趋势。在此基础上,许多高等院校将人文类课程引入各个专业教程,客观上起到淡化那种过细、过于狭窄的传统文理分科,为培养学生的跨文化能力,为加强学生作为人才的基础教育开辟了一条新的渠道。

本书是为高等院校本科生及研究生编写的教材,一般读者也可用作参考资料。

分处大西洋两岸的西班牙和拉丁美洲有着深远的历史渊源和血缘关系,在历史上曾是征服与被征服、宗主国与殖民地的关系。但是文化和血缘的相互渗透与交融,使得这两个地区始终维系着一种时而若即若离,时而唇齿相依的状态。进入20世纪70年代,西班牙摆脱了长达近40年的佛朗哥独裁统治的阴影,从此逐步走进并融入欧洲大家庭,而且在经济上成为世界十大工业强国之一。而拉丁美洲更是被视为不容忽视的新兴地区,是21世纪的主导势力之一。邓小平曾经说过:21世纪是太平洋和拉丁美洲的世纪。拉美和西班牙两个地区的文化和文明,无论过去,现在还是未来,都是人类共有的璀璨瑰宝,为人类的共荣起着巨大的作用。

近年来,我国大力发展与拉美和西班牙的文化、政治、科技、经贸等诸方面的合作交流,因此本课程的开设将帮助学生和研习者了解上述地区和国家的文化以及相关的基础知识,加强自身国际知识的修养,使自己能够站在较高的层面去认识和审度中国与之交往的意义和必要性。

本书共分13章,前6章介绍西班牙的地理环境、民族成分、历史概貌、文化构成、语言的形成和发展、文学艺术简况和民俗传统。后6章介绍拉丁美洲的地理环境、土著民族及其生存状况、简史、文学艺术和宗教。最后一章用来介绍华夏文明和拉美文明在历史和现实中的接触,其中包括对在史前时期和公元初期两大文明接触的分析和探讨。

每一章的后面配有若干思考题或自我测试题，可以帮助学生复习巩固该章的主要内容及要点。书后附有参考书目，以备教师和学生研究之用。推荐书目的作用是补充和扩大教科书的内容。多媒体课件可以配合教材的讲解，有效地起到将课文内容具体化、图像化、直观化的作用，有助于学生的理解和认识，同时也可以使授课形式更加丰富和生动。多媒体课件的制作者是刘绍安。

此前在高教课程中从未出版过此类内容的教材。本书的资料来源以西班牙文和中文的相关专著和文献为主，具有相当的权威性和科学性。在此基础上，作者选取独特的视角，对于西班牙文化和拉美文化既有较翔实的分别介绍，又有对其异同性和相互关系的比较，易于学生掌握其特点。总之，本书力求用严谨而生动的形式，将学生和读者引入西班牙和拉美文化这片新奇的园地，为21世纪的广泛的跨文化交流做准备。

限于篇幅，本书对文化的部分构成因素未加涉及。

本书绝大部分章节的电脑处理工作由大连外国语学院西班牙语专业研究生成亮亮，青年教师黎妮、魏媛媛以及刘国安等协助完成，刘畅对全书文稿做了统一的格式化处理，在此特向他们致以深深的感谢，感谢他们卓有成效的帮助。

感谢对外经济贸易大学外语学院院长杨言洪和副院长赵雪梅两位教授对本书的支持和帮助。

本书有不妥之处，敬请诸位专家、同行和读者批评指正。

作者于大连外国语学院旅顺滨海校区
2009 年 7 月 31 日

第一部分

西班牙文化简况

Xibanya Wenhua Jiankuang

概　要

西班牙王国，位于欧洲西南的伊比利亚半岛，历史悠久。领土除本土外，还包括加那利群岛、巴利阿里群岛和处于摩洛哥领土上的两块飞地：梅利里亚和休达，面积504,782平方公里，人口约4,000多万。官方语言为西班牙语，宗教信仰以罗马天主教为主。

西班牙的政体是议会君主制，议会由参众两院组成，议员通过选举产生，任期4年。现任国王胡安·卡洛斯一世出身于波旁王族，于1975年登基。根据宪法，国王为国家元首兼武装部队最高统帅，在国际事务中，国王是国家的最高代表。

目前的执政党是西班牙工人社会党，该党在2004年的大选中胜出，党的总书记何塞·路易斯·萨帕特罗出任首相。

全国共有17个自治区，下辖50个省，约8000多个市镇。首都马德里位于中央高原，是国家的政治、经济和文化中心，也是文明古城，自费利佩二世于16世纪迁都于此，便一直是历朝历代的都城。其他重要城市包括位于地中海边的工商业城市巴塞罗那、安达卢西亚的首府塞维利亚、东部海岸的巴伦西亚等。

西班牙的国旗由三条平行带组成，上下两条呈红色，中间一条为黄色，其宽度等于上下两条带的两倍。国徽最初出现于1500年，经过几次修改，目前的国徽是胡安·卡洛斯一世登基之后确定的，它浓缩了西班牙的历史：国徽中央部分的盾形图案上的城堡、戴王冠的狮子、竖形条纹和链条分别代表古代的卡斯蒂利亚（西班牙文的意思是"城堡"）、莱昂（西班牙文的意思是"狮子"）、阿拉贡和纳瓦拉王国，中心的三朵百合花代表波旁王朝，盾形图案下方的石榴花象征被收复的格拉纳达王国（格拉纳达一词的西班牙文是Granada，意思是"石榴花"，同时石榴花也是西班牙的国花），国徽上方是一顶王冠，表示西班牙是立宪君主国，盾牌的两侧各有一根被称为海格立斯之柱的白色立柱，典出希腊神话，传说该柱立于直布罗陀海峡，是欧洲和非洲的分界线，柱上缠绕着红飘带，上面用拉丁文书写"海外还有大陆"（Plus Ultra），原指西班牙王国辽阔的版图。

西班牙国徽

西班牙历史悠久,是一个文明古国,在 15 世纪和 16 世纪曾经建立起一个横跨欧、亚、非、北美、南美五大洲的日不落帝国,其语言和文化远播海外。然而,随着西欧资本主义的诞生与不断发展,西班牙却迅速走向衰落,甚至一度降为欧洲最不发达的国家之一。20 世纪 70 年代中期之后,借助于民主化进程,西班牙开始全面腾飞,目前已进入世界发达工业化国家的前十位,并且在国际事务中起着日益重要的作用。

西班牙仍然是一个独特的国家,在那里地中海与大西洋交汇,欧洲与非洲相望,西方与东方交融,开放与传统共处,古老与现代并存。

第一章

西班牙地理环境与民族的形成

群山之国——半岛之国——海洋之国——多种族——多民族
关键词:地理　民族　多元化

第一节　群山之国——半岛之国——海洋之国

认识一个国家,往往要从它的地图开始。

一个民族的生成,一种文化的生成,与其存在环境密切相关,因为在远古时代,任何一个人类群体的周边都是纯粹的自然:山川湖泊森林岛屿……而西班牙的自然环境,即其地形、地貌、气候、土壤、景观等都是西班牙民族与文化的构成因子。

打开世界地图,欧洲大陆的西南角有一个半岛,叫做伊比利亚半岛,它仿佛是整个欧洲大陆伸向大西洋的海岬,又仿佛是旧大陆的一个平台,从它那里向南穿越直布罗陀海峡便可达到近在咫尺的北非(最近距离为14公里),由此向西涉洋远渡可到达新大陆的美洲,向北翻过平均海拔高达1500米的比利牛斯山即到法国,从而进入欧陆,而欧洲与亚洲山水相连。就这样,伊比利亚半岛连接着大西洋、地中海和坎塔布里亚海,也通过这条条水路,与四个大陆相连,具有极其重要的战略地位。

西班牙就在这个半岛上。

早在公元前1世纪,古希腊地理学家斯特拉波(公元前63年?—21年?)就曾经把古代的西班牙地形比作一张牛皮,至今这一说法已成了标志。的确,西班牙像一张绷紧了的风干牛皮,脖子在西法交界处长达435公里的一脉山系,四足分别落在北、西北、南和东南的四个点上。在这张"牛皮"上呈现出不同的地貌和景观,其区别之大导致了不同地区之间文化的明显差异,以至于不少西班牙人用复数称呼自己的国家:Españas,即多个西班牙。

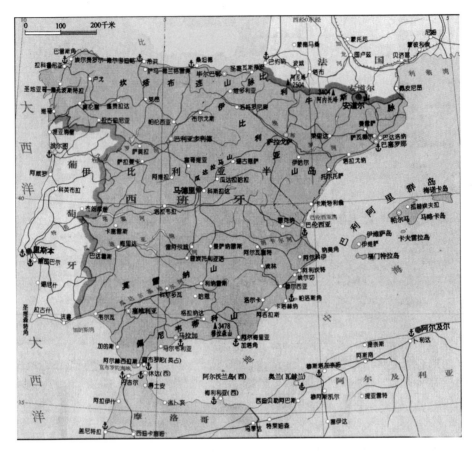

西班牙地图

我们可以按照地理特点,把西班牙大致切分成如下区域:

1. 北部——坎塔布里亚海沿岸—比利牛斯山区:包括巴斯克地区、阿斯图里亚斯和加利西亚。比利牛斯山脉绵延数千里,山峦起伏;坎塔布里亚山脉海拔达2000米以上,北临比斯开湾,气势壮阔。这一带属温润的海洋性气候,一年四季雨意迷离,云气氤氲,成片的果园(特别是提供生产苹果酒原料的苹果园)、碧绿的牧场和农田,栎树林参天浓密,河谷宽广,土地肥沃,既有山水相连的雄浑,也有青山翠野的柔媚,为农牧渔业的发展提供了得天独厚的自然条件。这里被称为绿色西班牙。

2. 东南部和东部——地中海沿岸:包括加泰罗尼亚、巴伦西亚、安达卢西亚部分地区和一些岛屿。此地为地中海型亚热带气候,夏季炎热,部分地区最高气温超过摄氏40度,日照时间长,冬季气温也比较温和。在巴伦西亚灌溉区等大片沃土上,遍布着柑橘林、菜园和种植稻米的农田。而民风民情异于欧洲其他国家,甚至不同于西班牙本土的其他省份,这些都促使本地区的旅游业得到蓬勃发展。加泰罗尼亚的北部是比利牛斯山的东段,树木繁茂,南部的埃布罗河谷一带生长着大片农作物,东部临海,这里既是西班牙的重要工业区,也是农业发达的地区。

3. 中部——山地高原:包括卡斯蒂利亚-拉曼恰、卡斯蒂利亚-莱昂、埃斯特雷马杜拉和马德里四个自治区下辖的各个省份。这片中央高原占伊比利亚半岛面积的40%,海拔高度近1000米,地域辽阔,山峦起伏,重峦叠嶂,也有起伏低缓的丘陵和平川,粗犷的原野呈现出荒凉的赭石色。有两条河流经此地:塔霍河和瓜迪亚那河。粮食作物(小麦、燕麦、黑麦、稻子等)是这里的主要出产,此外还种植橄榄树、葡萄、番红花等经济作物,畜牧业非常发达,是著名的曼恰奶酪的出产地。此地为大陆性气候,冬季寒冷,夏季干热。房龙曾经夸张地形容卡斯蒂利亚的空旷荒莽时说道,鸟儿如果想飞跃这片土地,都须带够干粮。古老的卡斯蒂利亚文化即发源于此,建于各个时期的古建筑遗迹随处可见:山谷间常常能看见荒废的古堡或修道院,高大的风磨,由麦田、果园、葡萄园围绕的村落,一派中古风貌。首都马德里位于高原的中央,巴亚多利德、萨拉曼卡、塞戈维亚、阿维拉等名城散布在中央高原的各处。

4. 南部——安达卢西亚的8个省:南部是西班牙最吸引人的地区之一。内华达山脉的最高峰木拉散山是西班牙大陆的制高点,莫雷纳山蕴藏着丰富的矿藏而且植被极为丰富,瓜达基维尔河流域是国内最富庶的农业区之一,平原上种植着橄榄树、棉花及其他农作物。那里温暖的气候、终年湛蓝的晴空、微微倾向大海的南方土地、富有亚热带特点的植被、生长着柑橘柠檬的果园和葡萄园、丰富的物产、独特的临海地理位置、漫长的海岸线……这一切从远古时代就吸引了远道而来的迦太基人、腓尼基人、希腊人,而后又成为海峡对岸的阿拉伯人的长期占领地,上千年的民族共居和文化交融,铸成了具有浓郁异国风情的民俗传统,因此日后变成外国人眼中西班牙风情最集中体现的地区之一。

5. 两个群岛——地中海中的巴利阿里群岛和大西洋中的加那利群岛。地中海的巴利阿里群岛包括两组岛屿:一组是马略尔卡岛和梅诺卡岛,另一组是伊维萨岛和福门特拉岛。那里被称为阳光之岛,一年四季气候宜人,盛产无花果、橄榄和杏仁,首府帕尔玛是个世界著名的度假天堂。其总面积5014平方公里,由5个岛屿组成,周围还有许多小岛;海岸线错落有致,绵延着长长的沙滩,海水清澈,气候温和,是著名的度假胜地。加那利群岛绵延450公里,总面积为7446平方公里,海岸线长1114公里,有257片沙滩,岛上因火山的作用,呈现熔岩地貌,有的岛屿地势很高,景色奇特。西班牙的最高峰泰德峰(3718米)就在特内利费岛上。岛上气候温和宜人,也是个度假的理想之地。

境内的河流多数向西流入大西洋,一般水量不大,唯一可航运的河是瓜达基维尔河(657公里),过去往来于美洲和西班牙的船大多停靠于此。其他几条重要的河流是塔霍河(1007公里)、杜罗河(895公里)、埃布罗河(910公里)和瓜迪亚纳河(818公里)。不过这些河的季节性很强,往往是冬天水位升高,夏季干旱时水位下降甚至干涸。

尽管如此,河流提供的水利资源仍然相当可观,主要用在发电和灌溉方面。例如埃布罗河,这是境内流量最大、流域最广的河,源自坎塔布里亚山脉,向东流入地中海;它共有200多条支流,最大的那些已被开发,用于灌溉和发电。

从整体看,西班牙的地理环境主要有两个特点。

其一是多山。在欧洲,除瑞士外,西班牙是山地最多的国家,被称为山之国,超过66%的国土面积位于海拔600米以上的位置,其中1/3在海拔1000米以上。从南往北,内华达山、莫雷纳山、格雷多-瓜达拉玛山和坎塔布里亚-比利牛斯山几大山系几乎平行伸展,而半岛的东面是自西北向东南绵亘的伊贝里卡山。

在西班牙漫游,特别是在中央高原一带,旅人会感到身在山中,目之所及,都是崇山峻岭,山峦如海涛般,层层叠叠,直至天际。山间古道崎岖,峰回路转处,往往与羊群相遇。山,这条天然屏障阻止了比利牛斯山另一侧的欧洲大陆的信风,境内的群山在古代切断了各个文化群落之间的有效交往,特别是中部与沿海的交往,从而为历史发展中频频出现的孤立、保守、分离主义等政治弊病埋下了伏笔。

其二是它的半岛位置。著名西班牙史学家迪亚兹-普拉哈(Guillermo Díaz-Plaja)把伊比利亚半岛比喻为欧洲大陆这艘巨轮的船首,它驶向非洲和美洲。庞大的船首在地中海、大西洋和坎塔布里亚海的水域中昂首向前。西班牙占据了半岛面积的4/5,其海岸线长达7000多公里,是不折不扣的开放的半岛之国、海洋之国,海洋是屏障,也是桥梁;海洋可以阻隔,也可以交通。正是这个独特的半岛位置,使得西班牙从远古到近代,始终成为外族的造访和入侵之地,也是切断与外界的联系以自守的天然壕堑,同时又是历史上无数著名的冒险家、探索者、征服者走向大洋彼岸的起锚之港。

半岛的格局有助于多元文化因素的流入,而重重山系则易于使已有的文化形态凝固化,得以保存,持久不变。这就是二者之间的关系。

第二节　多民族的形成

在西方,西班牙始终被定位为一个特殊的、具有强烈非欧洲色彩的民族,而西班牙文化也被视为一种兼具东西方特点的混合型文化。总之,无论是民族构成还是文化构成,都可以用一个西班牙文单词来概括:diversidad,意思是"多样性"。

一、西班牙历史上的民族迁徙

在上文已经介绍过,西班牙民族既是本地繁衍生息的民族,同时也吸收了大量的外来因子,从年代最久远的公元前11世纪的腓尼基人到后来的希腊人、迦太基人、罗马人、犹太人、西哥特人、阿拉伯人、法兰西人、德国人等等,都来到这里。罗马人的统治达600多年,西哥特人占据半岛约300年,阿拉伯人停留了近8个世纪,犹太人生活了一千多年,而吉卜赛人自15世纪到达至今早已定居西班牙了。这种具有相当规模的民族迁移既制造了冲突,也促成了融合;留下了血缘,也留下了外来者的文化基因。

这些外来者在伊比利亚半岛登陆的理由各不相同:文明开拓、地理探险、军事征服、避难、经商……而其最终结果却是一致的,他们都走进了西班牙的民族史。在此我们主要介绍以下几个民族在西班牙民族形成过程中的作用。

1. 伊比利亚人-凯尔特人

在新石器时代,这些来自非洲北部的人到达伊比利亚半岛,从东部海岸进入了中部高原。他们身材瘦小,皮肤黝黑,掌握了金属冶炼技术,能够制作劳动工具、车轮和各种陶器。此后,大约在公元前1000年,另一支源自东方的日耳曼部族从欧洲中部向西南移动,并逐步进入伊比利亚半岛的中部和西部。他们是凯尔特人,身材高大,金发白肤,尚武,掌握了一定的农牧业技能和金属冶炼技术。由于这两个民族的通婚,一个新的民族——凯尔特-伊比利亚人诞生,它被视为西班牙民族的祖先。

2. 腓尼基人

擅长航海和经商的腓尼基人在公元前11世纪左右就从地中海东岸来到半岛,他们创建了西班牙的第一座城市——加的斯,在地中海沿岸还建立了马拉加等一些居民点,其主要活动是贸易,同时还引进了开矿、冶炼、采盐、制陶、纺织等技术。腓尼基人与伊比利亚人和平共处达几个世纪,后被同化。

3. 希腊人

公元前7世纪,希腊人在地中海沿岸的加泰罗尼亚一带建立居民点,以种植葡萄和橄榄为主，他们还把这种技术教给当地居民，同时还创建学校，传授先进的希腊文化。

需要指出的是，古希腊人是全体欧洲人的老师，他们并不用武力去征服其他在文明发展上远逊于他们的民族，而是用自己的高度的文明成果去教化他们，包括教化罗马人。原始的伊比利亚人在走向文明的过程中，曾经得益于希腊人的教诲，至今仍受益无穷。

4．迦太基人

公元前6世纪前后迦太基人在西班牙登陆并建立了卡塔赫那城。为了争夺地中海霸权，尚武的迦太基人和罗马人进行了三次战争，即布匿战争。史上赫赫有名的迦太基统帅汉尼拔及其大军在伊比利亚半岛留下了他们和罗马人较量的古战场。公元前3世纪，在第三次布匿战争中，罗马人进入西班牙，并最终将其纳入罗马帝国和希腊-罗马文化体系。

5．罗马人

公元前206年，罗马军团占领了伊比利亚半岛。但是由于当地居民的顽强抵抗，特别是载入史册的壮烈的努曼西亚保卫战，直到公元前19年罗马才完全征服了这块土地，并把西班牙纳入罗马帝国的版图，变成其行省，开始了长达6个世纪的统治。从此，伊比利亚文化逐步拉丁化，从上层建筑的法律法规、典章制度、社会体系、宗教信仰、礼仪规范、语言文字，到日常生活的方式方法等，全方位地融入了拉丁文化圈。两个民族的血缘也通过长时间的共同生活而融为一体，出现了罗马-伊比利亚人。

6．犹太人

公元前70年，耶路撒冷被罗马皇帝提图（Tito）摧毁，从此犹太人开始了漫漫无期的流亡。大约在哈德良（Hadrian，117—138）统治时期，在西班牙出现了来自北非的早期的犹太移民。他们用希伯来语称西班牙为Sefardi，自称sefarditas。这批人为数众多，在罗马人和西哥特人两朝长达900多年的统治期间和阿拉伯人将近800年的占领期内，享有一定的自由和权利，生活在特定区域，保持着自己的宗教、语言、习俗和文化，为西班牙的经济、金融、文学艺术、民间工艺、宗教、学术、科技等诸方面做出了相当的贡献。1492年，根据天主教双王的敕令，拒绝改宗的犹太人被驱逐出伊比利亚半岛。

7．西哥特人

公元5世纪，被罗马人称为蛮族的日耳曼部落，利用罗马帝国日趋没落的形势，穿过比利牛斯山进入伊比利亚半岛并定居于此，其中的西哥特人在西班牙建立了西哥特王国，其统治持续了300年。这些北方来的强悍的日耳曼人与当地的罗马西班牙人通婚,为西班牙民族又融进了新的血液。

8. 阿拉伯人

公元711年,来自北非的穆斯林(其中大部分是柏柏尔人)渡过直布罗陀海峡,在伊比利亚登陆,他们长驱直入,所向披靡,很快占领了除北部的阿斯图利亚斯以及加利西亚和巴斯克地区以外的全部西哥特王国的领地。从此,形成了长达近8个世纪的北部基督教王国和南部穆斯林王国的对峙局面。作为闪族的阿拉伯人给西班牙民族带来了深远的影响,使其血脉和文化因子融入了半岛历史,至今可以清晰地在西班牙人的生活习性上(饮食惯制、交际风格、审美倾向、价值导向等等)和语言系统上看到其深深的印迹。

除了上述民族,还应看到德国人、法国人、佛兰德人、吉卜赛人、意大利人等在不同时期、以不同的规模向伊比利亚半岛的迁徙以及他们在各个领域对西班牙民族的影响。

西班牙人的混血程度较高,成分复杂,特别是包括来自东方的血缘,这一点使之有别于欧洲其他民族。因此,同为西班牙人,我们会发现他们的外貌特征呈现出极大的差异:南部地区的居民一般是中等身材,肤色较深,毛发较重,黑发、黑眼睛,长睫毛,五官轮廓分明,与阿拉伯人和北非人有相似之处;而北部和东北部的居民一般身材较高,壮实,肤色白,毛发颜色偏浅,金发碧眼者并不鲜见,五官特点接近法国人;中部地区人的特点也许不那么明显,通常是中等身材,深色头发,棕色或黑色的眼睛,轮廓鲜明,特别是头部的侧面线条,令人想起古代罗马人的那些不朽的石雕像。

总之,西班牙人的外貌浓缩了其民族的形成历程。

二、西班牙民族的构成及其分布

经过长时间以来不同血缘的融合,西班牙成为一个多民族的国家,1978年的西班牙宪法对此予以承认。它主要由以下几个民族构成:

1. 西班牙人

主要指卡斯蒂利亚人、莱昂人、阿斯图里亚斯人、阿拉贡人、安达卢西亚人、埃斯特雷马杜拉人、坎塔布里亚人、穆尔西亚人和加那利人。他们占全国总人口的80%以上,分布在中部、西部、南部、北部和海外的加那利群岛。使用的语言为西班牙语。卡斯蒂利亚和莱昂一带是古代西班牙文化的发源地,在从穆斯林手中夺回失地的光复运动中构成斗争的主要力量,至今一些乡村和大小城镇还保持着古色古香的中古风貌。例如布尔戈斯,那里曾是旧卡斯蒂利亚的首府,传说中的英雄熙德(El Cid)就来自该地。在萨拉曼卡有西班牙的第一所大学,城中能看到许多中古风格和文艺复兴式的建筑。在塞哥维亚的一座简朴的哥特式教堂里,统一西班牙的缔造者费尔南多和伊莎贝尔就是在那里举行的婚礼，时间是1469年。卡斯蒂利亚人说的西班牙语字正腔圆，因此那里的人们很为自己的"正统性"（包括语言）而自豪。

2. 加泰罗尼亚人

他们占全国人口的10%左右，主要定居在加泰罗尼亚自治区辖下的四个省（巴塞罗那、塔拉戈纳、赫罗纳和莱里达）、阿拉贡和巴伦西亚的部分地区以及安道尔、法国的比利牛斯省、意大利撒丁岛等地。使用的语言为加泰罗尼亚语。自治区首府是巴塞罗那，位于地中海岸边，为西班牙第二大城市，历史悠久，是重要的工业、贸易、金融、文化、航运中心，旅游业也非常发达。城中除了几处保存完好的古罗马时期的建筑，19世纪末和20世纪的现代主义风格的建筑瑰宝已经成为巴塞罗那的地标。加泰罗尼亚人从民族性和行事风格上有鲜明的特点，在某种程度上有别于西班牙其他民族，他们似乎更加欧洲化，或者具体说是法国化。他们像所有的拉丁人一样崇尚享乐主义，但是同时他们有强烈的事业心和严谨的工作习惯，是公认的精明的商人、勤奋的实业家、有经验的航海家和离经叛道的艺术家，有强烈的民族主义倾向。

3. 巴斯克人

巴斯克人分布在北部和与法国接界的地区以及法国境内的比利牛斯山一带，目前巴斯克自治区人口约为210多万，占总人口的5%，境外人口可达40万。其起源不详，巴斯克人为自己独特的非印欧语系的语言和文化历史传统而自豪。据说，巴斯克语和中亚的高加索语以及北非的柏柏尔语有很大关联。巴斯克人体魄强健，勇敢尚武，历史上曾经先后抗击过罗马人和阿拉伯人的入侵，将其拒之于国门之外；有航海传统，曾参加过许多史上闻名的探险。他们历来主张独立或更大程度上的自治。但是使巴斯克闻名天下的却是巴斯克的"埃塔"组织，它代表了一种较为极端的暴力倾向，因此被政府宣布为恐怖组织。自治区首府是毕尔巴鄂，位于坎塔布里亚海岸，是个重要的工业和商业城市。

4. 加利西亚人

居住在西部靠近大西洋沿岸的加利西亚人主要分布在自治区所辖的四个省内，即卢戈、拉科鲁尼亚、蓬特韦德拉和奥伦塞，总人口约为270多万，首府维哥是西班牙著名渔港。加利西亚人在许多方面与葡萄牙人很相似，包括在方言和习俗传统上（加利西亚方言实际上类似西班牙语和葡萄牙语的混合）。由于地理位置的关系，加利西亚人自古以来就有在海上捕鱼和田间耕作的传统。移居海外的加利西亚人也为数不少，主要集中在美洲。古巴革命领袖卡斯特罗的家族就来自那里。西班牙独裁者佛朗哥也是加利西亚人。

从总体上来看,西班牙的各个民族在不同的历史阶段有过分分合合的经历,而古希腊-罗马文明、基督教文明、闪族的阿拉伯文明和日耳曼的西哥特文明使之在许多方面已经趋同,这些民族经历了相似的历史演变和社会发展,构筑了相似或相同的文化环境,具有相同的文字和宗教信仰,相似的价值观、思维方式,而仅仅在某些方言、习俗和历史传统上有些区别,也可以说,少数民族和占人口大多数的西班牙人的相似和相同之点要远远高于其差异。

然而,民族矛盾却历来是西班牙国内的尖锐矛盾之一,造成了旷日持久的分裂主义、民族主义和地方主义。究其原因,首先,在历史上这些民族大都曾经立国,有过主权和界定模糊的领土,因此独立的观念留存在部分人的心里;其次,独立王国的历史和相对限定的生存环境必定为民族主义的形成和演化提供了合适的温床,例如某种特殊的历史自豪感、对祖先的追忆、生活方式、语言等;再次,无论在古代、近代还是现代,中央政府的某些统治者都曾经在不同时期、不同程度上,对少数民族实施过歧视或不平等政策,甚至残酷的镇压。佛朗哥独裁政权的所作所为就是一个典型,它甚至将所有带有少数民族文化符号的因素,包括语言、历史、民俗传统等都视为非法,一律取缔。而且,在其长达30多年的统治期,凡要求民族自治者,均被判处重刑。

自1978年宪法颁布以来,各民族区域实现了自治,民族矛盾大大缓和,但是要求扩大自治权的呼声仍然很高,历史上留存下来的分裂主义仍然有很大市场,局部冲突依然存在,而在巴斯克地区已经不止于此,有一部分势力利用各种合法甚至非法的手段争取独立,被西班牙政府宣布为恐怖组织的埃塔就是这股极端势力的代表。目前,那里的局势仍然严重,已经引起国际社会的广泛关注。

思考题

1. 西班牙地理环境的基本特点是什么?在社会格局和民族格局上造成了什么后果?
2. 西班牙民族的构成主要有哪些血缘因素?与大部分西欧民族相比,有什么特点?
3. 为什么在西班牙国内,民族问题长时期存在并成为其政治生活中的主要问题之一?
4. 你知道"埃塔"组织吗?如何看待它?

第二章

西班牙简史与民族文化的形成

古代西班牙:从分散到统一——16世纪和17世纪的西班牙:从辉煌到黯淡——18世纪和19世纪的西班牙:从中兴到没落——20世纪的西班牙:从落后到复兴——西班牙语及文化的特点

第一节 古代西班牙:从分散到统一

一、远古

西班牙是欧洲的也是世界的文明古国之一。

早在公元前10万多年前,伊比利亚半岛上已有人类居住和繁衍。从圣坦德(Santander)省的阿尔塔米拉岩洞的壁画可以看出,早期人类已能制造出简单的工具,以采摘和狩猎为生。目前所知的最早的具有一定文明程度的居民是伊比利亚人,散布在半岛的东部海岸,即如今的莱万特一带,以及中部高原和西部地区。而后,在公元前1000年左右,一支源于亚洲的印欧民族凯尔特人迁移过来,定居在中部和西部。由于伊比利亚人和凯尔特人的通婚,一个新的、被现代西班牙人奉为祖先的伊比利亚-凯尔特民族诞生了。

以后,一系列大规模的外族向伊比利亚半岛的迁徙频繁出现,按时间顺序可作以下排列:

公元前11世纪,腓尼基人登陆。

公元前7世纪,希腊人登陆。

公元前6世纪,迦太基人登陆。

这些海洋民族带来了新的文明:生产技术(开矿、冶炼、种植、酿酒、食品加工等)、贸易交流、宗教思想、文字书写(布匿字母)、艺术审美(音乐、雕塑)等,还带来了新的血液。日后西班牙民族性格的部分原始基因即产生于此:冒险精神、海外开拓精神、讲求实际、富于想象力、宗教感……

二、古代

所谓古代西班牙指从公元前的罗马入侵到中世纪结束这一阶段,主要包括以下大事件:

1. 三次外族入侵

从公元前2、3世纪到中古时期,伊比利亚半岛先后经历了三次大规模的外族入侵,其时间之长,影响之深,是前所未有的,对西班牙民族及其文化的形成起到了决定性的作用。

——罗马人的入侵

公元前218年,罗马人通过布匿战争打败了迦太基人,取而代之占领了伊比利亚,从物质上也从精神上征服了半岛。可以毫不夸张地说,罗马按照它自己的模式塑造了西班牙社会和国家的雏形,给西班牙带来了语言、政治体制、司法体制、信仰、社会生活与家庭生活的观念、城市规制、生产技能、艺术理念和艺术模式、衣着服饰、礼仪规范、节庆典礼等等,带来了各种风格的建筑,特别是公共建筑,如剧院、圆形竞技场、高架引水桥、凯旋门、公共浴室、纪念碑、道路、城墙等等。更为重要的是,罗马人引进了拉丁语,从而使得语言庞杂混乱的伊比利亚各部族的居民第一次能够彼此交流,畅通无阻。正是因为有了统一的语言,才为未来的统一民族国家的形成和确立奠定了基础。

虽然如此,罗马人的入侵在初期是纯粹的武力征剿,于是倔强的土著居民开始了顽强而艰苦卓绝的抵抗。罗马人仅用9年时间拿下高卢(现今的法兰西),却用了足足200年的时间才扑灭西班牙人反抗之火的最后几处余烬,那是在坎塔布里亚和阿斯图里亚斯部落。在坎塔布里亚战役中(公元前29年—前19年),奥古斯都大帝(公元前63年—公元14年)亲自指挥7个罗马军团参战,虽然当地人最终战败,但是他们视死如归,许多人被钉在十字架上或者被杀死。这期间,最为惨烈也最能反映西班牙人性格的战役是努曼西亚(Numancia)保卫战。

努曼西亚位于西班牙北部,靠近索利亚。6万多人的罗马军团在这里遭遇到4000努曼西亚人的顽强抵抗,统帅西庇阿下令将这座山城围困起来,8个月之后城中弹尽粮绝,努曼西亚人用集体自杀的惨烈方式表达了他们高贵而骄傲的民族精神。当罗马人冲进城里时,所看到的是烧焦的房屋和成堆的尸体。古罗马历史学家波吕比乌斯写道,尸体堆积约1.5米厚,土地烧焦了。努曼西亚没有留给入侵者一个活人、一栋房屋,甚至连马匹、器物也都被杀、被毁。在史书上,努曼西亚保卫战的意义是不惜任何代价地追求自由,而它所体现的是一种不可战胜的人的价值,是西班牙民族精神中最可宝贵的一部分。

公元前38年,西班牙成为罗马帝国的一个行省。而后根据维斯帕西昂法令,西班牙(当时被称为"伊斯帕尼亚")居民获得了罗马公民的身份,这样西班牙就从殖民地阶段走进了文化融合。

罗马入侵不仅仅是一次军事扩张,更重要的是一次史无前例的文化扩张,规模宏大,时间持久,包罗万象,影响深远,为西班牙的形成和西班牙文化的形成奠定了基础。

首先,罗马士兵、商人、普通百姓和官吏们使用的民间拉丁语进入了伊比利亚半岛,并随着罗马统治的日益深化而被越来越多的本地人所接受。拉丁语的普及逐步消除了过去多种方言并存的分割局面,促进了人们的沟通,推动了西班牙的罗马化进程,并最终把伊比利亚半岛的各个民族从边缘的地位带入了当时西方的中心——罗马帝国。

此外,罗马人把自己的法律法规和行政建制也引入西班牙。与自己的老师希腊人相比,罗马人在法律方面更胜一筹,他们注重秩序、规则、尺度,要求一切都要统一在某种权威的典律之下,不可放任自流。这也许就是最终他们用强大的帝国力量和铁的军队力量征服了希腊的原因之一。威尔·杜兰说:"法律最足以说明罗马精神的特征,在历史上罗马代表秩序,就如同希腊代表自由。希腊留下的民主与哲学,成为个人自由的依据;罗马留下的法律与政绩,则成为社会秩序的基础。"罗马法涵盖了民法、商法、刑法等诸多领域,不仅规定了具体的法律条文,还奠定了法治精神,从而确立了西方法学体系的理论基础,为西方文化做出了最宝贵的贡献。

西班牙人接受了罗马法,也接受了按照法典建立的行政机构、经济和教育制度、区域规划和社会阶层划分。伊比利亚半岛被划成3个省:东部的塔拉戈纳、西部的卢西塔尼亚和南方的贝梯卡。城市也按照罗马模式兴建起来,在市政机构的规划下,城堡、宫室、高架引水渠、圆形剧场、凯旋门、庙宇、公共浴室、竞技场、带雉堞的城墙等都成为城市必不可少的因素,梅里达、塞维利亚、萨拉戈萨、塔拉戈纳、加的斯等充满罗马色彩的城市出现了,至今在这些城市依然可以看到当年辉煌的遗迹,诸如塞戈维亚的高架引水渠、梅里达的圆形剧场、塔拉戈纳的拱门等等。实际上,罗马的建筑风格和城建模式的影响穿越了几个世纪,直达今天。在西班牙全国各地,从大城市到小乡村,从宏伟的公共建筑(议会大厦、纪念碑、教堂、剧院等)到民宅(居室、庭院等),甚至墓地陵园,其风格规制都残存着罗马的痕迹。

梅里达的古罗马遗迹——半圆形剧场

在经济上，罗马人非常看好伊比利亚半岛丰富的自然资源，把这个行省视为其供应基地。他们充分开发矿藏，特别是阿斯图里亚斯和莱昂的金矿、卡塔赫纳的银矿、维尔瓦的铜矿和阿尔玛德的水银矿。值得一提的是，西班牙的金银成为罗马帝国货币原料的主要来源。在农业和畜牧业方面，罗马人先进的技术（工具、灌溉方式等）和物种推动了农业发展，农民们种植葡萄、橄榄以及其他各种水果蔬菜和粮食作物，他们酿酒和加工橄榄油的技术已经达到较高的水平。传统的畜牧业也相当活跃。所有这些产品都大量输送到罗马和其他行省，以保障帝国的供给。总之，西班牙是罗马帝国版图中最富庶的省份，也是最受剥削和掠夺的地区之一。

在思想和文学艺术领域，罗马人也带动了半岛的发展。由于有了统一的拉丁语，西班牙人——尤其是那些在学校读书的青年人——能够阅读罗马和希腊思想家和科学家的学术论著，能够欣赏大师们的诗歌、戏剧等作品，如维吉尔的史诗和贺拉斯的抒情诗、恺撒的散文等。于是半岛上的居民也拿起笔，模仿罗马人和希腊人的风格甚至内容，开始了文学创作。

西班牙融入罗马文明之后，也反过来做出了自己的贡献。先后有5位西班牙人登上了罗马皇帝的宝座，他们是特拉哈诺（亦译为图拉真）、哈德良、安东尼-庇奥、马可-奥勒留和狄奥多西。自公元96年，罗马进入了辉煌的安东尼王朝，开创这一时代的罗马皇帝涅尔瓦和特拉哈诺、哈德良、安东尼-庇奥、马可-奥勒留被称为五贤帝。这五位皇帝谦虚，爱戴臣民，使罗马进入自奥古斯都之后罗马帝国最强盛的时期。其中特拉哈诺是一位政绩显著颇有建树的君主，他让罗马帝国版图达到最大极限。在公元1世纪拉丁文学的白银时代，出生在西班牙的斯多葛主义哲学家塞内卡、教育家昆体良、修辞学家金狄利亚诺、诗人马修尔等都声名显赫，影响深远，尤其要指出的是，塞内卡的哲学理论在西班牙被广泛接受，并且其中部分信条逐渐衍变为西班牙民族精神的基本特征。

罗马统治期间的另一件划时代的大事件就是基督教的诞生。脱胎于犹太教的基督教在其创建初期，遭到罗马统治者的严酷迫害，曾几起几落。在广泛而漫长的传播中，基督教吸收了大量平民、奴隶甚至贵族皈依基督教，教民队伍不断壮大，最终得到罗马帝国统治者的承认，被定为罗马的国教。公元1世纪，这一新生的宗教进入西班牙并迅速发展，逐步成为西班牙人的精神支柱，从而从深层次上推进了西班牙的罗马化，即西班牙的统一。

总而言之，古罗马的军事入侵，最终形成的结果是文化传播和血缘融合。也可以说，这是古希腊-罗马文明在伊比利亚半岛的一次广泛而持久的播种，时至今日，人们所看到的西班牙乃至大部分西方国家的全部文明成果无不在某种程度上继承了其基因，而西班牙是其嫡系。

——西哥特人的入侵

第二次外族入侵来自北方的日耳曼部落，其中包括汪达尔人、苏维汇人、西哥特人，他们打败了处于强弩之末的罗马帝国，越过比利牛斯山，扫荡了西班牙。最后，西哥特人以托莱多为中心建立了伊比利亚半岛的第一个独立君主政体——西班牙的西哥特王国。在公元6—8世纪期间，他们从入侵者变为定居者和统治者，从外族变为西班牙民族的组成部分，最终又沦为另一个外来民族的战败者。

在西哥特人统治的早期，由于他们自身的文明程度的局限性（也许他们有一点自知之明：他们统治的是远比他们更文明的民族），把社会经济活动仅置于自给自足的农业和畜牧业的范围，其他无从谈起。罗马人建立的高度城市文明被迫让位给农业文明，漫长的中世纪开始了。公元585年，国王利奥维吉多颁布法令，允许战胜者西哥特人和战败者罗马-伊比利亚人通婚，从此，日耳曼和拉丁两个民族的血液融合了，出现了后来意义上的西班牙人。不仅如此，这位国王还利用军事和法律两种手段，加强了西班牙在语言、地理、文化和体制上的统一，从而使半岛居民具有一种民族意识和使命感。

在西哥特统治的后半期，一直信奉阿利乌斯教的西哥特人渐渐向基督教靠拢。

公元587年国王雷卡雷多（Recaredo）率王室皈依基督教，两年之后他在托莱多宗教会议上宣布基督教为国教，这是西班牙历史上至关重要的一步，从此西班牙将在长达几个世纪的时间里与基督教和教会之间保持着一种密不可分的精神联系和实际联系，并且视这种联系为国家行为。

西哥特人被罗马人视为蛮族，而这些"蛮人"却秉承了罗马文明的基本特点，将其运用到他们在伊比利亚半岛的生活和统治之中。与此同时，他们也把日耳曼文化的一些传统结合进来，为西班牙文化和民族的形成做出了自己的一些贡献。

在政治上，他们统一了半岛的大部分地区，建立了第一个西班牙国家，从体制上确立了这个君主制国家的存在；在宗教上，统一了信仰，巩固了基督教的地位，加强了民族意识；在法律上，他们借鉴罗马法典，制定了约束和指导西哥特王国社会生活的法律，规定了税收制度和其他行政管理制度，用议会观念代替族长观念，用代议制制约君主等；在文化上，文学创作有了记录本土文化社会生活的作品，如大主教圣伊西多罗（San Isidoro,560？—636）的古文选《辞源学》；而从语言学的范畴看，西哥特人大量的日耳曼语常用语丰富了西班牙语的语汇，促进了半岛的拉丁语向罗曼斯语转化。至今西班牙的不少地名、人名、军事术语、法律词汇等都源自古日耳曼语。

然而，西哥特人的统治却因为其不断的内讧而走上覆亡，内讧的起因是对政权的争夺。如同其他"蛮族"一样，西哥特王朝没有王位继承制，而是采用贵族间的选举制。因此为争夺王权，不断发生宫廷政变和内战，西哥特人的好战尚武加剧了流血冲突，僭主与合法国王之间的争斗、王族内部的争斗、教派之间的争斗、贵族之间的争斗……这一切把西班牙变成一个大战场。西哥特王朝的33位君主中竟有10位被谋杀，其中不乏父子兄弟相残的悲剧。公元710年，过世的国王维迪萨（Witiza）之子和贵族罗德里戈（D. Rodrigo）之间爆发了王位之争，前者向北非的摩尔人求援，于是穆斯林大军渡过直布罗陀海峡，于711年在西班牙登陆。这些披着斗篷戴着风帽或裹着头巾，挥舞着弯刀的武士如同一阵沙漠狂风席卷了伊比利亚半岛，从此开始了阿拉伯人对半岛的一些区域长达近8个世纪的统治。

——阿拉伯人的入侵

阿拉伯人在公元661年建立了先后以大马士革和巴格达为中心的阿拉伯帝国，其疆域从亚洲延展至非洲北部的大部分地区。

应维迪萨之子之邀而挥师北上的大军包括来自亚洲的阿拉伯人和来自北非的游牧民族柏柏尔人，这些骁勇的骑士一举击溃了抵抗的西哥特军队，又继续挥戈北上，直打到比利牛斯山一带，在短短5个月内连续征服了除北部的巴斯克和阿斯图里亚斯以外的大片土地，西哥特王朝被推翻，而这些伊斯兰教入侵者便留下来。这一点有些令人匪夷所思,因为西班牙人对抗罗马人的卫国之战足足坚持了200多年。

756年,倭马亚国王阿卜杜·拉赫曼一世以南方的科尔多瓦(Córdoba)为中心建立了后倭马亚王朝,开始了8个世纪的阿拉伯统治。在此期间,西班牙形成了南北割据的局面,南方是穆斯林统治的酋长国,北方是退守到那里的几个基督教王国的天下。双方似乎都蓄势待发。

最初阶段,即8—11世纪初,穆斯林西班牙只是隶属于阿拉伯帝国的一个省。公元756年,阿夫德拉曼一世宣布科尔多瓦为独立的埃米尔酋长国,命名为安达卢斯(Al Andalùs),即西班牙语的安达卢西亚,从此摆脱了大马士革的控制。

这次外族入侵也如同以往两次一样,不是简单的一方战胜或消灭另一方,而是在胜利者与战败者之间出现了既冲突又混合直至融合的关系。少数军事征服者统治着占人口绝大多数的本地基督徒和广袤的土地,这种局面迫使阿拉伯人采取比较宽容的政策,允许西班牙人保留自己的语言、宗教信仰和文化传统,营造出适合战后休养生息的宽松环境;另一方面,阿拉伯人不断向半岛移民,大量的工匠、商人、学者、艺人进入安达卢西亚,把先进的东方文化和技艺传播过去。阿拉伯农民则引进了新的物种、栽培技术、灌溉技术和其他生产技能,在南方和地中海沿岸开出了大片果园,种植着葡萄、橄榄、从中国引进的柑橘、柠檬和别的水果,还种植了稻米、甘蔗、小麦、亚麻、棉花等经济作物,从而大大促进了西班牙经济和文化的发展。在此基础上,地处欧洲一隅的西班牙(安达卢西亚)成了东西方的贸易中心之一,拥有不少货物集散地和进出口良港,当地生产的丝绸、刀剑等武器、陶瓷、皮革、纺织品、金银制品(包括金银丝镶嵌制品)、珠宝首饰、农产品等都享有盛誉。当时的西班牙同阿拉伯半岛、东罗马地区、小亚细亚地区和一些欧洲国家都保持着密切的贸易往来。

在阿夫德拉曼三世(Abderramán III)王朝,安达卢西亚变成倭马亚哈里发君主国(El Califato Omeya),穆斯林西班牙的国力达到鼎盛,贸易、手工业、农业、金融业的发达促进了经济的繁荣,而经济的繁荣又推动了文化的蓬勃发展,首都科尔多瓦成了欧洲的文化中心。学校里有来自东西方的学者讲学,图书馆里珍藏着大量典籍(这些书籍大多数来自埃及、叙利亚、巴格达等地)。在托莱多和科尔多瓦成立了翻译学校,在那里信仰基督教的西班牙人、信仰伊斯兰教的阿拉伯人和信仰犹太教的犹太人通力合作,将许多古希腊哲人学者的著作翻译过来,还把阿拉伯人的著作译成拉丁文,介绍给欧洲其他国家。而本地学者在数学、医学、植物学、天文学、建筑学、文学等方面取得的伟大成就以及他们从东方带来的包括中国的四大发明在内的文明成果更是当时的欧洲所无可企及的。这种求知的风气甚至影响到民间,普通百姓收集、抄录古籍也蔚然成风。当时的清真寺既是宗教场所,也是研究学问的场所,长老们在讲经的同时,也讲授东方的哲学以及数学、天文学等课程。

10—11世纪是西班牙历史上的光明时期,而整个西欧却正经历着自西罗马帝国灭亡之后的黑暗时期,是文化上最衰落的几百年。由于罗马帝国的文化成果遭到严重破坏,而希腊文明成果似乎已经湮没在废墟之中,西欧文化出现了某种断层。当城市开始兴起时,人们发现,为了恢复到文明状态,他们必须通过西班牙等极少数渠道学习古典文化和科学技术。为此目的,他们大量吸纳从西班牙传入的翻译成欧洲文字的阿拉伯人的经典,这些文献之中既有阿拉伯人的也有阿拉伯人引进的数学、医学、文学、植物学、天文学和哲学知识。许多欧洲人到西班牙求学,因为那里的多数城市都有了高等学府,其他欧洲城市(意大利一些城市除外)望尘莫及。而尤为难得的是,当时在西班牙探讨学问、研究科学,都是在一种文化和谐与宽容的氛围之下进行的。安达卢西亚文化的成就是西方文化的宝藏。

安达卢西亚呈现出三种文化、三个宗教和多民族共存的局面,这在人类历史上实属难得一见。

11世纪之后,阿拉伯人在西班牙的统治开始走下坡路,社会矛盾激化、内部争权夺利、北部基督教王国连年收复失地的战争等因素导致了科尔多瓦哈里发君主国崩溃,分裂成一些小国。到13世纪末,基督教王国的军队连连向南推进,阿拉伯人的地盘仅限于半岛南端的格拉纳达城,其余国土均被来自北方的基督教王国的军队占领。公元1492年,格拉纳达被收复,结束了穆斯林在西班牙的统治。

在8个世纪的漫长岁月里,阿拉伯人在文化、经济等方面做出了他们的不可磨灭的贡献,并把西班牙变成了连接东方与西方、欧洲与非洲的桥梁。在与西班牙人的共处中,他们像古罗马人一样也留下了自己的文化和自己的血缘,这是西班牙民族经历的又一次大规模的混血过程。至今,我们依然能够清晰地感觉到阿拉伯人在伊比利亚半岛生存的痕迹,而这些痕迹已经融入西班牙文化的血液之中。

2. 1492年

在西班牙的古代历史篇章中,必须要提及的年代是1492年。这一年发生了四大事件,收复格拉纳达和出版西班牙语语法两大事件对西班牙产生了划时代的影响,而哥伦布"发现"美洲大陆则成为人类历史上的一道分水岭。最后一次事件是驱逐犹太人,这桩残酷而不人道的公案似乎是西班牙走向全面统一的一个步骤。

——收复格拉纳达

自从西哥特王国被入侵的北非穆斯林推翻之后,许多基督教抵抗者被迫退到阿斯图里亚斯山区的科瓦东加(Covadonga),在那里联合阿斯图里亚斯人、巴斯克人和坎塔布里亚人,积蓄力量,坚持抗击阿拉伯人,这一斗争被称为光复运动。其中心在北方，主要有阿斯图里亚斯王国、莱昂王国、卡斯蒂利亚王国、纳瓦拉王国、阿拉贡王国和葡萄牙王国参与。这些基督教王国都有一种强烈的使命感，即延续西哥特王国，保卫其信仰，这种信念逐渐演变成凝聚力，促使各个基督教抵抗中心联合对抗外来的入侵者，这就是西班牙民族观念的萌芽。

格拉纳达的陷落

光复运动的精神力量之一是对基督教十二使徒之一圣地亚哥（圣雅各）的膜拜。公元813年，在加利西亚一个偏远地区发现了据认为是圣徒圣地亚哥的坟墓，于是就在那里建起了教堂，并逐渐变成了一座美丽的城市，叫做圣地亚哥-德孔波斯特拉（Santiago de Compostela）。来自欧洲各地的信徒纷纷来此朝圣，推崇该地为继罗马和耶路撒冷之后的第三大圣地。在与伊斯兰教徒的战争中，基督教士兵们都祈求圣地亚哥的保佑，因为传说圣地亚哥是杀摩尔人的英雄。后来圣地亚哥便被尊为西班牙的保护神。

11世纪之后，光复运动逐渐向南推进，不断收复失地。1085年，卡斯蒂利亚国王阿方索六世攻占了西哥特王国的故都托莱多（Toledo）。1236年与莱昂合并的卡斯蒂利亚王国的军队攻克了科尔多瓦，光复运动取得了决定性的胜利。1469

年,阿拉贡王子费尔南多(旧译斐迪南)和卡斯蒂利亚王国公主伊莎贝尔成婚,他们分别于1479年和1474年登上各自国家的王位,从此,半岛上这两个最强大的王国合并,为日后西班牙的政治统一奠定了基础。1491年,费尔南多和伊莎贝尔亲率大军,围困已成孤岛的格拉纳达——伊斯兰统治的最后堡垒。眼见大势已去,格拉纳达苏丹博阿卜迪勒派代表和对方谈判,以求减少损失。基督教派答应保障穆斯林的生命和财产安全以及土地所有权,允许他们继续信仰伊斯兰教并行使伊斯兰法律,保证不破坏清真寺,等等。尽管大部分许诺并没有法律效益,但在当时却显示出了难能可贵的宽容精神。1492年,博阿卜迪勒投降,他同他的母后和随从们弃城而去,而此时在阿尔罕布拉宫的城楼上已经升起了绣着十字和城堡的旌旗,那是天主教和卡斯蒂利亚的标志。

——驱逐犹太人

收复格拉纳达意味着伊比利亚半岛上基督教统治的恢复。被尊为天主教双王的费尔南多和伊莎贝尔立即着手一方面统一国土,一方面统一信仰,后者也是为实施前者而服务的。

公元7世纪,西哥特国王颁布了第一部反犹太人法案,限定犹太人必须接受洗礼,皈依基督教,否则便被驱逐出西班牙,并查没全部财产。迫于强大的压力,许多犹太人放弃了自己的信仰,而那些不肯俯就的人遭到迫害,不仅被剥夺家产,而且被禁止与基督徒做贸易。因此,在日后摩尔人入侵时,他们大多采取与之合作的态度。

在阿拉伯摩尔人统治期,南部和北部的犹太人都获得了相对自由、安定而优越的生存条件,聪明才智得以发挥,因此得到当时统治阶层的信任,甚至被委以重任,担任朝廷的高官,如财政大臣、王室的金融和外交顾问、大使、税收官等;大多数人则从事贸易、手工业、法律和金融业,其中也有不少人是出色的医生、翻译家、学者和艺术家。在卡斯蒂利亚国王智者阿方索十世时期,犹太人活跃在当时的学府和翻译学校里,把犹太人的宗教、哲学和法律经典翻译成西班牙文,给欧洲中世纪近乎凝滞的思想界吹来一股新鲜的风。他们高超的理财能力也得到国王们的认可,从而参与了对国家金融和经济的管理,成为经济发展的重要力量。犹太人的睿智和执著,把一些早已皈依天主教的犹太教徒推上了教会的高级神职宝座,当上主教,甚至王室的忏悔神父,得以参与国家的高级机密。总之,无论在穆斯林统治区,还是在那些基督教王国,犹太人都享有了历史上难得一见的安宁与繁荣。他们利用这一历史机遇,充分发挥了用自己的智慧、勤劳和坚忍不拔的民族精神,通过对国家政治、文化、经济、金融、教育的介入,为西班牙文化和历史做出了辉煌的贡献。

犹太民族是一个极为独特的民族,它与基督教世界和伊斯兰世界都有着一种先天的割不断的联系。而西班牙犹太人在东西方文化传递方面起到了媒介和桥梁的作用,犹太学者把阿拉伯经典翻译成希伯来文,再从希伯来文翻译成拉丁文,把知识和思想输送到中世纪欧洲荒漠的土地。犹太人功不可没。

自14世纪始,犹太人和基督徒的关系日趋紧张,统治阶层和教会利用种种法规条律加紧了对犹太人的迫害,例如强行剥夺其权利和财产,限制其行动和活动范围,等等。1480年在教皇的授权下,宗教法庭在西班牙成立,其宗旨是审查、管理改宗的犹太人和惩治"异教徒",手段极其残忍,使用了包括鞭刑、绞刑、火刑、斩首等刑罚。1483年,费尔南多国王下令,将犹太人逐出安达卢西亚和萨拉戈萨。

当1492年穆斯林的最后一个据点格拉纳达被天主教双王收复后,西班牙境内主要的"异教徒"就是犹太教徒了。于是,一场空前的对犹太人的大清洗展开了。根据天主教双王的法令,凡是不肯皈依天主教的犹太人,全部被驱逐出境,不许携带财产。当时大约几十万犹太人被赶走,离开这个祖祖辈辈居住了上千年的伊比利亚半岛,他们之中有医生、学者、商人、手工艺人、教士。几代人积累的财富被没收,犹太人离去时一贫如洗。这些人后来在世界各地流浪,以寻找安身之地,若干年后,他们主要集中在东欧、西亚等地。

这场大清洗对当时的西班牙造成的损失是不可估量的,特别是对财政经济。在很长一段时间里犹太人离去所形成的大片空白无法弥补。

至今,虽然在西班牙仍然残留着一些犹太教会堂的遗迹,在文学艺术和科学典籍中还能感受到犹太文明的深刻影响,但是犹太人却极为罕见了。而那些从1492年以后不得不离开西班牙的犹太人,如今分布在世界各地,他们对那个半岛上的民族和国家始终怀有一种割舍不断的复杂感情,以至于他们至今仍使用着古西班牙语。他们一如其祖先一样,称自己为 sefarditas,称他们使用的古西班牙语为 sefardí。

在此可以附带一笔的是,在1992年,即犹太人被驱赶出西班牙500年之际,西班牙国王胡安·卡洛斯一世利用他出访以色列的机会,为他的祖先们在5个世纪之前对这个民族的所作所为,向全体犹太人正式公开道歉。

——内布里哈的西班牙语语法书《卡斯蒂利亚语语法》出版

在罗马人到来之前,伊比利亚半岛上的语言五花八门,各个民族和部落之间很难进行交流。罗马人用民间拉丁语基本上统一了被征服者的语言,把西班牙人引入了一个更为发达和文明的文化圈。而后,这种民间拉丁语向罗曼斯语过渡。卡斯蒂利亚王国的居民使用的罗曼斯语被称为卡斯蒂利亚语,由于王国不断扩充发展,语言的影响也渐次扩展,直至半岛绝大部分居民都在不同程度上接受了卡斯蒂利亚语。

但是，由于各个地区的社会文化发展不平衡，造成了发音、词法和句法的差异，语法规则相互矛盾，在文字表述和口语表述上难以达到统一的效果。为此语法学家安东尼奥·德·内布里哈（Antonio de Nebrija, 1444—1522）在1492年出版了第一部西班牙语语法书《卡斯蒂利亚语语法》，这位当时萨拉曼卡大学的教授比较完整地总结了卡斯蒂利亚语的语法现象，科学地确立了其语法规则和体系，为使用这种语言的人提供了语法标准，从而为卡斯蒂利亚语走出半岛、走向美洲、走向世界，成为世界通用语言之一而奠定了基础。就当时的背景来说，《语法》的直接效果和中期效果是，促进了西班牙作为民族国家的形成，促进了统一，有助于在美洲印第安人和混血种人中间普及西班牙语，也为迎接西班牙"黄金时代"的文学繁荣作了准备。

内布里哈写语法书的宗旨也许是企盼卡斯蒂利亚语成为继希伯来语、希腊语和拉丁语之后最有尊严的一种语言，他的目的达到了。

——哥伦布"发现"美洲

出生于热那亚的哥伦布坚信地圆说，经过多年潜心研究，认为在大西洋上向西航行，便可到达香料的故乡——亚洲。为此，他奔走于欧洲各宫廷，寻求对其远征计划的资助，他将计划提交给葡萄牙国王若昂二世、法国国王和英国国王，但是却连连碰壁，唯独在西班牙得到伊莎贝尔女王的慧眼独识，她慷慨解囊，甚至动用了自己的珠宝来资助哥伦布的探险，并许诺，如果远征成功，将封哥伦布为海军上将和新发现土地的总督。女王的支持使得这一行动带有国家性质，导致的最终结果是哥伦布及其后继者"发现"的美洲大陆和加勒比诸岛（在其四次航行中先后到达中美洲的巴哈马群岛、北美洲的墨西哥、中美洲的洪都拉斯、尼加拉瓜和南美洲的委内瑞拉等地）均被划入西班牙版图，使其领土膨胀了数十倍。西班牙变为欧洲最强大的帝国，而西班牙的文化和血脉也将随着殖民开拓被输送到大西洋彼岸的新大陆，形成了和伊比利亚半岛遥相呼应的广袤的伊比利亚美洲，即拉丁美洲。至今，哥伦布到达美洲的日期——10月12日——仍然是西班牙全国最隆重的节日：国庆节。

需要一提的是伟大的航海家哥伦布本人犯下的一个历史性错误：由于他坚信他登陆的地方是印度，于是他武断地称土著人为印度人（indios），称他和船队到达的巴哈马群岛是印度群岛（las Indias），直到他去世为止，他始终坚持他的错误判断。发现了错误之后，西班牙语依然维持了原有的称呼，只不过把印度群岛改为西印度群岛，以别于"东印度"，即真正的印度；土著人一词在外文的译法上则改为"印第安人"。如是，哥伦布的错误流传至今。

地理大发现的意义远不止于繁荣西班牙。这是一道历史分水岭，从此东西半球相衔接,人类社会也加快了摆脱中世纪、迈向资本主义发展的新阶段的步伐。此后一系列的自然地理发现和随之而来的社会经济结构及方式的变化,引起了人类观念上的全面更新。亚洲、美洲和非洲的大量物品和财富进入欧洲,玉米、马铃薯、西红柿、咖啡、茶、烟草、番薯、可可、香料等作物的引进改变了西方人的生活方式和习惯,资本积累为资本主义发展提供了原料基地和产品市场,美洲金银和各种稀有金属的大量流入引起了西欧的价格革命,最终导致了工业革命。

一个新纪元开始了。

3. 西班牙的统一

收复格拉纳达之后,经过几年的励精图治,国家逐渐趋于稳定。1512年纳瓦拉王国并入,西班牙的国土面积和结构基本达到了目前西班牙的国土规制,王国终于取得了最大限度的统一。其统一主要体现在以下几个方面:

政治统一。西班牙在历史上首次形成了一个民族国家,以罗马法典为基本法,以卡斯蒂利亚为中心,以国王为最高权威,各种政治力量和各个社会阶层均须服从王权统治。

社会统一。此前贵族们拥有极大的权力和相对的自主性,甚至拥有武装。国家统一之后,天主教双王用铁腕镇压了贵族们的数次谋反,逐步剥夺他们的权限,没收他们的土地,拆除许多贵族们赖以建立独立王国的城堡,同时派遣官员督察各市镇的市民阶层的税收,以保障中央集权的行使和国库的充盈。

宗教统一。统一宗教的目的是为了在当时的历史条件下统一政治,统一社会,统一国家。自天主教双王开始直至百年后的费利佩三世,都采取了驱逐"异教徒"的措施,或者残酷镇压有非正统天主教思想倾向的人,其最得力的工具就是宗教裁判所。据不完全统计,仅从1483年之后的数百年间,被宗教裁判所迫害致死的人就多达30万人。然而,这一政策却从客观上帮助西班牙完成了民族意识的统一,为以后西班牙历代国王推行的宗教政治,即政教结合铺平了道路。

军事统一。国王们组建了王家军队,以取代过去战时的贵族武装,贵族们失掉了相当的权力,又失掉了军事优势,被迫放弃自己传统的城堡以及封建领地的生活方式,转而投入国王的军队,被授职或因战功而被封赏。此后,西班牙贵族从军便成了传统,也成为其他阶层仿效的模式。

西班牙作为民族国家的基本形态已经出现了,在其形成过程中有一个因素是不可忽视的,那就是在中世纪后期产生的民族意识,或曰爱国精神。而这股精神力量与宗教信仰密不可分。在宗教改革和反改革运动中,宗教已经随着地域和民族的划分而分解,西班牙人为了捍卫本地区基督教的纯洁性而驱逐了犹太人和摩尔人,尼德兰人民在新教的旗帜下团结一致赶走了西班牙人而获得独立,英国人因安立甘教而凝聚成一体对抗来自欧洲大陆的敌人。国家从王室的私产变为民族的国家。

这样,天主教双王伊莎贝尔和费尔南多的统治结束了西班牙的中世纪,缔造了第一个国土统一的西班牙民族国家,从此开始迈向近代。

第二节　16世纪和17世纪的西班牙帝国:从辉煌到黯淡

西班牙史学家称这两个世纪的西班牙为哈布斯堡的西班牙或奥地利王朝的西班牙,因为从天主教双王的外孙卡洛斯(旧译查理)起,历经费利佩二世、费利佩三世、费利佩四世和卡洛斯二世共五个朝代,这些国王均有奥地利哈布斯堡王室的血统。而在此期间,西班牙始终处在战争的阴影中,经历了最大幅度的起伏跌宕,从巅峰跌落到低谷。

一、卡洛斯五世(1516—1556)

天主教双王相继去世之后,女儿胡安娜继承了王位,她的丈夫是哈布斯堡王室的菲利普亲王,这位绰号"美男子"的亲王风流成性,绯闻不断,最终造成胡安娜郁闷成疯,无法临朝。他们的儿子卡洛斯(1500—1558),少年即位,被称为卡洛斯一世。他从母系和父系两方面继承了西班牙和意大利的米兰、西西里、撒丁、那不勒斯及北非的突尼斯、美洲殖民地、奥地利、尼德兰、勃艮第、卢森堡、波希米亚、匈牙利等地区,即一个横跨欧、美、非大陆的日不落帝国。但是历史的潮流是形成民族国家,而卡洛斯继承的帝国是一个超民族的帝国。他继承的太多,因此也背上了超负荷的责任。1519年,卡洛斯当选为神圣罗马帝国皇帝,被称为卡洛斯五世。

卡洛斯五世

西班牙理所当然地成了欧洲的霸主。其原因有很多,除了国内的有效治理和海外的迅猛扩张,还有一个不可忽视的原因,那就是欧洲王室传统的联姻政策。在那个时代,王子公主们的婚姻没有温情脉脉的浪漫,更多的是政治和国家利益。王族婚姻是国家大事,是王国外交关系的筹码,意味着潜在的权力的膨胀,也意味着领土的兼并,甚至国家的合并或者诞生等等。天主教双王擅长此道。他们有一子四女,王储胡安娶了德国哈布斯堡家族的马克西米连皇帝的女儿玛加莉达公主,二公主胡安娜嫁给马克西米连的儿子菲利普亲王,长女伊莎贝尔嫁给葡萄牙王储,死后其妹玛丽娅续嫁,四公主卡塔丽娜远嫁英国的亚瑟王子,王子死后嫁其弟亨利,即后来的英王亨利八世。这样,西班牙王室的触角伸到欧洲的不同角落,保证了其外交意图的实施。最终成果就落到天主教双王的外孙卡洛斯身上。他几乎兼并了大半个欧洲,囊括了绝大部分美洲。

现在西班牙国王夫妇和王储夫妇

在思想体系上,卡洛斯完全继承了他的外祖父母天主教双王的正统基督教思想,要用中世纪十字军东征式的圣战统一欧洲乃至全世界的宗教,其最大理想就是建立一个基督教帝国。为此,他把从其辽阔的殖民地和其他领地上搜刮来的数不胜数的财富都用在战争上。在美洲发现了大量的银矿后,源源不绝的白银从大西洋对岸运抵西班牙,据德国银行家厄尔·汉密尔顿的材料,从1503年到1660年,有18.5万公斤黄金和1600万公斤白银运到塞维利亚港,仅白银的数量就相当于欧洲白银总储备量的三倍,而上述数字还不包括走私的量。① 这些财富消耗在战争中,流入那些外国债权人手中,有一种说法:西班牙人养牛,别人喝奶。

卡洛斯本人终年驰骋在战场上:在意大利夺取了撒丁岛和西西里并胜利进军罗马,他挟持了教皇并纵容手下的士兵和雇佣军在罗马城大肆劫掠和破坏,他俘虏了法国国王弗朗西斯科一世并将其因禁在马德里,他在低地国家和德国与新教徒作战并迫使主张宗教改革的贵族们投降,他还远征北非的突尼斯和沿海地区与伊斯兰教徒开战,他还主张基督教的欧洲进攻土耳其的奥斯曼帝国……总之,他四面出击,同时在几条战线上作战,疲于应对。他的敌人就是所谓的"异端"、"魔鬼"。他退位时留给他唯一的儿子费利佩二世2000万杜卡的债务。②

当欧洲已经看到文艺复兴的曙光,资本主义的萌芽已破土而出的时候,卡洛斯还固守着中世纪的封建理念和宗教至上的信条,站在宗教改革的对立面,成为16世纪欧洲保守势力的领军者。他曾经这样扬言:"我决心以我的各个王国,我的全部财产,我的朋友们,我的身体,我的鲜血,我的生命和我的良心作担保。因为在我们的时代,由于我们自己的疏忽,只要稍微有一点异端的痕迹渗入人们的心灵,这对你们和我们将是一种耻辱。"③

然而,不可否认的是,在卡洛斯的统治时期,西班牙加强了与欧洲的联系,意大利、法国、奥地利等国的影响纷至沓来,打破了西班牙在几百年中与欧洲近乎隔绝的孤立状态。而且,就是在他的支持下,葡萄牙人麦哲伦率船队进行了人类首次环球航行,而在麦哲伦死于和菲律宾土著人的冲突之后,最终完成这一壮举的是西班牙航海家埃尔卡诺(Juan Sebastián Elcano,1476—1526),他历尽艰辛,率领船队仅剩的18名船员,经印度洋,绕非洲好望角,于1522年9月6日返回塞维利亚。对于西班牙来说,卡洛斯是帝国的缔造者,也缔造了西班牙人的帝国意识和民族的自豪感,他组建的军队和舰队也是西班牙日后军事力量的基础,他治下的帝国版图是后来西班牙领土扩张的坐标。长久以来,西班牙人奉他为拓土开疆、武功卓著、把西班牙重新纳入西方世界的一代天骄。

1555年,卡洛斯病重,他把西班牙王位让给儿子费利佩(旧译腓力)二世,把德国的王冠留给弟弟费尔南多,自己隐退到尤斯特修道院。即使在病榻上,他依然念念不忘战事。当他听到费利佩在圣金廷战役中打败了法国新王亨利二世时,激动地在病榻上坐了起来,高声喊道:"我的儿子!为什么不一直打到巴黎去!"

---

① 参阅[乌拉圭]爱德华多·加莱亚诺:《拉丁美洲被切开的血管》,人民文学出版社,2001年,第14页。
② 赵林:《西方文化概论》,高等教育出版社,2004年,第216页。
③ 齐世荣主编:《西班牙葡萄牙帝国的兴衰》,三秦出版社,2005年,第271页。

三年后，即 1558 年 9 月 21 日，卡洛斯五世辞世。

二、费利佩二世(1556—1598)

卡洛斯五世按照自己的模式塑造了费利佩。因此，在费利佩的心中只有两个重心：天主教和西班牙，而天主教高于一切。除此之外，生活中的其他因素都屈居末位。他的整个一生都受这一原则的制约，甚至他的婚姻和家庭。

在西班牙历史上，费利佩二世和他的父亲卡洛斯五世齐名，不同的是，他父亲的统治是在西班牙的扩张期，而他则既把帝国推至顶峰，又亲手制造了它的失败和衰落。国家的鼎盛和没落同时出现在一代帝王的统治期，这是不多见的。

1. 宗教与宗教战争

费利佩二世在宗教观上，超过了他的曾祖父母天主教双王，也超过了他的祖父母和父母，他是个绝对虔诚的天主教徒，是个对其他宗教没有丝毫宽容的狂热信徒，他的名言是："我宁愿退位，也不愿在我的治下有一个异教徒。"为此，他对国内的"异端"——那些有宗教改革倾向的人、改宗的阿拉伯人或犹太人，还有大量与此毫不相干的人——采取残酷镇压的手段，甚至不惜利用宗教异端裁判所的火刑处死他们。仅在 1559 年在京城巴利亚多利德就实行了 5 次火刑，其中 3 次由他亲自主持。他面对一位即将被活活烧死的新教徒——他哀求国王赐他速死——无动于衷地说："如果我的儿子犯下和你同样的罪孽，我将亲手堆起木柴烧死他。"他在位期间，由于宗教原因赶走了数千名信仰新教或有此嫌疑的佛兰德手工艺人，而英国人接纳了他们，利用他们的技术推动了英国的工业。他镇压了南方穆斯林改宗者的起义，把柑橘飘香的安达卢西亚几乎变成废墟。他还镇压了阿拉贡的农民起义。

而对于帝国属地或殖民地特别是低地国家的新教徒，费利佩动用大批军队前往镇压，还设立宗教裁判所迫害新教徒。低地国家包括现在的比利时、卢森堡、荷兰和法国北部的部分地区，那里在中世纪是工商业发达的地区，毛纺、造船、航运都非常先进，推动了经济的繁荣，在 16 世纪中期之前为西班牙国库提供了约一半的收入。但是卡洛斯和费利佩父子庞大的战争开支每年耗费大量款项，他们加紧了对低地国家的盘剥、勒索和镇压。费利佩曾说："我宁愿失去 100 条生命，也不愿使宗教受到一点损害。"改信新教的荷兰人渴望独立，他们不断抗争，甚至发动了破坏圣像运动，矛头直指天主教会和西班牙。经过长期的斗争，终于在 1648 年迫使朝廷做出让步，签订了威斯特法伦条约，荷兰获得了独立。

2. 西法战争

西法之间的战争也持续了很久，从卡洛斯五世到费利佩二世，西班牙军队多次占上风，而在 1557 年巴黎附近的圣金廷战役中更是取得了最辉煌的一次胜利，并迫使法王皈依天主教。此后,两国王室利用婚姻关系加强双方的联系以维持一种平衡,费利佩的第三任妻子就是法国公主,这种通婚为日后波旁王室入主西班牙埋下了伏笔。

3. 莱潘托海战

土耳其人长期霸占地中海地区,阻碍欧洲和其他国家船只通行,为此,费利佩二世决定向这个异教徒的帝国宣战。在教皇庇护五世的支持和资助下,西班牙与威尼斯共和国组成联合海军舰队,在费利佩的异母兄弟胡安亲王(卡洛斯五世的私生子)的统帅下,于1571年在希腊的莱潘托海湾大败土耳其舰队,击沉了50多艘敌舰,俘获了130艘,打死数万土耳其人,还解救了被掳去为奴的一万多名基督徒。由于此次失利,土耳其失去了它的地中海霸主地位,失掉了向西扩张的能力。而西班牙则大大提升了它的海上优势。

《堂吉诃德》的作者、大文豪塞万提斯也参加了这次海战,战斗中他的左臂负伤致残,从此他被称为"莱潘托的独臂人"。

4. 葡萄牙的并入

西班牙王室与葡萄牙王室这两个伊比利亚半岛的邻居长期联姻,血缘相通,卡洛斯五世的皇后和费利佩二世的第一任妻子都是葡萄牙公主。1578年,葡萄牙国王塞瓦斯蒂安在非洲战死,他没有留下继承人,于是费利佩二世便以近亲身份继承王位,顺理成章地将两国合并。这样,西班牙帝国的版图不仅多了个葡萄牙,还将其在美洲和非洲的全部殖民地和太平洋及大西洋上的葡属诸岛一并接收。费利佩二世把西班牙推上有史以来最强大帝国的宝座。

5. 西英海战与无敌舰队的覆灭

卡洛斯和费利佩父子一直想把英国纳入天主教帝国的范畴,但是英王亨利八世及其女儿伊丽莎白却是坚定的英国国教信徒,与天主教势不两立。伊丽莎白一世登基之后,双方的关系日益紧张,英国海盗在朝廷的纵容下,时常袭击西班牙船队,骚扰和洗劫西班牙在美洲沿海地区的殖民地,其中最臭名昭著的是德雷克,他多次抢劫西班牙运送金银的船只,最多的一次掠夺了约50万英镑的财物。为此伊丽莎白女王授予他骑士称号。

当伊丽莎白囚禁并最后处死苏格兰女王玛丽之时,费利佩决定采取行动了,因为玛丽是天主教徒,是他的盟友。于是,他花费巨资组建了一支庞大的舰队,命名为"无敌舰队",船队配备了130多条船、2500门大炮、7000名水手和23000名步兵,武器装备在当时均属上乘。他又任命年迈的梅迪纳-西多尼亚公爵为总司令,一切准备停当。费利佩踌躇满志,认为必能战胜背弃罗马天主教的英国人。1588年7月28日,无敌舰队驶进英吉利海峡,然而天公不作美,海上刮起了特大风暴,英国舰队趁机反击,在这双重夹击之下,西班牙舰队溃不成军;之后英军用远程大炮轰击,约半数西班牙船只和战斗人员葬身大海。国力并不雄厚的英国打败了号称日不落帝国的西班牙。

这场战役的结局出乎所有人的意料,更出乎费利佩本人的意料,他感到他和西班牙都被上帝抛弃了。确实,无敌舰队的失利是西班牙开始走下坡路的起点,它失去了海上霸权,从此帝国的辉煌一点点褪色,衰败的征兆已经出现了。

6. 占领菲律宾及开辟海上航线

费利佩二世好大喜功,想把南海变成西班牙的内湖,将太平洋两岸都纳入他的殖民地的版图。1521 年,麦哲伦和他的船队在环球航行时"发现"了一个群岛,1565 年西班牙宣布该岛为其殖民地,为了纪念费利佩二世,该岛被命名为菲律宾。从此西班牙的势力进入了亚洲,并曾一度企图以该岛作为基地向中华帝国进军。为了确保其海上运输的畅通,一条以马尼拉为起点,横穿太平洋,到达墨西哥的阿卡普尔科(Acapulco),再经由韦拉克鲁斯进入大西洋,并以西班牙的穆尔西亚和加的斯为终点的航线便开启了,它被称为海上丝绸之路,因为从亚洲驶往美洲和西班牙的马尼拉大帆船主要运载的货物就是来自中国的丝绸,此外还有瓷器、染料等。这条海上丝绸之路保障了西班牙和美洲殖民地的贸易往来和一些特殊供给,也开启了中西和中美的海上贸易关系。

在历史上,费利佩二世是一位狂热的天主教君主,但是他在文化上却体现出了某种宽容和对艺术的无条件的倾倒。他一方面镇压了安达卢西亚的穆斯林起义,一方面又千方百计保护阿尔罕布拉宫免遭兵燹,同时不断拨款维修这个伊斯兰建筑群。他的后代也基本上遵循这个原则,从而在残酷的宗教大清洗中,南方的几个伊斯兰建筑艺术的珍宝得以幸存。

三、最后三位哈布斯堡君主及其统治

自费利佩二世之后,几代国王,一代不如一代。费利佩三世(1598—1621 年在位)的致命策略之一是将 50 多万摩里斯克人(留居在伊比利亚半岛的阿拉伯人)驱逐出西班牙,造成的直接损失是大片土地荒芜,农业甚至整个经济都遭重创,埃布罗河南部阿拉贡地区的肥沃良田毁于一旦。费利佩四世(1621—1665 年在位)统治期间战乱不断。1640 年,加泰罗尼亚地区的农民揭竿而起,反对中央集权的专制统治,战争持续了 10 多年,于 1652 年以国王军队的胜利而告终。欧洲战争 30 年,尼德兰获得独立。西法战争约 10 年。费利佩四世的执政期共 40 年,其治国建树几乎无从谈起。最后一代哈布斯堡君王是卡洛斯二世(1665—1700),他是个羸弱多病、神经不健全的人,西班牙人给他起了个绰号:中邪者。他在各方面都与他的祖先、那位哈布斯堡王朝的开创者卡洛斯五世相反。他死后无嗣,王朝虚位。

为了争夺这个世界上最庞大帝国的宝座,大部分欧洲王室都投入了这场角逐,尤其是与西班牙王室有着较近亲缘关系的法国波旁王室和奥地利的哈布斯堡王室。最后,法王路易十四如愿以偿,其孙安茹亲王费利佩于1700年登基为西班牙国王,是为费利佩五世,从此开始了西班牙的波旁王朝。当时的法国报纸宣称,"从此比利牛斯山不存在了"。

此时的西班牙已经处在经济近乎破产的边缘。实际上,在此之前,西班牙已经多次面临破产的边缘,直接原因就是长达数百年的无休止的战争。

16、17世纪的西班牙社会是个等级划分明确的社会:国王及王室、贵族、高级神职人员、骑士和小贵族、平民百姓。国王处在社会金字塔的最高层,是整个国家和社会的最高统治者,享受着各种特权,而农民,特别是大量的破产农民、小商人、手工业者却承担着沉重的赋税。美洲财富丝毫没有惠及百姓,贫穷是一种极为普遍的现象,甚至连一些所谓绅士也沦落到一无所有的地步,因为国内生产性的活动大大萎缩,政府根本无力维持正常生产的政策,相反,朝廷似乎在尽可能地毁掉自己的工业。西班牙并没有完全走出中世纪的阴影。16世纪中期,朝廷甚至颁布了一项法律,禁止进口国外的书籍,学生不许到国外读书,杜绝了国内外的学术交往和先进思想的传入。与此同时,修道院的数量激增,国家供养着大量的教士,不事生产的贵族的数量可与之相匹敌。数量更多的是乞丐,以至于文学上也出现了流浪汉小说。两个世纪中,西班牙人口减少了一半,英国却增加了一倍。此时欧洲其他地区的资本主义已经迅速崛起,其资本来源之一就是西班牙从美洲掠夺的金银,而对西班牙来说,这些金银除了一部分供本国上层人物大肆挥霍,还有一大部分流入欧洲那些债主的口袋里,因为他们借钱给西班牙国王们用来打仗。"1543年,皇家收入的65%都用来支付债券的年利,只有极少数的白银用在西班牙的经济上。"①

作为西班牙民族来说,他们在这个特定的历史时期是如何表现的呢?

对黄金的渴求与对宗教的极端虔诚,对宿命论的执著与浮夸的文化观念,使得西班牙人在难得的历史机遇面前与它擦肩而过,并且在以后岁月里渐渐沦为欧洲二流国家之列。突如其来的美洲黄金白银诱使大批西班牙人放弃正常的劳动而投入新大陆的淘金热之中。他们轻视普通劳动,而且像中世纪的骑士和贵族们那样轻视体力劳动,轻视经商和办实业,认为那是犹太人和摩尔人干的事。西班牙人认为,有了美洲的大量金钱,全世界都是为西班牙服务的工厂,拿来就行,米兰生产的

---

① 参阅[乌拉圭]爱德华多·加莱亚诺:《拉丁美洲被切开的血管》,人民文学出版社,2001年,第14页。

锦缎、佛兰德生产的亚麻、威尼斯生产的花边……16世纪中期,即西班牙的鼎盛时期,其生产领域已经呈现出不正常的局面。食品、羊毛、丝和铁的交易被热那亚人垄断,金融业基本上掌握在德国银行家富格尔家族手中,法国人包揽了手工业和葡萄园的工作。而西班牙人甚至宁愿贫穷也不愿劳动。于是有劳动能力的男子去投军,当修士,去海外冒险,甚至当乞丐,但是不愿像摩尔人那样当农民,或者像犹太人和其他欧洲人那样当手艺人,也不愿像德国人、法国人、荷兰人那样当工人或者去经商。国家进入衰退期。

在文学艺术领域,这两个世纪却是西班牙的"黄金年代",人才辈出,留下不少扛鼎之作,成为世界艺术宝库中的瑰宝。

第三节 18世纪和19世纪的西班牙:从中兴到没落

在人类历史上,18世纪和19世纪是两个动荡的年代,是社会从封建阶段大踏步向资本主义迈进的年代,是政治经济大变革的年代,也是思想观念日益趋向开放的年代。而在西班牙,除了一段短暂的中兴,大部分时间都处在下滑的斜坡上,无法控制。

一、费利佩五世和欧洲王位继承战

在西班牙,18世纪由波旁王室入主马德里的第一代国王费利佩五世的登基典礼而始,继之而来的便是持续时间长达11年的欧洲王位继承战争。

虽然卡洛斯二世临终时曾留下遗嘱,称王位由其姐和路易十四的孙子费利佩·德·安茹亲王继承,但是与西班牙王室也保有血缘关系的奥地利王室拒不接受这一决定,而其他与卡洛斯有亲缘关系的欧洲王室都垂涎于日不落帝国,其版图已经超过了当年的罗马帝国。于是一场王位争夺战便在几乎整个欧洲打响了。战争以费利佩五世为一方,背后有法国、科隆和巴伐利亚的支持;奥地利皇帝利奥波德一世及其子查理大公为另一方,背后有英国、荷兰、德意志诸侯国、普鲁士、葡萄牙和萨伏依等国。在西班牙国内也分为两派,加泰罗尼亚、巴伦西亚和阿拉贡站在奥地利一边,其余的地区支持新王。战场从西班牙本土延及意大利、佛兰德等地区,损耗大量人力物力。1713年,双方媾和,签订了乌特雷奇条约,承认费利佩五世是西班牙唯一的合法君主,而西班牙作为交换条件则割让了它在欧洲除本土之外的全部领地。其他参战国都有其战利品,最大的赢家是英国,它攫取了直布罗陀要塞、梅诺尔卡岛、北美哈得逊湾一带的土地和在美洲的贸易权。

这场战争带给西班牙的是国力的大大削弱。

费利佩五世带来了欧洲战争,也带来了法兰西文明的影响,他力图通过他的一系列施政纲领和政策来消除西班牙在几个世纪中与欧洲近乎隔绝的鸿沟。他仿照其祖父太阳王路易十四在文化上的建树,在西班牙建立了第一个皇家科学院和皇家历史学院,把皇家藏书馆改造为公共图书馆,把王室的绘画收藏扩大为日后举世闻名的普拉多美术馆,提倡教育,提倡改变当时比较封闭守旧的民风,提倡欧化以对抗西班牙尚存的相对落后的思想形态和生活方式。

在费利佩的倡导下,法兰西之风从宫廷向社会蔓延开来,被称为自上而下的变革。

二、卡洛斯三世(1759—1788)的开明专制主义

18世纪中期,世界格局有了新的变化。当年,在国力上远逊于西班牙的英国大力开拓殖民地,动用各种手段加强其商业扩张,甚至利用海盗袭击往来于美洲和欧洲之间的西班牙商船,因而逐步强大。法国一方面是西班牙的盟友,而在国际竞争中有时也是对手。卡洛斯三世在以阿兰达、霍韦亚诺等人为首的开明大臣们的辅佐下,制定了有利于经济发展的政策,在加泰罗尼亚建立了棉纺业等工业门类,开放了美洲贸易,开放全国的口岸,促进了国内经济贸易的繁荣;在对外政策上,卡洛斯采取了在大国之间维持平衡的中间路线,力求西班牙的中立和平,避免战争,以保证西班牙有足够的时间和环境加速发展。卡洛斯三世本人厌恶打仗,他热衷于马德里的城市规划与建设,聘请了国内外杰出的艺术家、建筑师和工匠,努力把马德里建成具有文化艺术气息、先进的生活设施和优美环境的现代城市,大量公共建筑拔地而起,例如马德里王宫、阿尔卡拉门、圣佛朗西斯克大教堂、植物园、自然科学博物馆、装饰着喷泉的林荫大道等,他因此而被誉为好市长。在他近30年的统治期,执行了源于路易十四的开明专制主义,西班牙出现了相对的政治稳定和经济繁荣。

然而,由于西班牙以教会和贵族为代表的封建势力强大保守,顽强对抗任何改革,固守一隅,对于从法国传来的自由思想、理性主义、百科全书派的进步主张都充耳不闻,全然没有意识到人类历史上的一场伟大的革命——法国大革命即将在比利牛斯山的另一侧爆发。

三、拿破仑入侵和西班牙独立战争

波旁家族的第三位君主卡洛斯四世(1788—1808)软弱无能,荒于朝政,其妻玛丽娅·路易莎王后野心勃勃,她和权臣戈多伊狼狈为奸,独揽大权,在18世纪末期复杂多变的国际形势下,把国家拖入灭顶之灾。

当时的英国正处在迅速上升的阶段,一方面大力扩充殖民地,另一方面急于寻找市场以推动其贸易,逐渐衰落的西班牙帝国便成为其猎取的目标。这样,在相当长的时期内,西英之间始终剑拔弩张。已经夺取了政权的拿破仑利用了这一点,他迫使亲法的戈多伊向英国宣战。1805年,西法联合舰队在西班牙南部的特拉法加被英国海军上将纳尔逊上将率领的舰队全部歼灭。1806年,拿破仑又向戈多伊提出,要西班牙开放边境让法军通过,然后进攻葡萄牙。他许诺,事成之后,可赐给戈多伊一块领地。这个卖国的权相竟然应允,于是法军顺利通过西班牙领土,于1807年11月占领了葡萄牙。然而法军不仅没从西班牙撤军,反而于1808年占领了马德里。卡洛斯四世、其子费尔南多以及整个王室心甘情愿地做了拿破仑的俘虏,他们全体被扣留在法国边境小城巴约纳,享受着法国皇帝赏赐的奢华的阶下囚的生活,听凭主权和国土的沦丧。

1808年5月19日,拿破仑把他的胞兄何塞·约瑟夫·波拿巴封为西班牙国王,以为从此连同西班牙在内的大部分欧洲领土都归他所有了。然而西班牙人民绝不同于他们的国王,除了少数上层分子,社会各阶层都投入了抗击法国入侵的斗争,而马德里人民从何塞上台之日起,就以不同的方式表示了对这位靠拿破仑权势和法军的刺刀登基的入侵者的轻蔑和反抗,他们给他起了个绰号:酒瓶子佩佩[①]。马德里人的抵抗迫使何塞在进驻首都仅10天便不得不撤出,直到拿破仑大军再度杀回马德里才重登宝座。

就在卡洛斯四世被囚和王朝、政府、军队均已不复存在的情况下,西班牙人民揭竿而起,打响了抗法独立战争。从1808到1814年,一场双方力量悬殊的战争从北到南,几乎遍及整个国土。面对强大的拿破仑军队,西班牙人几乎全民总动员,从城市到乡村,人们动用了一切可以用作武器的东西,把每寸土地都变成了战场,并且首创了游击战的战略战术,使得在欧洲战场上战无不胜的拿破仑军队陷入了人民战争的汪洋大海。

由于政权真空,起义者建立了地方"洪达"(Junta,即委员会),作为临时权力机构。1808年,各省"洪达"派代表在阿兰胡埃斯开会,组成了中央"洪达"。1810年,中央"洪达"在唯一没被法军占领的加的斯城进行改组,成立了一院制的议会,并于1812年颁布了西班牙的第一部宪法。宪法提出建立君主立宪制和实施一系列体现资产阶级自由民主思想的措施。虽然限于当时的历史条件,宪法在实际上未能实行,但是为以后国家宪法的颁布开了先河。

在这场战争中,英国出于其自身的利益,支持西班牙反对法国的占领。惠灵顿

---

① 按照西班牙语,佩佩是何塞的昵称,酒瓶子是表示法国人嗜酒。

公爵指挥英军协同西班牙人共同抗击法军,终于在1814年,法军战败,撤离了西班牙。西班牙人民的英雄主义和永不屈服的精神再一次在世界历史上留下了光辉的一页。

四、混乱的年代

向拿破仑投降的卡洛斯四世已死,其子费尔南多七世从法国返回祖国,他不仅没有反省王室的背叛行为,反而忘恩负义地开始大肆镇压民主势力,废除独立战争期间所实施的所有进步措施,倒行逆施。他的暴政和独裁激起了民众和有进步思想的军官们的反抗。自那时起,直到他的女儿伊莎贝尔二世继位之后,起义、武装暴动、内战此起彼伏,社会动荡,战事频繁。

根据波旁家族的萨利法典,女性无权即位,于是费尔南多在去世之前宣布废除此法,为他的女儿伊莎贝尔继承王位做好铺垫。但是国王的胞弟卡洛斯始终坚持他的合法继承权。为了争夺王位,先后爆发了两次卡洛斯战争。专制主义者支持卡洛斯,自由派支持伊莎贝尔,希望利用年幼的女王对国家政务实施改良。遗憾的是伊莎贝尔毫无治国的才具,却喜独断专行,朝令夕改,行为乖张。她在位35年,曾41次改组政府,先后颁布了7部宪法,导致国家处于崩溃的边缘。1868年,海军发动了武装起义,废黜了女王,将其流放到国外。

1873年2月11日,国民大会宣布西班牙为共和国。1874年,一场暴动推翻了刚刚成立一年的共和国,伊莎贝尔的儿子阿方索十二世回到国内,登上王位,波旁王朝复辟。

18世纪和19世纪是思维革新,创造发明层出不穷的年代,由于工业革命的兴起,欧洲社会在经济、政治、文化、科技和社会生活诸方面发生了根本性的变化,英国、德国、法国等国脱颖而出,成为世界强国。然而,同为欧洲国家的西班牙却并未受到根本的触动,似乎还停留在几个世纪之前,教会、王族、贵族等保守势力依然主宰着社会,国势虚弱。此时,它已经失去了大部分美洲殖民地,1898年美国和西班牙战争爆发,这是一场老牌殖民帝国和新型帝国主义国家之间的战争。西班牙失败,伤亡数千人,损失了两个舰队,失掉了在美洲和亚洲的最后的殖民地:古巴、波多黎各、关岛和菲律宾。殖民帝国彻底没落。

第四节 20世纪的西班牙:从落后到复兴

一、第一次世界大战中的西班牙(1914—1917)及第二共和国

1902年,阿方索十二世的遗腹子阿方索十三世继位,当时他只有16岁。这是一个刚愎自用、反复无常的君主,他在治国方略方面依然采取波旁王朝的保守政策,不但没有丝毫改革和进一步现代化的倾向,反而削弱议会的权限,竭力加强君主政体的权威。他喜欢独断专行,常常突然撤换大臣甚至首相,或者改组政府。在他亲自执政的21年中,共轮换了33届政府。轮番执政多年的两大政党自由党和保守党日益瓦解,因此国内政局动荡飘摇,社会矛盾尖锐。

1914年爆发了第一次世界大战,从此世界格局发生了巨大变化。阿方索十三世宣布西班牙中立,并利用四年全球性大战的机会,向交战双方提供物资和劳务,出口额猛增,工农业生产迅速增长,促进了钢铁、煤炭、造船、纺织、交通运输、机器制造业等的迅速崛起,从而推动了国内经济的发展。在此期间,西班牙的黄金储备增加了三倍,居世界第四位。

资本主义的发展使社会结构和经济结构发生了变化,而受到保守派严酷压制的进步和改革势力逐渐抬头。1917年俄国的十月革命对整个世界,特别是欧洲产生了巨大的冲击力,西班牙各地的工会以阿斯图里亚斯地区和巴塞罗那为核心,迅猛发展。就在当年,西班牙工人举行了全国总罢工。1920年西班牙共产党成立,工人运动和农民运动掀起了新高潮,其他社会阶层的反响非常强烈。

大战结束之后,由于军队在摩洛哥的惨败和世界经济危机的影响,国内矛盾进一步激化,局势更加复杂,几乎无法控制,于是在1923年国王任命普里莫·德·里韦拉将军(Primo de Rivera)组阁以实施军事独裁。独裁政府一方面用结束在摩洛哥的战争、扶植工业发展、活跃贸易、改善公路交通等举措来稳定国内局势(甚至还分别在巴塞罗那和塞维利亚举办了两届声势浩大的世博会),同时又采取了一系列极端措施以加强对国家的控制,例如取消言论自由,取缔各种组织团体,解散议会和市政府。1930年1月,迫于国内的强大压力,独裁者普里莫·德·里韦拉辞职。其继任者贝伦格尔将军(Dámaso Berenguer,1878—1953)上任不到一年就下台了。海军上将阿斯纳尔(Juan Bautista Aznar,1860—1933)接任,此时的西班牙处在大动荡的前夜,社会各阶层都被卷入示威游行、罢工、暴动、政治集会或无政府行动之中,连军队也出现了分裂。阿斯纳尔政府只得于1931年4月12日举行市政选举,结果共和派获胜。次日,阿斯纳尔政府辞职。14日,共和国宣布成立,这就是第二

共和国。15 日,末代国王阿方索十三世退位,携王室成员流亡国外。西班牙的封建王朝结束了。

二、第二共和国与西班牙内战

第二共和国在复杂艰难的环境中生存了五年。

共和国成立伊始,通过选举产生了左翼社会党和共和党占多数的立宪议会,议会于 12 月 9 日颁布了共和国宪法,第一次提出了政教分离,剥夺天主教会的财产,承认加泰罗尼亚等地区的自治权,同时还颁布了一系列具有民主和进步倾向的法律条文,如妇女选举法、土地改革法、劳工合同法、离婚法、军队减员法等。共和国政府还大力发展教育事业,在财政极为困难的情况下,在全国建起了 1 万多所国立学校,成为史无前例的壮举。

然而,西班牙的社会问题和经济问题已是积重难返,而仇视共和国的右翼保守势力不断策动暴动和制造破坏颠覆活动,国际上因希特勒上台而掀起的反民主的反动潮流与此相呼应。于是在 1933 年的选举中,右翼势力获得多数席位,以勒鲁为首的政府向右转,不仅废除了大部分进步的法律条文,而且对左翼力量进行血腥的武力镇压。1934 年,北部阿斯图里亚矿区的工人爆发了大规模武装起义,起义者在所控制的地区建立了工人政权,影响不断扩大。勒鲁从摩洛哥调集了摩尔人团队来矿区镇压起义工人。双方激战了十多天,矿工们因寡不敌众而失败,死伤近万人,被处决的达数百人。起义被淹没在血泊里。这一暴行大失民心,勒鲁政府于 1936 年被迫辞职。

1936 年 2 月 16 日,由共产党、社会党、共和党等左翼政党组成的人民阵线在选举中获胜,共和党人曼努埃尔·阿萨尼亚(Manuel Azaña,1880—1940)出任共和国总统。而此时的国内已是山雨欲来风满楼。左派和右派两大势力的对抗已经白热化,社会动荡,恐怖活动遍及全国,经济陷入混乱状态,决战一触即发。

1936 年 7 月 17 日,以佛朗哥将军为首的右翼军人发动了反对共和国的武装叛乱,首先在北非梅利里亚的驻军起兵叛乱,反对左翼政府。次日,西班牙本土的军队也宣布发动政变。内战爆发了。

全国分为两大派别:由工人、农民、部分中产阶级、具有进步倾向的知识分子和其他人士组成了保卫共和国的阵营,其对立面是以军队、教会、贵族和大资产阶级、大地主为主体的民族运动派(Movimiento Nacional),其核心组织是长枪党。共和派虽然得到了国际上许多进步人士的支持和同情,甚至接纳了约四万人自愿组成的国际纵队参战,但是在军事物资和粮食方面严重短缺,而反共和派却从德国和意大利法西斯政府那里获取了大量的军用物资和直接军援,包括战机、军舰、武器,最后德、意法西斯明目张胆派遣军队入侵西班牙共和国,意大利派遣了 75,000 人,德国派遣了 17,000 人。内战国际化了。

西班牙内战的逐步升级已经改变了这场战争的性质,共和军发起的保卫战变成了一场反法西斯战争。世界各国的进步人士纷纷通过各种途径声援和支持年轻的共和国,不少人来到西班牙投军,直接参战。国际纵队就是在这种敌我悬殊的危急局势下组织起来的。当时共有 7 支国际纵队,基本是按照队员的国籍和使用的语言编队。这些国际战士来自 54 个国家,其中还有大约 100 名中国志愿者。虽然他们的民族不同,社会背景不同,职业不同,但是他们被一个共同的崇高事业联系在一起,那就是消灭法西斯,保卫自由和民主。在国际纵队的誓词中有这样一句话:"我自愿来到这里。为了拯救西班牙的自由和全世界的自由,我将奉献我的一切,直至最后一滴血。"他们和共和战士并肩战斗,大约 8000 多人最后长眠在那片远离故国的土地上。[①]

1939 年 2 月,加泰罗尼亚被叛军占领。同年 4 月,马德里沦陷。佛朗哥宣布内战结束了。实际上,内战没有结束,胜利者对战败者的迫害异常残酷,战后大约 10 万人被处死或死于监禁和刑罚,其中有相当一批人是知识精英,致使西班牙文化在一段时间里陷入停滞状态。

这场历时 3 年的浩劫是西班牙历史上最惨痛的一页,在世界近代史上也是独有的。至今没有一个准确的伤亡统计数字,比较被接受的说法是战争中双方死亡人数达 100 万,被处死或被杀害的人数约 20 万,流亡国外的人近 50 万。物质损失几乎无法估量。更为严重的损失是精神创伤:西班牙民族被分裂了,留在民族躯体上的重创几十年也无法愈合。

三、佛朗哥独裁统治(1939—1975)

佛朗哥的独裁统治长达 36 年之久。他上任伊始就废除了第二共和国所颁布的所有法令法规,教会恢复了它的所有权力,宗教教育再度成为学校的必修课,言论自由被严格的出版审查取代,离婚是非法的,工会被取缔,所有的政党都被取缔,全国唯一的政治团体是他的嫡系力量——民族运动,地方自治被取消,少数民族语言被禁用。人民阵线和其他左翼人士、进步分子,甚至一些普通的工农劳动者都遭到严酷的迫害,被判处死刑,被长期监禁,被放逐国外,被打击,被剥夺财产和工作,被逼妻离子散……

这位被称为首领和大将军的独裁者独揽大权,他是国家元首兼政府首脑,是军

[①] 参阅颜为民:《西班牙在世纪之交》,世界知识出版社,2002 年,第 97 页。

队统帅兼国内唯一政党民族运动的领袖,他用铁腕来治理国家,没有宪法,没有起码的民主,他对国家权力机构的成立和解散掌握最终决策权。他在位期间共颁布了7项法令:劳动宪章基本法(1938)、议会选举法(1942)、权力法(1945)、公决法(1945)、继承法(1947)、国民运动原则法(1958)和国家机构法(1966)。这些法令使佛朗哥的倒行逆施的举措合法化、制度化了,从而进一步巩固了他从内战中攫取的全部权力。

1939年9月,第二次世界大战爆发了。在此期间,尽管表面上佛朗哥宣布"中立",但其政府与轴心国或公开合作或暗地里勾结,为其提供军用物资、机场和港口,并且还派遣其精锐部队"蓝色师团"(División Azul)协同德军进攻苏联。大战结束后,欧美各国都要求制裁西班牙,根据联合国的一项决议,各国撤回驻马德里的使馆,当时仍与佛朗哥政府保持外交关系的欧洲国家只有两个:梵蒂冈和葡萄牙。

50年代初,世界形势发生重大变化,美国等西方国家改变了对西班牙的策略,帮助它重返国际社会。与此同时,佛朗哥政府对其封闭和专制的经济政策和其他政策做出调整,在对外方针方面也逐步放弃了孤立政策,与美国等国家签订各种协议以获取经济援助(包括向美国提供建立海、空军基地的用地)。1955年在美国的帮助下被接纳为联合国成员国,并先后加入了联合国教科文组织和联合国卫生组织,1958年加入了世界银行,1959年加入国际货币基金组织。

20世纪60年代西班牙经济发展出现重大转机,1959年—1971年的年均国民生产总值增长率为7%,经济结构和布局也相应发生重大变化。这一切都引起了连锁反应,带动了国内社会和政治的变动,如同一潭死水翻起波澜。加之闭关锁国的政策早已被打破,欧美高度工业化国家的文化渗透更是起了推波助澜的作用,人民对长达近40年的佛朗哥军事独裁的不满通过各种方式爆发了。在70年代的最初几年,罢工、罢课和其他有组织的社会抗议活动达到高潮,而暴力事件和埃塔组织的恐怖活动也不断升级,连首相卡雷罗·布兰科都在光天化日之下被恐怖分子用汽车炸弹炸死。这种局面的持续恶化把国家推向了危机。

1975年11月20日,佛朗哥因病去世。两天之后,他生前指定的接班人胡安·卡洛斯王子加冕,登基为西班牙国王。一个新的时代开始了。

四、民主化进程

胡安·卡洛斯一世虽然是佛朗哥亲点的接班人并且从童年时代起就在这位元首身边接受教育,但是他是一位坚定的民主派,即位之后便谨慎地开始着手实施民主化进程。

他最初的几个步骤包括解除忠于佛朗哥政治原则的保守派首相阿里亚斯的职务，任命了改革派政治家苏亚雷斯(Adolfo Suárez)为首相，从此政府和国王密切配合，开始实际推进民主化进程。其次，实施政治改革计划并就此于1976年12月15日举行全民公决，结果是以77%的支持率通过了这一计划。1977年2月政府宣布解除党禁，所有的政党，包括长期处于非法地位的社会党和共产党均恢复了合法地位。同年3月，第二次对政治犯实行特赦，数百名被独裁政府关押多年的政党和工会领袖获得了自由。与此同时，不少新的政党团体出现在政治舞台上。多年来，在西班牙头一次出现了各派政治力量能够坐下来从容地对话的气候。这一切都为即将到来的民主选举创造了条件。第三个步骤就是举行自1936年以来的首次大选。

1977年6月15日，以首相苏亚雷斯为首的中间偏右的民主联盟党赢得了大选，获得34.6%的选民支持率，占有165个众议院席位（总数为350个席位）和106个参议院席位（总数为254个席位，其中41个由国王直接指定）。费利佩·冈萨雷斯(Felipe González)领导的工人社会党(PSOE)一跃成为第二大党。苏亚雷斯领导的新政府的成立标志着民主化进程已经迈出了第一步。与此形成鲜明对比的是，佛朗哥派势力几乎全军覆没。

在从独裁到民主的转型期间，最重要的、也是确保民主得以实现的，是制定一部新宪法。在1977年王国议会的开幕式上，国王在他的开幕词中这样表示了制定宪法的强烈希望：

> 除此之外，国家还有许多待解决的问题，西班牙人民盼望自己的代表们能够对此采取直接行动。首要的问题是制定新的法规以适应在宪法方面、区域方面和人际联系方面的新的社会关系。
>
> 王朝希望——并且相信也代表了议会的意思——制定一部包容我国人民全部特点并能保障其历史权利和现今权利的宪法。[①]

经过代表各派政治力量的制宪委员会的反复磋商、讨论、加工、修改，经过艰苦的磨合，新宪法草案出台了。1978年12月6日，就新宪法再次举行全民公决，结果以87.7%的支持率获得通过。投反对票和弃权票的有巴斯克民族主义者和殊途同归的极右派和极左派。经国王批准，宪法自该年度生效。国王的批文是这样的：

> 西班牙国王胡安·卡洛斯一世，晓谕所有已经拜读并理解宪法的人：这部宪法业已由议会通过并且得到西班牙人民的批准。因此，我命令所有的西班牙人，个人与官方机构，遵守宪法并把宪法作为国家的根本法而加以维护。

---

① J. Cortés-Cavanillas, *Crónica de Juan Carlos*, *Rey*, ALCE, Madrid, 1978, p. 162.

这部宪法确立了国家体制——议会君主制,确保了人人享有的自由和民主的权利,承认了地方自治权,明确规定了国家的三权分立和各自的权限,明确规定了国王的权限。总之,这是一部体现现代民主精神的法典,为下一步民主化的深化提供了法律保障。

西班牙的民主化进程加快了步伐。1979年10月,《区域自治法》诞生,由50个省组成的17个自治区相继成立。在历史上西班牙曾经有若干个独立王国,为了承认和尊重各地区的文化差异和民族的多样性,宪法规定了区域自治和各自的自治权限并允许各民族使用本民族的语言。

1979年,民主中间联盟蝉联大选,组建了第二届政府。在1982年大选中,由于国内经济不景气,社会局势动荡,执政党落选,而左翼温和派的工人社会党以68%的高支持率获胜,组建了第三届民主政府。新政府大刀阔斧地进行了经济和政治改革,经济紧缩计划、军队缩编计划、教育改革法等新政策法规相继出台,并且取得了积极效果。在国际事务方面,工社党也取得了突出的进展。1986年西班牙加入欧共体,并经公民投票加入北大西洋公约组织,在国际领域起着日益突出的作用。1986年工社党蝉联大选,再次组建了一党政府。政权的过渡是平稳和体制化的,证明西班牙的民主化已经日趋成熟。

1996年,中间偏右的人民党(简称PP)在大选中获胜,何塞·马利亚·阿斯纳尔(José María Aznar)出任首相。在人民党执政的8年中,经济持续增长,平均年增长率为3.4%,大大超过了欧盟国家的平均增长率。但是西班牙的失业率仍然居高不下,也居欧盟国家前列。在对待国内暴力组织巴斯克的埃塔的问题上,政府持强硬态度,拒绝对话。在国际事务方面,阿斯纳尔不顾国内民众的反对,坚决支持美国和英国入侵伊拉克,并派兵驻扎该国。2004年3月11日,伊斯兰极端组织在马德里实施了恐怖袭击,大爆炸夺走了200人的生命。而人民党政府对此事的有意误导更加剧了民众对政府对伊拉克政策的不满,于是在大选中大部分选民将选票投给了工人社会党。

2004年4月,萨帕特罗(José Luis Rodríguez Zapatero)领导的工社党再次执政。

一场从独裁到民主的比较彻底的社会变革就这样完成了,没有爆发内战,没有引起大规模的武装冲突或暴乱,没有造成民族之间的分裂或者政治派别之间的你死我活的争斗,没有出现倒退。所有的人都视之为奇迹。

如今,西班牙已经成为举世公认的一个发展迅速、政权稳定、社会安定的民主国家。

从西哥特人在公元4世纪建立了第一个西班牙君主制王国到现在,1500多年的时间过去了。西班牙从分散到统一,从分裂到联合,从封闭到开放;国力从弱到强,从强到弱,再到强,一部历史就这样形成了。

第五节　西班牙语和西班牙文化的特点

在漫长的历史演变中,伊比利亚半岛上占人口多数的西班牙民族逐渐形成,一种将散布在半岛各个区域的居民维系住的语言也随之诞生,这就是卡斯蒂里亚语,也就是西班牙语。

一、西班牙语的形成与演变

西班牙语是世界的通用语言之一。以西班牙语为母语的人口数量超过4亿,仅次于汉语和英语;以之作为官方语言的国家为20个(欧洲的西班牙、美洲的阿根廷、玻利维亚、智利、哥伦比亚、哥斯达黎加、古巴、多米尼加、厄瓜多尔、危地马拉、洪都拉斯、墨西哥、尼加拉瓜、巴拿马、巴拉圭、秘鲁、萨尔瓦多、乌拉圭、委内瑞拉和非洲的赤道几内亚),仅次于英语和法语;西班牙语国家面积为1221万平方公里,在英语、法语和俄语之后位列第四;西班牙语是联合国的六种工作语言之一,在国际组织中的使用率位居第三。[①] 西班牙语的使用人口主要分布在西班牙本土、北美洲、南美洲和加勒比地区的20个国家和一个地区(波多黎各)、非洲的赤道几内亚以及美国的部分地区(新墨西哥州、加利福尼亚州、佛罗里达州、得克萨斯州等)。此外,散布在世界各地的一些犹太人族群和菲律宾的部分地区的居民,还在不同程度上使用一种古卡斯蒂里亚语。

随着国际交往的日益频繁,西班牙语作为一种国际交流语言,逐渐被许多国家的高等院校和普通学校列入教学科目中,并且越来越多地出现在非常规教育中,例如短训班、业余班、远程教育等。西班牙语教育的内容涵盖较宽,层次细化,文化色彩浓厚,因此很受欢迎。以西班牙语言文化教学为主的塞万提斯学院目前已遍布世界各大洲的许多国家,包括中国。

1. 西班牙语的形成

西班牙语的形成与西班牙历史的发展与演变密切相关,其形成过程大致可分为以下几个阶段:

——前罗马时期或者史前期

在罗马人入侵之前,半岛居民使用伊比利亚各个部落的土语。当凯尔特人、腓

---

① 参阅陆经生主编的《西班牙语报刊导读·总序》,上海外语教育出版社,2008年,第1页。

尼基人、迦太基人、希腊人等民族进入半岛时,又引进了各自的语言因素。通过某些词汇(特别是一些地名)可以分辨出上述语言的影响,甚至西班牙的国名,据传说就是古代迦太基人赋予的。传说当年半岛上野兔出没,于是迦太基人就称之为Shephan-im(野兔出没之地)。在罗马帝国时期,这个名称的拉丁化形式是Hispania,而后演化为现在的España。

——罗马化阶段

公元前218年,罗马大军进入伊比利亚半岛。

罗马人使用的拉丁语分为文言和土语(也称民间拉丁语),前者为上层人士和贺拉斯、西塞罗等大师们使用,复杂而典雅,后者则是普通百姓的语言,虽粗糙却充满活力。入侵的罗马士兵和随之而来的工匠、小商人们就把这种民间拉丁语传播到伊比利亚以及帝国的其他行省,并使之与政治制度、经济方式、文学艺术、习俗信仰等一同留在被征服的土地上,生根、开花、结果。

西班牙语作为民间拉丁语的派生语言,在语言结构与形态中能找到大量拉丁文的遗传因子。仅从词汇上看,大部分表达日期(月份、星期)、天文、动植物等无穷无尽与人类生存有关的词汇,都直接或间接地来源于拉丁文。例如:草地:prato(拉丁文)－prado(西班牙文);土地:terra(拉丁文)－tierra(西班牙文);太阳:sole(拉丁文)－sol(西班牙文)。

下面将拉丁文的月份名称与西班牙文作一个简单的对照:

月份	拉丁文	西班牙文
1月	Ianuarius	enero
2月	Februarius	febrero
3月	Martius	marzo
4月	aprilis	abril
5月	Maius	mayo
6月	Iunius	junio
7月	Julio	julio
8月	Augusto	agosto
9月	septimus	septiembre
10月	octavus	octubre
11月	novem	noviembre
12月	decem	diciembre

在拉丁语的基础上孕育了西班牙语。

——日耳曼-罗曼斯语阶段

公元409年,被称为蛮族的日耳曼部落入侵伊比利亚半岛并建立了西哥特王国。日耳曼民族很快和伊比利亚-罗马人融合在一起,日耳曼语被同化,但是其部分词汇(特别是有关军事方面的词汇)被拉丁语吸收。例如:guerra(战争)、botín(战利品)、tropa(军队)、guardia(卫兵)、tregua(休战)、espuela(马刺)、estribo(马镫)、yelmo(头盔)、feudo(封地)等。西哥特人的一些名字也成为原住民的常用名。例如:Rodrigo(罗德里格)、Fernando(费尔南多)、Alvaro(阿尔瓦罗)等。古巴领导人菲德尔·卡斯特罗(Fidel Castro)的姓氏表明,他的祖先有可能是罗马-西哥特人,因为"卡斯特罗"在西哥特的古日耳曼语中是"设防的村落"的意思。

在这一时期,民间拉丁语逐渐向罗曼斯语(即罗马语族的语言)过渡,卡斯蒂利亚语即从属于后者。后人称这种变化的民间拉丁语为西班牙拉丁语(el latín hispánico)。

——阿拉伯语的影响

自公元712年至1492年的近800年时间里,占领者阿拉伯人的文化在西班牙南部和中部地区得到广泛而深入的传播,科尔多瓦被视为伊斯兰文化中心,半岛上形成了多种文化并存的繁荣和谐的局面。阿拉伯语成为继拉丁语之后对西班牙语词汇产生最重大影响的外来语。据不完全统计,阿拉伯语给西班牙语增添了4000多个词汇,分布在农业、建筑、军事、政治、数学、金融、贸易、植物、手工艺等领域,至今仍被使用。例如:tambor(鼓)、atalaya(瞭望台)、acequia(水渠)、noria(水车)、zanahoria(胡萝卜)、alfalfa(苜蓿)、aduana(海关)、tarifa(价目表)、aldea(村庄)、zaguán(门庭)、azotea(屋顶平台)、alcoba(卧室)、cifra(数字)、álgebra(代数)、algoritmo(算法)、alcázar(宫殿)等。西班牙语的形容词前缀-i和前置词hasta也源于阿拉伯语。

在语言的表达方式上也能看到阿拉伯语的痕迹,特别是在一些日常用语上。例如:Mi casa es su casa(我的家就是你的家),就是直接从阿拉伯语的句型移植过来的,表示主人对客人的热情。

——卡斯蒂利亚-西班牙语的形成

根据大多数权威学者的认定,卡斯蒂利亚-西班牙语的形成时间约在公元10世纪。对此做出最杰出贡献的当属西班牙著名语言学家、文学家、史学家拉蒙·梅嫩德斯·皮达尔(Ramón Menéndez Pidal),他于1915年在拉里奥哈的圣米里安修道院发现了一份拉丁文布道词的文稿,在布道词的旁边,一位不知名的修士写上了一段祈祷词,这短短的几句话已具备了基本完整的文法结构,被视为卡斯蒂利亚语起源的标志。而在此之前,即公元5—7世纪,卡斯蒂利亚语开始有了自己的文字,那是一种拼音字母,源自于拉丁字母,而后逐步演变。

卡斯蒂利亚语的发源地在古代西班牙北部坎塔布里亚山以南一带,那里被称为 Castilla(音译为卡斯蒂利亚),意思是"城堡之地",因为该地的人们尚武,领主们建立了一个又一个城堡作为军事要塞,用于自卫,也用于进攻。公元 1037 年,卡斯蒂利亚独立,成为一个重要的基督教王国。在光复运动中,王国变成了基督徒抵抗摩尔人的一个中心。随着军事上的节节胜利,卡斯蒂利亚王国的势力范围逐步向中部和南部扩展。到了 12、13 世纪,它在几个基督教王国中已经处于领军地位。其国力日益强盛,影响日益增加,于是卡斯蒂利亚语自然而然地成为其势力范围内的共同语言并且渗透到周边地区。1492 年之后,天主教双王统治下的卡斯蒂利亚-阿拉贡王国成就了驱逐摩尔人、统一西班牙的大业,卡斯蒂利亚语也被称为西班牙语,为王国的大部分居民接受和使用,同时并存的还有在一定范围内使用的加泰罗尼亚语(catalán)、巴斯克语(euskera)、加利西亚语(gallego)等民族语言,而其他的民族语言和地区方言则逐渐消亡或者缩小使用范围,这种局面一直持续到现在。

从拉丁语到卡斯蒂利亚语,从方言到国语,从民间土语到具有完整的文法结构、丰富的词汇和深刻的表现力的文学语言,这一过程前后经历了十多个世纪。其文字形成了以 29 个字母为基干的拼音形式,语音语调脱胎于民间拉丁语并吸收了坎塔布里亚山一带方言的特点,而剧烈的社会演变激发了词汇形态的变化和数量的激增,为数不少的外来民族语汇(如阿拉伯语、法语、意大利语等)和半岛上其他地区的方言词语都源源不断地汇集到西班牙语,统一的语法规则得以确立,最终保障了西班牙语在以后几个世纪中独立发展自己的语言体系,并成为塞万提斯等文学巨匠们构筑伟大作品的工具和近 4 亿人使用的正式语言。

在西班牙语形成、演变和发展的漫长过程中,有两个名字值得后人大书特书,他们是阿方索十世国王(Alfonso X,1221—1284)和安东尼奥·德·内布里哈(1444—1522)。

卡斯蒂利亚国王阿方索十世在位 31 年,在历史上他的功业并不是建立在拓土开疆或征战异域上,而是体现在他致力于发展语言、文学、科学、法律和思想方面。他本人就是个学识渊博的人,是一位没有种族和文化偏见的胸襟开阔的君主,他把当时分属于基督教、犹太教和伊斯兰教的文人、学者和艺人都接纳到王宫,探讨学术和艺术,组织规模庞大的翻译班子,从事拉丁文、阿拉伯文以及希伯来文的翻译,鼓励写编年史,研究自然科学和法学,鼓励并亲自参与诗歌散文的创作。正是基于这些数量浩繁的写作、翻译和研究工程,西班牙语的规范性被提到日程上。阿方索十世采取了许多行之有效的措施,以确立语音、词汇、语法和文字书写的规则。例如,在科技领域,他根据卡斯蒂利亚语的模式,变革并吸收了数量可观的拉丁文和阿拉伯文的语汇,以丰富和填补本土语言。他还制定了卡斯蒂利亚语的书写规则和正字规则,确定了两组特殊的标点符号的使用:正倒感叹号¡!和正倒问号¿?。这些措施极大地推动了半岛上语言的统一和规范,为日后西班牙语的发展和扩展打下了坚实的基础。

阿方索十世因其对西班牙文化的不朽贡献而被称为"智者阿方索"(Alfonso el Sabio)。

安东尼奥·德·内布里哈是西班牙文艺复兴时期的著名学者,他撰写的《卡斯蒂利亚语语法》发表于1492年,是该年度的大事件之一。关于其内容和意义,在本章第一节之2中已经阐述。

2. 西班牙语的发展和演变

语言的发展与社会的发展几乎是同步进行的,而一个民族语言的发展和传播与其国力的强弱有直接关联。

随着卡斯蒂利亚王国的不断壮大和后来的西班牙王国的崛起,西班牙语从弱到强,从小到大,从境内走向境外,发展成一种世界通用语言。

在国内,西班牙语广泛接受了其他方言(加泰罗尼亚语、加里西亚语、巴斯克语)和另外一些民族语言(阿拉伯语、希伯来语等)的影响,在语音、语汇、句法上都得到了极大的丰富。与此同时,在不同的历史时期,法国人、意大利人、德国人都因为政治原因与西班牙保持着特殊的关系,往来频繁,因此他们的语言也对西班牙语产生了重大影响。

早在11世纪,来自普罗旺斯和法国其他地方的人的语汇便进入西班牙并且一直延伸到中世纪,例如:homenaje(纪念)、fraile(教士)、mensaje(信函)、mesón(酒馆)、vinagre(醋)、manjares(美食)、ligero(清淡的)、hostal(客栈)、doncella(少女、侍女)、salvaje(野蛮的)等。在卡洛斯二世朝代,法语在宫廷和贵族之间流行,而18世纪波旁王室的费利佩五世在马德里登基之后,这种倾向就更加明显,大量源于法语的词汇逐步进入西班牙语,例如:pantalón(长裤)、chaqueta(外衣)、hotel(旅馆)、chalet(别墅)、sofá(沙发)等。此后法语的影响始终不减,如Parlamento(议会)、personal(人物)、burocracia(官僚)、chofer(司机)、bisutería(假珠宝)等这些词汇被广泛接受并且沿用至今。

而意大利语的影响更多表现在音乐、美术领域,特别是在15—17世纪,很多相关术语和常用语来源于亚平宁半岛。例如:aria(咏叹调)、batuta(指挥棒)、partitura(乐谱)、diseño(设计)、modelo(样式)、novela(小说)、soneto(十四行诗)、fachada(门面)等;还有一些非艺术类词汇,诸如casino(赌场)、ferrocarril(铁路)、

analfabetismo（文盲）等。

自18世纪始，英语势力便崭露头角，而进入20世纪之后，由于美国渐渐上升为世界头号强国，经济、金融、科技等类的英文词汇不可避免地渗入了几乎所有的主要语言，成为全球通用词汇。西班牙语当然也吸收了大量的英语词汇，这些词有的被西班牙语化，有的则原封不动地被移植过来，堂而皇之地出现在西班牙王家语言学院的大字典上和人们的日常生活中。

社会在发展，语言也与时俱进。今天西班牙人使用的西班牙语，与内布里哈时代、塞万提斯时代、贡戈拉时代都有了很大差异，语音稳定，词汇数量激增，其表现力的深度以及语言本身所表现出的包容性确实比过去有了长足的发展。

在伊比利亚半岛以外的地区，西班牙语扩展并进入到以下地区：

1）西班牙帝国（主要是在卡洛斯五世、费利佩二世等君主的统治期）下辖的欧洲大陆的领地；

2）新大陆的所有殖民地；

3）亚洲和非洲的殖民地；

4）在1492年被驱逐的西班牙犹太人生活的区域。

在上述地区中，第二个区域在今天西班牙语的势力范围中面积最辽阔，人口最多。当年哥伦布和其后继者们的武力征服伴随着文化征服，文化征服的主要内容是强迫印第安人皈依天主教和放弃母语改用西班牙语。目前，从北美的墨西哥到南美的阿根廷，18个国家以西班牙语为官方语言。不能忽略的是，在美国的西部和南部的广大地区，有将近4000万美国公民和外来移民的母语是西班牙语。而作为美国联邦领地的波多黎各的第一语言也是西班牙语。

第三个地区指亚洲的菲律宾和非洲的赤道几内亚。前者于1565年被西班牙人占领，受殖民统治长达330年。西班牙语随着殖民化进入了这个东南亚国家。如今在菲律宾人的日常用语中能发现许多源于西班牙语但是被英语改造或被他加禄语同化的词汇。更为明显的前宗主国的印记是菲律宾人的姓名仍采用西班牙模式，如曾经执政多年的前总统费尔南多·马科斯（Fernando Marcos）、柯拉松·阿基诺（Corazón de Aquino）等。赤道几内亚的国语仍是西班牙语。

第四个地区比较零散，相对集中在亚洲和欧洲的部分国家和地区（希腊、南斯拉夫、保加利亚、叙利亚、巴勒斯坦、以色列、德国、荷兰等），其使用者是被称为赛法迪人的西班牙犹太人后裔。他们的祖先被逐出伊比利亚半岛之后，浪迹于欧亚大陆。他们无论在何处建立自己的家园，都以一种罕见的持之以恒的精神固守着自己的信仰，固守着他们习用的犹太西班牙语，即古代卡斯蒂利亚语。这是一种不多见的社会文化现象，特别是看到他们用这种中世纪的古语所保存下来的流行于15

世纪前后的谣曲、民间故事、成语等珍贵资料时,更会珍惜语言这根不朽的历史的脉络。

拉丁美洲西班牙语是西班牙语发展和演变的一个最重要的组成部分,因为它是来自伊比利亚半岛的卡斯蒂利亚语与美洲本土的文化环境、自然环境和社会环境相融合的产物。这种融合主要反映在词汇、语音、语义等方面。另外,所谓的美洲西班牙语并非是一个严格意义上的统一概念,因为实际上拉美各国因文化和社会发展的差异,其西班牙语也各有特点。不少语言学家称美洲西班牙语为"一个复杂的多种方言的拼镶物"(José Moreno,72:10)。

很早以前,著名学者恩里克斯·乌雷尼亚(Enriquez Ureña)就曾把美洲西班牙语分为5个方言区:

1) 墨西哥和中美洲(危地马拉、萨尔瓦多、洪都拉斯、尼加拉瓜、哥斯达黎加和巴拿马);

2) 加勒比地区(安的列斯群岛、委内瑞拉的大部分地区和哥伦比亚的大西洋沿岸);

3) 安第斯地区(委内瑞拉的部分地区、秘鲁、哥伦比亚的大部分地区、玻利维亚和阿根廷西北部);

4) 智利;

5) 拉普拉塔河地区(阿根廷大部分地区、乌拉圭和巴拉圭)。

这五个方言区的西班牙语彼此之间存在一定的差异,但是恰恰是这些差异促使西班牙语不断适应各种社会环境,不断为满足各种需求而演化,从而不断发展。

今天,当马德里人、巴塞罗那人、加利西亚人都自然并自如地使用那些发源自美洲印第安语的词汇时,他们——即使是最有语言纯正癖的人——也会承认新大陆的原住民们确实为推进西班牙语做出了卓越的贡献。这些词汇包括 maiz(玉米),batata(红薯),hamaca(吊床),patata(马铃薯),canoa(独木舟),cacao(可可),chocolate(巧克力),tomate(西红柿),nopal(仙人掌),jaguar(美洲豹),cacique(酋长),huracán(飓风),tabaco(烟草),papaya(番木瓜),aguacate(鳄梨),cóndor(秃鹫),loro(鹦鹉),caimán(美洲鳄鱼),coyote(胡狼),等等。

还需要补充一点的是,除了上述的语言区,在北非的摩洛哥和原西属撒哈拉也在不同程度上接受了西班牙语的影响。

语言的扩展也是语言变革的一个过程,其结果是促进语言的进步。如今,西班牙语,这个古代卡斯蒂利亚王国坎塔布里亚山麓的牧羊人和骑士们的语言,已经一跃成为世界第三大语种,而其研习者和作为第二语言的使用者遍布世界各地,而且人数还在不断上升。

二、西班牙文化的构成

当我们已经初步了解了西班牙民族的历史,了解了这个民族的形成和作为文化的载体的语言的形成之后,就可以尝试着探讨其文化的构成了。

1. 源头

从源头上说,摇篮中的欧洲文明主要受惠于两种文化:印欧文化和闪米特族文化。前者主要指最初的希腊和后来的罗马,后者指来自于阿拉伯半岛的文化,包括其派生的两河流域文化、希伯来文化和古老的埃及文化。

作为印欧语族的希腊人在进入爱琴海地区之后,经历了一段日出前的等待,而后从公元前8世纪开始,一个辉煌的希腊城邦文明崛起了,科学、哲学、美学、艺术、语言、政治等概念在此诞生,成长,结出丰硕之果,给尚处在童年期的人类打下了日后发展的坚实基础。但是几个世纪之后,希腊文化的学生和继承者——罗马文化征服了自己的先导,横扫了希腊世界,又开创了由法律、政体、武力、实用技能以及从希腊文明学来的知识为主要内容的文明体系。这二者的结合以及其他地中海和爱琴海民族的贡献,奠定了西方文化的基础。

闪米特族文化随着各民族人口的不断迁徙,对东西方都产生了决定性的影响。可以说,世界最主要的宗教中至少有三种与它有直接关联:犹太教、基督教和伊斯兰教。

伊比利亚文明的源头就在这里。

2. 构成

西班牙的文化架构不同于欧洲大部分国家,比较复杂,主要由希腊-罗马文化、犹太-基督教文化、伊斯兰文化和伊比利亚文化构成。

希腊-罗马文化的内涵异常丰富,通过其优美的神话传说、艺术、法律、美学、哲学思想传达出构成西方文化本源的思想基础和表现形式,包括物质的和非物质的。

早在罗马大军大举进攻伊比利亚半岛之前的很多年,希腊人已经和平登陆,这些高度文明化的人带来的橄榄枝就是橄榄和葡萄的栽培技术、金属的冶炼技术、青铜器铸造技术、大理石雕刻技巧、制作精美陶器的方法,等等。除此而外,智慧的希腊人显然不愿看到在自己周围有大群的文盲和欠开化的人,于是他们在地中海沿岸地区开设学校,向伊比利亚人实施教育。这大约是西班牙教育的开篇。

希腊人所做的一切都作为最珍贵的遗产被古代西班牙人继承下来。橄榄的生产和加工是伊比利亚半岛一宗最悠久的产业,在罗马帝国时代是重要的出口产品。橄榄油和果实是从古至今西班牙人赖以生存的几种食品之一,人们把淡金色的透明的橄榄油看作液体阳光和液体黄金,是地中海各民族(包括西班牙民族)食馔中必不可少的成分。

　　而葡萄自从在西班牙土地上生根,就在西班牙人的生活中扎下根,连老百姓口头常说的一些俗语、成语都与葡萄有关。例如:como hay viñas(就像有葡萄园一样,意为千真万确),como por viña vendimiada(仿佛在采摘季节的葡萄园里,意为轻而易举,唾手可得),de mis viñas vengo(我是从我的葡萄园来的。意为此事与我无关),de todo tiene la viña: uvas, pámpanos y agraz(大千世界应有尽有),tener mala uva(坏葡萄,意为居心不良),de todo hay en la viña del Señor(在上帝的葡萄园里什么都有,意为大千世界应有尽有),等等。

　　葡萄给西班牙提供了源源不绝的财富,它的最大价值在于葡萄酒,从罗马帝国时期一直到现在,西班牙始终是一个葡萄酒生产国和出口国。这种玫瑰色、红宝石色的液体也沁入了西班牙文化艺术和民俗,民歌、谣曲、诗歌、戏剧、绘画等都能找到与它的联系。而艺术家们与它的直接联系似乎更密切,因为不止一位缪斯的弟子把葡萄酒视为灵感的源泉之一。葡萄酒甚至与严肃的天主教都拉上了关系,它进入了宗教仪式(如圣餐),拉动了修道士们的经济活动,因为很久以来,不少修道院都以出产绝佳的葡萄酒而闻名。

　　希腊人教给伊比利亚人的另一个知识是审美,希腊人具有超乎寻常的审美天赋,他们认定的标准和原则奠定了古典美学基础:均衡、和谐、崇尚自然、崇尚人体、质朴、典雅、浪漫化的写实等。在西班牙出土的一些远古时期的雕刻——像"埃尔切仕女"胸像——就折射出希腊雕塑的特点。

　　虽然希腊人的文化征服了罗马人,但是罗马人从实力上征服了希腊人。他们更务实,更理性,更迷信实力,因此他们的主要精力用于制定法律法规,建立国家机器,修路建桥,开发科学技术,修建彰显功勋的大型凯旋门和纪念碑。当罗马军团费尽气力终于打进伊比利亚时,一场全面、深入、长期的文化征服启动了。西班牙人从中获得了大笔文化遗产:从语言到立法,从国家模式、市镇建制到信仰,从建筑风格到生活和生产方式,从哲学思想到宗教信仰,这一切构成了西班牙的社会基础。出生在西班牙的罗马哲学家塞内卡用他的精神至上的思想影响了整个西班牙民族。西班牙生活中也不乏罗马文化的细节,例如纪年法、星座的名称、城市的布局等。

　　关于罗马的文化遗产,需要强调拉丁语的特殊作用。根据历史学家让·德科拉的观点,拉丁语是法律的语言,是逻辑和思维的语言,是宣传基督教教义的语言。拉丁语从属于印欧语系,而欧洲的语言基本上都属于印欧语系,都使用拉丁字母,语言的同源性把西班牙纳入到西方,或者更具体地说是纳入到欧洲文明的轨道上。

　　希腊-罗马神话是民间口头文学,汇集了神话故事和英雄传说,反映了古代这两个文明地区的社会形态、人们的思维方式和价值观,是人类文化史上的宝贵财产。这些故事经过几个世纪的传播,为西班牙人所熟知,成为典型化的形象,进入了文学艺术作品中和日常生活中。例如:海伦——美丽,雅典娜——智慧和勇敢,阿波罗——美少年和太阳,赫拉克勒斯——大力士,纳喀索斯——自恋,维纳斯——美,特洛伊木马——从内部进攻的计谋,《奥德赛》——历险或艰难的历程,等等。人们熟悉所有来源于希腊-罗马神话的成语典故,像"达摩克利斯之剑——危在旦夕"(la espada de Damocles)、"阿喀琉斯的脚后跟——致命弱点"(el talón de Aquiles)等。此外,还有许多派生词,如:titánico(泰坦神的,巨大的)、apolíneo(阿波罗神的,具有男性美的)、hercúleo(赫拉克勒斯的,大力士般的)、prometoide(普罗米修斯的,像普罗米修斯的),等等。

更重要的是,古希腊-罗马文化中的那些哲人、科学家、史学家、雄辩家们的思想如清泉般渗进了伊比利亚文明中,毕达哥拉斯、苏格拉底、柏拉图、亚里士多德、阿基米德、贺拉斯、西塞罗、伊壁鸠鲁、斯多葛、塔西伦等大师们教导人们思考和生活。也许阿基米德对西班牙人的启发有限,但是伊壁鸠鲁和斯多葛的思想和主张对于西班牙人的价值观和生活理念都分别产生过巨大影响。

西班牙文化的另一个根本性的成分是犹太—基督教文化。这种文化通过《圣经》和具体宗教活动的实施全面渗透到伊比利亚文化之中,深入到它的所有环节和细节中,其彻底性和广泛性是任何别的外来文化所无法比拟的。

《圣经》由《旧约》和《新约》组成,《旧约》是用希伯来文写的古犹太教的经书,《新约》是在公元2世纪用希腊文写的基督教的经典,基础是《福音书》。

《圣经》是犹太-基督教文化的代表,也是其核心思想的结晶,它集中了古代犹太和地中海及周边地区各民族的历史、民间传说、宗教、律法、神话等内容,较系统地介绍了人类的起源、地球上物种的起源、地中海各民族的形成和历程,并阐述了基督教的教规教义。公元4世纪罗马皇帝君士坦丁宣布基督教为国教,截至公元7世纪中叶,意大利、西班牙、高卢、不列颠等欧洲国家和地区都正式接受了正统基督教。在此之前,《圣经》早已被全部翻译成拉丁文,从而得到广泛传播。16世纪欧洲宗教改革运动前后,《圣经》被译成欧洲各主要民族的文字,进一步推动了《圣经》和基督教在西方文化的深入,而这部宗教经典也为欧洲文化提供了几乎全方位的素材:宗教、语言、文学、哲学、历史、艺术……

公元587年,西哥特国王雷卡雷多宣布放弃阿里乌斯教派,改信正统基督教。自那时起,通过戏剧、谣曲、绘画、雕塑、文学和宗教宣传等形式,《圣经》中的人物、故事、宗教典仪、教义等内容在西班牙得到全面普及。同时,《圣经》也像希腊-罗马神话一样极大地丰富了西班牙的语言,提供了许多新的词汇以及成语、俗语、谚语和箴言(西班牙人有一句俗语:Refranes antiguos, evangelio chico. 意思是"古老的谚语就如同简单的福音书")，其中相当一部分至今仍在使用，具有强大的生命力。例如:beso de Judas(犹大之吻——口蜜腹剑)，llorar como una Magdalena(像抹大拿那样痛哭——泪如雨下)，El hombre propone y Dios dispone(凡人谋划，而上帝决策——人算不如天算)等;《圣经》中人物的名字都是西班牙人耳熟能详的，这些名字不仅仅是一些专有名词，而且还衍生出象征意义，例如:Caín(该隐——杀兄者)，Adan y Eva(亚当和夏娃——人类的始祖)，Judas(犹大——叛徒)，David(大卫王——勇者)，Salomón(所罗门王——最富有的人)等。来自于《圣经》的派生词和有派生意义的词也很多，例如:diluviano(大洪水时期的——古老的)，apocalíptico(像《启示录》的——恐怖的)，crucifixión(耶稣被钉在十字架上的刑罚——苦难)génesis(《创世记》——起始)，sambenito(悔罪衣——罪名)，等等。西班牙人的教名和西班牙的地名来自于《圣经》和基督教的也为数极其可观(见第5章)。

　　至于基督教信仰带给西班牙人的精神影响，可以说是本质的和决定性的，它在很大程度上奠定了西班牙人的价值观和民族性。西班牙哈布斯堡王朝坚持所谓的宗教正统性，于是便站在所有宗教改革的对立面，以英国人、低地国家人、摩尔人、犹太人、德国人甚至法国人为敌。在西班牙历史上，战火绵延，持续不断，大部分战事都与宗教有关。几代王朝都以消灭异端建立天主教帝国为己任，卡洛斯五世更是用毕生的精力，耗尽国库所有，在整个欧洲追剿"魔鬼"。他的后继者费利佩二世有过之而无不及，费利佩三世宁愿让经济遭受重创，让巴伦西亚几乎变成无人区也要驱逐改宗的摩里斯科人。从另一方面看，正是由于西班牙民族的强烈的宗教感，光复运动才能够坚持数百年直至清除了穆斯林的统治。根据梅嫩德斯·皮达尔的观点，"如果没有那种纯粹的宗教精神，西班牙早就放弃了光复运动，早就分崩离析了，而且会像地中海以南和以东的那些原隶属于罗马帝国的行省一样，成为伊斯兰国家了。"[①]

　　除了上述两大外来成分，构成西班牙文化的还有伊斯兰文明，这一点使西班牙区别于绝大部分欧洲国家和民族，也是它曾长期被排除在欧美文明范畴之外的主要原因。伊斯兰世界的古老文明在西班牙这块文化马赛克上点染了浓重的东方色彩，是使西班牙能够在生产方式、生活方式、语言、艺术形式、审美等方面牵手东西方的主要原因，也正是这股文化血缘维系着西班牙和东方世界一直延续至今的特殊关系。但是客观地分析，伊斯兰文明对于西班牙人的基本思维方式、价值观和信

[①] Ramón Menéndez Pidal, *Los españoles en la Historia*, ESPASA GALPE, 1982, p.115.

仰并未产生根本性的改变,更不用说产生了颠覆性的后果而使之发生质变了,特别是在 16 世纪之后。

在此三大因素的基础上,伊比利亚本土文化也对西班牙文化的形成起到一定的作用。但是,由于其发展程度很难与希腊-罗马文明和基督教文明抗衡,便逐渐被同化,汇入基督教的罗马伊比利亚文化的洪流之中,几股势力最终发展成灿烂的西班牙文化。

在西班牙的文化园地,这四个因素并不是平面地堆积着,而是前后有序,首尾相接,鱼贯地罗列,彼此互相吸纳。任何一个古老文明的消逝都会留下部分基因,而这些基因作为滋养成分留存在另一个新生的文明体内。例如:当古埃及渐渐远去时,它的科学萌芽留给了希腊人,古巴比伦的天文历法知识也被希腊人吸收了,腓尼基人发明的字母通过希腊人而传遍整个西方世界;当希腊文明衰微了,罗马人又承接了其衣钵;当罗马帝国夕阳西下,阿拉伯人又以罗马帝国的成就为楷模;中世纪的欧洲(特别是西班牙)学习了穆斯林文化的遗产;文艺复兴时期的欧洲文明又回首虔诚地礼拜古典文化,同时又向拜占庭学习。

西班牙文化的传承就是遵从这样一个序列,不断地消逝和新生,不断冲突和融合,在三大文明基因的基础上,终于达到今天的共存和共荣。

人们也许都记得这样一个细节:在 2004 年马德里遭受 3·11 恐怖袭击之后,政府为近 200 名受难者举行了历史上第一次平民的国葬。在阿尔穆德纳大教堂里,摆放着分别代表天主教、伊斯兰教和犹太教的十字架、新月和大卫六角星的图案。这个细节折射出非凡的意义,令人思索。

思考题

1. 罗马人在伊比利亚半岛实施的全方位的罗马化的主要内容是什么?
2. 1492 年天主教双王完成了西班牙领土的统一,此事件的意义是什么?
3. 如何看待西班牙帝国的没落,主要原因是什么?
4. 如何看待 20 世纪 30 年代的西班牙内战?
5. 详述西班牙文化的构成。

附录1:大事记

时　间	事　件
公元前11世纪—公元前5世纪	凯尔特人、腓尼基人、希腊人等先后来到伊比利亚半岛。
公元前3世纪—公元前1世纪	迦太基人占领了西班牙南部。
公元前206年	罗马人占领了伊比利亚半岛,开始了长达数百年的统治。
1世纪	基督教开始在西班牙传播。
414年	西哥特人征服其他蛮族部落,在西班牙建立第一个君主政体,定都托莱多,开始了对西班牙300年的统治。
589年	基督教被定为西班牙的国教。
711年	摩尔人入侵西班牙,并在数月内占领了西班牙的大部分领土。
722年	基督徒在科瓦东加战役中击败摩尔人。
756年	阿夫德拉曼一世建立科尔多瓦哈里发君主国。
929年	阿夫德拉曼二世建立倭马亚哈里发君主国,定都科尔多瓦。
1085年	阿方索六世攻占托莱多并将其并入卡斯蒂利亚王国。
1469年	阿拉贡王子费尔南多和卡斯蒂利亚公主伊莎贝尔结婚。
1474年	伊莎贝尔继承卡斯蒂利亚王位。
1479年	费尔南多登基为阿拉贡国王,基督教西班牙获得统一。
1492年	天主教双王收复格拉纳达,将摩尔人最终逐出西班牙,完成光复运动。驱逐了所有拒绝皈依基督教的犹太人。哥伦布发现美洲。
1516年	伊莎贝尔和费尔南多的外孙卡洛斯一世即位,三年后被选为神圣罗马帝国皇帝,又称卡洛斯五世。西班牙成为当时世界上版图最辽阔的帝国。
1556年	卡洛斯之子费利佩二世即位。
1561年	迁都马德里。
1571年	西班牙舰队在莱潘托战役中击溃土耳其人,控制了地中海地区。
1578年	费利佩二世继承葡萄牙王位。
1588年	西班牙无敌舰队在与英军海战中溃败,失去了海上优势。

时　间	事　件
1603 年	文学巨著《堂吉诃德》(上卷)在马德里问世。
1609 年	摩利斯哥人(改宗的摩尔人)被逐,西班牙农业遭重创。
1618—1648 年	三十年战争,尼德兰获独立。
1640—1652 年	加泰罗尼亚分离主义战争。
1659 年	签订比利牛斯条约,结束了西法战争。
1700 年	西班牙国王卡洛斯二世死后无嗣,遵其遗嘱,法王路易十四之孙费利佩五世登上西班牙王位,开始了波旁王朝统治。
1702—1714 年	欧洲诸王室争夺西班牙王位的王位继承战。
1713 年	交战各国媾和,签订《乌特雷奇条约》,西班牙在欧洲所占的领土丧失殆尽,包括直布罗陀要塞。
1750—1788 年	卡洛斯三世的开明专制统治。
1788 年	卡洛斯四世登基,权力被王后和权臣戈多伊掌握。
1804 年	拿破仑称帝。
1805 年	法西联合舰队在西班牙南部的特拉法加被英国海军上将纳尔逊率领的舰队歼灭,西班牙的海上实力遭到重创。
1808 年	法国军队攻占西班牙,拿破仑囚禁了卡洛斯四世及其子费尔南多,同时宣布自己的兄长约瑟夫为西班牙国王。同年,马德里市民举行起义,开始了独立战争。
1811 年	拉美独立战争打响,各国相继独立,摆脱西班牙的殖民统治。
1812 年	加的斯议会通过了西班牙第一部宪法。
1814 年	西班牙人民在惠灵顿公爵率领的英军的协助下将拿破仑的军队赶出国土。费尔南多七世回国继承王位,实施专制。
1820 年	自由派军官在加的斯举行起义,被费尔南多镇压。
1833 年	费尔南多七世死后,其弟卡洛斯与其女伊莎贝尔争夺王位,引发了第一次卡洛斯战争。
1847—1849 年	第二次卡洛斯战争。
1872—1876 年	第三次卡洛斯战争。
1873 年	西班牙第一共和国成立。
1874 年	共和国被推翻,伊莎贝尔之子阿方索十二世继位,波旁王朝复辟。

时 间	事 件
1898 年	古巴独立,西班牙丧失了在拉美的全部殖民地。
1902 年	阿方索十二世的遗腹子阿方索十三世继位。
1914—1918 年	第一次世界大战,西班牙保持独立,其国内局势动荡不定。
1923 年	阿方索十三世任命普里默·里维拉将军组阁,开始了独裁时期。局势更加严峻。
1931 年	共和派在选举中获胜,成立第二共和国,国王退位,携王室流亡国外。
1934 年	西班牙北部阿斯图里亚斯爆发了大规模的矿工武装起义。
1936 年	人民阵线在大选中获胜,成立政府。以佛朗哥将军为首的右翼军人发动了对共和国的军事叛乱。内战爆发。
1939 年	佛朗哥军队攻陷马德里,开始了在全国范围内的独裁统治。
1939—1945 年	第二次世界大战期间,佛朗哥政府名义上宣布中立,实际支持德国和意大利法西斯政权。
1947 年	联合国通过决议,要求各国从马德里撤回外交使节,西班牙在国际上处于孤立状态。
1950 年	联合国撤销该决议。
1953 年	西班牙与美国签订协议,向该国提供在西班牙的军事使用权。此后,又分别在 1969 年和 1970 年向美国提供了三个空军基地和一个海军基地。
1955 年	联合国接纳西班牙为会员国。
1969 年	胡安·卡洛斯被宣布为西班牙王储,将成为佛朗哥的接班人。
1975 年	佛朗哥去世,胡安·卡洛斯一世登基。
1978 年	议会通过西班牙宪法,西班牙开始逐步完成民主化进程。
1981 年	少部分右翼军人发动了政变,试图推翻民主体制,政变被挫败。
1982 年	西班牙工人社会党在大选中获胜。
1986 年	西班牙加入欧共体(欧盟)。公民投票表决同意加入北约。工社党蝉联执政。
1992 年	巴塞罗那主办奥运会,塞维利亚主办 92 博览会,马德里成为欧盟的文化首都。
1996 年	人民党在大选中获胜,何塞·玛丽亚·阿斯纳尔出任首相。

时　间	事　件
1997 年	西班牙全面加入北大西洋公约组织。
2000 年	人民党蝉联执政。
2002 年	西班牙使用欧洲统一货币欧元。
2003 年	人民党政府支持英美联军入侵伊拉克并出兵该国。
2004 年	马德里遭受3·11恐怖袭击。人民党下台,工人社会党在大选中获胜,再度执政,萨帕特罗出任首相。同年,西班牙军队从伊拉克撤出。
2008 年	工社党蝉联执政。

附录2：西班牙王朝自天主教双王以来家系表

卡斯蒂利亚女王伊莎贝拉 1451—1505 ＋阿拉贡国王费尔南多 1452—1516

其女:"疯女"胡安娜	1479—1555
其子:卡洛斯五世	1500—1558
其子:费利佩二世	1527—1598
其子:费利佩三世	1578—1621
其子:费利佩四世	1605—1665
其子:卡洛斯二世(无嗣)	1661—1700
其甥孙:费利佩五世	1683—1746
其子:路易斯一世(无嗣)	1707—1724
其弟:费尔南多六世(无嗣)	1712—1759
其弟:卡洛斯三世	1716—1788
其子:卡洛斯四世	1748—1819
其子:费尔南多七世	1784—1833
其女:伊莎贝拉二世	1833—1904
其子:阿方索十二世	1857—1885
其子:阿方索十三世	1886—1941
其子:胡安三世(未登基)	1913—1993
其子:胡安·卡洛斯一世	1938—

第三章

国体与政治

国体与政体—— 行政、司法与立法—— 政党及其他
关键词：议会君主制　　地区自治　　宪法

第一节　国体与政体

一、政治体制的沿革

作为一个古国，西班牙的政治体制经历了一个漫长的沿革。

在中世纪，一些并存的小王国都是独立的封建制度，等级分明。国王是王国的最高的统治者，往下依次是贵族（大贵族、小贵族）、骑士、教士、地主和工商业主、农民和一般市民、士兵等。有些地区还有农奴制的残余。

1492年之后，国家首次统一。在卡洛斯五世和费利佩二世父子的朝代，西班牙一跃而为世界上最大的帝国，实行君主专制制度，有悠久历史的议会名存实亡，城市自由也被取消。哈布斯堡王朝的最后三位君主在政治上毫无建树，国务大事都委于宠臣。18世纪，波旁王室的费利佩五世登上西班牙王位，他仿效法兰西民族国家的模式，开始实施国家政治的现代化进程。地方贵族特权被剥夺，地方议会被解除，中央集权政府逐步制度化，由政府指派代表管理各省，这些人直接代表王室，拥有全部行政管理权。19世纪初，反对法国入侵的抵抗分子创建了加的斯议会并颁布了加的斯宪法，这是一部体现自由主义思想的宪法，主张以中央集权政府代替封建特权制度。此后相当长一段时期，进步势力均提出建立共和国。但在动荡年代诞生的西班牙第一共和国只存在了短短一年的时间，1874年底，波旁王朝复辟。但是与此前的王朝不同的是，国内外形势已经不允许君主重复专制主义的老路，于是君主立宪制与两大政党相配合，以在自由宪政的框架下两党轮流执政的方式度过了一段相对较为平静的时期。20世纪初期,两党轮换执政遭遇了严重的挑战,不够成熟的君主立宪制被国王阿方索十三世的专权所破坏,国家政体不断变化,军人独裁专制制度最终引爆了国内革命,第二共和国成立,君主制被取缔。然而第二共和国也仅仅维持了8年时间,其间政权更迭不断,从1931年到1936年期间,发生了19次内阁改组和8次首相更换。内战之后,佛朗哥实行独裁统治,长达36年。1975年11月佛朗哥病逝,西班牙开始民主化进程。

根据1978年颁布的现行宪法,西班牙政体是议会君主制,是一个法制的、民主的国家,维护自由、平等和政治多元化,承认并保障西班牙各民族和各自治区的权利。参与政治的渠道是通过体现不同社会阶层的意愿和利益的政党来实现。这一政治体制的确立表明了西班牙政治上的成熟,同时也印证了几个世纪社会发展的大趋势。

二、宪法

自1812年以来,西班牙先后拥有过八部宪法,前七部均因不稳定的政治因素和社会条件而未得到实施或未能被认真实施。例如加的斯宪法的意义主要是理论层面的,它在尚未进入实行阶段就被费尔南多七世废除了。1931年12月9日议会批准了共和国的新宪法,这是一部具有进步倾向的法律,包括离婚法、土地改革法、劳工合同法等补充法律,但是在当时动荡的环境下无法得到认同,内战结束后也被废除了。

在佛朗哥去世三年之后,即民主政权刚刚运行三年之际,一部新宪法诞生了。这部宪法的制定基本上以社会各派政治势力经过广泛协商之后达成的共识为基础,内容广泛,代表性强,充分体现了当代西方的民主精神和法制传统,为西班牙的民主化进程的进一步深化和未来的全面发展提供了基本保障。

这部宪法由序言、基本原则、10章实质性条款、附加条款、过渡性条款、废止性条款和最后条款组成,共169条。

"序言"确立了宪法的基本原则,即保证建立民主制度,巩固法治国家,保护西班牙公民的人权,保护各民族发展其文化、语言、传统的权利,推动与世界各国人民的友好关系和有效合作等。

"基本原则"部分的内容是明确规定西班牙是一个民主国家和法制社会,国家主权属于全体西班牙人民,国家政体是议会君主制,承认并保障西班牙各民族和各地区的自治权,宪法维护自由、平等、正义和政治多元化。同时,还对国旗、国徽、首都、官方语言、政党活动、工会组织、武装力量等方面做出明确规定。

10章实质性条款包括基本权利和义务、国王权利、国家议会、政府和行政管理机构、政府与议会的关系、司法权、经济与财政、国家与地方机构、宪法法院和修改宪法。

第1章明确规定了基本权利和义务。主要内容包括:年龄在18周岁的西班牙公民为成年人,拥有选举权;人人享有自由和安全的权利;废除死刑;保障个人和团体的意识形态和宗教信仰的自由;任何宗教都不具有国家性质;公民有直接或通过代表参与公共事务的权利,而代表是通过全民投票在定期选举中产生的,等等。

第2章规定了国王的基本职责和义务。国王是国家元首,是国家统一和团结的象征,是使各机构正常运转的仲裁人和调解人,在国际事务中是西班牙国家的最高代表。他行使宪法赋予的职权。

第3章规定了议会的基本职责和义务。议会代表全体人民,由参议院和众议院组成,执行国家的立法权。

第4章规定了政府和行政管理机构的职责与义务。政府根据宪法和法律行使执行权和法定权力,主持内务、外交以及民事、军事和国防的行政管理。政府由首相、副首相、大臣及法律规定的其他成员组成,首相担任领导与协调的工作。

第5章规定了政府与议会的关系,即执行机构与立法机构之间的关系。

第6章就司法权作出规定。

第7章"经济和财政"的内容包括:国家可通过法律规划经济活动以满足集体需求。国家总预算由政府制订,经由议会审议、修订和批准。国家总预算为年度预算,包括国家公共部门的所有支出和收入。

第8章对国家和地区组织的总则和基本职能作出规定。国家依照地域由市镇、省和自治区构成,这些单位均享有自主权。

第9章明确规定了宪法法院的机制、人员构成以及基本职能。

第10章提出修改宪法的原则和方式。

这部宪法的制订过程是异常艰辛的。1977年夏,成立了制宪委员会,其成员代表了各派政治势力,既有政界人士也有法律界和法学界的权威。分歧和争论是不可避免的,但是为了确保这部宪法的诞生,为了使国家尽快走进民主化进程的道路,各方都尽可能地采取合作态度,做出了一定的妥协和让步。1978年10月31日,宪法文本在议会以压倒多数通过。同年12月6日,全民公投通过宪法。同年12月28日,宪法生效。30年的事实证明,1978年通过的这部宪法确实保障了西班牙的健康发展。

三、国王与王室

西班牙是个王国,因此国王与王室在国家的政治生活中扮演着无可替代的角色。

1. 国王

根据宪法,国王是国家元首,是国内事务的最高仲裁者和调解人,在国际事务中是国家的最高代表,同时也是武装部队的最高统帅。

宪法的第 62 条和 63 条规定了国王的权限。与国王有关的部分包括:

1) 批准和颁布各项法律。
2) 在宪法规定的条件下召集和解散议会并举行选举。
3) 在宪法规定的条件下举行公民投票。
4) 推荐政府首相的候选人,并在宪法规定的条件下予以任命或停职。
5) 根据首相的建议,任命政府成员或解除他们的职务。
6) 依照法律的规定,签发部长会议一致通过的法令,授予文官和军人职位、勋章和荣誉称号。
7) 依照政府首相的要求,在适当的时候听取国务汇报并主持与此有关的部长会议。
8) 任武装部队的最高统帅。
9) 遵照法律,行使赦免权,但不能批准大赦。

等等。

此外还有三项国务特权:

1) 国王委任大使和其他外交代表。外国使节在国王御前递交国书。
2) 遵照宪法和各项法律,由国王负责代表国家承诺由于通过签订条约而承担的国际义务。
3) 在议会预先授权的情况下,国王有权宣战和媾和。

根据这些条款,可以得出结论:国王的权限基本上是代表性的和象征性的。

现任国王胡安·卡洛斯一世是波旁王朝末代君主阿方索十三世之长孙,巴塞罗那伯爵之长子。1938 年 1 月 5 日胡安·卡洛斯出生在王室流亡地罗马,随后他与父母及姐妹和弟弟辗转在葡萄牙、意大利和瑞士等国。当时,他的父亲巴塞罗那伯爵已经被阿方索十三世指定为王位继承人。但是在 1947 年,佛朗哥在宣布恢复君主制的同时,却以国家元首的名义选定当时仅 9 岁的胡安·卡洛斯为他的接班人,即未来的西班牙国王。胡安·卡洛斯被召回国,开始接受全面教育,他先后在陆、海、空军事学院学习,并被授予少尉军衔,之后他加入了马德里大学攻读政治、法律、历史等课程。这两次求学经历打开了他的眼界,并且帮助他与军界和知识界建立了紧密联系,这种关系成为他日后登基并推动民主化进程的基础之一。大学毕业后,胡安·卡洛斯被安排到政府各部门实习,以熟悉政府管理的各个环节。1975 年 11

月20日,佛朗哥去世,22日胡安·卡洛斯登基,被尊为胡安·卡洛斯一世。

1962年,他与希腊公主索菲娅结婚,育有二女一子。费利佩王子被指定为王储,其封号是阿斯图里亚斯亲王。2005年费利佩与平民女子莱迪西娅·奥尔蒂斯结婚。目前,王储的长女莱昂诺尔公主是继其父之后的第二顺位继承人。

胡安·卡洛斯国王性格开朗外向,有军人风度。他擅长体育,喜爱航海。他常利用闲暇去看足球、篮球比赛,看斗牛。年轻时他喜欢开大功率的摩托车独自外出兜风,而他最擅长的是驾驶飞机,他从位于马德里郊区的王宫到首都时经常亲自驾驶直升飞机。

国王在军队和平民中均享有很高的声誉,特别是他平息了1981年3·23军事叛乱之后,威望与日俱增。

1981年3月23日,右翼军人经过长时间的酝酿之后发动了叛乱。他们突然袭击了议会大厦,将议长、首相、内阁部长、各主要党派和社会团体领导人以及全体议员扣为人质,要推翻民主体制。在当时权力真空的危机情况下,国王力挽狂澜,一方面利用尚未被叛军控制的电视台向全国和全军发表公告,号召保卫民主政权[①];另一方面,以全军最高统帅的名义调集军队平叛。很快,这场历时仅18小时的兵变被平息了。西班牙继续其民主化进程。

国王与历届政府首脑(包括曾经反对君主制、主张共和的工人社会党人)均保持着良好的关系。

国王相当于国家的特派大使,他每年都要多次代表国家出访,行踪遍及全世界所有与西班牙有外交关系的国家。他经常利用他的特殊身份,承担政府不便行使的使命。他曾两次对中国进行国事访问,他和王后还分别来华访问过,对中国态度友好。王储夫妇也曾来华访问。

2. 王室

从严格意义上说,西班牙王室由国王、王后及其子女构成。按照西班牙王室传

---

① 国王的电视讲话全文如下:

"此刻,我们正处在非常形势之下,我向全体西班牙人发表这个简要的讲话,我要求所有的人保持最大限度的平静和信心。我向你们宣布,我已向陆、海、空三军下达了如下命令:

鉴于在议会大厦内发生的事态所造成的局势,我确认,我已命令政府部门和总参谋部参谋长联席会议采取一切必要的措施,在现行法律范围内,维持宪法秩序,避免可能出现的任何性质的混乱。

根据情况而必须采取的任何军事性质的措施,均应获得总参谋部参谋长联席会议的批准。

王朝是祖国稳定和团结的象征。它决不能容忍那些企图用暴力手段破坏民主进程的人的行为和态度,因为民主进程乃是这部由西班牙人民在当时运用公民投票方式通过的宪法所规定的。"

转译自 *Los Domingos de ABC*,1981,No.74。

统，国王胡安·卡洛斯的直系亲属和旁系亲属不算王室成员，而是王族成员。

王后索菲娅是已故希腊国王保罗的长女，生于 1938 年 11 月。她的家族与俄罗斯、丹麦、英国、普鲁士等王室均有亲缘关系。她幼年时经历了一段流亡生活，1945 年随王室返回希腊。她受过良好的教育，喜爱考古、历史、艺术，尤其喜爱古典音乐。她经常出席音乐会、画展、听歌剧，参观各国的历史遗迹，同时她还是一位坚定的动物保护主义者。西班牙人早已发现，王后很少陪同国王去看斗牛，除非国事需要。国王的两个女儿都是在国内读完小学、中学和大学，二女儿在国外深造后获经济学硕士学位，多年来在巴塞罗那的 Caixa 银行任职，其夫是巴斯克人。

王储费利佩被称为欧洲各王室的王位继承人中受教育最完整、学历最高也是身材最高的人。他身高 1.94 米，英俊挺拔，在国内接受了军事学院和普通大学的教育之后，又在美国名牌大学进修，获国际关系学硕士学位。他像他的父王一样，曾经在政府各部门实习，同时多次代表西班牙出席重大国际活动。在 2004 年 3·11 马德里爆炸案发生后，他和他的两位姐姐一道出现在首都抗议大游行的行列中，打破了王室成员不介入类似社会活动的惯例，这一举动赢得了社会的好评。

西班牙王室作为一个特殊构成单位享有一定的特权，例如国家津贴、行动受保护等等，但在政治上没有实际权力。与其他欧洲王室相比，西班牙王室较少绯闻或丑闻，在民众中口碑较好，在财政上比较透明和民主。

第二节　行政、立法和司法

一、行政机构

1. 中央政府

在西班牙，中央政府就是由首相、副首相和各部大臣们组成的部长理事会，或称内阁。政府的产生必须经过固定的法律程序：在大选中得票最多的党的候选人，将由议会推举为首相并经国王批准；首相建议副首相和各部大臣的人选，经由国王任命；政府组成后由国王正式签署委任书，各成员在王宫举行宣誓就职仪式。中央政府的职能和义务由宪法做出明确规定。

本届中央政府由西班牙工人社会党（西班牙文简称 PSOE）独立组成，其成员有：首相、第一副首相兼首相府大臣、第二副首相兼经济财政大臣、外交大臣、国防大臣、内政大臣、发展大臣、教育和科学大臣、劳动和社会事务大臣、工业—旅游和贸易大臣、农业—渔业和食品大臣、公共行政管理大臣、文化大臣、卫生和消费大臣、环境大臣和住房大臣。在 16 位阁员中，女性有 8 位，占 50%，是历届政府中女性阁员最多的一届。首相何塞·路易斯·萨帕特罗出身于社会党世家,他的外祖父洛萨诺是一位共和军的司令官,于1936年被佛朗哥派军人处决。他本人毕业于莱昂大学的法律系,曾在该校任教。他担任工人社会党总书记之后,对该党的纲领和路线做了调整,逐渐扭转了自1996年和2000年两次大选失利而造成的被动局面。自出任首相以来,他首先调整了亲美的外交政策,将国家外交重点定位为欧洲、拉丁美洲和地中海地区。他在就职的第二天就宣布从伊拉克撤军,1个月之后1400名西班牙官兵全部撤离伊拉克。萨帕特罗强调在当今国际事务中必须奉行多边主义,强调西班牙与欧盟的特殊关系。他曾来华进行国事访问。

2. 地方政府

根据宪法,具有共同的历史、文化特征的毗邻省份、岛屿地区以及在历史上曾属同一区域的省份,可以实行自治,建立自治区。自1979年12月至1995年,先后成立了17个自治区和北非沿岸的两块自治城市(海外飞地)休达和梅利里亚。这17个自治区是(依照成立的先后):巴斯克、加泰罗尼亚、加利西亚、安达卢西亚、阿斯图里亚斯、坎塔布里亚、拉里奥哈、穆尔西亚、巴伦西亚、阿拉贡、卡斯蒂利亚-拉曼恰、加那利群岛、埃斯特雷马杜拉、巴利阿里群岛、马德里、卡斯蒂利亚-莱昂和纳瓦拉。

17个自治区下辖50个省,每个省下辖若干个市和市镇。由于历史原因,各自治区的人口和面积差距很大,例如安达卢西亚的人口最多,为694.05万人,占全国人口的1/6强,而拉里奥哈的人口只有26.34万;卡斯蒂利亚-莱昂的面积最大,约94,193平方公里。从发达程度上看,加泰罗尼亚的工业化程度和经济发展水平最高;相对比较落后的地区是埃斯特雷马杜拉。

全国约有8000多个市镇,最大的城市人口为300多万,而最小的市镇人口竟不到100人,1000人以下的市镇占全国总数的60%左右。

3. 权限

虽然西班牙的行政体制采取了自治形式,但毕竟不是联邦制。因此,国家的权限始终高于自治权限。维护国家的统一是最高准则。

根据西班牙宪法,中央政府在对外关系、国防、财政、司法、对外贸易、海关与关税、劳工、知识产权、货币制度、卫生保健、经济活动的总规划与协调等诸多方面保留决策与执行权,同时在文化遗产、林业、交通、环境政策、土地使用等领域仍承担基本立法和一般性政策的制定工作。

各自治区政府享有相当多的自治权限,除了与中央政府共同承担的任务之外,其权限包括组织自治机构,调整或更改本区市镇的区划、土地使用规划,自治区的公共工程、农林畜牧业的规划、旅游业的发展等,自治区域内的交通治理,山林的开发利用，促进自治区的民族语言的教学，社会救济与卫生保健等等。但是，各个自治区的自治权限也有一定差别，巴斯克和加泰罗尼亚是两个传统的自治区，也是独立倾向最为强烈的地区，拥有强大的自治权利，可自行制定医疗、教育制度。巴斯克除了具有地方警察以取代国家警察，还有自己的税收制度。而加泰罗尼亚在欧盟总部设立了若干办事机构，可直接进行对外交流。这些自治区不断谋求在政治、司法、财政等方面高于其他自治区的要求，甚至提出民族自决。这是造成中央政府与自治区权力机构之间关系紧张的主要原因。宪法对省和市镇的权限也做了十分明确的规定，但总的来看，这些权限主要是辅助性和具体化的，比较有限。

二、立法

1. 议会

议会由众议院和参议院组成，代表公民的意志行使国家的立法权，通过国家的财政预算，审批国家法律，监督政府工作等。众议院由350名议员组成，参议院由254名议员组成，任期四年。绝大多数议员均由各省和地方按人口比例选举产生。

实际上，立法权主要掌握在众议院手中，众议院可以简单多数否决参议院的动议。所以，一个政党如果在众议院中拥有多数席位，就证明其在议会中的稳固地位。

根据宪法规定，政府对众议院负责，而政府和议会的关系就是分权与制衡的关系。议会通过不信任动议来对政府和其他国家机构实施监督和控制。

议会的主要权力包括国家立法权、修宪权、预算权、监督权（质询权与弹劾权）、批准国际条约或协定权、宣布紧急状态权，等等。

2. 议会组织形式

众议院设议长一人和副议长三人，议长下设主席团、全会、常务委员会和各类事务委员会。

议长由全体众议员选举产生，在国家政治等级中位居第三，仅次于国王（国家元首）和首相（政府首脑）。众议院议长负责主持两院联席会议。

主席团由全会选举产生，由主席、副主席、书记若干名及其他成员组成。全会的作用是履行辩论和表决职能。一般情况下，全会都公开进行，允许媒体报导，有相当的透明度。议会下设的各类委员会分属外交、国防、法律、经济、宪法事务等类别。

议会每年召集两次，时间基本是固定的。在特殊情况下，可以召集临时会议。在会议过程中，议员必须遵守严格的辩论和投票制度。

三、司法

根据宪法规定,司法权依照法律独立行使审判权,不受行政机关、社会团体和个人的干预,以保证法律的尊严与权威性。

最高司法委员会是西班牙的最高司法权力领导机构,由20名成员组成,这些成员由议会选举产生,而后由国王任命。司法委员会主席在这20人中选举产生,必须具有15年以上职业资格,并且在业内资质超众。其任期为九年,可以连任,任期内兼任最高法院院长。

最高法院为西班牙的最高司法机关,是国家的审判机关,下设五个法庭:民事法庭、刑事法庭、诉讼法庭、社会法庭和军事法庭。各自治区、各省、各市设有地区级法院。省级法院只设民事庭和刑事庭。

国家司法系统还设有宪法法院这一独特的权威机构,也被称为司法的保护机构。宪法法院由12名法官组成,分别由参、众两院及政府和最高司法委员会提名,他们必须是权威的法学家且至少有15年职业资格。宪法法院院长由全体成员提名,由国王任命,任期三年。为保持其工作的独立性,宪法法院的法官不得兼任其他职务,任职期间不得罢免。

宪法法院的主要职能是解释宪法,监督正确执行宪法,确认法令、法规是否违宪。当中央政府与各自治区或者各自治区之间发生争执时,宪法法院有权做出裁定。

第三节　主要政党与利益团体

在佛朗哥当政时期,实施严格的党禁,全国仅有一个合法政党,其余的政党在高压之下要么被解散,要么流亡国外。1977年实行民主化进程之后,党禁被撤销,包括共产党在内的各党派恢复了合法地位,与此同时又出现了大批新党。

主要政党有:

1. 西班牙工人社会党(PSOE)

创建于1879年5月2日。在第二共和国期间成为议会第二大党。1931年与西共等左派政党组成人民阵线,在大选中获胜后组建了共和国政府。佛朗哥独裁时期被宣布为非法,主要领导人流亡国外。1977年恢复合法地位后在同年的选举中获得30%的选票,成为全国第二大党。1979年党内对其纲领进行了调整,从马克思主义政党转为温和的中左政党,以争取更广大阶层,特别是中产阶级的支持。1982年的大选中,该党在众议院获得202席,以绝对多数赢得大选,总书记费利佩·冈萨雷斯出任首相。此后该党连续以绝对多数蝉联执政。1996年大选失利，在全部350个议席中，仅获得141个。2000年再次失利。同年，何塞·路易斯·罗德里格斯·萨帕特罗出任该党总书记，对于党的纲领做出调整以便重新赢得选民的信任。在2004年3月14日的大选中，工社党的选民得票率上升到42.6%，赢得164个议席，成为执政党。萨帕特罗出任首相。上任伊始，他就对国家政策做出重大改动，首先他宣布从伊拉克撤回全部西班牙官兵，以表示不认可前一届政府亲美的外交政策；其次要求与地方民族主义政府进行协商，加快了地方自治进程，从而缓和了中央政府和地方的紧张关系。目前政局基本稳定。

该党现有党员41万人。

2. 西班牙人民党（缩写为 PP）

其前身是5个右翼政党联合组成的人民同盟，创建人曼努埃尔·弗拉加（Manuel Fraga）曾是佛朗哥政府中的新闻和旅游部长。1990年人民同盟更名为人民党，何塞·马利亚·阿斯纳尔出任主席，他实现了思想、组织和具体战略上的更新，努力在选民中树立民主形象。在1993年6月的大选中，赢得34.82%的得票率，在众议院中取得141个席位，成为第一反对党。1996年，该党获选票38.63%，取得众议院156个议席，成为执政党。2000年蝉联执政。

人民党宣称以自由主义和基督教人道主义为宗旨，走温和的、改良主义和中间原则的道路。

现有党员约60万。现任主席为马里亚诺·拉霍伊（Mariano Rajoy）。

3. 西班牙联合左翼（IU）

该党由西班牙共产党、社会民主主义行动党、共和左翼、西班牙共产主义青年联盟和独立人士组成，成立于1986年。在1989年大选中获得议会中的17个席位，在1996年的大选中议席增加到21个。但是从2000年之后，其支持率下降。联合左翼主张实行国家民主化，权力下放，实施市场经济，反对将公共部门私有化，加强同第三世界的合作，缩小南北差异，打破美国称霸的国际格局。

4. 巴斯克民族主义党（PNV）

创建于1895年。在1977年大选中在众议院获得8个议席。在1980年巴斯克地区议会选举中胜出，与其他党联合执政。自该年度至2005年，该党在巴斯克自治区蝉联执政，负责组织自治区政府。其政治主张包括实行巴斯克自治，甚至要求巴斯克独立，但反对采取暴力手段。在2005年的地方选举中失利，失去执政党地位。

现任党主席为胡安·何塞·伊巴雷切。

思考题

1. 请对西班牙在民主化进程的主要举措作一个总结。
2. 为什么在民主化进程开始仅仅几年的时间,西班牙的政权交接就能够和平过渡?
3. 请将西班牙宪法中规定的国王的权限和现今欧洲君主立宪国家的君主的权限作一比较。

第四章

西班牙的文学艺术

*早期艺术（远古—罗马时期）—— 阿拉伯时期—— 中世纪——
黄金时代—— 18、19 世纪（新古典主义、浪漫主义）—— 20 世纪*

众所周知,西班牙自古以来就是一个文学艺术大国,历代的大师巨匠们为人类的艺术圣殿贡献了数不胜数的珍品,供当代人和后世瞻仰。

第一节 早期艺术(远古—罗马时期)

一、远古时期的洞窟壁画和雕刻

在西班牙的史前遗迹中,最引人注目的当属洞窟壁画。其中位于北方圣坦德省的阿尔塔米拉洞穴的壁画最有代表性,也达到了最高的艺术水平。大约在公元前1.5万年左右,即在旧石器晚期,一批那个年代的雕刻家们在山洞的顶部和四壁绘满了约150个生动的、形象的动物,有野牛、马、野猪等,大小与实物几乎相等,颜色呈褚红色和黑色,或动或静,形象逼真,技巧细腻。创作这些壁画的目的显然不是为了单纯的欣赏,而是与某种宗教仪式有关,例如是为了祈求狩猎成功,或是带有一种图腾崇拜的意义。在东部地区发现的壁画属于中石器时期,通常出现在露天的岩石上或洞穴里,展示的是原始人群的生活场景:渔猎、作战、舞蹈、祭祀等,形象生动朴拙。这些远古时期的洞窟壁画是人类童年时代的作品,可以当之无愧地列为西班牙艺术史上的第一章。

公元前7世纪,开始了向伊比利亚半岛的移民,他们的到来给半岛的早期居民传播了更为高雅细腻的艺术风格。"埃尔切仕女像"是希腊风格与伊比利亚本土风格相结合的完美典范。这尊石雕胸像与真人一般大小,面容端庄,神态凝重,仕女的头饰和披巾被刻画得细致入微,华美异常如同一位高贵的公主。这尊石雕可与那个年代的任何艺术品相媲美,展现出一种极纯熟的技巧和高超的水平。

二、罗马时期的艺术

在艺术上,罗马人继承了希腊人的衣钵,又从实用的角度将其推向了新的水平。而西班牙在罗马帝国的各个行省和殖民地中,实施了较为彻底的罗马化,因此全面承袭了罗马人的最典型也是最伟大的艺术成果,即建筑和雕刻。

素有"世界建筑师"之称的罗马人在他们每占领一片土地时,便开路搭桥,同时大兴土木,建起为自己歌功颂德的凯旋门和纪念碑、供自己休憩的公共浴室、供享乐的竞技场和剧院、维持日常生活所用的高架引水桥等等。在西班牙至今还可以看到上述建筑的遗迹,有的甚至几乎保存完好。这恰恰证明了罗马人在政治上的自信,他们相信帝国的统治不会仅限于一朝一代,所以所有的建筑质量都是万年牢;也证明了他们在军事上的气魄和胆略,边打仗边修桥筑路,以保证浩浩荡荡的罗马军团的士兵和辎重能顺利地到达任何想要征服的地方。不仅如此,各类公共建筑的迅速拔地而起也保障了全面统治的有效展开,也证明了他们在艺术上和工程上的超凡水平和智慧。从艺术风格上看,英雄主义和帝国权威的思想、功利和务实精神几乎被砌进了砖石中,人们只能用"气势恢宏"、"雄伟壮观"等词来加以形容。希腊多偏重于神庙的建筑,而罗马多实用性的世俗作品;希腊风格趋向典雅、和谐、优美,而罗马风格却用圆形拱顶、圆穹顶殿宇、出奇的宏大规模和有震撼力的人物雕像作装饰来取胜。罗马人的雕刻艺术来源于希腊,但是他们出于自己文化的特点和社会生活的需要,进一步发展了浮雕和人物雕塑,大量的皇帝的雕像(例如奥古斯都大帝的雕像)、女人雕像,甚至战俘的形象都被石雕艺人收于刀下。

在西班牙有以下几处罗马遗迹堪称这一时期的艺术代表作品。

1. 塞戈维亚的高架引水桥

塞戈维亚(Segovia)位于卡斯蒂里亚-莱昂自治区,早在罗马人统治时期,此地就成为重镇。在公元1世纪,罗马人建造了这座不仅令古人也令现代人瞠目的高架引水桥。桥身高出地面30.25米,桥顶渡槽全长728米,桥高29米,下有165座连环拱门,桥身分为两层,巨大的花岗岩石块交相迭起,无须胶泥黏合便形成坚实的桥面,历经2000多年的风雨仍傲然屹立。

高架桥引来18公里之外的富恩弗里亚山上的水,供当时的公共建筑物、浴池、民用、农用和牲口饮用水的需求。这座奥古斯都时代的罗马巨人横空出世,以其顽强的生命力彰显着罗马人的气魄和西班牙工匠的智慧,其绝世的身姿使得匍匐在它脚下的后世的建筑都变成了侏儒。

1985年,此座建筑被联合国教科文组织列入人类文化遗产名录。

2. 阿尔坎塔拉桥

罗马人造的桥梁都坚固耐用,可用"固若金汤"来形容。塔霍河上的阿尔坎塔拉桥建于罗马皇帝特拉哈诺①(53—117年)的统治期,桥高达71米,有6个内径大小不同的弧形桥孔。它历经了两千年的风雨,目睹了身后托莱多的兴衰,至今桥体上还保留着一些罗马时代和西哥特时代的桥墩。

3. 梅里达城

梅里达城(Mérida)建于公元前25年,为罗马帝国的殖民地卢西塔尼亚的首府,其原名是埃梅里图斯·奥古斯都,为了纪念这位皇帝。这里一度成为罗马贵族和要人们的休闲之地,所以全城到处都是圆形剧场、公共浴池、竞技场、宫殿、纪念碑、桥、神庙等。至今的遗迹仍然很多,和梅里达同时建起来的古罗马剧院的半圆形阶梯座位保存尚好,宏伟的柱廊即使变成残垣断壁,也依然能看出当年的辉煌。现在每逢夏季,常常在那里举行戏剧表演。其他的遗迹还包括黛安娜神庙、罗马桥、古城镇广场等。

第二节 阿拉伯人统治期的艺术

在将近800年的统治中,阿拉伯人在其占领的地区传播了在当时更为先进的东方文化的影响,体现在艺术上的就是独特的建筑风格和装饰工艺。

伊斯兰教禁止偶像崇拜,因此在艺术表现上难得见到人像雕塑,动物图形的使用范围也很有限。于是阿拉伯人的造型艺术的天分便主要集中在建筑艺术和装潢艺术上了。

一、阿拉伯风格的建筑艺术

阿拉伯建筑的风格源远流长,吸收了两河流域的特点、罗马建筑的特点、拜占庭的因素及其他成分,逐步形成了伊斯兰风格。其主要特点包括拱顶、马蹄形拱门、券窗、细长的圆柱、镶有上光马赛克的护壁、雕饰精细或做成钟乳石状的灰泥粉饰天花板、饰有古兰经经文或箴言的墙壁,在那些长方形的庭院四周围绕着回廊,院内有水池或喷泉,房屋的装饰以复杂多变的几何图形为主,此外还有植物纹、书法纹等。

阿拉伯建筑艺术的理念与伊斯兰教的教义密不可分,而其功能性也一丝不苟

---

① 旧译图拉真大帝。

地配合了宗教的要求、社会环境的局限和自然条件的制约。以纹饰为例,大部分装饰在门窗、回廊、墙壁、屋檐等处的装饰纹都有一定的宗教含义,这些纹饰由基本的三角形、四角形、五角形及其衍生和变异的图形为基础,形状不断变化、循环,用各种排列组合的方式,构成奇妙诡谲的图案,虔诚的信徒可以从中感受到循环往复的世界和造物主安拉的无处不在。而书写古兰经经文或先哲们的训诫的文字纹更直接、直观地体现了宗教的影响力和教化作用,更何况阿拉伯文的书法本身就是一种极具装饰感的艺术。

阿拉伯建筑艺术的特点集中体现在清真寺建筑上。清真寺是信徒们的政治、律法和艺术中心,将建筑、装饰和艺术品汇集一身,其壁龛、讲坛、拱顶、宣礼塔、柱廊、庭院(带有典礼时用的大净小净池)等均特色鲜明。以宣礼塔为例,在安达卢斯(Al-Andalus)时期,宣礼塔有六面体和八面体,塔身装饰着砖雕或镶嵌着彩釉瓷砖,花纹诡奇,色彩斑斓,因其高度而显得尤为醒目。

值得一提的是,居住在穆斯林西班牙的阿拉伯艺人和工匠们不满足于传统风格,他们又汲取了当地的罗马和西哥特的建筑精华,将这些因素与伊斯兰的艺术风格结合在一起,创造出独树一帜的穆德哈尔式建筑和装饰艺术,在西班牙南部影响广泛。其特点还包括:马蹄型拱券、砖刻浅浮雕、多叶形的装饰拱券、红白相间的拱石、横肋上面的穹顶等。最主要的代表作有:

1. 科尔多瓦大清真寺

这座大清真寺的前身是西哥特的圣比森特教堂,穆斯林占领者进入科尔多瓦时与基督徒共同使用这座教堂作祈祷。在哈里发王朝阿夫德拉曼一世时,穆斯林统治者购买了此地,于公元785年建成清真寺。后来经过两次扩建,第三次扩建是在公元987年,清真寺的规模扩大了一倍,目前所看到的遗址就是此次扩建的劫后形态。

16世纪初,重返科尔多瓦的基督教教会又在清真寺院区中心建了一座基督教教堂,两大宗教的争锋破坏了艺术的和谐。据说连卡洛斯五世本人都为了强行在清真寺内建的那座教堂而懊悔。(详细介绍见第6章)

科尔多瓦大清真寺

2. 阿尔罕布拉宫

这是一个集宫殿、花园、堡垒于一体的王家建筑群,建于13世纪,是纳斯里埃斯王朝穆罕默德一世至五世国王及王室的居住地,具有居住、防御、休闲、办公等多种功能。它包含四个部分:阿尔卡萨瓦堡垒、纳兹里德宫、赫内拉利费花园和卡洛斯五世宫。园林中栽满树木花卉,尤其是大量的柑橘树和柠檬树,大片的玫瑰散发着浓郁的芬芳,喷泉流水潺潺,穿流在宫殿之间和各个花园里,甚至被引入摩尔王的宫室内。植物与水的巧妙利用,把大自然与人工建筑有机地结合起来,构成阿尔罕布拉宫的特色之一。城堡内供妃嫔居住的阿本塞拉赫斯厅建于14世纪,八角形的穹顶被装饰成千姿百态的钟乳石,而墙面全部用淡彩石膏浮雕镶饰,上下浑然一体,美不胜收。

格拉纳达的阿尔罕布拉宫

城堡的墙面坚固耐用,是用红土和石头混合砌成,所以阿尔罕布拉宫的意思是"红色城堡"。整个建筑群有4座城门、23座塔楼、7座宫殿、清真寺、浴室、作坊、工匠们的住处、伊斯兰学校、带喷泉的花园等,俨然一座小城市。狮院是其中最著名的景观,这是个长方形的开放式柱廊庭院,院子中心处有一个由12只白色大理石雕刻的狮子驮着的雪花石膏盘形喷水池,精美绝伦。

二、手工艺

阿拉伯手工艺具有东方艺术精巧、雅致、细腻的特点,尤其是金银镶嵌、象牙制品、刀剑铸造等类,远远超过当时欧洲匠人的水平。以金银镶嵌饰品为例,这种源自大马士革的工艺在西班牙被称为damasquinado,本身就表明了其东方来源,做工精致,用金银粉或箔片镶嵌,色彩华丽,图案精细,通常用作首饰、珠宝盒、装饰画或装饰文具、器皿、刀剑柄等物。这一工艺保留至今,是传统工艺品中最受欢迎也是最具特色的一种。

第三节 中世纪艺术文学

一、艺术

在史书中,中世纪常常被称为黑暗时期或蒙昧时代,然而在这一片黯然的底色上,艺术却发出了光彩。由于基督教文化的迅速崛起,建筑、绘画和雕刻随之蓬勃发展,仅在西班牙,教堂、礼拜堂、修道院就不计其数,装饰这些宗教建筑的人像雕塑、浮雕、壁画、装饰画的需求非常大。与此同时,因中世纪战事频繁,城堡、军事要塞等有军事防御功能的建筑也大量涌现。至于因罗马帝国的崩溃而后衍生出的许许多多小王国和封建采邑,导致了宫室的建筑也风起云涌。在西班牙,我们仍能看到不少那个时代遗留下来的坚固耐用的大教堂和修道院,城堡和宫殿,精美的雕刻和古迹斑驳的绘画。

在这一时期,最有代表性的艺术流派主要有以下几种:

1. 罗马式艺术(Arte románico)

罗马式艺术源于罗马艺术,在11—13世纪,盛行于与穆斯林西班牙对峙的北方基督教西班牙,而后传到整个伊比利亚半岛。这一艺术流派的起因主要是由那些"圣地亚哥朝圣之路"[①]的欧洲巡礼者们传入的,借助于这条路,西班牙与法兰西和其他欧洲国家的交流日益紧密,大大地推动了艺术的传播,半岛上古代罗马人的艺术、西哥特人的艺术、南方伊斯兰艺术相互融合,与这一来自于欧洲的艺术相互作用,形成西班牙特有的罗马式艺术。

罗马式艺术是成熟的艺术模式,"具有独立明确的美学追求,即借助于可见形象或象形符号,表现杜撰的上帝王国,以传达纯属精神领域的基督教教义的信息"。此外,还具有一整套表现手法,集中体现在基督教建筑、宗教题材的绘画与雕刻和城堡宫室等世俗建筑和装潢艺术上。

从目前分布在西班牙各地的古代罗马式教堂来看,其总体结构大多数呈拉丁十字形,殿内的柱子多为双柱,柱子间由半圆拱或连环拱相连,屋顶为半圆形拱式结构。建筑本身不以高度取胜,而是厚重稚拙、坚固耐用、四平八稳。塔楼通常呈四角形。整个建筑显示出凝重威严的精神气质。圣地亚哥大教堂、莱昂的圣伊西多罗教堂、阿拉贡的哈卡大教堂等均为这一风格的典范之作。

当时的雕塑大都是建筑的附属部分,特别是依附于教堂、修道院而存在,因此

[①] 指中世纪欧洲的基督徒到西班牙的圣地亚哥-孔波斯特拉朝拜传说中的使徒圣地亚哥之墓的路线。

题材基本上都是宗教：基督教的符号、圣经中的传说、圣徒，等等。这些雕刻往往出现在建筑的正立面、门楣、柱头、柱身等处，造型夸张、程式化、符号化，在其演变过程中，逐渐从神本主义向人本主义演进，人物造型也日趋生动、自然、写真、饱满，神的形象变得人性化。圣地亚哥大教堂的"荣誉之门"（1168年至1188年）是12世纪下半叶罗马式雕塑的精华与经典。门廊有主侧三门，表现了《启示录》、《耶稣升天》中的场景，包括了基督、诸使徒、先知、新旧约中的人物以及一些具有代表性或寓意的人物和动物形象，共计189个。庞大的雕刻群与建筑结合得完美和谐，形成浑然一体的效果。

在这一时期还有一些非建筑性雕塑，即单像、群像、祭屏、浮雕等，其中不乏杰作。

2. 哥特式艺术（Arte gótico）

欧洲艺术在13世纪发生了深刻变化，诞生于法兰西的哥特式艺术独树一帜，成为罗马式艺术和文艺复兴派的过渡，传入西班牙之后很快便流传开来。

"哥特"一词最初源于哥特人，在中世纪初期这个词汇代表野蛮、粗陋和丑恶。然而到了13世纪，哥特式艺术——特别是哥特式建筑——却成为融合了基督教唯美主义精神的最高贵典雅的风格，它贯穿在建筑、绘画、雕刻、装潢工艺等各个门类，其影响力延续了数百年。

哥特式建筑轻灵纤巧，高耸挺拔，怪诞夸张。玲珑的尖塔或钟楼直刺云天，表现出中世纪信徒们竭力要飞升以接近天主的渴望；大面积厚重的墙面消失了，变得剔透轻巧；五彩玻璃的宽大窗户给教堂内部制造了令人目眩神迷的效果；轻盈的肋弓拱顶取代了罗马式僵硬的圆顶，并发展了一种以尖拱、交叉拱顶、支柱、扶垛和拱扶垛为框架的新型教堂结构；支柱细长而典雅，柱头间由尖顶拱相连。哥特式教堂的建筑特点、色彩配置和内部装潢，都是为了突出天主教的天国理想，为了激发教徒们的忏悔意识，为了宣扬基督教的唯美主义。布尔戈斯大教堂（火焰哥特式的代表之作）、莱昂大教堂、塞维利亚大教堂、托莱多大教堂都是这一风格的代表作。

哥特式雕塑在表现手法上逐渐放弃罗马风格的符号表意特点，越来越趋向自然主义。在这中间可以看到来自法兰西、意大利和佛兰德的大师们的影响。潘普洛纳大教堂的回廊墙、华丽门等以及布尔戈斯大教堂的加冕门等都是汇集了这一风格的精品。

3. 穆德哈尔式艺术（Arte mudéjar）

穆德哈尔式艺术是西班牙中世纪特有的一种艺术形式，是罗马式、哥特式以及阿拉伯风格相互融合而产生的一种多元风格，也可以说，是在伊斯兰艺术的基础上吸收了某些基督教艺术的元素而催生出的混血艺术。其特点主要体现在砖石结构或木质结构以及瓷砖的镶嵌上，在一些天主教教堂的钟楼或尖塔上，在其窗棂的装饰上，在马赛克的使用上，都可清晰地看出这种兼有东西方特色的艺术的影响力。

塞维利亚的希拉尔达塔、托莱多城的太阳门、塞戈维亚的阿尔卡萨城堡等都是穆德哈尔式艺术的杰出体现。

二、文学

任何形式的文学创作都离不开语言文字这个载体。西班牙文学之所以在12世纪之前几乎无从谈起的原因之一，就是源自民间拉丁语的卡斯蒂利亚语（在卡斯蒂利亚王国使用的语言）大致形成于10世纪，到此时早已完成了向罗曼斯语的过渡，具备了较完整的文法结构并吸收了大量新词语，能够表达比较复杂的内容。随着卡斯蒂利亚王国的国运不断强盛，语言也随之发展并逐步被半岛上大多数居民所接受，因而催发了卡斯蒂利亚语的文学萌芽。

其实，在西班牙书面文学形式诞生之前已出现过相当数量的口头文学，吟游诗（mester de junglaría）就是最盛行的一种形式，歌手们四处流浪，在集市上、广场上、客栈、酒店等处吟诵民间传说和英雄故事，这些吟唱诗歌均以口头相传的民谣形式世代流传。

1. 长篇记功诗《熙德之歌》(*El Cantar de Mio Cid*)

欧洲文学往往发端于史诗，例如法兰西的《罗兰之歌》、希腊的《伊利亚特》和《奥德赛》、德国的《尼伯龙根之歌》等，而西班牙文学可以说以《熙德之歌》作为其开篇。这部作品是唯一一部保留至今的、较为完整的长篇记功史诗，大约完成于1150年前后，作者佚名。全诗共3730行，用卡斯蒂利亚语写成，其内容是描写卡斯蒂利亚骑士罗德里戈·迪亚斯·德·比瓦尔（1040—1099）在抗击异族入侵的战斗中的英雄业绩和他悲欢离合的经历。这是一段史实，用写实的手法展现了中世纪的社会风貌和这位民族英雄忠勇无畏的性格。他的威名远扬，连摩尔人也对他敬佩有加，尊称之为"熙德"（cid），阿拉伯语意为"先生"。

由于这种记功诗是要唱诵的，因此诗句不长，简短精练，通俗上口，中间穿插着比喻、夸张等修辞手段，有较强的感染力。

《熙德之歌》抒发了对正义、善良和美好理想的向往，以及人民要求扫除邪恶、驱逐入侵者和统一祖国的心声。在西班牙文学史上，这部史诗占据着无可替代的重要地位。

2.《卢卡诺尔伯爵》(*El conde Lucanor*)

这部作品大约写于1330—1335年间，作者胡安·曼努埃尔（Don Juan Manue，1282—1348）是智者阿方索十世国王的侄子，曾被任命为摄政王。他是一位政治家,也是一位优秀的作家。在 50 岁以后,他离开政治舞台,隐居在修道院里,虔心敬神,专心写作。

《卢卡诺尔伯爵》是其代表作,全书用对话体写成,共汇集了 51 个小故事,每个小故事由三部分组成:卢卡诺尔伯爵向他的顾问求教,顾问用讲故事的办法予以答复,故事的寓意性结论。故事的题材极为广泛,有神话传说、东方寓言、史实、古代故事、个人经历等等,其中有一些已是家喻户晓,例如"一个好心人和他儿子的故事"、"狐狸和叼着奶酪的乌鸦的故事"等。书中包含许多谚语和警句,还有关于行为准则和天主教教义的说教。这本书既反映出人民的智慧,也宣扬了中世纪的宗教思想。

《卢卡诺尔伯爵》对欧洲文学的发展起了很大影响,莎士比亚、薄伽丘、安徒生等大师都从中汲取灵感,丰富了自己的作品,因此,它被视为欧洲小说之源。

3.《真爱诗集》(*Libro de buen amor*)

作者胡安·鲁伊斯(Juan Ruiz)是一位大司铎,青年时代在托莱多的教会学校读书,受到古罗马和东方文学的影响。他热爱大自然,留恋世俗享乐,在诗作中倾诉了对美学、美酒和女性的热情。

《真爱诗集》大约作于 1330 年或 1343 年,由 7000 多行诗汇集而成,其中包含了寓言、民谣、宗教颂歌、训诫等形式,内容十分复杂,从世俗生活到宗教感情,从人生百态到道德训教,无所不有。

这部诗作的价值主要体现在两方面,一是将学士诗与吟游诗融为一体,二是反映了一定的人文精神。因此,在文学史上,《真爱诗集》被视为从中世纪向文艺复兴过渡的里程碑之作。

4.《塞莱斯蒂娜》(*La Celestina*)

这是一部用对话形式写成的小说,也有的学者称之为戏剧型小说,甚至还有人将其定为只是用于阅读的悲喜剧作品。该书大约于 1499 年在布尔戈斯出版,作者是费尔南多·德·罗哈斯(Fernando de Rojas,1476?—1541),一位皈依天主教的犹太人。

故事的主要情节是这样的:年轻的卡里斯托爱上了贵族小姐梅丽贝娅,求爱不成,便求助于拉皮条的老妇塞莱斯蒂娜,并付给她一百枚金币。老妇见钱眼开,便使出浑身解数,说服小姐与青年约会,二人一见倾心。在一次幽会时,卡利斯托不慎从高墙上掉下摔死,梅丽贝娅见状悲痛欲绝,向父亲坦白了一切后,亦从塔楼上纵身跳下,以死殉情。而塞莱斯蒂娜因独吞钱财被卡里斯托的两个侍仆杀死,这二人也被巡逻队捕获,判处绞刑。全书在梅丽贝娅的老父催人泪下的独白中结束。

《塞莱斯蒂娜》揭示出一种在教会的绝对统治之下人们开始追求个性解放和现

世幸福的精神，其诞生促使西班牙文学结束了中世纪，迈入了文艺复兴时代。

此书出版后影响深远，仅在16世纪就在西班牙、意大利等国出版和再版了约80次，并且被译为英、德、法等国文字，被视为西方现实主义小说的先行者。

5. 谣曲

谣曲主要指14、15世纪时吟游诗人或民间传唱的罗曼采（romance）。最初谣曲出自佚名者之手，为市井乡民自娱自乐而创作。16世纪之后一些文人模仿这种形式写出了抒情诗，大名鼎鼎的塞万提斯便是这类诗作的作者之一。

古代谣曲的主题多为民族史诗、战功歌、骑士轶事、历史传说、神话故事、流浪汉的奇闻以及抒情诗。其形式较为多样，长短不一，每行16个音节，以后变为8个音节，偶句押韵，因此也被称为八音节诗，富于音乐感，唱诵起来朗朗上口。

谣曲一直是西班牙作家的灵感源泉之一。

第四节　黄金时代

黄金时代指的是16、17世纪，在这200年中，西班牙的文学艺术成就达到空前的巅峰，在诗歌、戏剧、小说、绘画、雕塑、建筑、音乐等领域大师荟萃，划时代的巨著和作品层出不穷。总之，这是个星光灿烂的时代。

一、黄金时代产生的背景

首先要提及的应是西欧的文艺复兴运动。这场起源于意大利的早期资产阶级发起的反封建反神权的新文化运动，波及自然科学、文学艺术、教育、伦理道德、宗教等各个层面，掀起了社会革命的大潮，对于延续近千年的"蒙昧时代"的中世纪发起了致命的冲击。文艺复兴的精神鼓吹的是人本主义、人性解放、自然科学的理想，反对的是神权专制、迷信和宗教的束缚。这场运动犹如一轮巨日，刹那间驱散了笼罩着欧洲的沉厚的夜幕，为人类发展照亮了道路。

几乎与此同时进行的由西班牙人和葡萄牙人发起的地理大发现行动为资本主义生产方式的确立和西方文化的转型都提供了坚实的基础，而文艺复兴运动则解放了人的思想，继之而来的宗教改革运动则打破了罗马天主教会专制的格局，"促进了民族国家、自由精神、民主政治和经济合理主义的发展"[①]。这三者构成了西方中世纪基督教文化和近代文化之间的分水岭。

而在西班牙国内，由于历史原因，文艺复兴运动的发展比起欧洲其他国家（德

---

① 赵林：《西方文化概论》，高等教育出版社，2004年，第172页。

国、法国、英国等)要相对缓慢,直到 16 世纪才形成气候,而此时的西班牙早已确立了民族国家,而与欧洲日益紧密的联系,特别是与意大利的频繁交往,促成了文艺复兴运动的影响逐步深入广泛,从而迎来了西班牙的黄金时代。

二、黄金时代的艺术

1. 建筑

在 16 世纪最有代表性的建筑风格之一是埃雷拉风格,其创始人胡安·德·埃雷拉(Juan de Herrera,1530—1597)是当时一位著名建筑师,设计了被西班牙人盛赞为"世界第八奇迹"的埃斯科里亚尔王家修道院及其他建筑。埃雷拉风格的主要特点是外体庄严肃穆,恢弘大气,保持古典遗风,功能性强。他朴素严谨的风格符合反宗教改革运动精神,因此很受费利佩二世的器重。

埃雷拉风格的典型之作是离马德里有 30 公里的圣洛伦索·德·埃斯科里亚尔王家修道院(El Escorial)。这是一座集王宫、城堡、修道院、教堂、王家陵园、博物馆、园林于一身的建筑群,其建材是一色的灰色花岗岩,其基调肃穆冷峻,深涵着天主教的精神,连其外形都被建造成古代刑具烤架的样式,以纪念被活活烤死的殉教者圣洛伦索。院内有国王的办公处、会见大厅、祈祷宫、做弥撒的大教堂、画廊、寝宫,有当时欧洲藏书最丰富的图书馆,而在大教堂祭坛下面的圆形地宫里,陈放着自卡洛斯五世起的历代帝王和王后的棺椁。宫中还收藏着大量艺术品、文物和典籍,是一个名副其实的艺术博物馆。

另一个风行一时的风格是巴洛克(estilo barroco),它起源于 17 世纪的欧洲,初指装饰艺术,其特征是大量运用螺旋形、曲线和蜗形,表面雕饰繁琐复杂,建筑物的正立面尤其精雕细刻,刻意追求新奇、夸张,有时甚至达到怪诞、矫饰、不自然的程度。巴洛克传入西班牙后很受欢迎并且还得到进一步的发展,产生了过分雕饰的丘里盖拉风格(estilo churrigueresco),在美洲的西班牙殖民地可以见到不少这种风格的教堂和公共建筑。

2. 绘画

黄金时期画坛巨匠人才辈出,他们受意大利文艺复兴观念的影响,开始研究透视法,赞美人体,讲究明亮清晰的构图,一些传世之作不仅在西班牙和欧洲享有盛誉,而且成为整个人类艺术宝库中的瑰宝。当年收藏和陈列画作的地方主要集中在王宫、教堂、上流社会的府邸和国家博物馆,卡洛斯五世、费利佩二世以及一些大主教和贵族都自命为艺术的赞助者和保护人,因此黄金时期的主要画家基本上都是或曾经是宫廷画师或者服务于某个权要。

1)格雷科(El Greco,1541—1614)

原名多梅尼科·特奥托科普利,出生在希腊的克里特岛,因此被人们亲切地称为"格雷科"(意为:希腊人)。他先后去过威尼斯、罗马、马德里等地,师从过意大利绘画大师提香,也深受米开朗琪罗的影响,他的创作理念、绘画风格、审美原则都带有这两位巨擘的烙印。提香曾向西班牙君主们(卡洛斯五世和费利佩二世)推荐过他,但是他并未留居马德里,而是于1577年来到托莱多古城,就此止步,他被这座荟萃了基督教、犹太教和伊斯兰文明的古城吸引,从此在那里扎下根,直到生命的终结。他给了这座城市显赫的艺术名声,这座城市给予他不朽的艺术生命。

格雷科的作品以宗教题材为主,取自圣经的故事、传说和人物。例如:《圣三位一体》、《十字架上的耶稣》、《基督受洗》、《天使报喜》、《圣家族》、《圣芳济各》等等;也有当时比较典型的社会人物形象,如《手放在胸前的骑士》、《德拉富恩特医生肖像》、《费利佩二世肖像》、《多明我修士像》等等。从体裁上看,以人物画为主,只有极少数的风景画(《托莱多城景观》等)传世。他的作品在当时常常用来装饰教堂、修道院、贵族宅第和王宫,虽然其画风很前卫,但仍深得社会上各个阶层的人们的喜爱。在此后的近300年中他似乎被遗忘了,但是真正的艺术珍品必将会发出无法遮挡的光芒。格雷科受到近现代艺术家和美术爱好者们的欣赏和崇拜,毕加索本人就对他推崇备至。

这位绘画大师最初学习的是正统古典派,而后接受了意大利文艺复兴的影响,博采众家之长(米开朗琪罗的人物造型、提香的构图安排等),最后凝练成个人的绘画风格:夸张的拉长的人物形体、火焰般的律动感、色调的大胆而和谐的运用、时间与空间同时存在于二度平面空间之中[①]、画作的深厚人文素养等等。《奥卡斯伯爵的葬礼》(*El entierro del conde de Orgaz*)是他的巅峰之作,集中体现了他的全部绘画天才和智慧,如今仍保存在托莱多古城,成为西班牙人最珍视的国宝。

2) 迭戈·罗德里格斯·德·席尔瓦-委拉斯凯兹(Diego Rodríguez de Silva-Velázquez,1599—1660)

委拉斯凯兹是菲利佩四世的宫廷画师,曾两度出访意大利,深受文艺复兴大师们的影响,由于国王费利佩四世和王室都非常欣赏他的画作,画家一生发展顺利,优裕的经济条件、稳定的生活环境和宫廷及教会的大量订单使得他能够安心从事创作,精益求精,留下许多传世之作。在他60岁时,获得贵族爵位,担任了宫廷高官。62岁时逝世。

委拉斯凯兹的主要创作年代集中在17世纪,他作品中浓厚的写实主义传统和高超的艺术技巧得到后世的高度评价,尤其是光与色彩的表现,这一点为后来的印

[①] 何政广主编:《格列柯——西班牙画圣》,河北教育出版社,2001年,第170页。

象派画家继承并加以发扬,他的美学理念甚至影响了数百年之后的自然主义、意大利未来派和其他前卫流派。人们尊他为画家中的画家,是世界级的大师。

委拉斯凯兹的名画《宫女》

委拉斯凯兹的作品以人物画为主,有肖像、群像;有当代题材,也有古代题材,还包括少数神话和宗教故事等。他的人物肖像表现了众多有代表性的社会形象,其中主要是宫廷显贵,如费利佩四世、他的两位王后、玛格丽特公主、卡洛斯王子、玛利亚·特蕾莎公主等;也不乏宗教界人士,如教皇英诺森十世、修士等;画家也把普通百姓搬上画布,包括农民、士兵、纺织女、老妇、侍仆、侏儒、江湖艺人等等。他为后世留下了他那个时代西班牙社会的人生百态,形象而生动。

《宫女》(*Las meninas*)是他的名作,画面中心是 4 岁的玛格丽特公主,她周围是两个宫女和两个宫中侏儒,通过镜子可以看见国王费利佩四世和王后,在背景上可以看到一位修女、一位修士和一位宫中官员。画家本人和他的画架出现在画面的左侧,增加了真实感。画面的布局犹如一个立方体,如同魔术的四维空间。光线的运用更是巧妙,凭借从窗中射进的一束光线,空间照得黑白分明,整个画室的温馨气氛直接传递给观众。

《布雷达的归降》(*La rendición de Breda*)是为纪念西班牙征服荷兰十周年而创作的巨幅油画,场面宏大,人物众多,两个中心人物分别是战胜者斯宾诺拉侯爵和战败者布雷达城长官那骚-歇根,在他们各自的身后分别是浩浩荡荡、整齐雄壮的西班牙军队和已溃不成军的荷兰人,两边形成了鲜明的对比。画作中有不少象征手法,如用直立的长矛象征战胜,用歪倒的长矛代表失败;用马匹象征"记住教训"等等。

委拉斯凯兹的其他不朽作品包括《酒神》、《奥利瓦塞公爵骑马图》、《火神的冶铁厂》、《侏儒塞巴斯蒂安·德·摩拉》、《教皇英诺森十世》、《纺织女》、《镜中的维纳斯》等等。

二、黄金时代的文学

在西班牙文学史上,16、17 世纪是西班牙文学发展的鼎盛时期,被称为黄金时代。黄金时代分为两个阶段:文艺复兴时期和巴洛克时期。前者始于 1550 年,终止于 17 世纪初,后者的持续时间为 17 世纪 30 年代至 17 世纪末。

1. 文艺复兴时期

在最初阶段,文艺复兴时期的文学以介绍意大利文艺复兴的人文主义思想为引导,同时著名的人文主义学者安东尼奥·德·内布里哈等人已经在西班牙宣传并实施伊拉斯谟(Erasmo)主义的人文文化,并取得了一定的社会成果。然而,由于哈布斯堡王朝的宗教政策和严酷的封建专制,伊拉斯谟学说未能被接受。16 世纪末和 17 世纪初,文学创作出现了空前的繁荣,诗歌、小说、戏剧齐头并进,流派繁多,风格各异,而鸿篇巨制《堂吉诃德》的问世更是使黄金时期的文学达到空前未有的高度。

——流浪汉小说

流浪汉小说出现于 16 世纪中叶,是西班牙特有的一种文学题材,以流浪者在生活中的种种遭遇为内容,反映了当时社会上为数众多的流入城市的农民、破产的手艺人、伤残士兵以及其他沦为社会底层的形形色色的贫民的生活状态、心理状态和人与人之间的关系。主角基本上都是反英雄的形象,集中了泼皮无赖和流氓无产者的特点。作者通过对这类人物的刻画来抨击社会的不公平与种种弊端。

《托尔梅斯河的小拉萨路》(Lazarillo de Tormes)是第一部流浪汉小说,写于1554年之前,作者佚名。拉萨路出生于托尔梅斯河畔萨拉曼卡城附近的乡村,家境贫寒,帮佣的母亲不得不让他给一个瞎子当领路人。二人以乞讨为生,瞎子生性吝啬,千方百计克扣拉萨路,拉萨路为了活下去,也不惜用种种手段对付瞎子。最后他离开了这个盲乞,又先后投奔了八个主人,备受欺凌,尝尽疾苦,直到故事的最后,他才过上了稍微安定的日子。

作者没有美化社会,而是客观地把现实中种种丑陋之处赤裸裸地展现在读者眼前,这种自然主义表达法是近代现实主义风格的原型之一。

——神秘主义文学

由于西班牙特定的历史背景,在这一时期出现了神秘主义文学作品,其体裁主要是散文和诗歌,其主题以表达宗教精神,宣扬宗教思想为主,渴望人的灵魂与上帝交感,主张禁欲、苦行;作品中常有大量的对精神世界和静修生活的描述和对宗教感情的神秘化描述。

神秘主义文学的代表人物主要是修女圣特蕾莎·德·赫苏斯(Santa Teresa de Jesús,1515—1582)和修士圣胡安·德拉·克鲁斯(San Juan de la Cruz,1542—1591)。

圣特蕾莎出生在古老的阿维拉城,年轻时就出家修行,她一生中创建了32座修道院,制订了严格的教规,同时她致力于对卡门教派的改革。她受过良好的教育,写了较多的叙事体作品,文笔简洁淳朴,感情细腻真挚,语言通俗生动,阐述了基督教教义和个人的思想生活,详细描述了诸如幻觉、自省、启示等神秘的内心感受。主要作品有《生平》(1562年)、《宗教之路》(1562年)、《寓所》(Las Moradas,1577年)等。最后一部是圣特蕾莎的顶峰之作,被公认为"世界宗教文学中的重要作品之一"[①]。

圣胡安·德拉·克鲁斯是圣特蕾莎的弟子,这位宗教活动家具有卓越的诗歌天赋,其作品虽然不多,但却足以使他跻身于杰出诗人之列。他的神秘主义诗歌一向以升入极乐世界,与天主交感为主题,为了阐述这类艰深的思想,他的文学手法离不开暗喻、象征、比拟,离不开诡丽奇特的形象,也离不开高超的语言表达能力。《心灵之歌》(Cántico espiritual)、《黑夜》(La noche obscura del alma)、《炽热的爱情颂》(Llama de amor viva)等诗作对后世的抒情诗产生了极大的影响。

---

① 沈石岩:《西班牙文学史》,北大出版社,2006年,第54页。

但是也应该看到，圣胡安的神秘主义作品中也充满了奥秘高深的表达，有时读者对一些艰涩抽象的思想或修辞手法感到难以理解，而这一点也正是神秘主义之所以被称为神秘主义的原因之一。

——骑士小说

西班牙的骑士小说盛行于15、16世纪，是当时特定的历史环境下的产物。在光复运动中，一个新的社会阶层——骑士贵族逐渐强大，在战争中充当重要角色，而哥伦布发现新大陆之举则进一步催化了冒险精神的热度。为了上帝、爱情和荣誉而甘冒一切风险，甚至不惜献出生命，这就是骑士小说宣扬的最高生活理想。小说的主人常常被塑造成除强扶弱、见义勇为、英勇善战、风流倜傥、多情多义的人，故事情节也比较程式化，往往是骑士爱上一位贵妇，为了博得心上人的爱情，历经坎坷，遭遇种种奇异的经历，最后衣锦还乡，与情人成婚。骑士小说流传广泛，从贵族到平民都是这类小说的读者。在15世纪末和16世纪初，每年都有新的作品问世，可见其影响之大。最为流行的骑士小说是《阿马迪斯·德·高拉》，曾得到塞万提斯的嘉许。但是，骑士小说内容雷同，人物几乎无特点可言，文风冗长单调，艺术价值不高。

——塞万提斯与《堂吉诃德》

被尊为现代小说之父的米格尔·德·塞万提斯·萨维德拉（Miguel de Cervantes Saavedra, 1547—1616）出生在马德里附近的阿尔卡拉·德·埃纳雷斯城（Alcalá de Henares），因家境贫寒，一生没接受过正规教育，是个自学成才的人。为谋生计，他跟随父母辗转于马德里、塞维利亚等地。1569年开始写诗。之后他到了罗马，成为一位主教的侍从，从而有机会游历意大利的许多历史名城，阅读了大量文艺复兴时期的文学名著，为其日后的写作打下了基础。1571年他参加了著名的莱潘托海战，在战斗中负伤，使左臂致残，从此被称为"莱潘托的独臂人"。1575年他在返回西班牙的途中，遭到土耳其海盗的袭击，被掳到阿尔及尔，过了五年的牢狱生活，1580年才被赎，回到祖国。此后的岁月里，这位伟大的作家依然连遭不幸，始终生活在贫困中，而且数次被捕，锒铛入狱。为了生活，他当过士兵、军需官、税吏，始终挣扎在社会底层。多舛的命运、跌宕起伏的生活历程，都为他日后创作《堂吉诃德》提供了极为丰富的素材。1602年出版了几部小说和剧作之后，已55岁的塞万提斯动笔撰写了《堂吉诃德》（上卷），1605年出版。1613年完成长诗《帕尔纳斯之旅》和《训诫小说集》（*Novelas ejemplares*），又译《警示典范小说》。1615年《堂吉诃德》（下卷）出版。1616年长篇小说《贝雪莱斯和西吉斯蒙达历险记》（*Los trabajos de Persiles y Sigismunda*，1617年）杀青。同年4月23日病逝于马德里，就在同一天莎士比亚辞世。

塞万提斯的文学创作包括小说、戏剧和诗歌，而小说的成就最为突出，特别是长篇小说《堂吉诃德》的问世，使他荣登了西班牙小说第一人和世界顶级文学大师的宝座。

位于马德里市中心的塞万提斯塑像

《堂吉诃德》(1602—1615)的全名是《奇情异想的绅士堂吉诃德·德·拉曼恰》(*El Ingenioso Hidalgo Don Quijote de la Mancha*)。主角阿隆索·基哈诺是拉曼恰地区的一位五十来岁的乡绅，身材瘦高，喜爱读骑士小说，达到走火入魔的地步，他决定浪迹江湖，做一名游侠骑士，去除暴安良。于是他模仿古代骑士，给自己取名为堂吉诃德，称自己的瘦马为"驽骍难得"，拼凑了一付破旧的铠甲、长矛和盾牌，又为自己暗自定下一位"高贵的"意中人：杜尔西妮亚，其实她只是个粗俗的邻村女子，然后便出发了。他总共有三次出游冒险的经历，头一次负伤而归，后两次带上一位名叫桑丘(Sancho)的村里的农人做侍从，矮胖的桑丘骑着一头小毛驴，随着他再次踏上冒险之路。途中，主仆二人经历了许多奇奇怪怪的事，而堂吉诃德自己则干了一件又一件荒诞不经的傻事：把风车当成巨人，向风车发起冲击，结果被风车的翼片击倒在地；把羊群当成敌军，用长矛刺杀，又被牧羊人用石头砸得头破血流；把磨坊的水车当城堡，把装红酒的酒囊当成魔鬼，放跑了囚犯又被囚犯殴打，把妓女当成贵妇……他自己一次次地受欺骗，被嘲弄，最后身心俱疲的游侠骑士被送回家乡，一病不起。在弥留之际，他写下遗嘱：他唯一的亲人——他的侄女必须和一个从不看骑士小说的人结婚，否则将被剥夺继承权。

这是一部讽刺文学作品，抨击了社会上流行的骑士小说和小说所造成的影响。作者塑造了两个文学史上不朽的形象：不切实际、耽于幻想但是疾恶如仇、敢于追求正义和理想的堂吉诃德，和讲求实际、冷静实在、忠诚老实但又狡黠、胆小怕事的桑丘。作者提示了一个重要的命题：人类在理想与现实之间的艰难抉择。

这部作品展现了塞万提斯无与伦比的语言才能，书中运用了大约200多个民间谚语和成语，既表现了普通百姓的智慧，也烘托出人物鲜明的性格特点。

几百年来，这部鸿篇巨制被译成各种文字、再版多达1000多次，而堂吉诃德的形象始终存在于一代又一代读者的思想中。

——洛佩·德·维加及其戏剧

在中世纪前后,西班牙的戏剧一般在教堂演出,多为以宗教为主题的宗教剧,或者是神话类的神秘剧,或者是宣扬教义和伦理的劝世剧;也有在广场上演出的世俗剧,以市井小民为主要人物,表现的是民间生活、风俗传统等。真正为西班牙戏剧确立了正确的发展方向的人是洛佩·德·维加。

西班牙民族戏剧的奠基人洛佩·德·维加(Lope de Vega,1562—1635)出生在马德里,父亲是一名匠人。他少年时便显露出戏剧天才,12岁时撰写了他的一部喜剧。1588年,他婚后不久,便怀着冒险心理随"无敌舰队"出征,并且在舰上完成了长诗《美丽的安赫丽卡》。在以后的岁月里,他辗转于几个城市之间,生活上不甚安定,有过多次爱情冒险,甚至为此被判过刑。但是他始终保持着创作激情,诗歌、小说、剧作的大量问世为他赢得了巨大声誉,使他早在塞万提斯之前就已成为马德里乃至西班牙许多城市家喻户晓的人物。1619年他因妻子和爱子先后辞世而受到打击,遁入空门,成为修士。尽管他是虔诚的天主教徒,但仍与异性保持着扯不断的关系,他的许多抒情诗便是由此产生的。1635年,他在创作高峰时期与世长辞,时年73岁。他的保护人塞萨公爵为他举办了隆重的葬礼,马德里几乎倾城出动,送别这位奇才。

洛佩·德·维加是一名多产作家,他撰写的小说和诗歌有二十多卷,小说有长篇小说和短篇故事,诗歌包括抒情诗、十四行诗、八音节诗和史诗。他的主要成就是剧作,他一生创作了近1500部诗剧,保存至今仅500部,题材极为广泛,包括历史类、宗教类、世态类、神话类和田园牧歌类等等。

《羊泉村》(Fuenteovejuna)是维加剧作中一部最有代表性的,也是至今仍在上演并且盛誉不衰的作品。此剧是根据天主教双王统治期的一个真实事件改编的。科尔多瓦省的羊泉村受领主费尔南·戈麦斯的统治,这是个封建恶霸,他胡作非为,鱼肉百姓,欺男霸女,百姓们对他恨之入骨。在村长之女劳伦霞的新婚之夜,他闯入新房,将新娘抢走,并且还夺走了村长的权杖。村民们忍无可忍,终于联合起来,除掉了这个恶棍。国王派钦差来调查此事,在严刑拷打面前,全村人异口同声地说,杀死领主的是羊泉村。最后国王赦免了村民们。

这个剧本高度颂扬了农民的荣誉感和斗争性,作者站在被压迫者的立场上,表现了他的人文主义思想和民主倾向。他的其他剧作,例如《佩里巴涅斯和奥卡尼亚的领主》、《塞维利亚之星》等,也都是在当时深受各阶层观众喜爱、影响深远的作品。

洛佩·德·维加的剧作深刻而真实地反映了16、17世纪之交的西班牙社会的种种矛盾和各阶层人物的生活与思想,他刻画的人物性格鲜明,栩栩如生,而他的剧作从数量和质量上无人可比,他无愧于塞万提斯对他的赞誉——"大自然的怪杰"。

2. 巴洛克时期

17世纪中期之后,西班牙长期陷于国内外的政治危机之中,衰败和没落的趋势十分明显。这一时期的西班牙文学恰恰反映了这一局面,悲观失望甚至避世的情绪充溢在作品之中。

巴洛克(Barroco)一词初见于艺术史,指17世纪在欧洲占主导地位的艺术风格,其特点是追求风格和形式上的出奇制胜,重形式轻内容,过度夸张,充满雕琢与夸饰,矫揉造作,华而不实,等等。巴洛克文风到17世纪50年代达到鼎盛,17世纪末著名剧作家卡尔德隆逝世,成为这一风格衰落的标志。

在西班牙文学史上,巴洛克文风较为复杂,是由夸饰主义(又称贡戈拉主义)和警句主义构成的,前者以作家路易斯·德·贡戈拉(Luis de Góngora,1561—1627)为代表,其特点是辞藻华丽,文字典雅,但内容空洞,晦涩冷僻,矫揉造作,行文繁赘,滥用典故,所强调的是感官性享受;后者的代表人物是弗朗西斯科·德·克维多(Francisco de Quevedo,1580—1645),他喜欢运用奇特的比喻、联想和对照等修辞手法,喜欢采用一些极冷僻的词汇,常常把思想凝炼成简短警句,或者利用格言的概念来表述思想。这二者并非彼此隔绝,而是常在同一部作品中并存。贡戈拉以诗歌见长,其诗作包括长篇叙事诗、寓言诗、谣曲等等,中间不乏精彩之作。克维多著作等身,种类繁多,有诗歌、散文、杂文等,题材更是包罗万象,既有政论文,也有道德说教文;有抒情诗,也有讽刺时弊的短诗;他甚至还写过流浪汉小说和短剧。他被视为黄金时代的一位天才,一位非凡的代表人物。

巴洛克时期的戏剧呈现出繁花似锦的局面,大部分剧作都是喜剧和悲喜剧,内容涉及宗教、神话、古代历史轶事、现代社会的传闻等等;人物五花八门,上至宫廷显要、王公贵族,下到平民百姓、三教九流。剧目丰富多彩,极大地满足了那个时代人们对喜剧的渴望。在剧作家中,蒂尔索·德·莫利纳(Tirso de Molina,1581—1648)是个佼佼者,他的代表作《塞维利亚的嘲弄者和石头客人》(亦被译作《塞维利亚的花花公子》)[*El Burlador de Sevilla*])塑造了一个举世闻名的戏剧人物——唐璜(Don Juan)。唐璜是个贵族青年,玩世不恭,品行恶劣,以玩弄妇女为能事,最后受到惩罚。这一形象影响了后世欧洲文学,它多次出现在大师们的作品中,法国的莫里哀、意大利的哥尔多尼、英国的拜伦以及音乐大师莫扎特都以各自的方式再现了这个典型人物,蒂尔索·德·莫利纳的影响不可谓不深。

此外,这一时期的名家还有戏剧家佩德罗·卡尔德隆(Pedro Calderón de la Barca,1600—1681)、散文家巴尔塔萨·格拉西安(Baltasar Gracián,1601—1658)等人。

第五节　18、19 世纪的文学艺术

一、18 世纪艺术

在人类历史上,18 世纪的欧洲是启蒙运动和法国大革命的年代,是个变革的时代。在西班牙,波旁王室登上王位,推行开明专制,自上而下地实施了部分社会改革。卡洛斯三世统治时期,是西班牙启蒙思想发展的鼎盛时期,国家的各个方面都有了较大的改观。但是从宏观上看,与其他欧洲国家相比,西班牙的变化不是质变,改革未能深入。

在艺术领域,巴洛克艺术逐渐走向衰落,从法国传入西班牙的新古典主义蓬勃发展并取得了比较丰硕的成果,特别是在建筑方面。在绘画领域,弗朗西斯科·德·戈雅异军突起,对西班牙乃至欧洲画坛都起了很大的推动作用。

1. 建筑

18 世纪初,巴洛克风格仍是西班牙公共建筑的基调,王宫基本上都是将法国宫殿的和谐与意大利风格的优雅结合起来。但是到了后期,波旁王朝对在西班牙极受推崇的巴洛克风格并不太感兴趣,而是垂青于欧洲新兴的新古典主义。这种风格崇尚古代的庄重静穆,主张严谨平衡的形式,注重理性。这一时期在马德里大兴土木,从国外聘请来的艺术家和工匠,按照新古典主义的风格建造和改建了皇宫、离宫和许多公共建筑。与此同时,受王家庇护的一些艺术院校纷纷成立,这些学校的培养原则是统一的,因此其学生均以新古典主义为楷模。本图拉·罗德里格斯(Ventura Rodríguez,1717—1785)是这一流派的代表人物。这一时期的新建筑包括马德里的普拉多博物馆、石柱圣母教堂、首都的阿尔卡拉门、潘普洛纳大教堂正立面等。

坐落在马德里市中心的王宫——东方宫

2. 雕刻

新古典主义打破了长达数百年的以宗教为雕刻主题的传统,引入古希腊—罗马神话及其他题材。18世纪70年代出现在马德里卡斯蒂利亚广场上的《海神涅普顿喷泉》雕塑就是一个杰出的作品。在这一时期,许许多多新古典主义的雕塑出现在公园、林荫路、广场和宫殿等公共场所,如《阿波罗喷泉》、《大神母库伯勒喷泉》等等。

3. 绘画

在18世纪西班牙的画坛上最值得一提的画家显然是弗朗西斯科·德·戈雅(Francisco de Goya, 1772—1850)。这位出身贫寒的阿拉贡人,从未受过正规训练,年轻时就以绘画为生,但他生性不安分,生活上历遭磨难,婚后在马德里定居,不久被封为卡洛斯四世的宫廷画师。他的一生中经历了18世纪下半叶和19世纪上半叶的许多大事件,例如拿破仑入侵和西班牙独立战争、费尔南多七世的暴政等等,这一切都被他用画笔描述出来,体现了他爱憎分明的思想倾向。同时他也把西班牙丰富多彩的民风民俗如诗如画地展现在他的作品中。

《卡洛斯四世一家》(*La familia de Carlos IV*)是他的一幅力作,画面上是国王卡洛斯四世、王后路易莎以及其他王宫成员，共12人，戈雅大胆而真实地描绘出他们的外在形象和内心世界，丝毫没有宫廷画师惯有的美化甚至神化帝王及王族的习性。

《5月3日大屠杀》(*Los fusilamientos del 3 de mayo*)是戈雅目睹了法军在马德里的暴行之后的悲壮的记录，他用自己的笔歌颂了抗法的民族英雄，歌颂了西班牙人民的英雄气概。整个画面充满了震撼的力量。

戈雅的绘画风格无拘无束，自然洒脱，充满活力。他用色大胆，笔触泼辣，对任何题材的表现都得心应手。他的肖像画、人物画、历史题材的画、民俗风情画、虚幻题材的画都具有深刻的表现力，活泼恣肆。戈雅为欧洲画坛开辟了新路，后人称之为现代印象派的先行者。

戈雅在费尔南多七世专制时期离开西班牙，流亡法国，四年后去世。

二、18世纪文学

18世纪的西班牙文坛较为冷落，盛行于欧洲的新古典主义影响了大批西班牙文人，他们在接受了崇尚理性的唯理主义和古典式的严谨表现手法的同时，也堕入言必称法国的盲目模仿之中，丧失了民族特点，甚至丧失了想象力与激情。虽然也可以列举出像加斯帕尔·梅尔乔·德·霍韦利亚诺斯（Gaspar Melchor de Jovellanos，1744—1811）、费尔南德斯·德·莫拉廷（Leandro Fernández de Moratín，1760—1828）这样的有影响力的作家，但是其对法国古典主义的仿效痕迹依然十分明显。前者是一名政治家，曾积极参加卡洛斯三世的改革运动，在政府内担任要职。法军入侵时期，他拒绝了拿破仑的兄长、新国王约瑟夫·波拿巴任命的大臣之职，投身到抗法的中央洪达。他是位杰出的法学家，也是个杰出的作家，他的作品涉及的范围极广，包括政治、经济、艺术、道德情操等，体裁也很丰富，有政论文、诗歌、艺术论文、剧作、散文。霍韦利亚诺斯受过良好教育，文学素养高，因此他的语言简洁精炼，文风严谨朴素，作品大都有较高的文学价值。

费尔南德斯·德·莫拉廷是位诗人兼剧作家，他一生坎坷，与社会始终保持某种距离，生活阅历复杂，既当过手工艺者，也当过教士，曾被国王任命为高官，也曾被判流亡国外。他的诗歌中有浪漫主义的影子，而他的戏剧则始终受到观众欢迎。他的散文体剧作充满革新精神，那些针砭时弊的喜剧令人想起黄金时期的戏剧。他的代表作有《姑娘们说同意》、《男爵》、《老人与少女》等。

三、19世纪艺术

新古典主义逐渐衰退，浪漫主义成为19世纪艺术领域的主导潮流，它又召回了中世纪和文艺复兴时期的各个流派，同时艺坛上又萌生了现代主义、印象派等思潮，从而掀起了新的艺术革新的浪潮。

1. 雕塑

19世纪中期出生的雕刻家们打破了新古典主义的沉闷，开始了各自的探索，他们用新的观念去促使雕刻艺术朝着更大的空间发展。在他们中间，巴伦西亚人马里亚诺·本柳雷（Mariano Benlliure，1862—1947）是位多产的艺术家。他先后在马德里、巴黎和罗马学习、深造，博采众家之长，风格上表现得较为折中，既有印象派的特点，也有典雅写实的一面，其代表作有《天主教女王伊莎贝尔和哥伦布》(1892年)、《戈雅纪念碑》(1902年)、《阿方索十二世纪念碑》等。加泰罗尼亚艺术家阿古斯丁·克罗尔（Agustí Querol，1860—1909）是当时极负盛名的一位，他的作品出现在哈瓦那、布宜诺斯艾利斯、利马、马尼拉等地，体裁和题材都很丰富。他的技艺精湛，表现力深刻，对于浪漫主义的美学观念和浪漫主义表现风格上都有较大贡献。他的代表作品有《克维多纪念碑》(1902年)等。

2. 建筑

最标新立异的建筑师是加泰罗尼亚人安东尼奥·高迪（Antonio Gaudí，1852—1926）。这位具有大胆创新精神的现代派艺术家在巴塞罗那留下了一系列惊世骇俗的作品，那些起伏旋转的曲线和自然主义的外观装饰，那些瑰丽的色彩和光怪陆离的造型，使得他的所有建筑和雕塑标新立异，魅力无穷。

巴塞罗那的圣家族大教堂

他的代表作是始建于1882年至今仍未完工的圣家族大教堂（Temple Expiatori de La Sagrada Familia）。他为大教堂设计了三座门：基督诞生门、耶稣受难门和天堂门，每扇门的上方有四座尖塔，象征12门徒；整个建筑最突出的就是这12座高耸入云的尖塔；计划还要建一个中心尖塔，四周为四座塔簇拥着，代表耶稣和四位福音传教士（约翰、路加、马可和马太）。教堂后殿上方的大尖塔象征圣母。为了这座教堂高迪倾注了毕生的精力，但是工程未完，他便死于一场车祸。为了完成这项规模空前的工程，高迪的学生和研究者们按照他的设计思想，仍在一个步骤一个步骤地建设着并再创造着。如今这个未完成的旷世之作已成为巴塞罗那的象征。

高迪的奎尔公园(Parc Güell)建于1900年至1914年,昭示了这位伟大艺术家的另一种风格,童话般的设计、贴近大自然的园林小景、镶嵌彩色玻璃和陶瓷片的雕塑、柱子、长椅等都别具匠心。(详细介绍见第6章)

3. 绘画

在19世纪的画坛,先后出现了古典主义、浪漫主义、印象主义等流派,不少画家创作出足以使他们跻身于世界优秀画家之列的作品。其中华金·索洛亚(Joaquin Sorolla,1863—1923)是那个时代最著名的印象派画家,他出生在巴伦西亚,曾先后在法国和意大利学习绘画,是一位擅长运用光线和色彩的大师。他偏爱民俗和地方题材,在他的风景画作中,他用饱满的激情描绘出西班牙灿烂的阳光。此外,巴斯克画家伊格纳西奥·苏洛阿加(Ignacio Zuloaga,1870—1945)也是一位以非凡的创作才能著称的艺术家,他深受印象主义影响,多运用强烈的色彩,同时也从前辈大师们(格雷科、戈雅等)那里汲取养分,通过民俗题材和大众题材表达了对祖国的热爱之情。他在作品中对人物的刻画就是社会各个阶层的真实写照。

4. 音乐

西班牙人是个热爱音乐的民族,早在智者阿方索十世(1252—1285)时期,这位国王就主持编写了《圣母歌集》,收集了400首非宗教仪式的单旋律歌曲。从宫廷到民间,各种音乐形式都得到长足发展,罗曼采(谣曲)、田园歌、宗教合唱、民族歌剧萨苏埃拉(zarzuela)、古典歌剧、弗拉门戈(flamenco)等都拥有广大听众和市场。

19世纪,西班牙音乐获得了世界声誉。在马德里和巴塞罗那先后创办了音乐学院,民族歌剧萨苏埃拉得到了更大的发展,出现了不少深受人民喜爱的剧目。音乐理论家、作曲家菲利佩·佩德雷尔(Felipe Pedrell,1841—1922)为保存、发掘和发展西班牙音乐付出了极大的努力,他的三位弟子阿尔韦尼斯、格拉纳多斯和法利雅都是蜚声乐坛的大师。

伊萨克·阿尔韦尼斯(Isaac Albéniz,1860—1909)是杰出的作曲家兼钢琴家,他的作品包括组曲、狂想曲、随想曲等,约200首之多,最有代表性的是钢琴曲《伊比利亚》、《戈雅风情》等,这两部组曲用细腻而富有激情的音乐语汇描绘出故土的面貌,其技巧达到最高水准。

曼努埃尔·德·法利雅(Manuel de Falla,1876—1946)曾在巴黎学习作曲,结识了拉威尔、德彪西等大师,深受其影响。回国后潜心作曲,他的许多作品都在世界一流的舞台上演出,得到过不少欧美音乐学府的奖誉。1938年,他被聘为西班牙音乐研究所所长。内战后迁居阿根廷。

他的作品包括舞剧音乐(《三角帽》、《魔法师之恋》等)、管弦乐(《西班牙花园之夜》等)、交响诗、交响乐等多种形式。

他被公认为第一位得到世界级声誉的西班牙作曲家。

四、19 世纪文学

独裁者费尔南多七世死后,不少流亡作家从英国、法国和其他欧洲国家返回西班牙,他们把浪漫主义思潮带进文坛,推动了西班牙文学的革新,受影响最大的是诗歌和戏剧。19 世纪后半期由风俗派演变而成的现实主义又成为小说创作的主流,而批判现实主义、自然主义、地方主义等思潮相继出现。19 世纪末 20 世纪初,历史条件催生了被称为"98 年代"的一个作家群,他们对国家的前途感到悲观、沮丧,对政府的无能和国民的麻木感到不满,他们的作品中有鲜明的忧患意识,正是在这一代作家的笔下,西班牙文学又一次掀起高潮。

这一时期的代表作家很多,下面仅介绍其中的几位:

1. 安赫尔·德·萨阿韦德拉(Ángel de Saavedra, 1791—1865),也称里瓦斯公爵(Duque de Rivas)

里瓦斯公爵曾因其自由派思想而被费尔南多七世判处死刑。他逃往美国和欧洲大陆,在外流亡十年,深受浪漫主义思潮影响。1834 年获救回国,次年其剧作《堂阿尔瓦罗》(*Don Alvaro o la fuerza del sino*,又名《命运的力量》)上演并引起巨大反响。这是西班牙浪漫主义剧作中最著名的一部,充满伤感的宿命色彩。剧情曲折,场景有浓郁的地方特点,语言优美,诗体与散文体结合得非常和谐,戏剧冲突强烈。剧中主人公阿尔瓦罗从美洲归来,爱上侯爵之女莱昂诺尔,其父坚决反对,阿尔瓦罗误伤了老人,使其致死。莱昂诺尔出家为修女,阿尔瓦罗自己逃到国外服兵役。他巧遇侯爵长子卡洛斯,决斗中,卡洛斯受伤而亡。侯爵的次子找到此时已改名换姓的阿尔瓦罗,再次决斗。次子受重伤,弥留之际见到前来为他做忏悔的妹妹,误会之下将她杀死。阿尔瓦罗绝望了,跳崖自尽。此剧轰动一时,意大利著名作曲家威尔第将其改编为歌剧,名为《命运的力量》。

2. 何塞·德·埃斯普隆希达(José de Espronceda, 1808—1842)

他早期曾创作过长篇史诗、历史小说、戏剧等,但使他享有盛名的是抒情诗。他的诗作仅有 50 多首诗篇和三部叙事诗。他的一些诗歌宣扬革命思想,歌颂西班牙,抨击专制制度,追求自由,他被认为是浪漫主义作家中最具叛逆性、影响最深远的一位。他的代表作有长诗《萨拉曼卡的大学生》(*El estudiante de Salamanca*)、《恶魔世界》(*El Diablo Mundo*)、《特蕾莎颂》(*Teresa Mancha*)、《海盗之歌》(*Canción del pirata*)等。

3. 古斯塔沃·阿道夫·贝克尔(Gustavo Adolfo Bécquer, 1836—1870)

他是后期浪漫主义的代表人物,被誉为 19 世纪最具创造力的诗人。他生于塞维利亚,离世时年仅34岁。他的主要作品《抒情诗集》(*Rimas*)收集了79首短诗,基本上以爱情为唯一主题,常带有伤感、悲情的情调,基调低沉,语言凝练形象,构思精巧,感情真挚,但是从内容上看他的作品脱离现实,着重表现内在世界。他还有散文作品《传说集》(*Leyendas*)问世,这些充溢着浪漫主义奇幻色彩的古老传说故事始终为读者称道。无论是他的诗歌还是散文,都在西班牙本土和美洲西语国家产生了深远的影响。

4. 贝尼托·佩雷斯·加尔多斯(Benito Pérez Galdós,1843—1920)

他是19世纪现实主义小说最重要的代表人物,在他50多年的创作生涯中留下78部小说、24部戏剧、15部游记、回忆录和演讲集等近百部作品,其作品可分为历史小说、当代社会小说、戏剧和其他体裁。加尔多斯是一位进步作家,他的创作主题永远是爱国主义、民主思想、揭露社会弊端和反对教权及专制主义。他曾三次当选国会议员,晚年接受了社会主义思想,他用自己的笔向西班牙社会的不平等制度宣战,因而引起反动阶层的痛恨,遭受种种打击迫害,他的敌人甚至阻挠皇家语言学院提名他为诺贝尔文学奖的候选人。他晚年贫病交加,在马德里逝世。

他的历史小说的代表作是卷帙浩繁的《民族轶事》(*Episodios Nacionales*),全书共分5辑,每辑10卷,最后完成了5辑46卷。这部巨著详细描述了始于19世纪初的资产阶级革命的过程,包括卡洛斯战争、"光荣革命"、特拉法加大海战、拜林战役等事件,将历史事实与文学虚构完美地结合在一起,产生了强烈的艺术效果。评论家们称这部作品充满爱国主义精神,反映了西班牙人民民族意识的觉醒,是一首大气磅礴的民族史诗。

小说的代表作之一是《裴翡达夫人》(*Doña Perfecta*,1876),这部作者在早期完成的小说抨击了封建特权的专制和西班牙内地城镇的封闭落后,同时也揭露了宗教的虚伪和教会势力对世俗生活的干预。小说《福尔杜娜塔和哈辛达》(*Fortunata y Jacinta*,1886—1887)被视为加尔多斯的经典之作,其人物的刻画、情节的安排、语言的自然流畅都达到炉火纯青的程度。

在西班牙文学史上,加尔多斯享有继塞万提斯之后最重要的小说家的声誉,是西班牙现代小说的创始人,是现实主义作家中的登峰造极者。

在现实主义、自然主义作家中,还可以列举佩德罗·安东尼奥·德·阿拉尔孔(Pedro Antonio de Alarcón,1833—1891)、何塞·玛利亚·佩雷达(José María de Pereda,1833—1906)、比森特·布拉斯科·伊瓦涅斯(Vicente Blasco Ibáñez,1867—1928)、何塞·埃切加赖(José Echegaray,1832—1916)等。

第六节　20世纪的文学艺术

20世纪是人类历史上发生彻底变革的时代，也是探索和试验的时代，西班牙也经历了其民族历史上最混乱的年代、最惨重的内战和最彻底的社会改革。这一切在文学艺术上均有反映。

一、艺术

从总体上看，西班牙的城市建筑经历了从形式到内涵的巨大变革，流行于欧洲的各个流派都能在西班牙找到响应。而高迪更是打开了人们的视野，打破了一切樊篱，给建筑师们一个广阔的创作空间。20世纪的最后30年，巴塞罗那、马德里、塞维利亚、毕尔巴鄂等大城市兴建了许多具有现代节奏与韵律的建筑，在世界建筑界都引起了轰动，如巴塞罗那1992年奥运会的建筑群、塞维利亚世博会的建筑、毕尔巴鄂的古根海姆博物馆(Museo Guggenheim de Bilbao, 1997)等。

在雕塑方面。艺术家们充当了先锋的角色。在各种现代思潮的作用下，无论是具象雕刻还是抽象雕刻都有了巨大的突破，从观念到形式，从方法到材料，表现都更为丰富和多样化。在具象雕刻类，罗伦索·科廖特·巴莱拉(Lorenzo Coullaut Valera, 1876—1932)的《贝克尔纪念碑》和《塞万提斯纪念碑》、维多利奥·马乔(Victorio Macho, 1887—1966)的《拉蒙·卡哈尔纪念碑》和《阿隆索·贝鲁格特纪念碑》、胡安·克里斯托瓦尔(Juan Cristóbal, 1897—1961)的《戈雅头像》等均为杰作。抽象雕刻获得了异乎寻常的发展，雕刻家们在表现手法上不拘一格，用自己的作品传递出一些有寓意的、有象征的含义，也流露出个人的虚无思想、颓废情绪等。萨尔瓦多·达利(Salvador Dalí, 1904—1989)、约安·米罗(Joan Miró, 1893—1983)等都代表了这一种潮流。米罗晚年的一些雕塑如《做扁桃花游戏的一对恋人》、《女人和小鸟》很受人喜爱，其绚烂的色彩和随意的造型，在周围钢与玻璃建筑的环境中，给人以耳目一新的感觉。其他值得关注的抽象派雕塑作品有安·阿尔法罗(Andreu Alfaro, 1929—　　)的《儿童世界》(1971)、华金·巴克罗·图西奥斯(Joaquín Vaquero Turcios, 1933—2010)的《发现美洲纪念碑》(1977)、爱德华多·奇伊达(Eudardo Chillida, 1924—2002)的《风之梳》(1977)等。

20世纪的绘画经历了不断的大胆革新，表现出蓬勃的生命力。一批勇于开拓的先行者走上离经叛道之路，为绘画艺术开辟了一条条新路。在他们之中有几位不仅是西班牙民族的骄傲，也是世界人民欣赏的巨匠。在此仅介绍三位：毕加索、米罗和达利。

1) 巴勃罗·毕加索（Pablo Ruiz Picasso，1881—1973）

1881年10月25日，毕加索出生在西班牙南方城市马拉加。他的父亲是一位美术教师，一心要把儿子培养成名家。毕加索的叛逆性格在童年就显露出来，他不喜欢学校里刻板的教学方式，除了美术他对其他课程的兴趣不大。最后他的父亲只好让他在自己的画室里学习基本技巧。14岁时，他的绘画天分已经显露出来。父亲慧眼识英雄，知道自己已经没有能力教育这个天才儿子，便先后送他到马德里和巴塞罗那的美术学校学习，但是毕加索宁愿长时间地伫立在普拉多博物馆里那些大师们的作品前，仔细研究揣摩，从中汲取灵感。他大量地画画，画风景、人物、静物，提高自己的技巧。而巴塞罗那充满了现代主义先锋派的氛围，符合毕加索的性格，他在那里得到进一步的发展，也许其革新画风的萌芽就在那里破土而出。1900年他来到巴黎，在这个世界艺术之都，他的绘画理念和风格渐渐发生了变化，从此他的创作激情如同奔腾的江河一往无前，从不停歇。

毕加索被视为最躁动不安的天才，他的作品经历了反复的变革，从风格忧郁的蓝色时期过渡到明快的玫瑰时期，后来又发展到立体主义，再转向超现实主义和表现主义。他打破了传统，抛弃了正统，开创了一代全新的画风，人和物的外形被夸张、被破坏，甚至被解构和重组，从本质上改变了形象和现实之间的关系。蓝色时期的《裁缝索莱一家》、《老吉他手》、《盲人用膳》，玫瑰时期的《小丑的家》、《站在球上的少女》，立体派的《三个音乐家》、《拿曼陀铃的少女》等都获得了评论界的高度评价。

1907年，他完成了立体派画作《阿威农少女》，这是绘画史上的一座里程碑。站在妓院门口的妓女们的形象被扭曲了，如同被毁形了，但是却又透出一股野性的生命力。

在30年代，毕加索的立体派风格到了登峰造极的程度。西班牙内战的爆发和接踵而来的第二次世界大战，激发了艺术家内心的爱与憎，他把他的强烈的情感都发泄到作品中。1937年4月26日，支持佛朗哥叛军的德国纳粹空军突然袭击了一个叫格尔尼卡的小城，空袭持续了3个小时，炸死2000多人，城市瞬间被夷为平地。全世界都震惊了。毕加索在巴黎得知这一消息后，悲愤不已，他拿起画笔开始创作《格尔尼卡》（*Guernica*）。他采用立体主义的结构方式，用黑白两色揭示了惨案的真相，整个画面充满了恐怖、毁灭、痛苦，表现出无声的呐喊和控诉。画幅宽3.5米，高7.8米，是世界上最著名的画作之一。原作曾经长时间陈列在纽约现代艺术馆，画家的遗言是，一旦西班牙恢复了民主体制，此画将归还西班牙人民。佛朗哥死后，此画回归祖国，现陈列在马德里的索菲亚王后艺术中心。

毕加索的名画《格尔尼卡》

毕加索是一位全能的美术家,他的作品包括雕刻、石版画、油画、铜版画、湿壁画等。他不停地创作,绘画就是他的生命。

1973年4月8日,这位20世纪伟大的艺术天才在巴黎逝世,留下两万多部作品,为人类的艺术宝库增添了永垂青史的瑰宝。

2)霍安·米罗(Joan Miró,1893—1983)

1893年米罗出生在巴塞罗那。他从小就酷爱绘画,在工艺美术学校的学习是他献身美术的起点。巴塞罗那是个充满艺术氛围的城市,他研究了凡高、玛蒂斯等人的绘画思想和作品。之后他去了巴黎,那是所有向往艺术的年轻人的朝圣之地。在那里他结识了毕加索,当时已经蜚声画坛的大师对他的影响至关重要,米罗接受了立体派的熏陶,逐渐形成了自己的画风。

在20世纪的20年代,米罗从现实主义转向超现实主义,他把个人的思维、幻想与自然形态巧妙地结合在一起,创造出用色彩斑斓的符号、轻灵的线条、跳动的色块、雨滴般的斑点构成的童话和诗的境界,充溢着春天的气息和童稚的喜悦。在他的画作中常常出现的是星星、小鸟、女人、月亮等形象,他最喜欢的颜色是红、蓝、黄、黑几种原色,他的线条似乎也毫无复杂之处,一切都像是信手拈来,随意而自在。但是他的每一幅作品都体现出智慧、幽默、率真和童心的快乐,能让人思索,给人宽阔的幻想空间。例如1992年巴塞罗那奥运会的会标,图案简单明了到极点,三笔色条:一红一黄一蓝,如一条小船,如一个跳动的小人,如燃烧的火炬,如西班牙和地中海的象征……也可能什么都不像,但是却给人以无限遐思。

在西班牙,到处能看到米罗作品的影子:宣传画上、海报上、旅游小册子上、T

恤衫上、帽子上、旅游纪念品上,等等。善于形象思维和崇尚艺术革新的西班牙人喜爱米罗的作品,他的超现实主义的风格成了一种整个民族认可的象征。

1978年,米罗在85岁生日时,荣获了国王亲自颁发的伊莎贝尔女王十字勋章。90岁时,巴塞罗那市政府为他建了一座铜像。1983年大师去世,留下了8000多幅珍贵的作品。1993年,即画家去世10周年之际,欧洲文化界将该年定为米罗年。

3) 萨尔瓦多·达利(Salvador Dalí,1904—1989)

达利和米罗一样,也是加泰罗尼亚人,他出生在靠近巴塞罗那的菲格莱斯(Figueres),这座小城如今因为达利而扬名世界。

达利的标志性特点非常多,他对弗洛伊德的潜意识意象的执著,他作品中的幻觉境界,他的非凡的创造力,在绘画上的偏执狂批判立场,他和妻子卡拉的非传统式的生活方式,他那两撇挺直向上的胡须,怪诞的装束,摇摆不定的政治立场,无出其右的狂妄自大,对金钱的狂热,还有其他特点。毫无疑问,他是一位艺术怪才,有着肆无忌惮的想象力和异乎寻常的超现实主义表现能力。早在20年代末期就已经引人注目,他能够抓住瞬间的意象作为作品的主体和画面。在30年代和40年代他创造了大量的作品,涉及神话学、心理分析和性,其技巧更加成熟。《那西塞斯的变形》(1936—1937)、《卡拉伶娜》(1944—1945)等画作都充分展示了其天分。他一度回归古典派,但是到了50年代之后又放弃了这种风格,开始致力于宗教和性爱的题材。著名作品有《圣徒约翰殉难》(1954)、《最后的晚餐》(1955)等。

他还与著名电影人路易斯·布涅尔(Luis Buñuel)合作制作了两部超现实主义的影片:《安达鲁之犬》(1928)和《黄金时代》(1930)。

他的超现实主义风格也延及他在家乡菲格莱斯建的博物馆,在那座玫瑰色的城堡式建筑的屋顶和墙头上立着一颗颗大鸡蛋,还有卷心菜、蚂蚁、轮胎状的立柱等,内部的装潢包括唇型沙发、鼻型烟囱……

他的风格大胆恣肆,甚至为同属超现实主义的画家们所不容。据说超现实主义的鼻祖法国人安德烈·布雷东(André Breton)曾要把他从这一流派中除名。由于在政治上他曾经投向佛朗哥,对法西斯主义的态度暧昧,因此许多人把他看作机会主义者。从艺术的角度看,他是画坛才俊。

在20世纪,电影这门新兴艺术迅速崛起。

在19世纪末20世纪初,西班牙电影业诞生,但是在很长时间里国产影片未能跻身世界优秀电影之列。随着70年代后期民主化进程的不断深化,电影选题有了很大的自由空间,艺术表现手法也越来越先进,风格逐步走向个性化。1981年政府颁布电影保护法。自90年代不少影片获得国际大奖,提高了西班牙电影艺术的知名度。如何塞·路易斯·加尔西(José Luis Garci)1982年执导的《重新开始》、弗郎西斯科·特鲁埃巴(Francisco Trueba)1993年拍摄的《美好年代》(又名《四千金的情人》)、佩德罗·阿尔莫多瓦(Pedro Almodóvar)在2000年拍摄的《关于我母亲的一切》等获奥斯卡最佳外语片奖。

最有成就的导演有较早的路易斯·布努埃尔(Luís Buñuel，1900—1983)、60年代后成名的卡洛斯·绍拉(Carlos Saura，1932—　)和近年来多次在国际电影节中荣获大奖的佩德罗·阿尔莫多瓦等人。老一代导演布努埃尔饮誉国际影坛，是位超现实主义大师。他多年在国外流亡，在美国、法国、墨西哥等地都从事过创作。他一生共拍摄了32部影片，手法多样化，其主题是抨击资产阶级的道德准则，与传统决裂。自50年代起，他在戛纳电影节上先后获得最佳导演奖、国际评论奖、特别奖、金棕榈奖、荣誉奖等多个奖项。他在1972年拍的《资产阶级审慎的魅力》(*El discreto encanto de la burguesía*,1972)获奥斯卡最佳外语片奖。

二、20世纪文学

20世纪的西班牙文学可以分割成四个部分：(1)上半叶文学"98年代"、"14年代"、"27年代"；(2)流亡文学；(3)内战后文学(1939—1960)；(4)60年代后文学。

20世纪初，"98年代"作家群是主角，这是一批在1864—1880年之间出生的作家，他们掀起了一次西班牙文学复兴运动。1898年西班牙失去了最后几块美洲殖民地，国势衰微，这一事件震动了不少青年知识分子，他们探索振兴民族的道路，对国家前途命运的关注，使他们走到一起，于是形成了被称为"98年代"的文学群体。

在这些人中间作家阿索林(Azorín,1874—1939)、小说家皮奥·巴罗哈(Pío Baroja,1872—1956)、教育家兼小说家乌纳穆诺(Miguel de Unamuno,1864—1936)、小说家兼剧作家巴列-因克兰(Ramòn María del Valle-Inclán,1866—1936)、诗人安·马查多(Antonio Machado,1875—1939)等为核心人物。他们受到当时流行的无政府主义、社会主义、叔本华和尼采的哲学思想以及托尔斯泰文学观点的影响，一方面着力批判旧的文学形式，一方面又提出向西欧学习并保持自身价值的拯救西班牙的原则。"98"作家们一反19世纪作家们的文风，主张文体简洁、用词精炼，在研究欧洲文化的同时又大力抢救国粹，从中提炼出题材和语汇。总之，"98年代"是一个传播进步思想、维护文化传统、具有爱国主义精神的文学流派，他们给西班牙文坛带来了全面改革，后继的"14年代"和"27年代"都继承了这一潮流。

成为西班牙文学宝库中经典作品的有巴列-因克兰的"四季奏鸣曲"、《卡洛斯战争》三部曲、《班德拉斯暴君》等,阿索林的《堂吉诃德之路》(*La ruta de Don Quijote*)、《卡斯蒂利亚的灵魂》、《西班牙文学随笔》等,皮奥·巴罗哈的《冒险家萨拉卡因》(*Zalacaín el aventurero*)、《活动家回忆录》(*Memorias de un hombre de acción*)等,乌纳穆诺的《人生的悲剧情感》(*Del sentimiento trágico de la vida*)、《图拉姨妈》(*La tía Tula*)、《贝拉斯克斯的基督》等,安·马查多的《卡斯蒂利亚的田野》(*Campos de Castilla*)、《新歌集》、《反常的歌谣》等。

在"98年代"之后的"14年代"作家群体中,哲学家、散文家何塞·奥尔特加·伊·加塞特(José Ortega y Gasset,1883—1955)是核心人物和领军者。他在德国深造,受到新康德主义哲学思想的影响,回国后以全新的角度直面西班牙社会存在的问题。他反对独裁,追求民主制度,努力促进西班牙与欧洲的文化交流,但是他又在某种程度上反对文学艺术的社会化、民众化趋向,批评现实主义美学观。他对问题的立场和观点均带有强烈的人文主义色彩。他是个宗教家,也是一位对西班牙乃至整个西班牙语国家知识界产生深远影响的思想家。他的代表作包括《艺术中的非人性化和关于小说创作的想法》(*La deshumanización del arte e Ideas sobre la Novela*,1925)、《没有脊椎骨的西班牙》(*España Invertebrada*,1921)、《群众的叛乱》(*La rebelión de las masas*,1929)等。

20世纪上半叶诗坛上群星灿烂,他们的共同点是支持社会改革,主张共和体制,热爱西班牙的大自然风光和优美的民俗,诗歌风格多样化,对后世诗歌创作起到开拓者和导师的作用。

1)安东尼奥·马查多

他的作品主要是诗歌,还有一些散文和剧作。诗歌的主题是:土地、自然风光和祖国,既有抒情诗,也有哲理诗,形式上有短诗、叙事长诗等。他的语言新鲜朴素,近似民歌,易于吟诵。他的诗歌表达了对祖国的一往情深,对贫穷和不平等发出了深切的呼喊。他的诗集《卡斯蒂利亚的田野》(*Campo de Castilla*)犹如一曲对卡斯蒂利亚大自然的颂歌。

2)胡安·拉蒙·希门内斯(Juan Ramón Jiménez,1881—1958)

希门内斯的创作分为早期的现代主义流派诗歌和后期的摆脱现代主义影响后形成的个人风格诗作。前期的主题多为风花雪月和幻梦、神秘感的事物等,基调压抑伤感;后期的风格清新自然,纯朴简洁,表达直接,不受形式束缚,其抒情诗作《忧伤咏叹调》(*Arisa tristes*,1903)、《夏日》(*Estío*,1916)、《永恒》(*Eternidades*,1918)等均为名篇。他的诗文《普拉特罗和我》(*Platero y yo*,1914)(中译本《小银驴和我》)是一部感人至深、充满乡土气息的作品。他开创了西班牙抒情诗新黄金时代的先河。

3) 费·加西亚·洛尔卡(Federico García Lorca, 1898—1936)

著名诗人加西亚·洛尔卡

著名诗人、剧作家洛尔卡是一位才华横溢的诗坛奇才。他拥护年轻的共和国,内战中他被反动的长枪党徒枪杀,年仅38岁。他的全部作品包括8部诗集和12部戏剧,他的许多诗写成后不久就被人们广为传诵,若干年后才被出版,因此被戏称为"版前诗人"。

他在许多诗作中模仿民歌和古代谣曲,吸收其精华并赋予个人风格,读起来朗朗上口。《吉卜赛谣曲集》(*Romancero gitano*)是以吉卜赛人的生活为主题,用谣曲格律写成,表达了诗人对压在底层的人民的同情,也表达了这个民族的特有的品格、习性和弊病。而《诗人在纽约》(*Poeta en Nueva York*)完全是另一种风格,他体现了深刻的思想内容和高超的写作技巧。诗人抨击了美国社会上金钱万能、人性被摧残和社会的不公正等现象。他的剧作大部分是30年后创作的,代表作有《血的婚礼》(*Bodas de sangre*)、《耶尔玛》(*Yerma*)、《老处女罗希达小姐》等,都深深触及了当时的社会问题,引起巨大反响。

4) 拉斐尔·阿尔维蒂(Rafael Alberti, 1902—1999)

诗人、剧作家阿尔维蒂一生经历了20世纪西班牙的主要历史事件。他很早开始诗歌创作和绘画。1932年加入共产党,曾赴苏联考察,内战期间担任共和国的文化宣传工作。内战后流亡国外,后定居阿根廷。他曾访问过东欧、苏联和中国。1965年获列宁和平奖。佛朗哥死后回国定居,1977年被选为国会议员,1983年获塞万提斯文学奖,1999年逝世。

阿尔维蒂被视为"亦庄亦谐的诗人",因为他的主题多样化,风格各异,他始终在探索,而谣曲、民歌、古典派大师和同时代诗坛翘楚都为他提供了丰富的创作源泉和学习的榜样。政治激情、情感柔情、对故国的思念、对往事的回忆,这一切都充溢在他诗作的字里行间。他在内战时写的两部诗集《随时随地》(*De un momento a otro*, 1939)和《在石竹花与宝剑之间》(*Entre el clavel y la espada*, 1941)以极强的政治色彩和思想性为特点;《对遥远往事的鲜活回忆》(*Retornos de lo vivo lejano*, 1952)回首他个人的经历,悲伤与思乡之情溢于言表;《胡安·帕纳德罗之歌》(*Coplas de Juan Panadero* 1949)回忆起他的挚友聂鲁达、加西亚、洛尔卡等诗坛巨人。他的戏剧作品包括反教权、反独裁、内战回忆等内容。

西班牙内战后，大批西班牙人，特别是知识分子，流亡国外，他们到了异地他乡仍然没有放弃文学创作，但是由于有各自文体和各自倾向的流派，又加上分散在世界的各个角落，因而没有形成统一的流派群体。其中一些人创办杂志、报纸、出版社、学术团体、教育机构，另一些人在从事上述活动之余，又拿起笔，在诗歌、小说、戏剧、散文和杂文等领域耕耘。

1939年之后的一段时间，西班牙文坛如同一潭死水，严格的书刊检查制度使言论自由和创作自由窒息，只有到了40年代后，情况才有所改观。1942年，卡米洛·何塞·塞拉(Camilo José Cela, 1916—2002)的《帕斯夸尔·杜阿尔特一家》(*La familia de Pascual Duarte*, 1942)作为战后第一部小说出版，书中将暴力、丑陋与污秽赤裸裸地呈现在读者眼前。此书引起轰动，并被译成20多种文字。此后，模仿之作层出不穷。50年代的作家们开始关注具有普遍意义的社会主题，在表现手法上追求新颖的形式。米格尔·德利维斯的《道路》(*El camino*)和塞拉的《蜂巢》(*La colmena*)体现出社会现实主义的倾向。这一时期的重要作品还有桑切斯·费洛西奥(Rafael Sánchez Ferlosio, 1927)的小说《哈拉马河》(*El Jarama*, 1956)、胡安·戈伊蒂索洛(Juan Goytisolo, 1931)的《天堂里的决斗》(*Duelo en el Paraíso*)、加夫列尔·塞拉亚(Gabriel Celaya)的诗歌《伊比利亚旋律》(*Cantos iberos*)、布·巴列霍(Bucro Vallejo)的戏剧《今天是节日》(*Hoy es fiesta*)等。

60年代后，文学处于更加开放和自由的阶段，现实主义被冷落，欧美的各种新流派和新思潮成为年轻作家的关注点，新的理念、新的手法、新的语言成为他们努力在自己作品中体现的重点，他们在不断实验。80年代，国家政治的开明和经济的迅猛发展，促使文学艺术创作走向繁荣，小说、诗歌和戏剧都有了不同程度的发展，虽然大潮涌起的后果必然是鱼龙混杂，但优秀作品仍在不断出现。

思考题

1. 在西班牙的阿拉伯建筑艺术有哪些主要特点？与伊斯兰教有什么关联？
2. 西班牙有很多哥特式建筑，请选择一例作详细分析。
3. 阅读《堂吉诃德》，对主人公和桑丘的象征意义作简单分析和对比。
4. 请查阅有关毕加索的资料，介绍这位天才画家的艺术历程。
5. 请选择一部看过的西班牙电影，分析其艺术特色。

第五章

社会生活与传统习俗

*姓名与称谓—— 衣食住行—— 主要节日—— 弗拉门戈——
斗牛—— 宗教习俗与传统*

第一节　姓名与称谓

一、西班牙人的姓名构成

西班牙人的姓名通常由三部分构成:教名—父姓—母姓。如:菲德尔·卡斯特罗·鲁斯,前面是本名,中间是父亲的姓,即家族姓氏,最后是母亲的姓。已婚女子姓名的传统形式是教名—父姓—de—夫姓,如安娜·洛佩斯·德卡沃。介词"de"表示从属关系,即洛佩斯先生的女儿安娜嫁给了卡沃先生。

但是,这种全名的形式一般只用于极正式的场合或用于正式文件(护照、身份证等)。

在交往中,正式的称呼是教名＋父姓(对男子和未婚女子),或者教名＋夫姓(已婚女子),如菲德尔·卡斯特罗,或者安娜·洛佩斯。在官方场合或公务场合,可简称父姓或夫姓,前面冠以"先生"或"女士"即可。使用母姓的情况较少,但有两种例外:一是父姓太普通,太一般化,而母姓甚少见,则选择母姓。最显著的例子是大画家毕加索(Picasso),他父亲的姓氏是鲁伊斯(Ruiz),不够引人注目,于是他采用了十分罕见而且易于记忆的母姓:毕加索。而今他已使此姓氏变得家喻户晓。另一种例外是母亲家族显贵,其声望超过父家,于是后代可能选择突出母姓或将两姓并用。例如佛朗哥的外孙们大都双姓并用。

西班牙人姓名中保留母姓这一传统有其历史渊源。古代王族和贵族中女性成员也有封号、土地和财产继承权,而姓氏便是行使继承权的明证。

二、西班牙人的名

在罗马人到来之前,伊比利亚半岛上的居民应该有取名的习惯了。但是名字的规范化大约是在罗马人统治期,因此直到现在,在西班牙人的名字上仍能看到罗马人的影响,无论是取名的方式、名字本身的形式还是词源。

婴儿出生后受洗时取的名字被称为教名(nombre de pila)。西班牙人的教名基本上和欧美大多数民族相似,主要都来源于基督教和古希腊—罗马神话,还有一些来自自然界万物与人类社会的一些事物。因此,许多西班牙文名字与法文的、意大利文的、英文的、德文的甚至斯拉夫文的名字相同或相近,只不过在拼写和读音上有差别而已。例如,西班牙文的胡安(Juan),同于英文的约翰(John)和法文的让(Jean);西班牙文的安德莱斯(Andrés)同于俄文的安德烈和英文的安德鲁(Andrew)。

西班牙文名字可以是婴儿出生之日的守护神或基督教圣徒的名字(如胡安、特蕾莎等),基督教圣徒多达数百个,几乎每天都是某个圣徒日,人们可以随意选择;也可以是长辈或亲友的名字。以当今国王的名字为例,其教名全称是胡安·卡洛斯·维克多·曼努埃尔。第一个名字来自他的父亲,第二个来自他的外祖父,第三、四个来自于当时的意大利国王维克多·伊曼钮尔,因为西班牙王室正在罗马流亡,得到他的多方帮助。

教名无论有几个,通常只用第一个或前两个。

西班牙文名字有以下特点:

1. 多复名

复名就是两个或两个以上的名字平行地组合在一起,或者用介词或冠词予以连接。例如:何塞·路易斯(José Luis)、胡安·卡洛斯(Juan Carlos)等等。

2. 多宗教色彩

西班牙人的宗教感在名字上也有充分体现。例如:赫苏斯(Jesús,耶稣)、玛利亚(María,圣母)、安赫尔(Angel,天使)、特里尼达(Trinidad,圣三位一体)等。

3. 有性无数

西班牙文名字有阴、阳性之分(极个别名字为中性,可同时为男、女使用),但无单、复数之别。一般情况下,以元音"A"结尾的名字是女性名字,以"O"或辅音结尾的名字是为男性名字。但是也有少数例外,如伊莎贝尔(Isabel)、卡门(Carmen)、梅塞德丝(Mercedes)等少数以辅音结尾的名字是女性名字。现今西班牙王位第二继承人莱奥诺尔(Leonor)公主也属此例。还有一些常见的女人名字以"O"、"E"等结尾,为数极少。

4. 有词形变化

名字自身还有一些变为爱称、昵称或蔑称的形式，一般情况都遵照一定的语法规律，如改变词的后缀(胡安—胡安尼托,安赫尔—安赫利托等)；个别的有约定俗成的形式(何塞—佩佩,佛朗西斯科—帕科等)。

5. 重复率高

由于名字的来源是固定的,同名者极多,全国叫胡安的男子和叫玛利亚的女子不知有多少,家族中同名者也非常多。这也是产生复名的原因之一,重新排列组合有益于区分。

三、西班牙人的姓氏

西班牙人的姓氏所表现的不仅仅是一些家族符号,而且还部分地反映出一个时代、一个社会、一个自然环境的范围内的某种因素及其演变。姓氏与社会发展及自然变迁都有关联。

西班牙文的姓氏一词(apellido)源于拉丁文,意为"呼唤,召唤"。罗马时期战事频繁,打仗时头领要清点士兵,点名时的主要问题就是同名者太多,难以区分。因此,西班牙人沿袭了罗马人早期的姓氏习俗,即在名字之前加上部落或家族的名称。这就是姓氏的最初起源。但是直到中世纪,西班牙的姓氏才正规化并得以普及,此前只有贵族、王族和上层社会成员才在名字前冠姓。

西班牙人的姓氏主要有下列来源：

1. 源于父名

这类姓氏直接来源于父亲的名字,在名字的词尾加上后缀-az, -ez, -iz, -oz 或 -uz,意思是某某之子。例如：冈萨雷斯(González),源于父名冈萨洛(Gonzalo),意为冈萨洛之子；罗德里哥斯(Rodríguez),源于父名罗德里哥(Rodrigo),意为罗德里哥之子。

据说,此类姓氏起源于西哥特人。

2. 源于人的生理特征

古代人为了相互区分,有时会以人的外貌特征或某种生理特点作为绰号,久而久之,绰号便演变成姓氏。例如：卢维奥(Rubio,金发)、莫莱诺(Moreno,棕色皮肤)、布兰科(Blanco,白皮肤)、索尔多(Sordo,聋子)等等。

3. 源于人的品格、性情特征

这类姓氏为数不少。例如：科尔特斯(Cortés,有礼貌的)、布拉沃(Bravo,勇敢者)、里科(Rico,富人)、胡斯托(Justo,公正)等等。

4. 源于头衔、封号、官职

由于各种荣誉称号和官职是有限的,这类姓氏为数不算多,常见的有:莱伊(Rey,国王)、杜克(Duque,公爵)、孔德(Conde,伯爵)、马尔克斯(Marqués,侯爵)、卡瓦耶罗(Caballero,骑士)、阿尔卡德(Alcalde,市长)等。

5. 源于职业

古代的五行八作均可为姓。例如:巴贝罗(Barbero,理发师)、佩翁(Peón,短工)、卡沃(Cabo,军曹)、怀斯(Juez,法官)等。本届政府首相姓萨帕特罗(Zapatero),意为鞋匠。

6. 源于亲缘关系

在古代,当同一部落的同名者中开始关注彼此的血缘关系和亲缘关系时,其某些称谓便逐渐变为姓氏。例如:普里默(Primo,表兄弟)、涅托(Nieto,孙子)、索布里诺(Sobrino,侄、甥)等等。

7. 源于动植物

古代人与大自然的直接接触使得他们对自然界的动植物有一份特殊感情,故以此为家族姓氏的情况很普遍。例如:那兰霍(Naranjo,橘树)、罗萨斯(Rosas,玫瑰)、莱昂(León,狮子)、伊盖拉(Higuera,无花果)等等。

8. 源于地理环境或居住环境

西班牙人的许多姓氏与山川湖海有关系,这是由于他们的祖先生活在纯自然的环境中,人们往往指自家门前的小河、湖泊、丘陵、远处的山脉等为姓氏。例如:坎波(Campo,田野)、里维拉(Rivera,小河)、富恩特斯(Fuentes,泉)、比利亚(Villa,小镇)、科里纳(Colina,小山岗)等等。

9. 源于天体或某些自然现象

在自然神崇拜的时代,所有的自然物都是神,天象更是神圣不可侵犯,半岛人就如同古希腊人和罗马人那样去顶礼膜拜。这类姓氏有涅瓦(Nieva,下雪)、卢纳(Luna,月亮)、奥罗拉(Aurora,朝霞)、鲁塞洛(Lucero,金星)等等。

10. 源于宗教

作为一个千百年来以天主教为国教的民族,以圣徒或宗教词汇为姓氏是再自然不过的选择了。这类姓氏有:桑托斯(Santos,圣徒们)、克鲁兹(Cruz,十字架)、孚拉伊莱(Fraile,教士)、萨尔瓦多(Salvador,救世主)等等。

11. 源于地名

过去,不少人指地为姓,可以是出生地、封地或是有某种纪念意义的地方。例如:布尔戈斯(Burgos)、帕伦西亚(Palencia)等。有的方式更为直接,以"某地的人"为姓氏。例如:加泰兰(Catalán,加泰罗尼亚人)、加耶果(Gallego,加利西亚人)等。

12. 源于外族姓氏

由于在历史上西班牙曾多次遭受外族入侵或经历过多次民族大迁徙，血缘的不断融合导致了一些外族姓氏进入到本地人家族。例如：提西亚诺（Ticiano，意大利姓）、莫伊塞斯（Moisés，犹太人姓）、苏莱曼（Solimán，阿拉伯人姓）、贝克尔（Bécquer，德国人姓）等等。

13. 其他

还有其他来源，但数量有限。如以色彩（罗哈斯，Rojas——红色）、器物（班德拉斯，Banderas——旗帜）、金属（奥罗，Oro——金子）、人体器官（奥雷哈，Oreja——耳朵）、社会现象（帕斯，Paz——和平）、建筑物（托雷斯，Torres——塔）、日期（多明戈，Domingo——星期日）等为姓氏。

过去，单凭一个人的姓氏就能推测出其出身或者大概的社会等级，至少平民和贵族的区分可以一目了然。贵族姓氏往往在教名之后加介词 de，之后是封地、采邑的名称。王族的姓氏很少，有的王室没有姓氏，只能用国名或者其居住的城堡宫室为姓，前面加介词 de。例如：德两西西里（de Dos Sisilias），或者如现在的西班牙王后索菲娅，其所谓姓氏是（de Grecia），意为希腊的索菲娅。

四、称谓

称谓是一种文化习俗，也是一种社会现象。总的来看，西班牙人的称谓比较简单，特别是和中国人的称谓相比。

1. 亲属称谓

在家庭和家族内部，称谓仅以辈分划分，但没有父系母系之别，没有姑表姨表亲之别，没有同一辈分中的排序习惯，因此称谓用词相对简单。

例如：祖父/外祖父一律称 abuelo，祖母/外祖母一律称 abuela。

姑/姨一律称 tía，叔、伯、舅一律称 tío。

堂兄弟/表兄弟一律称 primo。

甥/侄一律称 sobrino。

姻亲同辈者一律称 cuñado/cuñada，无"姐夫"、"嫂子"等区分。

同辈人中不排序，因此无哥哥、弟弟之分，也无叔、伯之分。

晚辈对长辈用亲属称谓，如"爷爷"、"妈妈"等。同辈中年幼与年长之间均以名字相称，例如弟弟叫哥哥可直呼其名。在平辈和姻亲中，彼此直呼教名，称谓词只用在书面语或用第三人称作介绍时使用。

2. 社交称谓

最常用的称呼是先生、小姐、女士，一般较少使用官称，在正式场合只有对部长以上的高级官员才称官职并加"先生"或"女士",如:"部长先生"、"议长先生"。在官职之后不加姓氏,如:不能称"洛佩斯部长",但在书面语言或使用第三人称时可用。

被呼以官称的还有大学校长、大使、议长、大法官等级别,大使因是一国的正式代表,可以享受这一礼遇,另外在书面语言中还可享受"阁下"的尊称。

在公务场合有一种流行趋势,即上下级之间彼此都以名字相称,显得亲切而随便。公司里的经理和普通职员之间、大学校长和普通教师之间,彼此不用官衔称呼,也免去先生、太太一类的称呼,简简单单地只叫名字,所体现出的是平等与民主的气氛,是良好的人际关系和凝聚力的体现。

还有一个特点,西班牙人对学术头衔的重视程度大大超过对职务的重视。在他们看来,学术头衔意味着知识水平和专业能力,是一种积累,几乎是永久性的;而职务或者官衔是临时的,任期一满就弃之不用了,没有终身制。所以博士们都希望别人称自己为"博士",而不是简单的"先生"或"小姐",即使某博士已经当上总经理了,称他为"博士"仍是最为得体的称呼。

西班牙人最有特色的称谓是"堂"(don,对男性)和"堂娜"(doña,对女性)。

早在中世纪,堂和堂娜之后加教名的称谓就已经很流行,但在当时只用于贵族和王族。例如举世闻名的堂吉诃德、唐璜等形象就代表了绅士、贵族阶层,百姓无权使用。如今可以泛指所有令人尊敬的人,特别对德高望重者和长者,仅仅是一个尊称而已。在西班牙,人们亲切地称国王为堂胡安·卡洛斯,称王后为堂娜索菲娅。

3. 宗教称谓

在西班牙有相当数量的宗教人士,上至大主教,下至普通的修士、修女,在过去对他们都有相应的称谓。如今形式日趋简单,对神父可以称之为 padre(父亲、神父)或者 señor(先生),对修女可称为 madre(嬷嬷)或 señora(女士)。在医院和社会福利机构工作的修女也被称为 hermana(姐妹),修士被称为 hermano(兄弟)。对主教以上的教职人士要加尊称,如 Su Sanidad,即尊者之意。

4. 王室成员称谓

根据传统,对国王和王后应尊之为"陛下"(Su Majestad),对其他王室成员,如国王的子女和兄弟姐妹称"殿下"(Su Alteza Real)。但有时也可简单地以"先生"、"夫人"等相称,称名字的,前面要加"堂"或者"堂娜"。

在西班牙这个王国里,还有一个现象,即对贵族们称谓:在西班牙实施民主化进程之后,贵族们的经法律认可的特权只剩下为数不多的几项,其中之一便是在其姓前加封号(爵位)及称之为"阁下"。由此可见称谓在社会生活中的重要性。

第二节　衣食住行

了解一个民族的文化，衣食住行是一个重要的环节，从中可以发现传统文化、社会发展甚至民族心理的折射。

一、衣

在衣着方面，我们可以从三个类别上予以介绍：传统服装、日常着装（包括正式服饰）和制服。

1. 传统服装

主要指有区域特点或民族特点并已经流传多年的服饰。西班牙的 4 个民族均有其传统服饰，而各个地区也有各自的特色。在上世纪约 70 年代前后，西班牙曾发行了一套 50 枚的邮票，题目就是"西班牙的民族服装"，可见其种类之多。

这些传统服装风格各异，色彩绚丽，搭配巧妙，其特点都与各自民族和地区的下列条件有关：自然地理环境（气候/山区/平原/海岛）、民族审美心理（色彩/式样/繁复/简约）、物质条件（服装的材质——棉/丝/毛皮，配件的材质——草纤维/皮草）、行为规范的约束（服式的本土化/外来影响/开放式/保守式）等等。

总体上看，中部和北部地区的传统服饰的风格偏庄重、素净、搭配简单，而南部安达卢西亚一带则色彩艳丽，有明显的吉卜赛和阿拉伯风格的影响，东部地区的服装色彩明快。在一些海岛或沿海区域，因气候关系，常常搭配帽子。而西部地区的着装风格与葡萄牙人非常近似，较多用深色和艳色。女装多绣花和镶蕾丝花边。

比较有代表性的传统服饰有：

1) 安达卢西亚长裙

这是一种连衣裙，裙裾长抵脚面，色彩绚烂，图案多为圆点，裙摆层次多，底部镶荷叶边，与此搭配的服饰有带流苏的绣花披巾，头上插发梳。这套服装多用在节庆和舞蹈表演的场合。弗拉门戈的舞裙与此基本相同，但有一些细节上的变化。

2) 绣花披巾

披巾幅大，可遮盖双肩，质地考究的为丝质，绣花图案较传统，均为花卉，色彩以黑底红花为多，配以其他颜色。据传说，这种披巾来自菲律宾，故称之为马尼拉披巾。其实从史料上查考，其出处很可能是在中国广东、福建一带加工后运到菲律宾，再由马尼拉大帆船贩到西班牙及其拉美殖民地。

这种披巾目前只在舞蹈表演、传统节日和乡村才能看到，在大城市已不多见。

3）斗牛士服

斗牛

这是模仿斗牛士服装而简化的一种男士装，但近几年出现了一种改革的女式斗牛士服，很受欢迎。斗牛士服由上装、裤子和帽子三部分组成，上装贴身、短款，突出了腰部的线条；裤子贴腿、裤管窄、腰系宽带，整个装束着意衬托出男性的英武、挺拔。配上科尔多瓦的筒形宽檐帽后尤显潇洒。

4）巴斯克男装

在巴斯克地区流行一种至今仍很受青睐的男装：白上衣、白长裤、系红色腰带、配红色贝雷帽，在潘普罗纳的奔牛节和地区性节日上，常常可以看到男人，特别是青年人身着此装。红白搭配，十分醒目，有时还在脖子上系一条红帕。

5）发梳与纱巾

西班牙国王和王后在觐见教皇时，人们看到索菲娅王后佩戴一种非常西班牙风格的头饰，即在头发上插一把高高的发梳，上披一袭长长的纱巾，一直垂过双肩，显得异常雍容华贵。如今在婚礼上和一些非常隆重而又传统的场合，贵妇们也常常采用此装束。过去发梳可用玳瑁、象牙类高级材质，在目前已不多见，梳子上面镂刻着精致的花纹，或嵌金银珠宝；纱巾多为手工剔花，非常雅致。据说，佩戴发梳的习俗来自菲律宾。

需要说明的是,大部分传统服装已渐渐从现代的日常生活中消失,我们只能从民间节日、歌舞演出和一些旅游活动中看到。

2. 日常着装

现代西班牙人的日常着装与欧美等国的人差别不大,充分体现出社会风气、价值观、审美观和生活方式的变化,实用、舒适、得体、自然大方是人们对日常服装的基本要求。因此,我们在城市的大街小巷、休闲中心等处看到最多的是牛仔服、运动式服装和各种便装,一扫过去西班牙人着装过于正式、过于拘谨和繁琐的印象。

不过,差别依然存在:在城乡之间、大小城市之间、马德里与外省之间、不同阶层之间、不同职业之间、不同场合和不同区域之间。简而言之,城市,特别是像马德里和巴塞罗那这样的大城市的着装更开放、更国际化、更紧跟国际时装潮流,而乡村和小城镇相对要传统一些。这样的情况也发生在首都和外地之间。中产阶级、知识阶层的着装更国际化,更随意,自然而实用。而上流社会的风格更严谨,更注重外观,是社会时尚的引领者。着装方式在不同的政治派别中也有所差异,一般来说,左翼人士或者中左派的着装都以平民化为特点,简洁朴素,在公开场合有时仅着西装而不系领带。右翼保守派的着装方式都比较正式、保守,甚至非常考究。与后者相近的有企业界、金融界、商界等人士。而演艺界、文艺界则更多地体现个性化和时尚化,甚至会有为数不少的人炫耀其离经叛道的打扮以彰显其不俗。

值得一提的是不同场合的着装标准。在西班牙社会,有几种特殊场合对着装方式有特别的要求,能否遵守或者严格遵守这些要求,是对人们行为的规范程度、教养程度和价值观念的一个考核。例如,参加婚礼、命名日、洗礼等活动,男人着正装,女人着华服;参加白天举行的招待会,男女皆着正装;出席晚宴、去剧院听古典歌剧,着晚礼服或华服;参加葬礼,着深色服装;参加毕业典礼,来宾的着装也都很正式,男人要打领带;去教堂做弥撒,着装不能过于随便或过于暴露……

在人类社会发展到一定程度时,着装早已不再仅仅固守着当初用以遮风避雨、自我保护的功能了,这是一个符号,也是一种信息传达方式。例如:在2004年马德里遭受3·11恐怖袭击之后,在首都的阿尔穆德纳大教堂为约200个遇难者举行了国葬,全体王室成员出席了葬礼。在媒体报道中,无一例外地强调了一个细节:他们以最严格的方式服丧,即从头到脚均为黑色。这是一种体势语,表达了王室与国家、与受难者家庭共同承受着这一巨大悲痛。

3. 制服

在西班牙"制服"一词是 uniforme,有"统一,一致"的意思。制服就是某一个团体的人共同使用的服色。

在西班牙,身穿制服者一般属于下列机构或团体:军队、警察部队、海关、民航、海运、铁路运输、宗教团体、司法部门、部分中小学校、体育代表团、医务界、餐饮业、旅馆业、消防队、救护部门等等。

内行人通过一个军人的制服能判断出此人所属的军、兵种和军衔,通过一个宗教界人士的法衣能知道其所属教派和教职的等级。这是一门知识,对此完全一无所知,在社会交往中会遇到困难,甚至有可能造成误解。

二、食

"民以食为天",在西班牙也是这个道理。在欧洲各民族中,西班牙人属于好吃、讲吃、擅吃的一类。在他们的食材中,有相当一部分是其他欧洲人弃之不用的,例如家畜的内脏,但是西班牙人却视之为美味。总之,他们的饮食之道是来者不拒,博采众长,尽情享受口腹之欲。

此地的饮食惯制极有特点,一是种类繁多,多民族的混血必然带来生活习惯上的多元化,体现在饮食上就是内容及形式均五花八门,品种丰富;二是充分利用地理优势,餐桌上常常水陆俱陈,既有地中海之国的特点,也不失其山区、高原区域的本色;三是对酒类的需求大,食必有酒;四是传统方式与现代方式并存;五是极为特殊的进餐时间和不一般的进餐方式,等等。

1. 种类繁多

从古至今,每个外来民族都给半岛带来了其饮食文化的影响,而伊比利亚人照单全收或有所取舍。

2000多年前希腊人带来的橄榄种植技术使本地人至今受益,橄榄果实可以加工成许多种口味的食品,其中加鳀鱼馅和辣椒馅的更是西班牙全体国民的最爱。而橄榄油是西班牙烹饪术的基础之一,其产量、消费量(年人均12.5公斤)和出口量都证明了西班牙是个橄榄油大国。现在,经过国际美食家和营养学家的大力推荐,橄榄油已出口到包括中国在内的世界各地。阿拉伯人从东方引进了稻米、柑橘、柠檬和茄子等大量蔬菜品种,这些物产是西班牙人餐桌上的恩物,米是做"帕埃亚"(paella,什锦饭)的基本原料,而酸性水果是水果类中产量最高的,是西班牙大宗出口的商品。巴伦西亚的柑橘名满天下。哥伦布到达美洲后,印第安人驯化的经济作物玉米、马铃薯、甜薯、瓜类、豆类、辣椒、西红柿、凤梨、鳄梨、番石榴等亚热带和热带水果也是最先被西班牙人接受并在旧大陆推广。如今西班牙人几乎不可一日无马铃薯,著名的"托尔塔"(torta,鸡蛋土豆饼)的主要原料就是马铃薯。西红柿产量之高甚至确保了一项巴伦西亚的传统节庆活动:西红柿大战。

2. 水陆俱陈,南北各异

西班牙有3900多公里的海岸线,丰富的海洋资源大大充实了西班牙人的食谱,而地中海沿岸的饮食更是脍炙人口。从西北部开始,加利西亚无须鳕鱼,北部比斯开湾的鳕鱼及其他海鲜,加泰罗尼亚一带的龙虾、对虾,安达卢西亚的鳀鱼,马拉加的无鳞鱼,还有鱿鱼、金枪鱼、比目鱼、鲟鱼、各种贝类、虾类、蛤蜊等都可以烹制成美味佳肴。人们到海滨去度假,免不了要品尝海鲜。如果去巴塞罗那,可以在海鲜馆里要一份海鲜大拼盘,在特大号盘子里盛满大虾和烤制的鱼和蚌,质高量大,价格基本合理,可以让老饕们大快朵颐。著名的"帕埃亚"(什锦饭)也是以海鲜为主要原料。

西班牙美食——海鲜什锦饭

而在中部地区,例如卡斯蒂利亚—拉曼恰一带,则以陆地食品,即农牧业的产品为主。如:上好的牛排、烤乳猪、烤嫩羊羔肉、火腿、各种香肠、奶酪,还有传统名菜焖兔肉、什锦炖菜、煨石鸡等等。蔬菜种类很多,鹰嘴豆、洋蓟、甘蓝、洋葱、土豆、西红柿、莴苣等都可用来作配菜或沙拉或菜汤。

在山区,各种野味也常常出现在餐桌上,起到很好的调剂作用。野兔、山鸡、斑鸠、石鸡等都非常受食客的欢迎。

3. 餐桌上必备葡萄酒

西班牙是继法国和意大利之后的第三大酒类生产国。由于地理条件适宜,自古以来西班牙就以大面积种植葡萄而闻名。盛产葡萄和生产葡萄酒有因果关系,西班牙的葡萄酒种类多,芬芳香醇,色泽美丽,在世界上享有盛誉,其产量居世界第四位。正因为这得天独厚的条件,西班牙人无论男女老少都爱饮酒,主要是葡萄酒(包括雪利酒),其次是啤酒和其他酒。

国内有60多个大葡萄酒产区,都是官方制酒区,其产品被称为法定产区级葡萄酒(缩写为 D.O.)。最负盛名的有加利西亚的清淡果味的白葡萄酒、卡瓦汽酒、加泰罗尼亚香槟、赫雷斯的雪利酒等等。而爱好者们最推崇的当是拉里奥哈(La Rioja)的产品,从顶级珍藏版的酒到普通的佐餐酒,应有尽有。

在西班牙,酒类的分级很复杂,有以酒液的颜色为准的(玫瑰红、宝石红、粉红……),有的以含酒精度区分,有的以甜度区分,当然还有生产年代、酿制方法……不一而足。走进任何一家出售酒类的商店或者去一家大超市,酒类柜台之大令人瞠目,其名堂之多令人目不暇接。对于一些外国人来说往往无从下手,只好求助于身旁的本地人,而他们会如数家珍地款款道来,而且会根据个人的口味、需求和与食物的搭配,帮助选购。他们每个人都是专家。

看看西班牙人的饮酒习惯就会明白他们之所以是专家的原因了。日常三餐,除了早餐,其余两餐都有酒相伴,特别是葡萄酒。有钱的话,可以喝好酒;钱少也可以喝,因为葡萄酒极品的价格和一般佐餐酒的价格有天壤之别。便宜酒不少,由于酿造的时间短,葡萄的品种稍差,加工条件稍显简单等因素,都可以降低酒的价格,但是口感通常不错。

就餐时讲究用红酒配红肉食,用白葡萄酒配白肉或海鲜,餐后可用香槟。饮酒时,对酒的温度也有一定要求,甚至酒杯也有不同的规制。很多家庭都有自备冰桶,或者调酒的雪克杯,还有各式各样的酒杯(啤酒杯、香槟酒杯、威士忌酒杯、雪利酒杯、葡萄酒杯等),这一切都是为了更好地享用酒。

除了葡萄酒,苹果汽酒也是西班牙特色之一,只不过其名声不如葡萄酒响亮,因为那是国酒。

4. 传统与现代并存

只要吃得好,西班牙人不在乎是传统的本地风味,还是舶来品,而是兼收并蓄。同时,他们对一些历史悠久的菜式也与时俱进地加以改造,以适应现代生活节奏和现代人的嗜好。

以"塔帕斯"(tapas)为例。这是一种小吃,可在餐前吃,也可当下酒菜或者休闲食品。过去的品种较少,往往是数量不多的火腿、腌制的橄榄、几片香肠、煎小鱼等等,分别放在小碟子里,供顾客选取。而后,随着不同的食材从国外引进,"塔帕斯"也不断花样翻新,目前已达上百种,如黑布丁、金枪鱼、烤肉、腰花……于是有的餐馆干脆就卖"塔帕斯",如同一种便餐,快捷而实惠。

美式快餐、意大利比萨、法式大餐、中餐、日餐等纷纷杀进西班牙市场以谋一席之地。西班牙食客们对此表现出极大的兴趣,丝毫没有刺激其民族主义的爆发,也没有打击他们对本国食品的信心。在大中城市,麦当劳、肯德基、必胜客,以及一些外来名牌快餐早已遍地开花,但是它们只是一种临时性解决饥饿的措施,至多是一些年轻人简单聚会之地,不能担纲就餐主角,因此对西班牙美食并不构成威胁。学生、公司白领、孩子们在平常日子里趋之若鹜,仅此而已。要想吃正餐、解馋、享受,还是找正宗的巴伦西亚"帕埃亚"、卡斯蒂利亚烤乳猪、安达卢西亚牛尾、加利西亚章鱼酱……

5. 特殊的进餐时间与方式

我们先熟悉一下现代西班牙人的进餐时间表:

上午8点—9点	早餐
下午1点	小吃
下午2点	午餐
下午5—6点	咖啡、甜点
晚上8—10点	啤酒、小吃
晚上10—11点	晚餐

这种进餐时间是任何一个欧洲国家所没有的,特别是极晚的晚餐和拖沓的午餐。工作日的早餐和午餐内容都比较简单,而晚餐是正餐,一般家庭都很重视,往往全家一起吃饭,饭菜也很丰盛,除了汤,还有以肉、鱼为主的主菜,配菜有各种蔬菜、沙拉,主食有面包、通心粉、米饭等,饭后有咖啡、水果或甜食。酒当然必不可少。

在餐馆吃晚餐就更郑重其事了,在着装上往往都较正式,特别是女士,要佩戴首饰、化妆,因为这不仅仅是吃饭、更是交际。

不少欧美人对西班牙的午餐和晚餐都颇有微词,认为热量过高。确实,在其菜单上出现最多的是牛排、猪排、鸡排、烤牛肉、烤羊腿、煎鱼、炖肉、焖兔肉、火腿、炸虾、土豆煎蛋等菜肴,蔬菜比例小。从分量上看,每一份都相当可观。

第五章 社会生活与传统习俗

美味的西班牙火腿

近年来,西班牙人对营养与美食的协调性有了新的认识,有些情况在改变,下面介绍一组2002年前后的数字:

西班牙人的水果消费比欧洲平均消费高50%,人均年消费量为86公斤;人均消费酸牛奶14公斤;渔业产品30多公斤(是欧洲平均水平的2倍);牛肉消费比欧洲平均水平低 25%；人均鲜蔬菜消费 62 公斤，加工蔬菜水果 17 公斤；人均年消费橄榄油 12.5 公斤（欧洲平均水平相当于西班牙的 1/3）；豆类消费是欧洲平均水平的两倍；奶类比欧洲高 30%；葡萄酒消费比欧洲平均水平多 2 公斤。①

　　说到西班牙人的进餐方式，还要提及的一大特点是：进餐时间长，吃饭与聊天并行。西班牙的餐桌是一个聚会、谈话、交流和交际的场合，"吃"仅仅是功能之一。因此，他们吃饭的时间很长，一个话题接着一个话题，一顿饭常常要持续 1—2 个小时。如果是朋友们在餐馆聚餐，时间可能会更长。吃完饭站起来就走，除非有特殊情况，会被视为没教养。当美餐一顿之后，啜着咖啡或白兰地，一边畅所欲言，谈天说地，谈笑风生，这对西班牙人（也包括大部分拉美人）是生活中一大享受。

三、住

　　初到一地，人们首先注意到的就是该地的建筑，所以称一个城市的建筑是它的名片，一点也不过分。西班牙城乡的建筑很有特色，既与欧洲相通，又有自己的特点。从历史沿革的顺序看，建筑忠实地记录了这一过程，在一些乡镇和古城，源自古罗马时代的、中世纪的、近代的各种风格流派都留下了各自的轨迹，罗马式、哥特式、巴洛克式、新古典式、阿拉伯式……都骄傲地展示着自己的风姿，与最新的现代建筑并肩而立。

　　西班牙人珍视自己的历史，而那些古建筑、老宅子就是历史的一部分，历届政府都不惜拨巨款予以保护和维修，越是年代久远的越受到重点保护。

　　不少古城镇的外观似乎还停留在历史上的某个年代，教堂、修道院、市议会大厅、中心广场、一层或两层的民宅、窄窄的幽巷、小客栈等依旧古色古香，吸引着大批的参观者。凡至今还在使用的部分，其内部都作了现代化的改建，生活设施完全符合 21 世纪的标准。这一点得到国际上相关专家和部门的褒奖，并成为许多国家效仿的榜样。

　　保护古建筑的另一个得力举措就是保护老城区，另辟新城区。保护古宅不是把它孤零零地置于一片摩天楼之间，而是要相应地保留其周边的环境，使这一风貌完整和谐地呈现在今人面前。但城市要发展，人们的居住要求也在不断增加，于是围绕老城区的新区便逐渐形成了，新的街道、新的楼房、休闲区、绿地、学校……满足了人们生活和工作的实际需要。

　　到西班牙去参观或者旅游，城镇风貌，特别是那些诞生于各个时代的建筑，都是一个个的亮点，特别是传统民居，不可不看。

---

①　参考颜为民的《西班牙在世纪之交》，世界知识出版社，2002 年，第 158—159 页。

因气候和地理位置的关系,东南西北、山区、海岛、小市镇和乡村的住房都有各自的特点。在高原和山区,民宅多用石头建成。例如哈拉玛山周围产花岗岩等石材,那一带的居民便以此建屋,既美观又坚固耐用。在雷亚尔城周边地区,小村落的农舍一般是平房或两层小楼,墙壁用石灰刷成白色,窗框漆成深色,对比醒目;有的人家大门上还嵌着古老的家徽,令人抚今思昔。在南方的安达卢西亚,房屋大部分是白色的,亮得耀眼,黑色的铁艺窗棂和阳台栏杆使外观增添了一份雅致。那里每家都有一个庭院,四周是回廊,摆满鲜花或挂着鸟笼,庭院正中有花坛或一口井,十足的阿拉伯风情。在阿尔梅利亚省和格拉纳达省的山区至今还保留着穴居式住房,外面安着白色的烟囱,不少人家的屋顶上已经安装了天线,内部也摆放着现代家具。穴居住房吸引了许多外地人和外国旅游者。巴斯克地区不少乡镇的房子依山而建,以木石为建材,与周围的山林环境十分协调。北部的阿斯图里亚斯和西北的加利西亚一带的房屋,都常常在朝阳的一面建有大阳台,此外那里还保留着几百年前建在石柱上的谷仓,谷仓的顶部用石板搭建而成,坚固实用。

目前西班牙人的居住条件相当于欧洲平均水平或稍居其上。这里的摩天大楼不多,公寓楼一般为七八层,其余为舒适的平房或二三层小楼。独栋住房较多,花园、草坪错落其间,令人赏心悦目。一般情况下,住房内现代化设备齐全,装修也比较考究。除日常居所外,中产阶级以上的家庭都拥有第二套住房或休闲别墅。

政府一方面发展社会公共住房,采取各种措施保证计划的实施和住房市场的有效管理,另一方面鼓励和支持居民买房,给予各种优惠政策,如低息贷款的发放等。此外,政府对建房也制定了严格的法规,以确保住房既适应各阶层民众的需要,也服从市政的统一规划。

除了买房,西班牙人还可以租房,不过无论前者还是后者,价格都不菲。在大中城市,租房是一个普遍现象。想租房者只要打开报纸,就有专栏广告,满篇都是租房信息。需求者大都是学生、年轻人但尚未完全自立者、外地人或外国人、临时到此地工作的人,等等。出租房屋的价格依照面积、室内设备、所处地段、季节等条件定价。双方商定后要签合同,租方要付预付金。

除了租房,还有旅馆可住。西班牙有三多:银行多,酒吧多,旅馆多。西班牙的旅店可分许多档次,从一星到五星,从乡村客栈到汽车旅馆,还有家庭旅馆和更便宜的只提供床铺的小店、旅行宿营地等等,应有尽有,完全可以接待任何一类客人。豪华和超豪华的饭店当然价格奇高,而三星级的设备水平和服务标准也相当够档次。即使乡村客栈也能保证客人有清洁舒适的环境和一应俱全的生活设备。但是有些等而下之的旅店(包括近几年开的某些家庭客店)则未必能提供令人满意的服务了。

在旅馆业有一种国营古迹酒店（parador），那是西班牙的特色。这些旅馆是在一些古迹的基础上建起来的。西班牙各地有许多古城堡、宫殿、贵族宅第和修道院，有些年久失修，近乎荒废；还有一些是主人无力维持。于是国家接管，重新整修，恢复其原来的艺术特色和风貌，对其内部则予以改造，使各项设备现代化，符合现代人对舒适和方便的需求。这一类旅馆通常都建在风景名胜区或者古老的城镇里，有历史渊源，有现代大酒店的气氛所无法替代的思古幽情，因此成为许多游客的上选。据统计，全国共有 86 家 parador，由西班牙旅游部门管理。

四、行

西班牙的交通运输十分发达，设施先进。公路、铁路遍布全国，航空业发展迅速，海上运输历史悠久，城市地铁正形成网络，公交汽车遍及城市，出租车方便快捷。

国内运输以公路为主，客运占 90.2％，货运占 85％。公路延伸到最偏远的省份，路况很好。公路分国道、区道、省道和市道，还有高速公路，其公路长度相当于欧盟的平均水平。由于小汽车被视为西班牙人的主要交通工具，小汽车数量非常多，十年前就已达到 1530 万辆。鉴于此，公路的利用率非常高，而且政府还在不断修路筑路，在 2010 年前，高速公路和复式公路将达到 130 万公里[①]。

全国海岸线长达 3144 公里，且处于地中海通往大西洋的咽喉要地，连接欧、非、美洲，所以海上运输十分发达。90％的进出口货物是海运，主要港口有 25 个，其中巴塞罗那、毕尔巴鄂、塞维利亚等 10 大港口的吞吐量占全国总量的 75％。在 2010 年前，政府用于港口建设的投资还将不断增加。

航空业的发展史相对稍短，全国有 50 多个机场，一半以上是国际机场，航线覆盖全国并与欧洲其他国家、北美、南美、亚洲、非洲等主要城市开辟了航线。最主要的航空公司是伊比利亚航空公司。

铁路交通的历史已有整整 180 年的历史了，第一条铁路始建于 1829 年，而首次投入运行的是 1848 年巴塞罗那至马塔罗的铁路。到了 20 世纪 40 年代，铁路已贯穿全国并与邻国法国和葡萄牙相通，构成一张密集的运输网。目前，西班牙拥有 14,582 公里长的铁路线。1987 年政府投资更新设备，推动了铁路的现代化。1992 年，在庆祝哥伦布发现美洲大陆 500 年之际，从马德里到塞维利亚的高速火车（简称 AVE）建成通车，全程 600 公里，只需两小时便可到达，非常安全快捷。市郊小火车也非常方便，它连接了大城市周边的卫星城，间隔时间短，停靠站台多，是上班族的理想交通工具。

[①] 张敏：《列国志——西班牙》，社科文献出版社，2005 年，第 198—199 页。

西班牙各大城市都建有地铁,既减轻了地面交通压力,又减少了空气污染。马德里的地铁有 12 条线,贯穿全城的主要交通要道。站口星罗棋布,一般均靠近公交车站、居民点或公共场所。地铁的利用率很高,每天客运量超过 100 万人次。

除了上述现代化的交通工具,在西班牙一些古城和小市镇还有马车供游人乘坐,这些马车装饰得古色古香,驭手也身着传统服装,通常只在老城区、古迹景点周围行驶,游人坐在上面,可以从容地观光,同时也品味一种古代的豪华。

第三节　主要节日

西班牙的节日多如牛毛,据不完全统计,有 200 多个。从性质上划分,有宗教节日和世俗节日两种;从区域上划分,有全国性节日和地方性节日。一般来说,大部分节日都有宗教因素,例如圣诞节、复活节(圣周)、三王节、奔牛节(圣费尔明节)、守护神圣地亚哥节、圣礼节、万圣节等等。世俗节日往往以某个历史事件或某位英雄人物为由,也有的是纪念某一种传统(法雅节、西红柿节),或者表示对某一职业的尊重(军人节),或者是为了表示对特定对象的爱(母亲节、情人节),等等,五花八门。除此之外,由于每个地区甚至每个村镇都有自己的守护神,于是这位神的纪念日顺理成章地就成了该地的节日。如此算来,一年之中每个星期都可能有一个节日,所以西班牙被看作是节庆活动最频繁的国度之一,这也表明西班牙是个拥有悠久历史和灿烂文明的国家,而西班牙人是一个情感丰富、自尊而乐观的民族。

全国性节日大致有以下几个:

元旦(1月1日)

三王节 Día de Reyes(1月6日)

狂欢节 El Carnaval(2月)

圣约瑟(何塞)节(父亲节)(3月9日)

圣周(4月第2周)

摩尔人与基督徒节(4月)

劳动节(5月1日)

圣体节 Día de Corpus(6月11日)

国庆节(10月12日)

万圣节 Día de Todos los Santos(11月1日)

圣诞节 Navidad(12月24、25日以及此后若干天)

还有一些政治性纪念日,如宪法日、军人节、独立战争纪念日等等。

地区性的节日都在不同程度上反映出当地的风土人情和历史沿革,充满了民俗文化气息,其庆祝方式五光十色,五彩缤纷,不仅点缀了生活,也成为一宗不可多得的人文资源,为旅游业的发展提供了不可或缺的支撑。其中一些最具影响的节日有:东部巴伦西亚的法雅节、南部安达卢西亚的圣母罗西奥节、塞维利亚的四月集市节(Feria de Abril de Sevilla)、东部潘普洛纳的奔牛节、拉里奥哈的葡萄酒节、马德里的守护神圣伊西德罗节、巴伦西亚省的西红柿节等等。

巴伦西亚的法雅节

除此之外,还有一些现代的艺术节也有相当的知名度和影响力。如格拉纳达城的国际音乐舞蹈节(6—7月)、梅里达的戏剧节(7—8月)、巴塞罗那的国际音乐节(9—10月)、马德里的音乐之秋、圣塞巴斯蒂安的国际电影节(9—10月)等等。

下面介绍几个比较有特色的节日:

1. 除夕与元旦

以马德里为例。除夕之夜,人们聚集在马德里市中心的太阳门广场,或饮酒或笑谈,或在音乐的伴奏下翩翩起舞。当广场上古老钟楼的时针指向午夜12点时,礼花齐放,绚烂夺目。这时,在场的人们都拿着一串葡萄,随着一声钟鸣,吃下一颗葡萄,12 响之后要吃下 12 颗葡萄,这意味着新的一年定会带来好运。钟响之后,人们欢声雷动,怀着对未来的憧憬慢慢散去,继续各自的庆祝活动。人们喝香槟,吃丰盛的大餐,举行家庭舞会,而不少年轻人则在酒吧或广场上欢庆。节日常常通宵达旦,直到新年的第一个黎明到来。

2. 三王节(Día de Reyes)

元旦之后的第 5 天就是三王节。据圣经说,耶稣诞生时,有东方三圣前来朝拜,他们向圣婴献上礼物表示祝贺。因此,每逢此节,西班牙的孩子们便急切地盼望着三圣给他们带来礼物。在夜晚到来之前,城市的街道上举行盛大游行,扮演三圣(即三王)的演员身披长袍,头戴王冠,分别佩戴黑人、白人和东方人的面具,骑着高头大马,或坐在彩车上,在路两旁人们的欢呼声中,把手中的糖果撒给孩子们,表示是来自东方的礼物。夜里,孩子们把小靴子放在窗台或阳台上,次日清晨,他们会惊喜地看到,靴子里已装满了礼物。这一天是孩子们的节日。

3. 法雅节(Fallas de San José)

"法雅"一词是拉丁语"篝火"之意,因此"火"是这个节日的重要因素。关于其来源,说法不一。一说源于阿拉伯人的拜火仪式,一说源于对耶稣之父圣约瑟的纪念,圣约瑟是木匠,因此在法雅节上要焚烧用木头和纸做成的巨大模拟像。还有一种较实际的说法:火象征着驱走寒冷的冬天,迎来温暖的春天。

每年 3 月 12 日至 19 日是地中海沿岸巴伦西亚人庆祝自己传统的法雅节的日子。节日的主要活动就是展示和焚烧节前用大量人力物力精心制作的巨型模拟像。当地的能工巧匠们用木头和硬纸板做成精巧而逼真的各种建筑、各类人物和形形色色的动物。在人物形象中既有古代的英雄豪杰,也有传说中的神仙妖魔,最有意思的是许多当代名人的形象也被夸张地制成巨大偶像,如本国首相、美国总统、明星等等。节日期间要对这些被当地人称为"尼诺特"的纸模拟像进行评比,所以艺人们都不惜工本,千方百计设计和制作出最新奇、最引人入胜的作品来,以获大奖。

从 12 日起,巨大的"尼诺特"便在各个公共场所展出,人们身着节日盛装,成群结队地拥向街头,去欣赏这些各具特色的作品,每天都是盛会,城市因这些千奇百怪的巨像而变成了童话世界。19 日是圣约瑟节,街上人流如潮,乐队不断地奏乐。下午举行盛大庆典,为那些被评为最佳作品的作者发奖,并将这些"尼诺特"放在博物馆中供人欣赏。节日的高潮是在夜晚,此时市长宣布法雅节开始,于是在鞭炮声和欢快的乐曲声中,礼花飞向天空,放在广场中央的所有巨型模拟像都同时被点燃。火光冲天,刹那间火焰便将"尼诺特"们吞掉了,同时发出噼噼啪啪的声响,灰烬和火星在空中飞舞,夜空如同白昼,整个场面十分壮观。人们围着篝火载歌载舞。

4. 圣周(Semana Santa)

这是个纪念耶稣复活的重要基督教节日,通常在每年4月份春分后第一个星期日起始,为期一周。

圣周的第一天是圣枝主日(Domingo de Ramos),人们把棕榈叶挂在阳台上,以纪念耶稣荣归耶路撒冷。而主要活动自周四开始,圣周四是建立圣体日,人们安置祭台展示圣体。圣周五是耶稣受难日,在不少地区组织耶稣受难的表演,由信徒们扮演耶稣、十二门徒、圣母、罗马士兵等角色,最后以耶稣被钉在十字架上结束,围观者人山人海,人们都表现得很虔诚。圣周六是望复活日,神父去各家各户洒圣水。复活节正日是周六,人们用各种方式庆祝耶稣的复活,如设宴招待亲朋好友,吃鸡蛋、面包圈、火腿饼等食品。塞维利亚的圣周以悔罪者的游行和一种叫做saeta的悲歌而著称。

这是一个全国性节日,在西班牙其重要性仅次于圣诞节,本节日全国放假三天。

5. 罗西奥圣母节(La Romería del Rocío)

每年5月份春暖花开之时,在南方安达卢西亚(特别是韦尔瓦一带)举行罗西奥圣母节,信徒们肩扛着圣母像巡游,朝圣的队伍一直走到安放圣母像的山上小教堂。这一天,远近的信众们都纷纷赶来,吉卜赛人乘坐用鲜花和圣像装饰得华丽异常的大篷车,骑手们骑着马,男人们身着英挺的骑手装,女人们穿着传统的安达卢西亚长裙,披着绣花披肩,佩戴着长长的珠串(罗西奥一词有"念珠"之意),与男伴们共骑一匹马。庞大的骑手队伍浩浩荡荡,人们举着旗帜和十字架,朝着圣母教堂前进。晚上人们载歌载舞,弗拉门戈舞是这种场合最传统的表演。

6. 圣伊西德罗节(Fiestas de San Isidro)

圣伊西德罗是马德里市的守护神,每年5月15日在马德里的老城区,市民们穿着最正统的19世纪末的民族服装在街上唱歌跳舞,或手挽手游行。男人们戴格子布鸭舌帽,穿白上衣外加灰色马夹;女人们穿彩色长裙,头上裹着马尼拉披巾,发髻上插着红色石竹花,这是当年劳动阶层市民的打扮。他们一边听着轻歌剧萨苏埃拉中的选曲,一边吃柠檬糖、喝酒,还品尝着地道的马德里小吃:蘸巧克力的炸油条。节日食品中还包括一种含酒精的柠檬水,很受欢迎。而位于小山上的圣伊西德罗教堂里则举行隆重的弥撒,纪念这位守护神。传说这座山上的泉水有神奇功效,上山的信众们都求得一瓶水下山,与家人分享,去病消灾。节日活动一直持续到夜里。

值得一提的是,作为全市的节日,在大游行的行列的最前面,市长身穿礼服,斜佩着绶带,引导着队伍,不时向路两旁的市民们挥手致意。

7. 奔牛节（Sanfermines de Pamplona）

奔牛节，也称圣费尔明节，每年的7月7日至14日在北部城市潘普洛纳举行。圣费尔明是这座城市的守护神，在古代人们用举行斗牛赛的方式来纪念他们的守护神，为了顺利地把公牛从牧场引到市中心的斗牛场，人们在牛群前边用各种方式引逗，刺激牛群追逐这些大胆的人直至斗牛场。这样，一种惊险而又吸引人的活动便产生了。美国作家海明威在1923年到潘普洛纳观看奔牛，大为激赏，在他的名作《太阳照样升起》中作了精彩的描述。从此，奔牛节名声远播海内外，人们纷纷前往观看，甚至亲自参加，品尝冒险的滋味。

潘普洛纳的奔牛节

在奔牛节用于赶牛的主路是一条狭窄的老街，叫埃斯塔菲塔。石板铺成的路面，长度为848米，两旁是住房。重约500公斤的公牛们一被放出来，便急速冲入人群中。数百名身穿白衣白裤、系红腰带、头戴红色贝雷帽的男子在公牛的前面和两侧狂奔，他们手里拿着卷成一卷的报纸，引逗公牛。人群裹着这几条公牛顺着街道跑向斗牛场，中间不时出现牛顶人或是牛蹄踩踏着某个不幸摔倒的人的惊险场面。路两旁的栏杆上、围墙上、楼房的阳台上挤满了人，他们大声为勇敢者们加油鼓劲，不时发出惊呼和呐喊。人和牛在斗智斗勇，展开一场极富刺激性的较量，而西班牙男子非常愿意在这种场合显示他的大无畏气概。

在奔牛节每年都有人受伤，因伤致死的情况也时有发生。据统计，在1924至2002年间，共有14人死亡，其中不乏外国人。尽管如此，每年在奔牛节期间人们依然纷纷到小城来，一睹这险象环生的勇敢者的游戏，或者也换上一身巴斯克装束与公牛们较量一番。

8. 西红柿节（Tomatina）

在巴伦西亚省的布尼奥尔镇（Buñol）有一个极富特色的节日：西红柿节。每年8月28日，即收获季节，当地人用掷西红柿的方式纪念守护神圣路易斯·贝特兰（San Luis Bertrán）。

节日活动持续一周，高潮就是28日在小镇街道上的西红柿大战。6000多名参加者有镇上居民、外地人甚至慕名前来的外国游客。他们为应对"西红柿弹"，大多赤裸上身，或一身短打扮。人们用饱满多汁的西红柿作武器，互相投掷，场面十分生猛，人人身上都沾满了西红柿酱和汁，显得"血肉模糊"，满地流淌的也是红色的汁液和踩烂了的果实。参加者都"面目皆非"，但是兴高采烈，而"输送弹药"的西红柿车还在不断开进"战场"。

这场混战只持续 1~1.5 小时，但就在这短短的时间里西红柿的消耗量约为 50 吨！

在街道旁边停放着消防车，消防人员们整装肃立，手中拿着水枪。到了一定时候，指挥员下令，他们便用水枪向人群中缓缓"扫射"，目的是帮助人们冲洗掉粘在身上、头上和脸上的浓汁，使他们恢复精神，重新投入战斗。

第四节　弗拉门戈

说到西班牙民俗艺术的国粹，最先被提到的就是弗拉门戈这种表演形式，它集歌、舞、乐和即兴表演于一身，经过多年的改革、加工，在 21 世纪的今天，作为西班牙艺术的典型形象而出现在国际大舞台上。

其实，弗拉门戈起源于社会底层，而且是最底层。

早在 15 世纪，一支流浪部落从印度北部出发，一路西行，辗转万里，经过东欧、中欧，进入伊比利亚半岛，相当一部分人在安达卢西亚停住了脚步。这些人就是吉卜赛人的祖先。他们在颠沛流离的生活中，把自己的宗教信仰、对幸福的追求、对死亡的恐惧、对命运不公的愤怒都倾洒在歌舞中。在这一地区，他们找到了知音者，这就是同为天涯沦落人的为数不多的摩尔人和犹太人，这三者的音乐因素相融合，以吉卜赛音乐为主调，弗拉门戈的音乐就这样渐渐产生了。据一些研究者分析，"弗拉门戈"一词起源于阿拉伯语的"逃亡的农民"，显然是指不事农耕的吉卜赛人，也许还包括同样被驱逐、被迫害的已受洗的摩里斯哥人（moriscos）。

弗拉门戈的歌谣是重头戏，这是一种相当于中世纪吟游诗的形式，是口头传承的，被称为"深歌"，歌词包括流传已久的内容，也有反映现实生活的题材，但总的基调是悲苦、苍凉和愤怒，这是几个世纪艰难困苦的沉淀。在节庆活动中和家庭聚会上演唱的歌词往往是欢快的、诙谐的，但是并不轻佻，吉卜赛人特有的浓烈、热辣、粗犷都渗透在音乐的表现形式上。歌者无论是男声还是女声，都以深沉和沧桑的嗓音见长，没有一丝柔媚或婉约。这就是为什么在弗拉门戈的歌者中还少见到 20 岁以下的年轻人，而中年人却非常多的原因。

歌手演唱时有吉他伴奏，而一些重量级的歌者则喜欢清唱。他们在演唱时异常专注，几乎看不到程式化的表演的痕迹，用半嘶哑的声音倾诉生命中的痛苦时，歌手的眼睛饱含泪水，而听者常常也潸然泪下。歌词使用的是安达卢西亚方言，掺杂着吉卜赛人特有的语汇，更烘托出歌曲的民谣特点。

弗拉门戈舞蹈

弗拉门戈的一大看点是舞蹈，有单人舞（男子、女子）、群舞（男子、女子、混合）和男女双人舞。舞蹈可以配合歌曲的演唱，也可以独立表演。舞蹈的基本语汇都来自传统，即经典形式，如踩脚、踢踏、双手叉腰、旋转、扭胯、击掌、手腕的转动、双臂的挥动、甩发、甩头……，在此基础上每个舞者根据自身的条件和对舞蹈、音乐的独特理解，会创作出新的动作，以增加表现力。

女舞者的服装是安达卢西亚服装的变体，连衣长裙色彩艳丽，图案一般是大小不等的圆点；裙子层层叠叠、镶着荷叶边或白色的蕾丝；有时在肩上披一条绣花披巾、边沿处缀着长长的流苏。有一种特殊的舞裙很受演员的青睐：裙子前裾剪短，便于演员做踢踏动作；而裙子的后摆延长，可拖地近半米长，如一条蜥蜴的尾巴。舞者表演时，旋转的动作能使裙尾飞扬；做激烈的踢踏或跳跃的动作时，裙尾会随着节奏而摆动，大大增强了舞台效果。男舞者的着装较简单，都是典型的吉卜赛人打扮，随意而剽悍。

女舞者的发型几乎是一致的：长发挽成发髻，高高地耸立在头顶；或梳在脑后，上加发梳；根据舞蹈内容的需要，也可在鬓边斜插一朵火红的石竹花。这种发型使舞者的动作显得更利索，同时突出了面部表情。舞者在高潮时，急速的旋转会把发髻散开,刹那间一头长发飘落下来,更彰显出吉卜赛女子的狷傲与奔放。

吉他独奏在过去只是附属于演唱和舞蹈,甚至仅仅作为一个演出中场上休息的形式。如今已经变成一门独立的艺术。自19世纪,吉他才正式加入到弗拉门戈表演中。在演出时,吉他手坐在舞台中央,旁边是歌手和一名或若干名伴唱者,这些人往往并不唱歌,他们的角色是拍手者,为吉他、歌手和舞者用击掌的方式打节奏,不时会发出喝喊声或用"来吧!"、"好哇!"等喊叫声来加油助威。

弗拉门戈的发展经历了一个漫长而曲折的过程,从侧面反映出西班牙社会观念从古代到现代的发展。在吉卜赛人最受歧视和迫害的年代,尽管他们逐渐皈依了天主教,仍被视为"另类","异教徒"。所以他们通常只能在旷野上、村镇之外的地方安下营盘,弗拉门戈歌舞也只能在这些地方表演,给这些穷困潦倒的人提供了情感宣泄和自娱自乐的机会。白人或者所谓正统基督徒不屑于看这种"下里巴人"的表演,也禁止吉卜赛人在公开场合展示自己的才艺。之后,随着城市化的发展,市民生活内容也越来越丰富,弗拉门戈便出现在一些小市镇的集市上和节庆活动上,人们这才开始与之有了初步接触。到了19世纪,咖啡馆成了城市生活中重要的社交地点,于是在一些非"上流人士"光顾的小咖啡馆里,弗拉门戈歌舞开始了商业性演出。若干年之后,随着社会风气的进一步开放,出现了专门表演弗拉门戈的咖啡馆和酒吧,以后一些餐馆也加入了这一行列。为了适合演出,特地安排了场地、设施,于是更多的人成为弗拉门戈的观众和听众,其中包括不少文学艺术界人士,他们的出现意味着弗拉门戈这个以"走江湖"为表演风格的草根艺术将要迈上更高的层次。确实如此,诗人们为他们填词,作曲家们将其歌谣中的某些因素植入自己的作品从而推广了歌谣的传播。演员们也愿借鉴其舞蹈语汇。20世纪初,著名作曲家曼努埃尔·德·法雅以弗拉门戈为题材谱写的曲子获得了极大的成功,至今还是音乐会上的保留曲目,而在天才诗人加西亚·洛尔卡的不朽诗篇中也出现了这些歌者和舞者。在20世纪后期,弗拉门戈终于走进剧院,作为艺术表演登上国家的和国际的艺术殿堂了。

舞剧《卡门》是弗拉门戈经典化的一个成果,它把零散、单折的表演糅合在一起,形成一个有情节、有人物、有大型乐队伴奏、有复杂的舞美和舞台效果设计的大型现代舞剧。在这样一个相对宽阔的空间和相对较长的时间段里,在综合了独舞、双人舞和群舞并结合了丰富的戏剧表演的前提下,弗拉门戈的所有精华都得到淋漓尽致的展现,并且收获了前所未有的效果。这出弗拉门戈舞剧已经征服了本国的、欧洲的、美洲的和亚洲的观众。

作为一种民间艺术,传统的弗拉门戈能够打动各类观众的因素之一是它的即兴表演。无论是歌、舞还是吉他演奏,兴之所至,演员们可以即兴发挥,其炉火纯青的造诣和丰富的积累能够在瞬间创作出极能震撼观众的歌词、旋律和舞步,而且这种即兴表演往往是互动的,只有观众如醉如痴的叫好声、掌声与喊声,才能刺激出演员的即兴发挥;只有演员的超水平发挥才能对观众的听觉、视觉和全部感官产生如此强大的冲击力。在塞维利亚、马德里、格拉纳达那些专门演出弗拉门戈的餐馆或咖啡馆里,气氛不同于任何一个剧院,因为台上和台下的应和是如此和谐,气氛是如此火热,演员和观众都非常投入,很难说是谁感染了谁。显然,弗拉门戈的魅力是不可抗拒的。

弗拉门戈不仅登上国家大剧院和世界各国大剧院的舞台,也跨入了银幕。著名导演卡洛斯·绍拉的电影《卡门》让全世界为之倾倒。

如今,在许多重大场合都能看到弗拉门戈歌舞,它是以西班牙艺术的代表的身份而出现的。例如在1992年巴塞罗那奥运会的开幕式上,吉卜赛人的舞蹈与古典歌剧同时展现在各国观众面前,人们无不为之折服。

第五节　斗牛

除了弗拉门戈,西班牙的另一个国粹便是斗牛(toreo)。

一、起源

据说早在罗马人统治期,伊比利亚半岛上已有斗牛的习俗,武士们用斧头或其他简陋武器将公牛杀死作为神的祭献。西哥特人继承了这一传统。在摩尔人盘踞西班牙的8个世纪,擅长骑术的北非人改变了斗牛风格,改为骑马用长矛刺牛。13世纪的"智者"阿方索十世国王下令将斗牛祭献改为斗牛比赛,从此蔚然成风。英勇善战的民族英雄熙德(见第四章)也喜欢斗牛。1556年,卡洛斯五世在巴利亚多里德的广场上骑马斗牛,他杀死了一头公牛以庆贺王储费利佩(即后来登基的费利佩二世)的降生。在以后相当长的一段时间里,特别是18世纪,在战事不多的年代,贵族们只能用两种方式来使用武器:狩猎和斗牛。他们改变了北非人骑马斗牛的方式,改为徒步斗牛。此时的主角是贵族,平民没有资格上场,只能在场外观看。此风一度讨盛,教会只得下令禁止斗牛,并对违禁者克以重刑。从此贵族们退出斗牛场,把位子让给平民。最后教会迫于压力,取缔了禁令,而此时平民百姓已经成了斗牛场上的主角。他们对斗牛作了一次又一次的变革,使得表演更精彩,更有看点,主斗牛士一手持剑,一手持披风的做法即始于18世纪。

二、斗牛的前期准备

1. 斗牛场

斗牛场有点类似古罗马的竞技场,场地是圆形露天沙地,直径约为150英尺,场地四周有挡板,挡板高约1米,斗牛士和助手们在必要时可以藏在挡板后面,躲开公牛的袭击。周围是阶梯式的看台,台下面设有祈祷室、急救室和牛圈。正式斗牛开始之前,斗牛士和他的助手们都遵照传统,到祈祷室去作祷告,他们虔诚地跪在圣像或者十字架前面,默默地祝祷平安。

2. 牛

一场斗牛由三次表演组成,每次有一位主斗牛士上场,每个斗牛士有自己的短枪手、花标手和其他场内外助手。他要分别斗两头牛。一场下来需要3位斗牛士出场,斗6头牛,每头公牛体重约在400~500公斤之间,每斗一头牛需20多分钟。供斗牛使用的牛品种特殊,必须在旷野上采用放养的方式饲养,养4~6年方可上场。这样的牛野性十足,凶悍暴烈,强健壮实,据说敢向疾驰的火车冲撞。目前西班牙最大的斗牛牧场分别在安达卢西亚和卡斯蒂利亚地区。

3. 斗牛的时间

斗牛表演需要在阳光好的气候条件下进行,所以斗牛季节从3月底或4月初的圣周开始,到9月底的最后一个星期日结束。在斗牛季里只有星期日或重大节日才有表演,一般全年在每个场地约有30场斗牛。表演时间从下午5时开始,持续时间约为两小时。在西班牙一切活动都可以不准时,唯一分秒不差的便是斗牛。

4. 斗牛士

西班牙的职业斗牛士分为两个等级,即正式斗牛士和见习斗牛士。见习斗牛士通常在斗牛学校接受训练,在开始参加表演时,只能斗三岁的小牛。几年之后,如果成绩好,便晋升为正式斗牛士,可以下场斗五岁或五岁以上的公牛了。

斗牛士的服装已有几百年的历史,上衣很短,面料上用金银线绣出极复杂的花纹,有时还配有华丽的披肩。腰部露出,上面系着宽宽的腰带,显出斗牛士腰部的线条,同时也有利于斗牛士弯腰、倾身等动作。裤子贴身,裤腿仅长及小腿肚,下面穿着红色长袜。裤子上也是绣满花饰。帽子为黑色,有点类似三角帽。整个装束给人的感觉是富丽堂皇、金光耀眼,同时又感到风格夸张,华丽得有些沉重感。

三、斗牛表演的程序

入场式是必不可少的仪式,乐队奏传统的进行曲,斗牛士们在两位身着16世纪服装的先导官带领下列队入场,斗牛士的后边是花标手和长矛手。他们绕场一周向观众致意并向主席台上的赛场主席鞠躬,主席便把牛栏的钥匙交给先导官,宣布斗牛开始。在每一个回合的表演开始时要吹起号角,这时牛栏门被打开,一头凶猛的公牛奋力冲进场地(牛的名字、体重和年龄事先已向观众公布),在场上漫无目的地狂奔。此时,几位斗牛士挥舞着大红披风,开始刺激公牛,公牛被激怒了,不断冲击斗牛士。接着,两名骑着高头大马(马身上披着护甲以防止被牛角刺伤)的长矛手入场,用手中的长矛朝公牛身上刺去,公牛毫不示弱,猛力攻击长矛手的坐骑。不一会儿,牛背被长矛刺中,鲜血直流,公牛因此变得更加狂暴,长矛手骑马退场。

紧接着两名花标手徒步上场。他们手中各持一枚带弯钩的短梭镖,上面装饰着醒目的彩带,使观众从远距离能看得一清二楚。他们的任务是必须准确无误地将梭镖插入牛背上流血的伤口处,每个回合两镖,共投三次。这是个难度很大,十分危险的任务,花标手必须迎着冲过来的公牛,一动不动,然后在刹那间迎面完成动作,身体几乎紧贴着公牛,稍不慎便会被牛撞倒,或者把镖插歪以至于掉在地上。公牛背上插着6根花镖,疼痛难忍,完全失去控制,开始疯狂冲击任何一个出现在它面前的对象。

在此关键时刻,号角又吹响了,主斗牛士上场。他手中拿着一块火红的披风,稳稳地站在牛的面前。他并不急于将公牛置死,而是要用一整套动作来耍逗牛,充分显示他的机敏、大胆与果敢,也展现出人牛相斗的惊险场面。巨大的公牛对他发起一次又一次的攻击,利刃般的牛角常常擦过他的身体,但是斗牛士却不断地挥舞着披风,引逗得公牛围着他团团转,气喘吁吁。斗牛士的动作优美而大胆,腰部柔韧而灵活,令人眼花缭乱,无论是经典的"贝罗尼卡"躲闪动作,还是跪地引逗牛的危险之举,都表现出高超的技巧和勇敢无畏的精神。观众合着场上的每个回合,大喊着:欧莱!欧莱!这时,主席宣布授予斗牛士杀牛的权利。最激动人心的时刻到了,斗牛士接过助手递过的锋利宝剑,站在公牛的对面,右手持剑,瞄准,迅速向公牛冲过去,利索地把长剑从牛颈椎骨缝处直接插入心脏。公牛栽倒了,一剑毙命。场上欢声雷动,满场上空飞舞着帽子、花束、披巾,斗牛士接受场上观众的祝贺。

倒在血泊中的公牛被4匹马拉的车拖出场地,杂役们清理现场,准备下一个回合的表演。

每场表演结束时,如果斗牛士的表演精彩,观众对他深为满意,就会挥动手中的白手帕,请求主席赐给他牛耳。最高的奖赏是除牛耳之外,再赐予一条牛尾。助手们把斗牛士扛在肩上绕场一周,热情的观众把鲜花、礼物抛向斗牛士,斗牛士的回赠是把帽子抛向看台。

四、斗牛对西班牙人的意义

　　斗牛在西班牙被称为"民族节日"(fiesta nacional),足见其重要性。在某些地区,尤其在南方,人们把斗牛活动看作西班牙民族精神的象征,斗牛士是英雄,是大无畏的同义词,是所有人的楷模。他们在斗牛表演中所看到的是人对巨兽的征服,人在自然面前无所畏惧的精神和人的无与伦比的能力。斗牛士在死亡近在咫尺时所表现出的从容镇定甚至幽默洒脱,更是令人们倾倒。这种充满戏剧性的表演给生活在平凡中却渴望激情的拉丁人注入了强心剂,给予他们一个体验热血沸腾和就近欣赏到生与死、人与兽较量的绝佳机会。在当今世界上,这也许是唯一的。

　　至于对牛,西班牙人的感情是复杂的。在放养野牛的大牧场上,牧人们看着自己多年来精心照料的心爱的牛将一头头被输送到斗牛场上,他们希望自己宠爱的牛战死沙场,不希望它们在蓝天和草原的宁静中终老一生。对于非西班牙人来说,这是个奇怪的逻辑。在斗牛场上,当一头倔强而机智的公牛在斗牛士没能在规定回合内将其置于死地时,观众们可要求主席赦免它,放其归山。从此,这头牛便可在牧场上安宁度日,如同被供养起来。西班牙人酷爱牛,行车在卡斯蒂利亚和安达卢西亚的原野上,常看见巨大的野牛的标志立在山上,雄视一方。总之,成也萧何,败也萧何。99%的斗牛必死无疑。

　　从古至今,不少伟大的艺术家、文学家都为斗牛而倾倒,大画家戈雅不仅喜爱斗牛,而且还曾下场表演过。他为著名的斗牛士画像,还创作过一套44幅的以斗牛为题材的蚀刻画。画家苏洛阿加、剧作家洛佩·德·唯加、诗人贡戈拉、大文豪塞万提斯、诗人加西亚·洛尔卡、天才的毕加索等巨匠都曾在自己的作品中表现这一主题。

　　斗牛对西班牙人的意义不止是情感上和心理上的,也是经济利益所在。斗牛已经形成了一宗巨大的产业,就业人数约为20万人,占全国劳动力的1%,包括牧场上的农业工人、季节工、管理者、斗牛学校的职工和管理者、斗牛场的经营者和服务人员、斗牛士和他的人数众多的班子、斗牛士服装和工具的制造者、商人、表演的策划者和经纪人、与斗牛相关的纪念品的设计者和生产者及营销者……这是一支庞大的产业队伍。

　　不仅如此,斗牛和旅游业有直接关系。西班牙全国人口4千多万,而每年到访的外国游客多达5千多万,其中相当一部分将观看斗牛看做是日程中最重要的一项内容。一些小市镇的旅游资源之一就是本乡本土的斗牛表演:古老的斗牛场、古老的传统、古老的乡间……而许多旅游纪念品也与斗牛相关:印着斗牛士的T恤、斗牛士和公牛的小型雕塑、斗牛士玩偶等等。许多城镇的标志性纪念碑和雕塑也以斗牛士和公牛为主题，成为一景。

目前全国大小城市的斗牛场共有 400 多座，最大的是 1934 年建成的马德里文塔斯斗牛场，场上有约 3 万多个座位；年代久远的隆达斗牛场自 1785 年就开始使用，里面还有一座斗牛博物馆，展出的是各种斗牛士服饰、披风、名人纪念品、搏斗场景和战死场景的照片、艺术品等；而最小的是那些乡村斗牛场，那只是一个铺着黄沙的圆形场地，周围立着护板，看台是临时搭建的。但是简陋的条件丝毫不影响观众的热情。

五、是与非

在西班牙国外和国内对斗牛表演一直存在着争议。尽管相当一部分西班牙人视之为国粹，但有史以来就一直有人说"不"。到了 21 世纪的今天，生态保护、动物保护等形成一种社会力量，有时可以左右舆论，影响人们的价值观。据最新的调查，西班牙的一些城市对斗牛表演采取了限制措施，而巴塞罗那已经宣布禁止斗牛，这是第一个完全拒绝"民族节日"的大城市。由环保主义者、绿色组织等群众团体发起了反对斗牛的宣传和抗议活动，在国外得到相当程度的响应。尽管如此，拥护者还大有人在，铁杆拥护者也为数不少，古老的斗牛表演在 21 世纪的命运如何，只能拭目以待了。

第六节 宗教习俗与传统

西班牙是一个举世公认的具有浓厚天主教色彩的国度。即使是在今天，宗教的影响仍然随处可见：从历史到现实生活，从城市风貌到居民的价值观，从人的日常起居到红白大事的仪式，从人名地名到节庆民俗，从语言词汇到国粹弗拉门戈和斗牛……有些知名的学者甚至把宗教感列入西班牙的民族性格中，这并非毫无道理。虽然在 1978 年的宪法中规定天主教不再是西班牙的国教，虽然宪文明确规定了信仰自由，天主教在西班牙民族的传统习俗和社会生活中仍然占据着无可替代的重要位置。

一、日常生活中的宗教活动

1. 教堂的作用

一个西班牙天主教徒，或者一个出生在天主教徒家庭的西班牙人，他一生中许多重要时刻均在教堂度过：出生后在教堂受洗被命名，稍长要在教堂举行首次圣餐仪式，长大后要在教堂举行婚礼，死后的葬礼也与教堂有关，因为西班牙的不少墓地都与教堂为邻。不仅如此,平时要去教堂作祷告,周日和节日要去望弥撒,在复活节和圣诞节等重大宗教节日,教堂是举行庆祝和纪念仪式的中心场所。

在过去,西班牙人的宗教活动更加频繁和严格,人们几乎天天去教堂,那里是人们求得抚慰、乞求帮助、忏悔罪过、庆祝成功、寻求宽恕的地方,也是聚会、交流各种信息的地方,而神父自然成了信徒们的导师、指导者、顾问和倾听者,特别是作忏悔的时刻。而随着社会的变化,西班牙人光顾教堂的次数已经越来越少,特别是年轻人。信众人数也在下降。

尽管如此,教堂依然处于城市生活的中心地带。根据西班牙市镇建设的传统格局,其中心地区是一个广场,广场四周依次是市政厅(政府和议会)、教堂、其他重要部门所在地、商店等等。这一格局一直延续到现在,并且随着15、16世纪的远征军被传播到美洲。因此无论是在马德里这样的大城市,还是在一个数百居民的小村镇,在核心区域都会有一个大教堂或者教堂。这是历史的遗产。

不仅从所处地段上看出教堂曾有过的重要性,今天西班牙一些特殊的重大社会活动也在这里举行。仅举两例:一是2004年3月11日马德里受恐怖分子袭击之后,政府决定为近200名受难者举行史无前例的国葬,地点就选在市中心靠近王宫的阿尔穆德纳大教堂。国王、王后与王室全体成员、政府首脑、内阁全体成员、社会名流以及受难者家属约数百人参加了葬礼。大主教主持了仪式并发表了祷词,参加者(包括死难者家属)并不一定都是教徒,但是从西班牙人的传统观念出发,选择这一场合、这一环境和这一形式为死者安魂是最为恰当的。二是王储费利佩的婚礼同样在这个教堂举行。这是一次国家级婚庆大典,参加者包括来自世界各国的元首、政府首脑、君主、王室成员等等,他们代表了不同民族的文化、不同的信仰、不同的社会制度,而把他们都安置在一个天主教的古老教堂内却并无不和谐之处,因为只有在那里才能既展示出婚礼的神圣、庄严和传统,也能利用特殊的宗教语汇传递出和平、宽容和爱。

根据不同的等级和功能,教堂可以分为大教堂或主教堂(由大主教或红衣主教任主持)、一般教堂(神父任主持)和礼拜堂。前者只在大城市才有,而且每座城市只有一个。一般教堂往往是每个教区都有,礼拜堂可以附设在宫室内、宅邸内,结构简单,只有祭坛等基本设施。除此之外,宗教机构还包括修道院(男、女分开)、神学院(只收男生)等。

2. 日常用语中的宗教色彩

西班牙人的日常用语几乎浸染着基督教色彩,特别体现在词汇和表达方式上,很多宗教词汇在这些语境中已经失掉本义,使用者也没有意识到其宗教功能,因为在长时间的使用中,这些词已经演变成极普通的常用语。下面仅举几例:

熟语类

predicar en el desierto	（在沙漠布道）对牛弹琴或毫无作用，白费口舌
estar bien en Dios y en el diablo	（既讨好上帝，又讨好魔鬼）两边讨好
desnudar a un santo para vestir a otro	（把一个圣像的衣服脱下，给另一个穿上）挖东墙补西墙
Donde Cristo dio las tres voces	（基督发三声之处）极偏远之地

短语类

trabajar para el obispo	（为主教干活儿）无偿劳动
a Dios	（去见上帝）再见
en un decir amén	（在说一声阿门的瞬间）一眨眼
como en misa	（像在做弥撒时）肃静无声
poner en un altar a uno	（把某人放在祭台上）奉若神明，崇敬

词汇

sacerdocio	（神职、神父之职）奉献
santuario	（圣殿、神庙）庇护所
crucifixión	（耶稣被钉在十字架上之刑）苦难，受难
corona de espinas	（耶稣受刑时戴的荆棘冠）苦难，冤屈
penitenciaría	（宗教法庭）监狱

在日常生活中，西班牙人在惊呼时会说"我的上帝！""圣母玛利亚！"在表示感谢时会说"上帝会报答你！""上帝保佑你！"自我辩解时常说"上帝饶恕我！"夸奖一个人有耐心时会说"他是个圣徒"，说某某是好人时会说"他是个天使"，如果把某人叫做"异教徒"，那就是指责该人是无耻之徒、不正经之人，当表示正确时会说"如同上帝的旨意"，等等。

可以说，在现代语言中像西班牙语这样折射出宗教影响的语言并不多见。

3. 人名与地名

在前文中已经提到，西班牙人的名字基本上来源于基督教的圣徒和神祇的名字，少部分来自希腊—罗马神话和自然现象。女性名字中玛利亚所占比例最大，不仅如此，还出现在男人名字的复名中，如何塞·玛利亚、胡安·玛利亚等等。常见的名字如卡塔丽娜、玛格达莱娜、特蕾莎、皮拉尔、罗莎等均为圣女名字，见诸圣经，而男性的名字如何塞（约瑟）、帕勃罗（保罗）、安德烈斯、圣地亚哥、塞巴斯蒂安、胡安、马里奥、马丁等也均为圣徒名字。有的干脆叫赫苏克里斯托（耶稣基督）。

不仅如此，圣经中的一些名词也被西班牙人取来为名，如多洛蕾丝（痛苦、痛苦圣母）、特立尼达（圣三位一体）、阿松肖（圣母升天）、格拉西娅（天恩、天佑）、罗莎里奥（念珠）、贝蕾恩（伯利恒——耶稣诞生地）、萨尔瓦多（救世主）、帕斯夸尔（复活节）、加夫列尔（天使长）、安赫尔（天使）等等。

西班牙王室成员取名有一个传统，就是在教名之后加上 de todos los Santos，即"全体圣徒"，显然只挂上一个或两个圣人还不够，加上神殿全体神祇，这样方更保险。

西班牙行政区划图

打开西班牙地图，城市、乡村、山脉、河流的名字多与宗教有关，特别是城市和乡村。当然，这一现象有深刻而悠久的历史根源，命名的年代多从中世纪开始，那是一个个居民点形成的时期，那个时代的精神统治力量来自教会，所以我们便可以看到数不胜数的用圣徒名字命名的城市和乡镇，如圣地亚哥、圣塞巴斯蒂安、圣费尔南多、圣母玛利亚港、圣克莱门特等；用其他宗教词汇命名的也占相当大的比例，如圣克鲁斯（十字架）·德·特那利菲、圣塔菲（神圣信仰）等。

在古代，建城是一件大事，人们都希望城市固若金汤、繁荣昌盛，因此在取名时往往要加上一些有宗教意义的附加成分，表示希望苍天保佑。由于名字较长，在使用过程中，附加成分被逐渐去掉了，只剩下本名。例如：Santa Fe de Bogotá，指现在的波哥大。

西班牙人的这一习惯也传到拉丁美洲，甚至得到进一步的发展。从北到南，可以看到成百上千个圣胡安、圣保罗、圣多明各、圣萨尔瓦多、圣卢卡斯，还可以看到桑托斯（圣徒）、维拉克鲁斯（真正十字架）、维尔京斯（圣母）、托多斯桑托斯（全体圣徒）、马塔摩罗（杀死摩尔人）、罗萨里奥（念珠）、特立尼达（圣三位一体）等地名。可以说两地传统确实是一脉相承的。

二、宗教与节日

前面已经提到，节庆活动，特别是传统的节庆活动大多与宗教相关联。所以庆祝活动的内容与形式大同小异，一般必不可少的程序包括：教堂里的弥撒、信徒们的朝圣游行、在教堂周边以及广场上举办的游艺和集市活动，有时还要加上民间歌舞表演、晚上的焰火礼花表演、在广场上摆设传统食品的摊点等等。教堂里的活动由神父主持，有洒圣水、分圣餐、唱圣歌等仪式。

需要指出的是，在一些国家庆典上，也能时不时见到身穿法衣的宗教界代表，他们一般教职较高，如主教或大主教。

质而言之，传统节庆中的宗教色彩日渐淡化，世俗化和商业化的倾向越来越明显。以圣诞节为例，去教堂作圣诞弥撒的家庭日益减少，听教皇训导的人也有限，人们集中精力购买礼物，准备圣诞大餐，布置居室，参加晚会，与亲友间相互致问候，而对其宗教起源和宗教含义考虑得似乎不多了。

思考题

1. 你如何看待斗牛？是赞成还是反对？为什么？
2. 如果你了解其他欧美民族，请将他们的宗教感和西班牙人作一对比，找出差异。
3. 你喜欢西班牙的民俗节日吗？哪一个？为什么？

第六章

教育简况与文化设施

教育—— 文化设施

第一节　教育

一、教育的发展历程

像许多欧洲国家一样,西班牙的教育事业经历了一个长期的演变历程。

早在古罗马时期,在伊比利亚半岛已经出现了颇具规模的学校,这是罗马人推行罗马化的一个重要举措,通过教育,这个帝国行省的青年们可以学习拉丁语、罗马法律和其他希腊—罗马文明的成果。

中世纪,西班牙曾经历了一个文化教育的高潮,那时基督教文化、犹太文化和伊斯兰文化并存,在南方穆斯林西班牙,政治上的宽容带来了经济繁荣和科学艺术的蓬勃发展。无论是犹太人还是阿拉伯人,都有尊师重教、开办学堂的优秀传统。在科尔多瓦,多元文化为教育的普及和学术的提高创造出适宜的气氛,因此世界各国的学者纷纷来到这里讲学,传播各类知识和各家观点,大大推动了教育的进步。

13 世纪,西班牙的第一批高等学府先后诞生:萨拉曼卡大学、帕伦西亚大学、巴亚多利大学、赫罗那大学、莱里达大学等。15 世纪末,文艺复兴的人文主义思想推动了西班牙的文化教育,经教皇亚历山大六世批准,红衣主教西斯内罗斯创建了阿尔卡拉·德埃纳雷斯大学(即今日马德里康普卢滕斯大学的前身)。17 世纪,全国已拥有 32 所高等学府。在当时,教育与教会紧密相连,几乎所有的学校都由教会控制,特别是 16 世纪成立的耶稣会,更是把初级教育视为自己的领域。高等学校设置的系以神学、哲学、法律、艺术、医学、拉丁文为主,教师均由教士、法学家等人组成。培养目标是神职人员、基本职业技能人员和官吏,但同时贵族青年和其他社会阶层的青年也在学校学习一些文化常识以适应各自的需要。

18世纪,来自法国的波旁家族自上而下地对科学教育领域进行了一些改革,带来一些更加欧化的先进思想和举措,特别是在卡洛斯三世在位期,学校、科学院、博物馆出现在马德里,改变了社会风气,也推动全国予以效仿。为了使国家控制教育权,朝廷下令驱赶了所有的耶稣会成员。但是教会学校始终在西班牙的教育界占有一席之地,即使在19世纪依然如此,不过教育制度已发生了不小的变化,特别是教育宗旨从培养神职人员和上流社会精英转向更广的受众面后,课程设置、教学思想都相应变得更加开放,更直接服务于社会,更注重接受来自欧美工业化国家的影响,自然科学和应用性技术受到普遍重视,高校和专科学校增设了工程学、商学等多种科目。19世纪的大事件是1867年由当时的教育部部长莫亚诺(Claudio Moyano,1809—1890)提出的莫亚诺法得以颁布,这项法案首次提出义务教育的概念,规定所有西班牙公民有权接受4年的义务教育。遗憾的是,此法始终未得到切实执行。

开始推行普及全民教育的是第二共和国时期,当时的共和国政府在极端困难的条件下提出了规模宏大的全民教育计划,彻底颠覆了旧的没落的教育体制。共和派的计划包括建立大批城乡教育设施,改善原有的中小学校的环境,制定教师培训计划等等。在短短的时间里,一万多所新学校付诸使用,中小学教师的微薄工资得到增加,专门服务于劳动者的工农学校担负起扫除文盲的艰巨任务,穷困家庭的孩子们免费接受教育。这是西班牙从未有过的壮举,因为在这个国家,教育,特别是高等教育始终是奢侈品,尽管其教育水准处于欧洲的末尾。但是内战的爆发中止了共和国教育规划的实施。

在佛朗哥时期,教会恢复了对教育的干预,教育体制也返回到为少数人服务的"精英"教育。与欧美其他国家相比,无论是课程设置、教材的编纂、师资的培养,还是管理模式、教育理念、教学方法,都相差很远。由于独裁政权对言论自由和学术自由采取审查制度,学校(特别是高等学校)的学术氛围沉闷而保守。政府对中等教育和职业教育的投入有限,公民受教育程度很低。直到20世纪50年代和60年代,西班牙的文盲比例仍然在欧洲国家中十分突出。1965年,青少年的中学入学率仅有38%,大大低于西欧国家60%的平均水平,而女性入学率只有29%。[①]

1970年,政府在经济对外开放并迅速增长的情况下,颁布了教育总法,以改变落后的教育对经济发展形成制约的状态。总法的内容包括:普及基础教育、将义务教育年龄延长到16岁;建立完整的大学学前预科制度;设立灵活的选择机制,方便

---

① 张敏:《列国志——西班牙》,社科文献出版社,2005年,第270页。

学生求学,等等。但是由于 70 年代迅速城市化带来的新问题,以及一些历史因素的积重难返,西班牙教育界仍面临着经费不足、师资匮乏并水平偏低、私立学校(包括教会学校)与公立学校之间矛盾重重、教育质量低、管理制度落后等问题。

1982 年工人社会党执政后,政府颁布了教育权利法,之后陆续发布了《教育改革计划》(1987 年)、《教育体制改革白皮书》(1989 年)和《教育体制法》(1990 年),加大了对教育的投入,教育状态大大改观。在 90 年代,在新的教育体制下,实行了大部分西方国家采用的开放式教育,注重培养学生的独立思考能力、研究及实际操作能力和社会合作及竞争能力。在中小学基础教育已普及的基础上,实行高等教育的普及。1998 年教育经费为国内生产总值的 5.8%[①]。

二、教育体制

1990 年政府通过了《教育体制管理总法》(简称 LOGSE),现行体制的结构如下:

——幼教阶段

1) 幼儿教育(0—3 岁)

2) 学龄前教育(3—6 岁)

这一阶段均属幼教阶段,儿童的入学率很高,可达 95% 以上。幼教教师均受过专业教育,具备系统的教育学和儿童心理学方面的知识。2008 年在教育部认可的机构中接受幼教的儿童为 1,620,515 人。[②]

——义务基础教育阶段

1) 小学教育(6—12 岁),学制 6 年。

2) 初中教育(12—16 岁),学制 4 年。

在这一阶段,学生毕业后可领取初中结业证书,之后有两种选择:继续修中学毕业课程,为上大学作准备;上职业培训学校。

这 10 年教育实行免费教育。目前全国中、小学校在校生共计约 440 多万人。入学率几乎为百分之百。

——中学毕业课程阶段(预科),学制 2 年

专业设置包括社会科学、艺术、自然科学、技术等门类。必修课含有文学、外语、哲学等课程。学生获得毕业证书后,方可参加高考。2007 年参加高考人数为 22 万人,2008 年共有在校生 625,275 人。

[①] 张敏:《列国志——西班牙》,社科文献出版社,2005 年,第 277 页。

[②] INE: *España en cifras 2008*, 2008, p.14.

——中级职业培训

初中毕业后如不参加中学毕业课程(即预科),可选择中等职业学校就读,为期2年。职业培训的课程往往依照市场需求或各公司企业所需而开设,在校期间学生有实习机会,这种实习活动由企业、学校和工会协同商定。

——高级职业培训

部分学生在完成预科课程,如不选择升大学,也可升入高级职业培训学校,毕业后可以直接进入劳动力市场,也可以继续读大学。毕业后获得高级技师证书。

2008年,职业培训学生共约50多万人。

——高等教育阶段

这一阶段分为三个等级:本科、硕士学科和博士学科。学制不等,依专业而定。一般情况是基础课的学制为3年,专业课程为2年,毕业后可获硕士学位。之后继续深造并按照规定完成论文并通过答辩者,可获得博士学位。

2008年注册的大学生为1,381,749人。

三、西班牙的高等教育

西班牙的第一所大学萨拉曼卡大学创立于1218年,是欧洲最古老的大学之一。在此后的几个世纪中又陆续建立了一些高等学府,而大批公立大学和专科学院是在20世纪70年代之后出现的。目前全国共有大学近100所,专科学院和研究中心约300所,大部分是公立学校,现存的天主教大学和私立大学为数不多。公立高等院校分为国立、大区级、省级和市级,此外还有企业、财团、教会和私人创办的。较为有名的公立大学有56所。现有大学教师6.3万人,在校生144.5万人,平均每18名学生有一名教师;在校生占20—24岁青年总数的38%,这一比例与美国、芬兰、法国持平,远远高于德国和英国。

从教育形式上分,除了普通大学,还有近些年迅速发展的远程教育大学,即利用电脑、电视等先进手段实行非集中面授类型的教学方式。除了独立的远程教育机构,许多大学本身也成立了继续教育学院,接纳社会上无法或不愿参加普通大学教育的学习者。

各大学的职能不尽相同,但主要有两项:日常教学和科研。有的大学二者并重,有的偏向于前者或偏向于后者。一般大学均有附属的研究中心或院所,这些机构的工作人员有独立的研究人员也有兼职的相关专业的教师,机构的任务均来自社会上的企业或机关,研究成果可转化为生产力,直接服务于市场,也可以为政府提供服务。不仅如此,一些著名大学还与欧盟和其他国际组织、跨国公司、国外财团等保持联系,在互利的基础上推动学术合作与研究。西班牙的国家科研项目

90%落实到大学,而大约50%以上的生产科研成果来自于高校的研究机构,与此同时,研究机构的成果也能直接或间接地服务于教学。

除此之外,大学还承担着直接为社会服务的职能,各大学利用自己的学术优势,利用各专业的特长,成立直接为一些企业和机构服务的服务社团。如成立信息交流中心,一方面为学生提供就业信息,同时为企业提供人才信息。教师们也充分利用这种服务社会的机会,为企业提供技术服务。这种学校—社会的联系既为社会提供了帮助,也有助于学校自身的发展。

西班牙的大学都是多学科的综合大学,目前共有144个学科,学科下设3359个专业,专业包括法学、经济学、商学、自然科学、工程学、历史学、语言学、教育学、艺术、医学等传统学科,也开设新兴学科,如生物工程学、IT、企业管理、市场营销、统计学、公共关系学等等。对某一专业的热度往往取决于劳务市场的需求,因此常常变化。但是多年来始终稳居前几位的专业是法律、医科、建筑、经济等科。前几年工商管理、生物工程、IT等专业看好。而根据2007年的统计,当年入学的学生首选学科是社会科学类(31%),其次是医科类(24.6%)、技术科学类(22.8%)、人文类专业(13.5%)、艺术类(5.5%)及其他。①

学制的长短要根据专业而定。在一般情况下分为3年制、5年制和6年制。3年制的专业有护理专业、初级教育、商学、工程和建筑业等;5~6年制的专业有建筑学、医学、经济学、法学、工商管理、艺术类等。此阶段毕业后,如继续深造,则在2年研究生课程之后准备和撰写论文,论文答辩通过后可获博士学位。

大学生的录取方式都是通过国家级考试来选录学生。全国大学的入学考试每年举行两次,分别是6月和9月,而完成高等职业培训的学生可进入3年制的大学学习。目前还设有成人高考,年龄在25岁以上的人必须通过这种考试才可以入学。根据2007年的统计,西班牙全国在6月份的考生为155,400人,录取率达89.5%;9月份的考生为42,804人,录取率为68.1%。成人高考的录取率为45.1%。高考的最低分数线为5分(最高分为10分),这一标准适用于所有专业。新生入校第二年可以申请转专业。

从大学体制上看,大学自治在西班牙正形成传统。而根据宪法规定,中央政府的权力主要是负责制定教育方针和基本原则,即立法权和总体规划,同时给公立大学提供87%的经费;而其他教育权力,包括行政管理、教学的具体操作、部分经费的来源及使用等,均由地方政府负责。这一规定最初只适用于少数自治区,如加泰罗尼亚、巴斯克、加利西亚、瓦伦西亚和巴利阿利,目前已全面普及。在这些少数民

---

① INE：*España en cifras 2008*,2008,p.14.

族自治区域，学校有权用本民族语言教学和开设专门的语言课程，在大学还开设更高层次的进修班和研究机构。而根据《教育权力组织法》和《大学改革法》，各学校均拥有自主办学的自治权。凡实行自治的大学，有权制定校规、相关的章程、选举校理事会并由理事会选举校长、建立教学科研计划和人员编制、招生、招聘、筹措经费、通过预算、监督学校各项工作的运转等。在有的大学相当于校理会的是校务委员会，这个委员会是大学的立法机构，由各级别的教师代表、学生代表和行政人员代表组成，行使决策权。

教育自治和大学自治标志着社会民主化的程度，已达到相当高的水准，有利于科学的发展和思想意识的开放，有利于推动各高校独立自主地发展，开创特色，提高教育与研究水平。对于西班牙，这一自治和自主性的原则有更大的意义，因为在历史上（古代和近现代）朝廷、教会、独裁军人政权都曾经在不同程度上控制教育、把持大学，曾经把国外先进的思想、高端科学理论、代表先进生产力的体制等都拒之门外，把科学家、知识分子视为异端，致使在几个世纪的时间里西班牙在教育和科技领域处于欧洲的后进行列之中。如今，西班牙在教育现代化方面正走在先进国家之列。

随着社会的发展，大学也在不断与时俱进，教育改革是一个从不间断的任务。在21世纪的今天，高等教育的宗旨已不仅限于传授知识，高等教育的模式也逐渐改变教师是主动施教者，学生是被动受教者的传统套子。大学提倡的是帮助学生获取知识，培养学生的综合判断力、理解力、创新和创造能力。学生既要有服务社会的意识，也要有服务社会的本领，有团体意识和合作意识，也要有独立人格。为此，许多大学改革了课程设置和授课方式，引进了网络教学，利用视频、多媒体等现代科技手段来推进和强化教育改革。随着科学技术的发展，高等教育也会有更大的飞跃。

四、重点大学介绍

1. 马德里康普卢滕斯大学（Universidad Complutense de Madrid）

这所由教皇亚历山大六世钦准、红衣主教西斯内罗斯创建的大学是欧洲最古老的大学之一，建于1499年。1836年从原址埃纳雷斯镇迁入马德里。

康普卢滕斯大学（以下简称康大）是目前西班牙规模最大、师生员工人数最多、学科门类最齐全、授予的学位种类最多的大学。该校共分11个大学学院、6个专科学校、20个研究所、10个专业进修学校和19个系，这19个系覆盖了人文科学、数学—自然科学、医药科学、社会科学等学科。可以颁发70多种学位，涵盖几乎所有专业领域，是欧洲学位种类最齐全的大学之一。现有6000多名教师，13万学生。

值得一提的是该校的研究机构,这 20 个研究所分别从事教育学、现代语言与翻译、环境科学、宗教、历史学、人力资源、运动科学、胚胎学、药品学、应用磁学、妇女问题、俄罗斯及东欧等科目的研究,学术水平高,成果可直接为政府、财团或企业服务。

在诸大学中,康大的国际化程度之高也非常突出。学校与世界各国的著名高等学府建立学术联系,促进学生互换、学者交流、共同开发项目和科学资源共享。康大与欧盟的联系尤为密切,它参加了"伊拉斯谟计划"和"苏格拉底计划",调整了高教体制以便与欧洲大学同步,同时在对外合作与交流方面给予拉美国家的大学以特殊关注。康大接待外国留学生的数额也是境内大学之最,目前每年接待约 5600 人。

因学校的学术地位、良好信誉和悠久的历史,吸引了不少社会名流的子女来此就读,西班牙国王胡安·卡洛斯、他的两个女儿、前首相阿斯纳尔及夫人等都曾是康大的学子。而该校颁发的名誉博士学衔也极受重视,像前苏联总统戈尔巴乔夫、前南非总统纳尔逊·曼德拉等都领受了这一荣誉。

康大的教学条件非常值得称道,其校园之大几乎如同一座小城,各个院、系分布在校区以及城区的各个地方。教学设备先进,图书馆是高校中最大的也是最古老的一座,仅其历史分馆就藏书 175000 册,包括大量手稿、古版、绝版书等。现存图书 200 多万册,规模还在不断扩大以适应不断增长的需求。

2. 萨拉曼卡大学(Universidad de Salamanca)

创建于 1218 年,是西班牙也是全世界最古老的大学之一。在近 300 年的时间里它曾被视为欧洲的学术中心之一,与牛津大学齐名。著名思想家路易斯·德莱昂(Luis de León,1527—1591)曾在此任教,而 20 世纪著名作家、教育家米盖尔·乌纳穆诺曾任校长。

全校共有 13 个系、12 个专业学院和 4 个研究所。13 个系是美术、生物、自然科学、经济企业管理、社会科学、法律、药物学、语言学、教育学、地理学—历史学、医学、心理学和化学。[①] 在校生约 3 万,教师近千名。学生来自国内和世界各地。

---

① 张敏:《列国志——西班牙》,社科文献出版社,2005 年,第 283 页。

古老的萨拉曼卡大学

大学的领导管理职能归大学管理委员会和校务委员会所有,前者是执行机构,由行政管理人员、教授、普通教师、学生代表和正副校长组成,决定教学、科研及行政等重大事务。后者是立法机构,也是由各方代表组成,但是范围扩大,人数增多,主要职能是讨论表决教学计划、预算等问题。

萨拉曼卡大学的国际化程度很高,除了与世界各国的名校有各种交流和合作关系外,还接纳大批国外研究人员、教师和留学生来校从事调研、进修和学习。

这所大学本身就是一件建筑艺术的珍品。它的正门建于1534年,布满精致而华丽的雕刻,如同一块巨大的壁毯,整个画面被分割成水平的三部分,在第一块的中心是天主教双王的圆形浮雕,在第二块上是双王和卡洛斯五世时期的各种王徽和盾牌的图案,象征着王朝的势力范围,在最后一块上可以看见教皇,他身边有几位修士。在两侧的画面中还有一些象征美德和宗教意义的浮雕。

在路易斯·德莱昂授课的那间大教室,陈设一如当年,16世纪的简陋长凳是当时的奢侈品,因为大部分学生上课时只能席地而坐。

整个学校如同一座博物馆,但是搏动着蓬勃的生命力。

五、外国学生教育

自上世纪 80 年代之后,随着西班牙经济的起飞,西班牙从长久以来的移民输出国变为移民接收国,大量来自北非、拉美、东欧和亚洲的移民进入该国,当移民们进入了劳务市场之后,特别是那些获得绿卡的人,都先后把家人接来,于是儿童入学就成了必须要解决的问题。在外国人相对集中的地方,如马德里大区、巴塞罗那、安达卢西亚地区、巴利阿利群岛等地,外国学生比例比其他省份还高。移民子女往往选择公立学校就读,而私立学校虽然教学质量好,管理更严格,但学费之外的其他开销较高,不是一般移民家庭能负担得起的。

在高等院校,近年来留学生的人数不断增加,留学生的来源广泛,几乎来自世界各个国家,选学的专业也五花八门,学习语言类、社会科学类、艺术类的外国学生较多。由于语言和文化的关系,来自拉美的学生很多,此外由于政府间的互惠协议和大学之间的学术合作,一些欧盟国家的学生也来此就读。

留学生们进修的方式有两种:一是上正规的课程,即根据教学大纲的要求,按部就班地完成每个环节,最后获得学位和证书;二是参加短期培训班,学生在一定时间内完成某一科目的学习或完成某几个科目的基本课程,通过考试,获得结业证。近年来,每逢暑假各大学都纷纷组织国际班,或者叫暑期班,对外国学生进行培训。生源较复杂,既有在校生,也有退休者;既有大、中、小学教师,也有其他职业者,他们参加这类班的目的往往是出于对西班牙文化传统的好奇或热爱,为自己充电,丰富知识和人生阅历。

一般情况下,留学生们自筹学费,只有少数人通过申请,可获得一定数额的奖学金,有政府间协议的国家,其学生可得到政府奖学金。西班牙政府为了加强与拉美诸国的关系,对来自拉美的学生给予比例高于其他地区的奖学金。

目前,西班牙每年接纳的留学生约为 10 万人。

六、成人教育

成人教育指对 25—64 岁公民实施的非学历教育。

根据全国统计学会(INE)的资料,在全国每 10 个适龄的人中就有 3 人参加成人教育,其中 6% 的人参加正规课程,目的是获取正式学位,而 27.2% 的人参加非正规课程。有 70.7% 的人学习是与求职或本身职业相关。成人教育发展较好的地区有卡斯蒂利亚-拉曼恰、加那利群岛和马德里大区,成人参与比例为 32%。

在成人教育中,外语教学较受重视,约有 53% 的人会一门外语,主要是英语

(32.4%)和法语(15.5%)。

掌握计算机是许多成人学生的最大需求,根据统计,40.8%的妇女和35.1%的男子不懂计算机或未达到基础水平,而只有19.6%的妇女和20.8%的男人能够掌握。为此,在成人教学中计算机课很受欢迎。

西班牙的教育事业发展迅速,历届政府也在不断加大投入。过去,教育经费仅占PIB的1%,目前已增至5%。奖学金的数额也在增加,其经费占全部教育经费的3%,1985年至1995年期间奖学金名额扩大了10倍,部分外国学生也能享受西班牙政府颁发的奖学金。总而言之,西班牙的教育事业已经跻身世界先进行列之中。

第二节 文化设施

文化设施的概念包含较广,在这一节仅介绍西班牙的博物馆和世界文化遗产项目。

一、博物馆

作为一个文明古国,西班牙积累了数千年的艺术珍品。从古至今,艺术家们人才辈出,其中有相当一批是艺术领域中的领军人物,其影响经久不衰。从古代无名氏的作品到当今大师们的峰巅之作都得到完好的保存,如今大多陈列在各个博物馆里供人们欣赏。西班牙的博物馆数量之多、种类之多、馆藏精品之多是举世闻名的。

从波旁王朝起,国家就开始兴建博物馆。以后每个朝代、历届政府都尽可能地或建新馆或增加馆藏,以至于到现在对遍布于西班牙各地的大大小小博物馆很难做出精确的统计。有的中等城市就设有七八个不同种类的博物馆。以马拉加市为例,那里有毕加索博物馆,毕加索故居博物馆、马拉加现代艺术中心、瞭望台考古博物馆、民间传统和艺术博物馆、葡萄酒博物馆、安东尼奥·奥多涅斯斗牛博物馆、玩偶博物馆等等。毕加索博物馆的藏品非常珍贵,这位大师的家人把他的许多重要作品都捐赠给了故乡的城市,其中有素描、油画、陶瓷作品和一些先锋派作品。这些作品都按照时间的顺序陈列,不少画作从未公开展示过。

博物馆的分类大致为国立博物馆、地方博物馆、历史遗产博物馆、中世纪艺术馆、宗教博物馆、艺术家个人作品馆和现代艺术馆。国立博物馆属国家财产,资金较雄厚,规模大,技术力量强,收藏丰富,可分为绘画、雕塑、建筑、陶瓷制品及其他工艺品、人类学与民俗学、考古与古迹、自然科学等类别。有的私人馆藏也极具实力,例如已被马德里收购的提森博物馆,这是提森男爵家族的私人藏品,从中世纪到 20 世纪的绘画精品不论从数量和质量上都直逼位居西班牙第一的普拉多博物馆。

下面介绍几个有代表性的博物馆:

1. 普拉多博物馆

这是世界上最著名的美术陈列馆之一,落成于 1818 年,1819 年首次对公众开放。最初是作为皇家绘画陈列馆,当时的藏品有 1510 件。1868 年爆发革命,女王伊莎贝尔二世被推翻,博物馆被收归国有,重新命名为国立绘画雕塑博物馆。以后几经扩建、增建、合并等变革,终于形成今天的规模。

博物馆最早的藏品均为王室收藏,从天主教双王起,几乎历代君主都在不断扩大藏品的数量。此外,私人捐赠、宗教团体捐赠和国家收购是其他三种渠道。作品的年代从 11 世纪一直延续到近代和现代,几乎囊括了西方美术史上的所有流派,荟萃了西班牙和部分意大利、佛兰德斯等地区的名家大师的佳作,成为一座名符其实的艺术宝库。

从画派上划分,博物馆里分出佛兰德斯派(15—17 世纪)、意大利画派(15—17 世纪)、荷兰画派(17 世纪)、法国画派(17—18 世纪)、德国画派和西班牙画派,这些流派分别折射出不同年代的君主们的喜好和教会、贵族们的审美倾向。天主教女王伊莎贝尔、卡洛斯五世、费利佩二世等都偏好佛兰德斯画派的绘画,于是大量收集其作品,凡·德·维登、梅姆林、博斯以及后来的鲁本斯和凡·代克等名家的画作都备受青睐。卡洛斯五世因其出生背景,更钟情于佛兰德斯画派,实际上,他的品位始终固定在佛兰德斯和意大利,因此也影响了以后几位哈布斯堡王朝的君主。他把大量从布鲁塞尔等地收购和征集来的绘画都集中陈列在尤斯特修道院——他的隐居之所,最后陪伴这位戎马一生的皇帝走完人生之路。意大利画派的绘画在馆藏中占有相当的分量,特别是威尼斯画派。拉斐尔、波提切利、科雷乔、提香、丁托列托等大师都在此占有一席之地,特别是提香,他曾经为两代君主——卡洛斯五世和费利佩二世服务,留下了大量画作,其中既有君主们的肖像,也有神话题材的巨幅之作。

当然,藏品最多的是西班牙画派。"黄金年代"的代表人物格雷科、苏尔瓦兰、穆里略、委拉斯凯兹和之后的戈雅等无一例外地将自己的力作呈献给观众。人们能欣赏到格雷科从早期到中年的大部分作品,特别是不朽的《手放在胸口的骑士》、《圣三位一体》等;还有苏尔瓦兰的组画、静物画和肖像,最引人注目的包括那幅《葡萄牙的圣伊莎贝尔》;而委拉斯凯兹的主要作品都是皇家收藏,因此在这里能看到其绝世之作《宫女》、《布雷达的归降》、《纺织女》、《火神的锻铁厂》等等,共 50 幅;

18、19世纪的大画家戈雅的112幅作品占了几个大厅,包括其代表作《卡洛斯四世一家》、《5月3日大屠杀》、《1808年5月2日》、《裸体马哈》等,展品还包括画家为皇家地毯厂创作的壁毯图样、铜版画及其他体裁的作品。

在这座新古典主义风格的殿堂之内还陈列着欧洲其他国家艺术家的作品,同时还展出一些雕塑、祭坛装饰画、金银手工艺品等物。

2. 国立索菲亚王后艺术中心博物馆

这座当代艺术博物馆共有46个展厅,主要陈列西班牙及世界先锋派的作品,其创作年代从19世纪末到20世纪,跨度较大。

馆中有些展厅单独展示一位画家的作品,如毕加索厅、达利厅等。第6号展厅即展出毕加索的画作,其中最引人注目的是《格尔尼卡》,这幅立体派画作是画家为1937年巴黎世博会西班牙展馆创作的,其真正的创作冲动来自于对二战初期纳粹德国空军空袭格尔尼卡镇造成的惨剧的愤怒。黑白画作犹如一声声抗议和呐喊,引起观者强烈的共鸣。它是西班牙民族的骄傲。第7号展厅陈列着米罗的作品,其中有深受观众喜爱的《蜗牛、女人、花朵、星星》(1934)和《女人、小鸟和星星》(1970)。第10展厅是达利厅,展出了约20幅油画,其年轻时期的作品和超现实主义风格的画作都引起了观众的兴趣。

除了先锋派的展品,内战之后的各个艺术流派也都各有一席之地。例如1950—1960年间的抽象艺术作品、内战后最早出现的Dau al Set派的作品、昆卡团体成员的作品、加泰罗尼亚画家塔彼埃(Antoni Tápies)的作品等。其他欧洲艺术家的创作占了三个展厅。

展品中除了绘画,还有雕塑、装置、摄影,各种具象艺术和抽象艺术作品等等,内容和形式都极为丰富。

博物馆除了常设展,还常常举办大型短期展和其他文化活动。馆内有大礼堂、图书馆、放映厅、咖啡馆、书店等设施。

3. 国家考古博物馆

建于1867年,是马德里馆藏最丰富的也是最重要的博物馆之一。时间跨度从史前文化开始,展现了西班牙整个历史时期的面貌。

全馆展览分为埃及—希腊和史前艺术、古代伊比利亚和罗马艺术、中世纪装饰艺术和16—19世纪艺术等几部分。在第1至第18展厅里有阿尔塔米拉岩洞的复原模型、青铜时代的艺术品、古埃及和古希腊的精美艺术品等,年代从新石器时期到铁器时期,再到罗马帝国时期。在19至26展厅中,陈列着古代伊比利亚的手工艺品、雕塑和其他艺术品,从这些文物上可以看到腓尼基、希腊和迦太基人对伊比利亚人的深刻影响,也能看到古罗马文化的烙印。其中最抢眼的展品是埃尔切仕女胸像和巴萨仕女像。

在中世纪的几个展厅集中陈列着西哥特王国和摩尔人统治期的文物,其中一件是西哥特国王雷塞斯温托(Recesvinto)加冕时进献给托莱多大教堂的许愿王冠,其镶嵌工艺和风格融合了日耳曼和拜占庭的特点。许多建筑模型——展现出华丽的伊斯兰穹顶、罗马式大门、哥特式的铁艺栏杆、柱头、雕塑和极具异国风情的穆德哈尔式室内装潢。在大量的厚重拙朴黯淡的罗马—西哥特式展品中,伊斯兰艺术无疑显示出其卓尔不群的东方的典雅、细腻和高贵,透射出在欧洲中世纪的压抑空气下闪耀在穆斯林西班牙的艺术光芒。

产生于16、17、18、19世纪的艺术品和各类相关的模型数量可观,种类繁多。波旁王朝入主西班牙之后,法兰西之风和所有在欧洲有影响力的艺术流派便进入西班牙,引导当时的风尚。展品中包括许多由皇家工厂加工生产的陶瓷、彩釉陶、水晶制品、纺织品等等,直观地揭示了那些年代的皇家奢华和引领艺术领域的各种风潮。

西班牙是个博物馆王国,博物馆数量之多,质量之高,正印证了西班牙人对自己文化、历史的尊重、传承、保护和发扬的优良传统。在此基础上,政府从政策上大力扶植,从财政上大力资助,也确保了博物馆事业的发展。不少国家级博物馆凭借政府的大量投入,具有先进的高科技设施,有专业化极强的专家队伍(如古建筑修复、古画修复、艺术品鉴定等方面的专家),有从国内外收购顶级文物的财力(如对提森男爵全部藏品的收购)。除此之外,一些财团、企业、宗教机构、学术团体、家族和个人也不断捐赠。(如拉萨罗·加尔迪亚诺博物馆就是由这位私人收藏家无条件捐献的。)这些条件确保西班牙成为博物馆大国。

二、西班牙的"世界文化遗产项目"

综上所述,西班牙作为一个文明古国和在保存古代文明、推进现代文明方面贡献突出的国家,它的"世界文化遗产"项目数量位列世界各国的前列是自然而然的。据粗略统计,全国有规模不等的王宫100多个,城堡1400多个,教堂1万多个,其中相当一部分在历史价值、社会价值和艺术价值方面弥足珍贵。被列入联合国教科文组织的"世界文化遗产"名录中的西班牙项目包括古代和近代的建筑、绘画、雕塑、综合景点(村落、城镇)等,分布在全国各个大区。下面是这个长长的文化珍宝的名单:

1. Arquitectura mudéjar de Teruel (Teruel,Aragón)
   阿拉贡自治大区特鲁埃尔的穆德哈风格建筑群(13世纪)。1986年被列入世界遗产名录。

2. Arte Rupestre del Arco Mediterráneo Peninsular

地中海原始岩画艺术，主要分布于瓦伦西亚自治大区的卡斯特伊翁（Castellón）。

3. Casa Batlló（Barcelona）

    位于巴塞罗那的20世纪现代主义建筑之父安东尼·高迪的作品巴特约府。

4. Casa Milà（Barcelona）

    位于巴塞罗那的20世纪现代主义建筑之父安东尼·高迪的作品米拉府。1984年被列入世界遗产名录。

5. Casa Vicenc（Barcelona）

    位于巴塞罗那的20世纪现代主义建筑之父安东尼·高迪的作品文森特府。

6. Catedral de Burgos（Burgos，Castilla y León）

    位于卡斯蒂利亚-莱昂自治区的布尔戈斯大教堂。1984年被列入世界遗产名录的13世纪哥特式建筑。

7. Centro Histórico de Córdoba（Córdoba，Andalucía）

    位于安达卢西亚自治区的科尔多瓦古城建筑群。

8. Ciudad Histórica de Toledo（Toledo，Castilla-La Mancha）

    位于卡斯蒂利亚-拉曼恰自治区的托莱多古城。1986年被列入世界遗产名录。

9. Ciudad Histórica Fortificada de Cuenca（Cuenca，Castilla-La Mancha）

    位于卡斯蒂利亚-拉曼恰自治区的昆卡古城。

10. Ciudad Vieja de Avila e Iglesias Extramuros（Avila，Castilla y León）

    位于卡斯蒂利亚-莱昂自治区的阿维拉古城及古城墙周边教堂。

11. Ciudad Vieja de Cáceres（Cáceres，Extremadura）

    位于埃斯特雷马杜拉自治区的卡塞雷斯古城。

12. Ciudad Vieja de Salamanca（Salamanca，Castilla y León）

    位于卡斯蒂利亚-莱昂自治大区的萨拉曼卡古城。

13. Ciudad Vieja de Santiago de Compostela（Santiago de Compostela）

    位于加利西亚自治区拉科鲁尼亚省的圣地亚哥-德孔波斯特拉古城。

14. Ciudad Vieja de Segovia y su Acueducto（Segovia，Castilla y León）

    位于卡斯蒂利亚-莱昂自治区的塞哥维亚古城及古罗马高架引水桥。

15. Conjunto Arqueológico de Mérida（Mérida，Badajoz）

    位于埃斯特雷马杜拉自治区巴达霍斯省的梅里达古罗马建筑群。

16. Conjunto Monumental Renacentista de Baeza（Baeza，Andalucía）

    位于安达卢西亚自治区哈恩省的巴埃萨文艺复兴建筑群。

17. Conjunto Monumental Renacentista de Ubeda (Ubeda, Andalucía)
    位于安达卢西亚自治区哈恩省的乌贝达文艺复兴建筑群。

18. Cripta de la Colona Güell (Santa Coloma de Cervelló)
    位于加泰罗尼亚自治区的 Santa Coloma de Cervelló 的圭尔教堂地下室。也是高迪的现代主义建筑风格的经典之作。

19. Cuevas de Altamira (Santillana del Mar, Cantabria)
    位于坎塔布里亚自治区 Santillana del Mar 的阿尔塔米拉原始岩洞。

20. Ibiza, biodiversidad y cultura (Islas Baleares)
    位于巴利阿里群岛的伊维萨古城和当地生态环境及文化。

21. El Camino de Santiago (Santiago de Compostela)
    位于加利西亚自治区拉科鲁尼亚省圣地亚哥·德孔波斯特拉市的圣地亚哥朝圣之路。

22. El Conjunto Arqueológico de Tarraco (Tarragona)
    位于加泰罗尼亚自治区塔拉戈纳的古罗马建筑群。

23. Iglesias Románicas de la Valle de Boí (Lleida)
    位于加泰罗尼亚自治区莱里达省的波伊峡谷罗马式教堂。

24. Jardín Huerto del Cura (Palmeral de Elche, Alicante, Comunidad Valenciana)
    位于瓦伦西亚自治区阿利坎特省的埃尔切棕榈树林。

25. La Alhambra, el Generalife y el Albaycín de Granada (Granada, Andalucía)
    位于安达卢西亚自治区格拉纳达的阿尔罕布拉宫、赫内拉里菲御花园和阿尔巴辛区的犹太民居。

26. La Catedral, el Alcázar y el Archivo General de Indias de Sevilla (Sevilla, Andalucía)
    位于安达卢西亚自治区首府塞维利亚的塞维利亚大教堂（世界第三大天主教堂）、王宫和美洲档案馆。

27. La Sagrada Familia (Barcelona)
    位于巴塞罗那市内的圣家族教堂，是高迪的巅峰之作。

28. Las Médulas (Carucedo, León, Castilla y León)
    位于卡斯蒂利亚-莱昂自治大区莱昂省卡鲁塞多的拉斯梅杜拉斯古罗马矿场遗址。

29. Lonja de la Seda (Valencia, Comunidad Valenciana)

位于瓦伦西亚市内的丝绸市场。

30. Monasterio de Guadalupe（Guadalupe，Extremadura）
    位于埃斯特拉马杜拉自治区的瓜达鲁佩修道院。

31. Monasterio de Poblet（Tarragona）
    位于加泰罗尼亚自治区塔拉戈纳省的波布雷特修道院。

32. Monasterio Real de San Lorenzo de El Escorial（San Lorenzo de El Escorial，Madrdid）
    位于马德里自治区的圣洛伦索·德埃尔埃斯科利亚修道院。

33. Monasterio de Suso y Yuso（San Millán de la Cogolla，La Rioja）
    位于拉里奥哈自治区圣米兰-德拉科戈亚的苏索和尤索修道院。

34. Monumentos de Oviedo y del Reino de Asturias（Oviedo，Asturias）
    位于阿斯图里亚斯自治区奥维多和古代阿斯图里亚斯王国古建筑群（前罗马式风格）。

35. Murallas de Lugo（Lugo，Galicia）
    位于加利西亚自治区卢戈市的古城墙。

36. Paisaje Cultural de Aranjuez（Aranjuez，Madrdid）
    位于马德里自治区的阿兰胡埃斯王宫及其他文化景观。

37. Palacio Güell（Barcelona）
    位于巴塞罗那市内的圭尔宫是由现代主义建筑大师高迪设计建造的作品。

38. Palacio de la Música Catalana y el Hospital de Sant Pau（Barcelona）
    位于巴塞罗那市内的加泰罗尼亚音乐宫和圣保罗医院，是另一位杰出的现代主义建筑大师路易斯·多梅内赤·蒙塔内（Lluís Doménech Montaner）的经典作品。

39. Parque Güell（Barcelona）
    位于巴塞罗那市内的圭尔公园是现代主义建筑大师高迪的经典之作。

40. Parque Güell，Palacio Güell y Casa Milà（Barcelona）
    圭尔公园、圭尔宫和米拉府堪称高迪最经典的作品。因此于1984年共同被列入世界遗产名录。

41. San Cristóbal de la Laguna（Tenerife，Islas Canarias）
    位于加那利群岛特内里费岛上的拉拉古纳古城。

42. Universidad y recinto histórico de Alcalá de Henares（Alcalá de Henares，Madrdid）

位于马德里自治区的阿尔卡拉·德埃纳雷斯大学及古城区。阿尔卡拉·德埃纳雷斯是西班牙大文豪塞万提斯的出生地。
43. Yacimiento de Atapuerca（Atapuerca, Burgos, Castilla y León）
位于卡斯蒂利亚-莱昂自治区布尔戈斯省的阿塔普尔卡考古发现。

下面就三处文化遗产作一简单介绍：
1. 高迪的作品：圭尔公园
安东尼·高迪（Antoni Gaudí）这位19世纪末20世纪初的伟大建筑师和设计师出生在加泰罗尼亚，他一生的作品也基本上都留在那里，如今经过近一个世纪都成了地标式建筑，成了巴塞罗那人民和全体西班牙人民的骄傲。

在他的作品中可以看出，他继承了西班牙文化的包容性传统，来自东方的伊斯兰风格、本土的罗马—哥特风格、现代主义、自然主义都被他一一吸收并加以融合，化为自己的风格。而他最为虔诚礼拜的老师是大自然本身。他深深地沉迷于通过植物学、动物学、地质学和解剖学所呈现的自然形态和结构，经过几十年的探索和创造，他为西班牙和全世界留下了一大批童话般的建筑以及装潢、家具等的设计。他的作品有17项被西班牙列为国家级文化遗产，4项被联合国教科文组织列为世界文化遗产，这4项是：圣家族教堂、圭尔公园、米拉之家和圭尔府。

圭尔公园（Parque Güell）位于巴塞罗那，最初是银行家乌赛比·圭尔（Eusel Güell）买下的一块面积为15公顷、高度落差达60米的山地。高迪把这块地建成一个充满幻想色彩的欢乐地公园，他一方面保留了山丘上的天然植被，同时又种植了大量的棕榈树、角豆树、松树和其他观赏树木，使绿色大自然成为主调，另一方面他用瀑布般的石梯、柱厅、希腊式剧场、波浪式的围墙和长椅、仿天然溶洞的加固墙和高架桥以及彩色碎瓷拼镶的雕塑构成了公园的主体。

柱厅用86根柱子支撑，这些陶立克式的柱子的末端是倾斜的，与上层广场的希腊剧场相连，两侧是主路，正中间是一尊硕大的彩瓷拼镶的龙，这整个构图犹如基督教化的阿波罗神殿。

高迪的设计保持了原地面的高落差，因此公园里分为若干层次，同时由于对石料、建材形状和色彩的巧用，使人身在其中有忽上忽下、辗转在山间的感觉。

高迪很注重细节，公园内葵叶形的铸铁围栏、蘑菇状的楼台、柱厅天花板上的马赛克太阳神都充满个性。特别值得一提的是，上层广场上那些波浪形的长长的坐椅，上面拼镶着五颜六色的马赛克，那些图案是1910—1913年完成的，张扬着一种鲜活而质朴的个性，比抽象派画法和拼贴图法还要早。如今这里是游人们最钟爱的休憩之地。

圭尔公园是高迪成熟期个人风格的体现,他将建筑史上所有的风格技巧与自然环境融为一体,达到近乎完美的效果。

2. 高迪的作品:米拉之家(俗称:石屋)

米拉之家是一座位于街角的楼房,包括地下室、半地下室、阁楼、楼顶和 6 层楼体。高迪为其正立面设计了复杂的石头结构,石料呈刻蚀状,整个立面由起伏的曲线组成,一层层就像正在涌动的波浪。

两扇大门上镶有彩色玻璃,形状似乌龟壳,大门通向饰有壁画的门厅和庭院,院子有锻铁装饰,阳台上也装着铁艺栏杆,其设计是独一无二的,充满最大胆而自由的想象,毫无章法可循。在屋顶上,高迪建造了一个奇特的空间,烟囱、通风塔和天窗都被做成拟人状的雕塑品,如同一个个中世纪的武士,高低不平的表面上镶嵌着白色或棕色的大理石片和碎瓷片,还有一个贴着绿色的酒瓶玻璃。屋顶变成一个神话空间。

这座建筑中的很多细部可以清晰地看出对大自然的依恋和抽象化,比如大厅屋顶上云朵的装饰、如同海浪泡沫般的铁艺图案、海洋图案的六角地砖、阳台栏杆上的植物造型,等等。

整个建筑洋溢着律动,其内部结构也是高迪对传统建筑学的革命。除了这些,里面的部分家具、木门、镶木地板等也出自高迪之手,其线条和外观都体现出鲜明的表现主义风格。

米拉之家建成之后,立即引起社会各方面的关注,特别是艺术界、建筑设计界和媒体。很快它就成为巴塞罗那的标志性建筑。1984 年被联合国教科文组织宣布为世界文化遗产。

3. 科尔多瓦的清真寺—大教堂

这座大清真寺(La Mezquita)是西班牙中世纪唯一存留下来的清真寺,而且是世界上最大的清真寺之一。

当穆斯林占领者进入科尔多瓦之后,他们在没有清真寺的条件下,与当地的基督徒们共用西哥特人修建的圣比森特教堂(San Vicente)作祈祷。公元 785 年,阿卜杜勒·拉赫曼一世(756—788)从基督徒手里购买了这座建筑,在 780 年将教堂推倒,在废墟上开始修建大清真寺。848 年、961 年和 987 年,清真寺被扩建,规模不断扩大,总面积达 24,000 平方米,共有 19 个中殿。在修建过程中,工匠们借鉴了原有建筑的风格和技术,而且还重新使用了古罗马和西哥特时期的大理石柱、石块等材料。例如,在寺内的祈祷大厅里(面积为 14,000 平方米),曾立着 1293 根石柱,支撑着华美的拱顶。这些石柱中的一部分就来自西哥特教堂,古罗马建筑,甚至来自更古老的迦太基人的建筑,而今只剩下 850 根左右。

大清真寺的结构完全遵从传统清真寺的样式：外围是带雉堞的长方形围墙、宣礼塔、朝向麦加方向的祈祷壁室、祈祷前净手的曼苏尔水池、祈祷大厅、被称为mihrab的壁龛、庭院等。

从赦罪门（Puerta del Perdón）进入美丽的柑橘园，穿过园区即来到棕榈门，进门就是清真寺的内部，映入眼帘的是一片石柱林，850根巨大的石柱托起红白相间的双层马蹄形拱门，使人联想起古罗马的高架水渠，而这层层如海浪的拱门给人一种空间无限延伸的韵律感，也增强了教徒们在祈祷时油然产生的一种神秘感。在被称为米哈拉布（mihrab）的壁龛处，工匠们施展出伊斯兰艺术和拜占庭风格的华美和精致，用大理石和金银拼镶的手法装潢了屋顶和檐板，整个空间均达到装饰工艺的极致。在米哈拉布的入口处镶嵌着一块重达1600公斤的黄金立方块，那是拜占庭国王的赠礼。

而在这座充溢着东方色彩的清真寺的中心处，横插着一座建于16世纪的天主教教堂，那是在科尔多瓦被基督教军队在1236年收复之后，战胜者们着手修建的。最初的重建工程仅限于在清真寺内修建几个礼拜堂，到16世纪初，主教们不顾科尔多瓦市民的反对，强行下令在原址内修建一座天主教教堂，工程始于1523年，直到18世纪才告竣工，其中混合了多种建筑风格，但以文艺复兴—巴洛克式为主，这座教堂的亮点包括雕刻精美的唱诗班席，用金银制成的122公斤的圣体匣、穆德哈尔式的装饰、17世纪的象牙雕耶稣像等等。

当卡洛斯五世来到这座清真寺时，曾感叹其独一无二的美丽，指责教会破坏了这座绝无仅有的伊斯兰建筑瑰宝，并下令无论如何保住它，这就是人们今天能有幸欣赏到的部分。

科尔多瓦清真寺—大教堂见证了那多种文化并存的繁荣期，也见证了其后的历史演变。

思考题

1. 如何理解大学自治？其意义何在？
2. 西班牙对文化古迹的保护意识给了我们什么启示？
3. 请将西班牙的教育体制和我国的教育体制作一简单比较。
4. 如何欣赏高迪的艺术风格？

西班牙小结

无论在历史上还是在现实中,西班牙始终是一个独特的国家和独特的民族。

它的自然环境复杂,制造阻隔的大片崇山峻岭和敞开怀抱的绵长海岸线同时存在于一个50多万平方公里的半岛上。它的历史悠久,千百年来在几乎每个篇章上都有着外来文化——主要是地中海文化——的渗透。它承受的每一次文化入侵都是由血腥的军事入侵开始,而且每一次入侵的持续时间都出奇得长:罗马人在半岛停留了500多年,西哥特人统治了300年,摩尔人一住就是800年。就是这些外来因子——东方的和西方的——融进了伊比利亚的血液,铸成了西班牙。由此,从西班牙这个奇特的根上派生出不少带有二元性的特征:生活习性上既崇尚享乐主义(伊壁鸠鲁主义)又恪守禁欲主义的某些原则,追求物质享受又奉行塞内卡的精神至上原则;在历史上曾经多次走向海外,大刀阔斧地开拓,但是在政治上却故步自封,保守僵化;在思想意识上数百年来始终以天主教的正统性为准则,固定在中世纪十字军东征时的坐标点上,但是在某些方面却又展现出宽容、人道和伊拉斯谟的思想余光;在它的子民中既有像伊格那西奥·罗耀拉(Ignacio de Lo-yola,)那样的为宗教献身的天主教"圣徒",也有像大文豪塞万提斯那样的伟大的人文主义者;既有以保卫旧世界秩序为己任的佛朗哥,也有用画笔和刻刀粉碎所有传统观念和格局的毕加索,还有高迪、达利、米罗,等等;既有恪守古风的宗教朝圣游行,也有"旁门左道"的恣肆泼辣的弗拉门戈……

西班牙的独特性还表现在它曾经是人类历史上第一个横跨五大洲的帝国(尽管制度上松散,管理上混乱,经济上不平衡,意识上分崩离析,政治上危机四伏,国民们同床异梦),同时也是以史无前例的速度飞快倒退直至没落的帝国;它曾经是有史以来聚敛财富最多的王朝,同时也是少见的因挥霍无度和经济无能而彻底破产的败家子;它曾经是20世纪最残酷的内战战场,曾经一度跌为欧洲保持外交关系最少的国家,曾经是欧洲国家中因落后贫穷而排名末尾的国家之一……但是它的崛起同样也是少见的:短短三年里从独裁到民主的大转变,基本没流血的社会大变革,因内战而分裂的两大阵营的弥合,经济的起飞,迅速回归欧洲社会和国际社会,因实力的提升而迅速取得了国际社会的话语权,等等。

  从社会文化的角度来看,西班牙也留下了许多令世人惊奇和思索的变化。过去烙在欧美人脑海中的一些记忆早已一去不复返了:西班牙政府针对文学艺术的刻板检查制度、严守教规不敢越雷池一步的教育体系、陈旧的观念、死气沉沉的社会生活等。有时甚至让人觉得西班牙人的步子走得太急了,看一看阿尔莫多瓦的电影的镜头和表现手法,看一看已经通过的关于同性恋"夫妻"的合法性的法律,看一看最新出版的小说,听一听街头小青年或者亚文化圈里人的言谈,听一听最新潮的流行音乐……

  西班牙文化是复杂的,它可以静止若干年,似乎在积蓄力量,但是它可以在瞬间爆发,大潮涌动,其生命力的源头就在于它的存在和它的历史,就像我们在前几章所看到的。

第二部分

拉丁美洲文化简况

Xibanya Wenhua Jiankuang

概　要

　　拉丁美洲是中国人非常熟悉的一个词,同时又是一个稍显模糊的概念。几乎人人都知道拉丁美洲,但是它为什么叫拉丁美洲?它的具体方位在哪里?它的人口构成是什么样的?它经历过怎样的变迁?对于这些问题,很多人会困惑,因为所知不多。

　　对于中国人来说,拉丁美洲是个既熟悉又陌生的大陆,那是个曾被称为"新大陆"的地方,之所以称之为"新",就是因为存在着许多尚不为人深入了解之处。

一、概况

方位:拉丁美洲地处西半球的南部,北起墨西哥—美国边界上的布拉沃河(美国人称之为格兰德河),南至合恩角,全长13500公里。西临太平洋,东接大西洋,南与南极相邻。从大西洋往东,可与欧洲、非洲相连;从太平洋往西,则与大洋洲和亚洲相连;向北越过布拉沃河,即与美国、加拿大连成一片。

　　拉丁美洲的大部分地区处在热带和亚热带,即在南北回归线之间,只有一小部分(乌拉圭、智利南部、阿根廷南部、墨西哥北部等)处在温带。

面积:总面积为2070万平方公里,相当于三个欧洲。

人口:5.02亿(2005年)

　　人口的种族构成有印第安人(8%)、欧洲白人(35%)、非洲黑人(7%)、混血人种(50%,包括印欧混血人、黑白混血人、印黑混血人等)、亚裔、犹太裔等。

语言:各国使用的官方语言分别是西班牙语(18个国家、1个地区)、葡萄牙语(1个国家)、英语(12个国家、7个地区)、法语(1个国家、3个地区)和荷兰语(1个国家、2个地区)。此外,在许多国家印第安各部族的语言仍在一定范围内流行。

宗教:以天主教为主;在不同的国家和地区还有基督教、新教、印度教、犹太教、伊斯兰教和原始宗教。

二、拉丁美洲的名称

1492年10月,哥伦布和他的船队到达巴哈马群岛中的瓜那哈尼岛,他错误地以为来到了东方的印度,因此命名该地为Indias,而称当地的土著居民为indios。当欧洲人发现了这一错误后,决定一错再错,在Indias之前加上形容词"西方的",于是这片大陆变成了"西印度",以区别于南亚次大陆上真正的印度。

1501—1503年,意大利航海家亚美利哥·韦斯普奇(Américo Vespucio)奉葡萄牙国王之命,两次沿巴西海岸南下探察,曾到达拉普拉塔河口,于是认定这片土地是一个前人从未知晓的"新大陆"。这一结论推翻了哥伦布的说法,震惊了整个欧洲,也颠覆了人们头脑中对地球上陆地分布的传统观念。

1507年,德国地理学家马丁·瓦尔德泽米勒(Martin Waldseemüller,1470—1518)在绘制新的世界地图时,便以这位发现者的名字给新大陆命名为亚美利加,简称美洲。

美洲,习惯上是指北美、南美和加勒比地区。还有一种划分法,把墨西哥以南直到巴拿马地峡这一地区称为中美洲,墨西哥和墨西哥以北的国家构成北美,南部大陆为南美,此外是加勒比海上的大、小安的列斯群岛。

至于拉丁美洲,它既不单指北美,也不是仅指南美,它不是一个地理概念,而是一个人文—文化概念,指美墨边境的布拉沃河以南直至火地岛的主要以西班牙语、葡萄牙语和法语为母语的国家及地区。由于这三种语言均属拉丁语系,故称这一地区为拉丁美洲。

拉丁美洲主要包括下列国家和地区:北美洲的墨西哥,中美洲的危地马拉、萨尔瓦多、伯利兹、洪都拉斯、尼加拉瓜、哥斯达黎加、巴拿马,南美洲的哥伦比亚、委内瑞拉、巴西、厄瓜多尔、秘鲁、智利、阿根廷、巴拉圭、玻利维亚、乌拉圭、法属圭亚那、加勒比海地区的古巴、多米尼加共和国、海地、波多黎各(美国的联邦领地)和一些尚未独立的地区,主要集中在加勒比诸岛。

在长期的演变过程中,拉丁美洲还有其他的名称:西班牙美洲、伊比利亚美洲、印第安美洲、印欧美洲等等,每个名称都有其来历与含义,但是又都有其局限性:第一个名称排除了广大葡萄牙语和法语地区,第二个排斥了法语地区,第三个剔除了欧洲文化的影响并否认了白人、混血人与黑人的地位,最后一个似乎比较全面,但是忽略了这个半球大量来自非洲的居民。即使是现在人们普遍接受的"拉丁美洲"这一名称,也是有争议的,众所周知,无论是黑人还是印第安人都不属于拉丁族,他们真正的母语也不可能属于拉丁语系。

安第斯山区的印第安人

总之,美洲大陆的发现源自于一心要开辟到达中国和印度的新航线的哥伦布犯下的一个错误(他一直到死也没有意识到这个错误),而这个大陆的名称也充满了争议、偏颇和遗憾,比如此地的土著人——他们有约两万年居住历史——至今被称为"印第安人",尽管他们与遥远的印度没有丝毫瓜葛,而他们开发的这块大陆是用一个意大利人的姓氏来命名的:América。

三、拉丁美洲文明区域的划分

事实上,并不存在着一个整齐划一的拉丁美洲文明。环境的多样性、民族的多样性,必然会导致多元化文明的产生。对于文明区域的划分可以有若干种标准,如经济发展水平、政治体制、种族或民族、宗教信仰、地理位置、历史传统等等,较为明晰而且体现出文明的基本特点的划分,是以官方语言为基准。

西班牙—拉美文化概况

拉丁美洲地图

在拉丁美洲,西班牙语近似于普通话,因为其覆盖面最广,使用人口最多;其次,西班牙语和葡萄牙语是近亲,两种语言之间的沟通并不十分困难,因此说西班牙语和能听懂西班牙语的人至少占人口的 90%。此外,英语、法语、荷兰语以及各种印第安语也都覆盖一定的面积。以这几种语言划分,拉丁美洲的文明区域大致如下:

1. 西班牙语地区:墨西哥、危地马拉、洪都拉斯、萨尔瓦多、尼加拉瓜、哥斯达黎加、巴拿马、多米尼加共和国、古巴、哥伦比亚、委内瑞拉、厄瓜多尔、秘鲁、玻利维亚、智利、阿根廷、巴拉圭和乌拉圭。还有一个岛屿:波多黎各(属美国联邦领地)。

2. 葡萄牙语地区:巴西。

3. 英语地区:特立尼达和多巴哥、牙买加、巴哈马联邦、安提瓜和巴布达、巴巴多斯、圭亚那、伯利兹、圣卢西亚、圣文森特和格林纳丁斯、格林纳达、多米尼加联邦、圣基茨和尼维斯联邦。还有 7 个未独立的群岛和岛屿：百慕大群岛、开曼群岛、蒙特塞拉特岛、特克斯和凯科斯群岛、美属维尔京群岛、英属维尔京群岛和安圭拉。

4. 法语地区：海地。还有两个未独立的岛屿：马提尼克、德卢普；一个地区：法属圭亚那。

5. 荷兰语地区：苏里南。还有两个未独立的岛屿：荷属安的列斯和阿鲁巴。

至于各种印第安语，尽管其使用人口并不少，但是因分类繁多，没有明确的国别界限，主要是区域（如省、州、乡镇等）之分，因此难以按国别划分。这些语言的使用人口大多数集中在西班牙语地区，主要居住在危地马拉、厄瓜多尔、秘鲁、玻利维亚、墨西哥等国，以克丘亚语、艾马拉语、纳瓦特尔语为主。

上述地区之间有着不小的差异，特别是在民族构成、宗教信仰、经济结构、社会发展水平、风俗习惯等等方面，因此其各自的文化特征也不相同。

西班牙语地区的面积约为 1150 万平方公里，地理环境和自然条件均很复杂，民族构成也十分复杂：有分属不同部族的印第安人、来自欧洲各国（主要是西班牙和意大利，以及一战、二战前后过来的德国、法国和斯拉夫国家）的白人移民、来自非洲的黑人以及混血人种，此外还有为数不多的亚裔和犹太人。混血人种又可分为梅斯蒂索人（印欧混血人）、穆拉托人（黑白混血人）、桑博人（印第安人和黑人的混血人）、夸尔特隆人（即白人与黑白混血人的后代）以及混血人之间通婚后孕育的后代。近些年，由于不少亚裔移民来到这一区域，又产生了新类型的混血人种。西班牙语地区的宗教信仰以天主教为主，在印第安人聚居区和有黑人居民的国家，还并存着原始宗教。经济发展和文化教育的发展很不平衡。在社会体制方面，除古巴是社会主义国家，其余均实行资本主义制度。

葡萄牙语地区虽然只有巴西一个国家，但是该国却是拉美领土面积最大的国家，也是第一经济大国，境内河流密布，有较高的经济价值，自然资源丰富。其居民构成上有一些特点：因印第安人相对较少，故梅斯蒂索人的数量不如西班牙语区多，但是因黑人所占比重大，所以穆拉托人较多；白人大多数来自葡萄牙，其余来自西班牙、意大利、德国和法国。突出的一点是，巴西居民中亚裔所占比重超过拉美任何一个国家，他们主要来自日本，其次是中国、韩国及阿拉伯国家。居民的宗教信仰以天主教为主，有少数人信仰非洲的原始宗教，其他移民有的信奉原所在国的宗教，但这些信仰的比重都非常低。

在英语地区，所有的成员国或区域都是原英国殖民地，是英国人在 17—18 世纪先后从西班牙人手中夺取的，他们利用从非洲贩来的奴隶开辟热带种植园，19 世纪又从中国用欺骗的手段招募了大批华工从事生产劳动。这种奴役制延续了很久。因此，其种族构成以黑人和黑白混血人为主，其次是少数印度裔、华裔和白人。

而圭亚那以印度裔和黑人为主。这一地区的宗教信仰因种族构成的分散性而呈多元化,即印度教、伊斯兰教、犹太教、天主教、新教等并存。

法语地区从 17 世纪之后都成为热带作物的开发地,殖民者强迫黑人奴隶在种植园劳动。海地是拉美最先发起独立运动并最先正式宣布独立的国家。其种族构成比较单一,黑人占全部人口的 90%。绝大多数居民信仰天主教,但非洲的伏都教仍有一定的影响。海地是拉丁美洲最落后的国家之一。法属圭亚那的人口构成有白人、印第安人、梅斯蒂索人、黑人和来自中国、日本等地的亚裔。天主教是该地区的主要宗教。

荷兰语地区的种族成分也很复杂,有印第安人、黑人、白人、混血人和亚裔(印度人、华人、黎巴嫩人等)。宗教信仰也相应地呈多元化,天主教、印度教、伊斯兰教等并存。

造成这几个地区文化差异的原因很多,除了自然、地理条件和种族构成的不同而使得各自文明的发展殊异之外,原宗主国的影响是非常深远的。今天这些地区的文化特点无一不折射出原宗主国的政治体制、经济结构、习俗、信仰、价值观和思想意识。

四、拉丁美洲各民族的同一性

虽然在前面分析了拉丁美洲各文明区域的差异及划分,但是有一点需要加以肯定并且要强调的是,作为人文概念或文化概念而存在的拉丁美洲,具有先天的民族之间的同一性,此处的民族更多的是指西班牙语、葡萄牙语和法语国家的人民,一种强大的认同感将这些民族维系在一起,使之感受到作为拉美人的特有身份和作用。

拉美独立运动之父——
西蒙·玻利瓦尔

早在 19 世纪的拉美独立战争期间,西蒙·玻利瓦尔(Simón Bolívar)就提出了拉丁美洲一体化的理想。独立运动的先驱弗朗西斯科·德·米兰达(Francisco de Miranda)曾表示在美洲摆脱西班牙人的殖民枷锁之后,重建南美的印加帝国。而在最初成立的独立共和国中就有以南美洲北部的新格拉纳达总督区和委内瑞拉都督辖区联合成立的大哥伦比亚联邦。总之,拉丁美洲的统一或者局部统一是不少先贤们的理想,而这一种理念始终潜移默化地存在着,直至今天。

和其他大陆的人相比,拉美人可能比欧洲人、亚洲人和非洲人有更强的认同感,之所以产生这种感情和思想,主要归于以下几种原因:

1. 历史原因

在拉丁美洲,对历史的界定标准几乎是统一的:哥伦布到来之前和哥伦布到来之后。当哥伦布和他麾下的那三艘帆船在大西洋上直驶向巴哈马时,这条航线就已经变成了拉美历史的分水岭。

1492年之前,各地区因交通阻隔等原因,都处于相对封闭的状态,文明的发展程度有很大差异。而1492年之后,整个拉美的历史则整齐划一地被切分成4个时期:征服与殖民时期(1492—1542)、殖民化时期(1542—1810)、独立战争时期(1810—1824)和共和国时期(1824—   )。[1]

虽然有个别国家的历史发展与这4个阶段划分的年份稍有出入(如古巴获得独立的时间是1898年),但是总的来看,这种分期标志符合拉丁美洲的实际情况。

2. 政治原因

拉丁美洲各国都实行共和制,即使在历史上,新大陆也只有4次君主制的经历:巴西的佩德罗二世(后被推翻,流亡法国)、海地的德萨利纳(被谋杀)、墨西哥的伊图尔维德(被枪杀)和哈布斯堡王室的马克西米连(被处决),均以失败告终。

各国在管理机制、国家模式、权力分配、社会形态等各个方面均十分相似。

3. 经济原因

各国在过去都主要从事原材料生产或单一生产。如今情况有了较大的改观,像巴西、墨西哥、委内瑞拉、阿根廷等国都获得较大的发展,但是无论是这些比较先进的中等程度的工业化国家,还是经济上仍然较薄弱和落后的国家(如海地、尼加拉瓜、危地马拉等),都属于发展中国家,都面临着诸如经济结构改革、解决农民土地等一系列重大问题。

4. 语言原因

与欧、亚、非三大洲相比,拉美是语言最统一的地区,绝大多数居民可以凭借西班牙语或葡萄牙语进行跨越国界的交流,而思想感情的交流是铸成凝聚力的最关键的因素。当拉美人在其他大陆时,无论来自墨西哥还是巴拉圭,无论是白人还是混血人或是印第安裔,只要一开口说西班牙语,他们就会有一种认同感和归属感,而这种感觉很难在其他地区的居民中找到。

---

[1] [秘]欧亨尼奥·陈-罗德里格斯:《拉丁美洲的文明与文化》,商务印书馆,1990年,第10页。

5．心理因素

由于生存环境和社会环境的剧烈变化,纯血统的印第安人越来越少,只占总人口约8％,而与此同时,混血人种却在增加。目前拉美总人口中有一半是混血人,这个比例还在不断上升。因此,拉丁美洲的居民绝大多数是移民或外来者的后裔,是混血人种的后代,他们拥有一些相似的甚至共同的思想和行为是很自然的。拉美人最常关注的人生命题是:我们是谁?我们从哪里来?他们最常思考的是自己生活的这一大片区域的历史命运和自己的历史命运,思考自己的存在方式。

总而言之,拉丁美洲文化中充满了对立和统一,正是这一特点赋予这个大洲绝然不同于旧大陆的特殊禀赋和罕见的魅力。当然,也正是这一特点使它长期以来挣扎在边缘的境地并为腾飞而不断努力。

思考题

1. 拉丁美洲的概念是什么?如何界定拉丁美洲?
2. 是什么原因造成了拉丁美洲人的同一性?

第七章

自然地理环境

环境的特点—— 自然环境产生的问题

当最初的几批欧洲人到达拉美大陆时,在壮丽而神奇的自然景观面前,他们感到目眩神移,一切都是那么奇特,以至于他们怀疑这一切是否也是出自上帝之手。而后,随着大批白种人的到来,他们对地理环境的考察不断深入,但是这些外来者仍然在拉丁美洲的大自然面前被震撼,因为这里的一山一水一草一木与旧大陆是那么不同:同为山系,同为河流,同为花卉,却显示出一种卓尔不群的个性和一种深藏不露的神秘感。正是这种个性和神秘感吸引了数不胜数的冒险家和科学家来从事考察和研究,从早期的耶稣会修士到德国自然学者洪堡、英国科学家达尔文,直至 20、21 世纪的一支又一支的科考队,他们来了,研究了,看了,发现了。像达尔文,他最终用革命性理论彻底颠覆了人们对进化的观念。面对这一场辉煌的科学革命,人们不会忘记,南美的加拉帕戈斯群岛上的珍稀物种为达尔文的物种进化论提供了鲜活的证据。

正是这样的自然地理环境孕育出了这里的人民和这里的文明。

第一节 环境的特点

打开拉丁美洲的地形图,可以清晰地看到自北向南有三块纵向的区域:西面太平洋沿岸是穿越整个大陆的安第斯山脉,中部是从山脉延伸下来的平原和谷地,东面沿大西洋沿岸是波状起伏的高原和热带草原。

安第斯山脉

根据拉美所处的纬度，它本应像非洲一样炎热，但是事实却恰恰相反，此地气候呈多样性，有大片地区属于温带气候，而且植物的种类也能说明这种不同气候带并存的情况，这是因为这里的平均高度相对高，从而高度改变了纬度，对气候起了很好的调节作用，给高原和河谷地带带来适于人类生存和从事生产的环境。

另有一点值得注意的是，人类的古老文明大部分起源自大河流域，亚洲的恒河、幼发拉底河、黄河，欧洲的多瑙河，非洲的尼罗河等都是人类文明的发祥地。而美洲则不然，其最先进的史前文明均与山系、山间形成的高原或谷地有关联。例如，阿兹特克文明出现在墨西哥东部的阿纳瓦克谷地、印加文明诞生于安第斯山东面的高原和山地、玛雅文明最早出现在中美洲的山区和高原，在今危地马拉一带。

由于拉丁美洲地域辽阔，地形的高低落差大，故气候状况的差异也十分显著。从终年积雪的安第斯山巅到亚马逊热带雨林的过渡，就等于从极地到赤道两个极端的气候带的过渡。而智利北部地区所形成的比撒哈拉还要干旱的沙漠，就在太平洋沿岸，从滴水不见的干涸之地到世界上最大的水域仅咫尺之遥。当人们可以在墨西哥的中央高原、阿根廷的潘帕斯平原等地享受到温带的凉爽时，低地的热带草原却因其过度的潮湿和闷热，被视为最不宜人居的地区。

多变的气候、多样化的地理环境,这二者成为形形色色的植物和动物生息繁衍的最佳温床,也造就了在其他大陆不易见到的景观。下面仅简单列举几项世界之最:

安第斯山——世界最长的山脉,在南美洲境内的长度为9000公里;
亚马逊河——世界上水量最丰富的大河,河口年均流量:12万立方米/秒;
亚马逊平原——世界最大的冲积平原;
安赫尔瀑布——世界落差最大的瀑布,落差:979米;
的的喀喀湖——世界最高的淡水湖之一;
乌尤尼盐湖——世界上最大的盐湖;
阿塔卡玛沙漠——世界最干旱之地;
中央高原(墨)火山群——世界上火山最集中的地区;
巴西高原——世界最大的高原,面积500万平方公里;
伊瓜苏瀑布——世界最宽的瀑布,汛期宽4000米;
阿空加瓜火山——世界最高的死火山,海拔6960米;
智利的菲利克斯湾——世界雨天最多的地区,年降雨325天;
智利——世界最狭长的国家;
等等。

从物种的角度来说,由于适于包括温带、热带和亚热带作物的生产,此地的植被极为丰富,有热带雨林、温带森林和温带大草原、热带草原、荒漠植物、稀疏林木等。欧洲人经过不断的勘察,发现了数不胜数的前所未见的珍贵植物品种:有观赏价值的、有经济价值的、有药物作用的、有科学研究价值的,等等。而动物的种类也毫不逊于植物,尤其值得一提的是一些特殊类型的动物,诸如美洲豹、羊驼、骆马、蜂鸟、獏、食人鱼等,而更为特殊的是存活在加拉帕戈斯群岛上的在其他地区早已灭绝的巨龟、巨蜥等动物。

在矿藏和农产品方面,拉丁美洲也占有几个第一。例如:

哥伦比亚的锡帕基拉盐矿山——世界最大的盐矿山;
委内瑞拉的马拉开波湖——世界上产量最多、开采最悠久的石油湖;
哥伦比亚——世界绿宝石储量最多的国家;
秘鲁——世界铋和钒储量最多的国家;
巴西——世界咖啡、香蕉、甘蔗、橘汁产量最高的国家;
智利——世界铜和硝石储量最多的国家;
秘鲁的钦查群岛——鸟粪开采量最大的群岛;

等等。①

委内瑞拉的马拉开波湖

下面从几个方面了解一下拉丁美洲的自然地理环境。

1. 山系

拉丁美洲人称安第斯山是美洲大陆的脊梁。这条南北走向的山脉，从南部的合恩角出发，沿着南美洲的西侧，迤逦北上，在智利境内高度升高，进入中美洲后高度下降，在墨西哥境内的特万特佩克峡谷分为东西两支后，主脉继续北上，跨入美国境内，是为科迪勒拉山脉。

安第斯山的名称仅限于南美大陆，它穿越了除乌拉圭、巴拉圭和巴西以外的所有南美伊比利亚美洲国家，但是这三个国家依然受惠于安第斯山，因为发源自此山系的亚马逊河以及得益这条河的拉普拉塔河水系灌溉滋养了它们。安第斯山在玻利维亚分成三支，山与山之间形成了孕育文明、促进人口聚居的高原，同时还有的的喀喀湖和地势较低的热带谷地、热带森林。在南美洲的北部和西部，这三条支脉又形成了一些辽阔的河谷，还播下了一座座火山点缀在这片开阔地上，特别是在厄

---

① 参阅新华社编纂的《南美洲》，新华出版社，第118页。

瓜多尔境内,20座火山连成一串,组成了一条奇特的火山带。

在中美洲,安第斯山西脉沿海岸西行,形成一片有火山活动的高地,其高度在进入墨西哥之后逐渐升高,分成东马德雷斯山和西马德雷斯山,两山之间便是占据墨西哥中心地带的中央高原,也是托尔特卡文明、阿兹特克文明的发源地。中央高原的南部高度在 5000 至 8700 英尺之间,多火山,著名的活火山波波卡特佩特山(17,887 英尺)和伊斯塔西瓦特山(17,342 英尺)便屹立在那里。峰顶的雪冠与山脚下亚热带的葱绿植物形成一道绝佳的景观。而山坡下面便是伸展开的阿纳瓦克谷地,气候宜人,湖光山色,晴空万里,当年阿兹特克人建的"万湖之城"——特诺奇蒂特兰就静卧在谷地之中,那就是今天的墨西哥城。

安第斯山用它的主脉和无数条支脉以及由此衍生出的高原、谷地和由此流淌出的数千条河流化成了拉丁美洲的山山水水,构成了它的筋骨和血肉,也正是山脉把所有的拉美国家维系在一起。

不仅如此,大面积的山区还蕴藏着丰富的矿产资源,无论在数量、质量还是种类上,拉丁美洲都是世界上矿藏最丰富的地区之一。以石油为例,在这一地区,除了乌拉圭和巴拉圭,其余的国家几乎都有石油,尤其是委内瑞拉和墨西哥,前者的产量居拉美第一位,墨西哥是美国的重要石油供应国。石油和天然气常常是并存的,玻利维亚、厄瓜多尔、墨西哥、委内瑞拉、阿根廷等国都是这两项资源的生产国和出口国。此外,优质铁矿、锰、镍、铬、钒、铜、铅、锌、白银、硝石、铝矾土、硫化物等的蕴藏量都名列世界前茅,其中白银、硝石、铜等矿物的生产和藏量都居世界第一。

然而,山系也有其负面作用。除了崇山峻岭给交通联系造成的阻隔和种种不便,火山爆发、地震等自然灾害给拉美地区带来的威胁和破坏也是相当严重的。拉美大部分国家处在地震带上,历史上有记载的毁灭性破坏已有多次,那些建在高原、谷地及附近的城市都曾经受过各种程度的地震灾害。下面几座城市都曾被地震夷为平地,而后在废墟上重建起来:

  圣地亚哥(智)——1647 年

  库斯科(秘)——1650 年

  利马(秘)——1746 年

  卡亚俄(秘)——1746 年

  基多(厄)——1797 年

  加拉加斯(委)——1812 年

  康塞普西翁(智)——1835、1939 年

  门多萨(阿)——1861 年

瓦拉斯和永盖（秘）——1970年[①]

2. 水系

拉丁美洲的五大水系都发源于安第斯山以东，都在南美大陆，都流入大西洋。这五大水系是：亚马逊河、奥里诺科河、圣弗朗西斯科河、马格达莱纳河和巴拉那-拉普拉塔河。

亚马逊河是全球最大的水系，绵延6275公里，发源于秘鲁境内的安第斯山，有1100条支流汇入，流域面积覆盖了巴西、玻利维亚、秘鲁、厄瓜多尔、哥伦比亚和委内瑞拉的大片土地，区域内遍布热带雨林，被称为"地球之肺"。这条河的水量极为丰富，占全球淡水流量的20%，同时也提供了一个四通八达的航运网。

奥里诺科河发源于委内瑞拉和巴西交界处的山地，流经哥伦比亚，然后转入委内瑞拉境内，再注入加勒比海。在其流程中汇入数百条支流。

圣弗朗西斯科河发源于巴西高原的南部，由南向北，与大西洋海岸平行，再转向东，流入大西洋。

马格达莱纳河发源于哥伦比亚境内安第斯山的南部，向北流入加勒比海。在相当长的时间里，这条河是该国加勒比沿岸与内地相连的唯一交通手段。

巴拉那-拉普拉塔河是南美洲第二大水系，流经巴西、巴拉圭、玻利维亚和阿根廷，与乌拉圭河汇合，注入大西洋。

这五条水系因其流域广、流程长而具有重要的经济意义，而安第斯山以西的河流大多数不利于航行。

3. 平原

面积较大的平原包括位于阿根廷、玻利维亚和巴拉圭的格兰查科平原，连接哥伦比亚和委内瑞拉的亚诺斯平原，地跨乌拉圭、巴拉圭和巴西的亚马逊河谷平原和覆盖委内瑞拉和哥伦比亚部分区域的奥里诺科平原。以上为热带平原。温带平原以阿根廷境内的潘帕斯草原为代表。这片400万平方英里的平川之地向南一直延伸到巴塔哥尼亚高原的边缘，向东则接近大西洋沿岸拉普拉塔河的入海口。土地广袤而肥沃，水草丰美，是发展畜牧业的理想环境。长久以来，那里就是阿根廷人从事农业和放牧的地方。

格兰查科平原是一片热带草原，西面接安第斯山，东邻巴拉圭河，延伸到阿根廷北部、巴拉圭、玻利维亚和巴西南部的辽阔地区。平原上生长着大片灌木林，出产优质木材，蕴藏着石油资源，养牛业也很发达。在覆盖着成片的热带雨林的区域，气候潮湿炎热，植物生长极其茂密，但不适于人类生活。

[①] ［秘］欧亨尼奥·陈-罗德里格斯：《拉丁美洲的文明与文化》，商务印书馆，1990年，第20—21页。

亚马逊平原人烟稀少，占巴西国土面积的42%，拥有世界上17%的淡水资源。

4. 沙漠地带

沙漠的面积比较小，仅在墨西哥北部、智利和秘鲁的太平洋沿岸部分地段、巴西东北部和阿根廷的巴塔哥尼亚一带有沙漠或半沙漠。其中真正意义上的沙漠是智利北部的阿塔卡马沙漠，那里被视为地球上最干旱的地区，几乎寸草不生，没有任何生命的迹象，然而却蕴藏着丰富的硝石矿，还有大量的鸟粪。有些半沙漠中生成了绿洲，这些绿洲被开辟成种植园，具有很高的经济价值。

墨西哥西北部的索诺拉沙漠有独特的生态系统，那里有地球上最大的火山锥和火山口。三四百万年前开始的火山活动留下了绵延数公里的锯齿形熔岩床，400多个火山锥在沙漠中鳞次栉比，形成波浪状，最高的锥形是皮纳卡特山，高1219米。沙漠里还保留了丰富的动植物资源，其中仙人掌科植物种类繁多，有一定的经济价值。

5. 热带雨林

从墨西哥东南部的特万特佩克地峡向南，穿过中美洲直至格兰查科平原，都覆盖着大片的热带雨林，而面积最大的属亚马逊河流域的雨林。在那里生存着种类

亚马逊河流域

繁多的植物、动物,许多珍稀品种在其他地区从未见过;从经济价值上看,丛林中生长着橡胶、树脂、热带水果、药材、优质木材、观赏花卉和树木等等;而从科学研究的角度看,许多植物品种、昆虫、鸟类、兽类都有极大的研究价值。但是,热带雨林对于人类来说,也是个危险地带。那里树木生长恣肆,相互缠绕,树上多寄生植物,密密层层,遮天蔽日,阳光几乎无法透射进去。因此酷热难消,潮湿阴暗,致使毒蛇蚊虫繁殖极快且数量多,疟疾、黄热病流行。总之,热带雨林不利于人类的生存和农业种植。

第二节　自然环境产生的问题

拉丁美洲的大自然是慷慨的,给它的居民们准备了得天独厚的优越条件。仅从物种的角度看,这里可以称得上是一座生物宝库,其他大陆拥有的、稀缺的或者没有的,几乎都能在这里找到。连一些在别的土地上早已灭绝的物种,也在拉丁美洲这片令人称奇的土地上延续着它们古老的生命,例如在太平洋上的加拉帕戈斯

加拉帕戈斯群岛上的巨龟

群岛,陆地鬣蜥、巨龟们如史前动物一样保持着庞然的形态,不惧怕地球上最贪婪的食肉族——人类的捕杀。仅以巴西的雨林为例,巴西的已知植物(55000多种)、淡水鱼类(3000多种)、哺乳动物(520多种)的种类比任何国家都多。鸟类在世界排行榜中位居第三(16222种),爬行动物位列第五(468种)。至于在巴西全境,生物种类就更是不胜枚举。以动物为例,巴西的珍贵动物种群有美洲狮、虎猫、大食蚁兽、树懒、犰狳、吼猴、长鼻浣熊、河水獭、貘、鬃狼、水豚、凯门鳄、食人鱼等等。

但是,大自然也制造了一系列问题,给本地区的文明发展设下了障碍。重岩叠嶂的群山既阻隔各种文明的交流,也严重阻碍了交通运输,使得那些世代居住在大山里的印第安人与世隔绝,过着一种极端贫困、闭塞、落后的生活,其生产方式比先进区域的要落后几个世纪。至今依然如此。

流速迅猛的河流也是个障碍,像马格达莱纳河、奥里诺科河和圣弗兰西斯河都是水流湍急,且多瀑布,难于作为航运线路使用。

低地、热带草原、雨林因气候条件、植被因素等问题,不宜于人类居住和从事农耕,因此降低了其利用价值。

缺少可修建大型港口的天然海湾也是问题之一,目前拉美的较大港口都是人工修建的,如墨西哥的阿卡普尔科、智利的瓦尔帕莱索、巴西的桑托斯、秘鲁的卡亚俄等。

拉丁美洲的大自然极富挑战性,各民族的文明和文化就诞生在这块土地上。

思考题

1. 请在地图上指出拉丁美洲各文明区域所在的位置。
2. 拉丁美洲的地理和自然环境有哪些特点?
3. 是什么原因促使拉美各民族间形成一定的同一性和认同感?

第八章

印第安文明

概述—— 古代印第安文明—— 古文明辉煌的实证

概　述

本篇算作是揭开美洲印第安文明的序幕,在进入这个瑰丽多彩的世界之前,首先要明确以下概念,即:美洲土著人的起源、其人口分布情况和对印第安人的界定——谁是印第安人？印第安人是谁？

一、美洲印第安人的起源

关于这个议题,最初在学术界存在着很大争议,印第安人到底是美洲大陆土生的,还是外来的？如果是外来的,来自何方？主要观点有以下几种:

1) 美洲印第安人起源于本土;
2) 美洲印第安人是"外来移民",来自亚洲;
3) 美洲印第安人是"外来移民",来自澳大利亚。

这一争论持续了许多年,各派说法莫衷一是。

如今随着考古发现的增加和遗传学的发展,在国际学术界比较有代表性的观点是:美洲印第安人起源于亚洲,在冰川期,即大约在 2 万年前穿过白令海峡的陆桥进入北美。根据地质学的研究,当时亚洲东北部正处在冰河时期,气候寒冷,而在美洲大陆的内部没有冰川,气候温和,很多动物(如驼鹿、麝牛、猛犸等)生活在这片区域,因此那些来自亚洲的猎人来到美洲后便留居于此。后来,冰川消融,海水上升后淹没冰川时期的陆桥,两个大陆就此永远隔绝。外来者便成为美洲土著人,即后来被哥伦布错误地称之为印第安人的人们。

人种学和遗传学的研究,也证明了印第安人是亚洲的蒙古利亚人。根据 DNA

测试,美洲土著和蒙古人身上的基因变体相同,均为四类;从生理特征上看,二者均有面形宽、圆颅、肤色较深、毛发略少、头发直硬、体型中等、瞳仁为黑色或黄色等特点,甚至婴儿臀部的胎记也是相同的。

这些远道而来的人追逐野兽,从北部向中部和南部移动,其中日后留在墨西哥和墨西哥以南的中美洲和南美洲及岛屿上的人,便是拉丁美洲印第安人的祖先。

二、印第安人的界定

谁是印第安人?什么人可以被确认为印第安人?

几百年前,这是个十分简单的问题;而在今天,却是个难题,以至于在近现代史上拉美各国都在努力制定出科学而实用的标准,来解决这个问题。

为什么对一个种族的界定会如此复杂艰难?

自西班牙人到达新大陆以后,这些欧洲征服者用剑与火,用十字架和圣经,用语言,用通婚,用暴行等各种手段,中断了印第安文明,同时也,在逐步同化印第安人(首先是征服印第安人)。在这个过程中,血缘混合不断加剧、扩大,以至于西班牙语有关"混血人种"的名词比任何语种都多。随着社会的演变、时间的推移、文化的碰撞与交融,混血成分越来越复杂,即使一个优秀的人种学家有时也难以辨认出在加勒比地区或者在南美洲北部地区一些居民的血管里,到底流淌着哪些种族和民族的血液,其各自比例有多高。总之,很难准确断定这些人属于什么种族。

拉丁美洲被视为世界上混血程度最高的地区。

经过5个多世纪的民族交融,纯血统的印第安人是哪些人?或者什么人可以被称为印第安人?根据语言、习俗、信仰,根据外貌特征,还是根据出身?

1949年,第二届美洲印第安人代表大会在库斯科(秘鲁)举行,会上通过了关于印第安人的定义:他们是哥伦布到达之前美洲土著居民的后代,对自己的人格——身份有同样的社会意识,基本信守固有的劳动制度、语言和传统。而且他们自己和外人都从这三方面对这种人格给予认同。[1]

这是一种宽松的定义,目的是按照这一基准,各个国家可根据自己的特定情况予以考虑。总的原则是以血统、语言、文化和社会标准而定。但是即使这样,拉美各国在对本国的印第安人做统计和调查时,彼此之间仍存在不小的差距。正是由于这一点,目前拉丁美洲的印第安人究竟有多少,至今无法有一个最标准的数字。一种估计是1800万至3600万之间[2]。根据1992年诺贝尔和平奖金获得者、危地

---

[1] 参阅李玉君编著的《印第安人》,东方出版社,2008年,第22页。
[2] [秘]欧亨尼奥·陈-罗德里格斯:《拉丁美洲的文明与文化》,商务印书馆,1990年,第331页。

马拉印第安运动活动家丽格贝尔塔·门楚（Rigoberta Menchú）估计，约6000万人。根据美洲印第安研究所所长何塞·托马斯·马尔估计，约2740～3740万人。据秘鲁《拉多克》杂志估计，约4895万人。《印第安美洲》季刊的估计是3322.04万人。拉美和加勒比印第安民族发展基金会主席鲁道夫·斯塔维哈津估计，共有4000万人。[1] 据2003年第4期《先锋》（*Vanguardia*）杂志（西班牙），这个数字应为6400万人。

到底有多少印第安人？

确实统计起来很难，特别是考虑到居住在城市里的土著人只是少部分，大部分在乡村、山区、林区、海岛，至于那些住在偏远深山里、雨林里、热带草原深处、没有道路的穷乡僻壤等地的人，谁去做调查，谁去做统计？

三、印第安人目前的分布

在拉丁美洲有多少个印第安部落，尚无准确统计。人数较多的是克丘亚人（占印第安总人口的27%）、玛雅人（14.1%）和艾马拉人（5.5%）。

印第安人比较集中的地区包括墨西哥和中美洲，占全部土著人口的57%，南美各国的土著人占42.95%，加勒比地区占0.05%。印第安人比重较大的国家有玻利维亚（71.2%）、秘鲁（38.6%）、厄瓜多尔（37.5%）、危地马拉（60.3%）和墨西哥（12.4%）。[2]

主要部族的分布如下：

墨西哥：纳瓦人、玛雅人、雅基人、米克赛人、萨坡特卡人、危却尔人、错其尔人等。（主要集中在东北部、东南部和西南部太平洋沿岸）

危地马拉：基切人、凯克奇人、玛雅人、孔赫博尔人等。

萨尔瓦多：卡奇克尔人、孔赫博尔人。

洪都拉斯：纳瓦人、伦卡人、西克人、玛雅人、莫斯基托人等。

尼加拉瓜：苏姆斯人、莫斯基托人等、

哥斯达黎加：少数瓜伊米人。（居住在于巴拿马交界处）

巴拿马：瓜伊米人、恩贝雷人等。（居住在南部沿海地区）

哥伦比亚：库那人、恩贝拉人、基查人、阿劳坎人、塞科亚人、科藩人等。（分布在西部沿海和南部）

委内瑞拉：巴里人、尤克帕人、瓦尤人等。（分布在西部）

---

[1] 参阅李明德：《简明拉丁美洲百科》，社科文献出版社，2001年，第411页。
[2] *Vanguardia*，N.4，Enero/Mar20，2003，p.53

巴西：马楚奇人、提库那人、卡亚波人、亚诺马米人等。（以亚马逊河流域为主）

厄瓜多尔：瓦拉尼人。

秘鲁：克丘亚人、阿瓜卢那人、拉玛人、亚内沙人、罗洛人、纳瓦人、坎帕人等。（集中在安第斯山区）

智利：阿劳坎人。

巴拉圭：瓜拉尼人、埃劳雷欧人、莫比亚人等。

玻利维亚：艾马拉人、契那梅人等。（主要在安第斯山区）

阿根廷：马普切人、佩伦切人、托巴人、科亚人。（主要在北部和西部安第斯山区）

此外，在圭亚那、伯利兹、苏里南等都有印第安人的分布。

在上述国家居住地印第安人大部分分布在偏远地区、土地贫瘠地区、深山区（如安第斯山区）、热带雨林区（如亚马逊河流域）等。由于交通不便，自然环境恶劣，这些地区在经济文化上都非常落后；更有甚者，在热带雨林地区，一些部落的生活方式和生产方式尚处在原始阶段。

第一节　古代印第安文明

一、发展阶段的划分

习惯上把古代印第安文明发展史划分为5个阶段：

第一阶段——石器时期（从两万多年前开始至约公元前6000年）

在此期间，人类的主要活动是狩猎、捕鱼、采集等。使用简单的磨石工具。已经出现了人类定居的村落，也出现了驯化动植物以供食用的生产活动。

第二阶段——古代时期（约从公元前6000年至公元前2000年）

人类继续发展定居生活，在墨西哥高原地区开始了玉米、南瓜、菜豆等作物的栽种。南美地区开始种植木薯、马铃薯等。定居村落从小到大，数量不断增加。

第三阶段——前古典时期（约从公元前2000年到公元250年）

出现了早期文明：奥尔梅克（Olmeca）文明和查文（Chavin）文明。这两种文明以初期的等级社会结构、自然宗教和初级经济制度为特点，社会的最高层是世袭制酋长。这些特点为后来的文明发展奠定了基础。

第四阶段——古典时期（约从公元250年至1000年）

进入文明发展的高峰期，在墨西哥、中美洲和南美洲出现了较高文明发展的社会。最早的国家形式出现在墨西哥和中美洲的高原及低地，人口比较集中的市镇形成，有初步的社会分工，社会等级的划分更细化。玛雅城邦已经具有比较发达的文化。

第五阶段——后古典时期(约从公元 900 年至 1500 年)

这一时期的文明典型包括托尔特克、阿兹特克和印加。人口增加、战争频繁、国家扩张为其特点。在西班牙人于 1492 年登陆之后，随着军事征服的步步推进，印第安古代文明被中止。

二、古代文明区域的划分

印第安文明的发展极不平衡，当安第斯山中部地区和中美洲已经进入有阶级划分的社会时，在热带丛林和加勒比海的岛屿上，土著人还处在原始的状态。如果根据文明发展的程度来划分，拉丁美洲存在着三个区域：

1. 先进文明区域：包括安第斯山中部、墨西哥以及中美洲北部和中部。在这片地带孕育和形成了三大文明中心：阿兹特克（以及前期文明）、玛雅和印加（包括前期文明）。

这三大中心都先后建立起疆域辽阔的"帝国"。这里"帝国"的概念不同于亚洲人和欧洲人的概念，但已初步具备了管理制度、宗教观念、法律法规和社会等级，拥有了起军队作用的武士阶层和雇佣兵、典礼中心和学校等等，许多生产活动和商业活动达到了一定的规模。在科学技术方面，玛雅人做出了更为突出的贡献。

2. 刀耕火种和狩猎—采集区域：包括热带丛林地带、加勒比海岛屿、南美洲北部、格兰查科平原东部、巴塔哥尼亚以及一些河流的沼泽区、因气候过于寒冷难以种植庄稼的地区等等。在这一带，生产方式十分原始，社会形态也属于以血亲为基础的部落族群。基本上没有形成宗教信仰，盛行巫术。

3. 中间区域：包括安第斯山北部、中美洲南部、委内瑞拉部分地区和玻利维亚东部。由于处在三大文明中心之间，其社会文化发展深受其影响，形成了许多酋长制的部落联盟，这些族群主要从事农业生产，种植的作物有玉米、红薯、木薯、马铃薯、豆类、花生、烟草、菜豆、南瓜、水果等。同时还从事渔猎和采集。在社会结构上已出现了等级制：酋长、特权阶层、平民和奴隶。建立了管理制度，有宗教活动，建有神庙，由祭司主持祭神活动。手工艺发达。

由于自然条件、生态环境的差别，影响了各地区文明的发展，因此出现差异。脱颖而出的是三大文明中心，代表着古代印第安文明的最辉煌成就。

三、奥尔梅克文明(La civilización olmeca)

大约在公元前 1200 年至公元前 1000 年期间,奥尔梅克文明在墨西哥湾沿岸,即现今韦拉克鲁斯州和塔瓦斯科州一带发展起来,这意味着奥尔梅克文明是中美洲,甚至可能是整个美洲文明的母体。

奥尔梅克文明具有以下特点:

1. 已形成国家雏形。奥尔梅克人已经生活在一个有一定阶级划分的社会,有统治阶层和被统治阶层,有社会分工。

2. 有较初级的历法和文字符号。

3. 美洲豹为部落图腾。在许多碑、石雕上均刻有美洲豹,开创了崇拜美洲豹的传统信仰。

4. 种植玉米,驯养火鸡和无毛犬。

5. 巨头像石雕与绿玉石雕刻。巨石头像几乎成了奥尔梅克文明的代表符号。在墨西哥共发现了 16 座,这些用玄武岩巨石刻成的头像一般重约 18 吨,最大的一个头长 3 米,重 25 吨。头像头戴盔甲,神情或凝肃或面带微笑。至今未能破译出其象征意义和用途,也未能破解出其雕刻技艺和运输方式之谜,因为当时一无雕刻工具,无铁器;二无运输工具。

6. 模仿火山形状修建的梯形金字塔。奥尔梅克人是美洲金字塔的创始者。

奥尔梅克文明的影响广泛而深远,在这个基础上生成了特奥蒂瓦坎文明和玛雅文明。前者是阿兹特克文明的先导。

四、阿兹特克文明(La civilización azteca)

1. 前阿兹特克文明

在阿兹特克文明出现之前,在墨西哥中央谷地最重要的文明之一是特奥蒂瓦坎文明(Teotihuacan),其鼎盛时期大约在公元 300—600 年间。

这一文明的最高成就是大型建筑群——特奥蒂瓦坎城。这座城面积约 20 平方公里,人口近 20 万,是行政和宗教中心。城市的核心区是一组南北朝向的广场,其北端是月亮金字塔,其东面坐落着宏伟的太阳金字塔。此塔高 63 米,被视为古代墨西哥的最高建筑。这是一处典礼中心,在祭奉的神中,最突出的是克察尔科亚特(Quetzalcoatl),即以羽蛇形象出现的雨神。美洲豹的形象也出现在神庙的石柱上。

此外,城中还有不少宫殿和民用建筑,如民宅、学堂、神职人员用房等。

墨西哥的太阳金字塔

这座城的所有建筑都装饰着绘画和雕刻，艺术地再现了当年的生活图景，如同一部忠实的编年史或是逼真的纪录片。在这些图形上，人们可以看到植物（玉米、可可树、各种花果等）、人物（平民、武士、祭司等）、神祇（人形化或半人半兽的形象）、动物（美洲豹、格查尔鸟、蛇……）、器物、劳动情景、战斗场面等等。由此，现代人不仅能了解当时社会的一些特点，还能从图形上推断出特奥蒂瓦坎文明崇拜特拉洛克神，并且用活人的鲜血来供奉它。

当时的社会分工已经相当细化，城中有多家石器作坊、制陶作坊、泥俑作坊，以及纺织、皮革、木刻等作坊和供交易的大市场。而统治整个社会的是那些居住在华屋中的酋长、祭司和其他上层人物。

在公元600年前后，特奥蒂瓦坎文明突然衰落，但是其影响却遍及墨西哥和危地马拉一带，主要证明是"斜面一层梯阶"结构的金字塔。

在公元950年前后，托尔特克人在墨西哥中央谷地壮大起来，他们以图拉（Tula）为中心，建起了自己的势力范围。他们吸收了特奥蒂瓦坎文明的成果，在建筑形式上、信仰上、生产方式上都有所体现。同时他们又发展了自己文明的特点，其中最突出的例证是图拉城的一座金字塔。此塔建在山丘上，共分五层，顶部是一个开阔的大平台，建有羽蛇神庙。庙体采用石刻巨型人像柱支撑，人像均为全副甲胄的武士，表情凝肃。塔壁上有绘画和雕刻，其中有不少动物形象，如美洲豹、羽蛇等,均叼着滴血的心脏。

在托尔特克文明中,农业生产占据着极为重要的地位,他们耕种的作物包括玉米(其主食)、棉花、可可、红薯、木薯、豆类、瓜类等。纺织技术也有所提高,能织出厚薄不同的纤维织物。在天文历法方面,他们已经能观测天体并制定出准确的历法,但历法的主要功能是用于宗教。他们信仰的主神之一就是特奥蒂瓦坎文明中的羽蛇神克察尔科亚特。

公元1150年前后,托尔特克人与周围部落结成的联盟解体,城邦发生内乱,托尔特克撤离图拉,其文明开始衰落。

2. 阿兹特克文明的兴起

阿兹特克人来自北方的阿兹特兰,该地位于今加利福尼亚湾以北,被称为苍鹭之乡。阿兹特克一词即来源于此。同时又因为他们信奉墨西神(Mexi 或 Mexitli,战神),所以也被叫做墨西哥人。

公元1160年前后,阿兹特克人离开故乡,经过长途跋涉,于12世纪末进入墨西哥谷地,据说他们在谷地中央的湖区看见一只鹰立在仙人掌上,口叼着一条蛇,这是神谕,兆示着此地是阿兹特克部落的发祥地。于是这群饥寒交迫的流浪者便在这片气候宜人、水草丰美的土地上定居了,并将定居之地命名为特诺奇蒂特兰(Tenochtitlán),即现今的墨西哥城的前身。

阿兹特克人接受了墨西哥谷地的前期文明,并与周边其他较弱小的部落结盟,逐渐在这一地区形成了自己的势力,一个新的、更加辉煌的文明就这样诞生了。到了15世纪后期,阿兹特克已经成为一个庞大的"帝国",其范围涵盖今天墨西哥的绝大部分地区和中美洲的部分地区。

——政治

阿兹特克的社会结构类似一个军事联盟,盟主就是由部落议事会选举产生的大酋长,他是最高政治领袖,最高行政首长,也是最高宗教领袖,如同大祭司,这是神权政治的模式。议事会由各氏族部落代表组成,而各个下属的部落仍由各自的酋长领导。有的学者称这种模式为城邦国家。

——社会

社会划分为两个主要阶级:贵族与平民。贵族指上层的祭司和首领人物,他们可拥有私人的土地及其他财产,是社会的统治者。与此相对应的是广大平民阶层,由农民、商人、工匠、官吏组成。还有一部分人没有任何权利,所处的社会地位类似奴隶,他们大多数是战俘、囚犯或债户。阿兹特克人尚武,酋长们连年发动战争,武士阶层很受重视,享有特权。

——宗教信仰

阿兹特克人信仰多神教,实际上是一种以自然万物为灵的自然宗教,许多神是从图腾演化而来,如对蛇、鹰、美洲豹的崇拜,对太阳神的崇拜等。对诸神职能的安排比较混乱,神的形象多为半人半兽或者完全抽象化、符号化。阿兹特克人极度虔诚,宗教渗透了生活的所有方方面面,人们的一举一动无不受所谓神谕的控制。正因为如此,活人祭祀之风才在此地出现,他们用活人的鲜血和心脏供奉太阳神、战神和所有大神,以祈求神的庇佑。在大型祭祀典礼上,往往要杀掉大批人做牺牲,这样就迫使酋长们不断征伐,目的之一是抓俘虏作祭献。

——经济活动

阿兹特克人以农业为经济活动的基础。除贵族外,人们均在村庄所有的公有土地上耕作,主要作物有玉米、薯类、瓜类、豆类、水果、多个品种的辣椒等,种类十分丰富。由于他们住在湖区,可耕种的面积有限,于是发明了一种叫做"奇南帕"(chinampa)的造田方式,即用编织的芦苇作底,一层层铺上淤泥和小草,形成一块田地,上面种蔬菜、花果等。他们还充分利用旱地植物龙舌兰,用其汁液酿酒,是为龙舌兰酒,至今仍是墨西哥人的至爱;用其纤维作绳子;用其叶片盖屋顶。饲养的家畜、家禽只有火鸡和一种无毛狗。

手工业达到很高的程度,特别是制陶、金银首饰、石雕、纺织、羽饰加工等。

商业活动活跃。特诺奇蒂特兰城内有多处市场,来自四面八方的商人在此作易货交易,货品名目繁多,已出现了充当货币的代用品:金砂、贝壳、可可豆、珍稀鸟羽等,但为数较少。最大的集市设在湖区中的特拉德洛尔克岛上,据西班牙编年史家迪亚斯·德卡斯蒂略(见第十一章)说,每天约有上万人在那里交易,一切井然有序,商品分类摆放,从奢侈品到日常生活用品,应有尽有。

——文化

阿兹特克人虽然好战,但是也很重视文化的发展。在其"帝国"疆域之内设有学堂,教授知识,传授法律观念,并用良好的道德规范约束人们的举止行为。他们对天文历法、植物、药学的研究更是达到了相当高的水平。比如:推算出日食和月食的发生时间并列出年表,记录了水星、土星、金星的行星运动周期和轨迹,制定了相当精确的太阳历和月亮历,对植物进行分类研究并应用到医疗和食品制作等方面。在艺术上的突出表现是建筑、雕刻和绘画。阿兹特克人继承了早期文明中金字塔的建筑形式,在此基础上有所创新:塔顶的单庙变成双庙,供奉两位主神:特拉洛克和威齐洛波齐特利,正面设双阶梯,分别通向两座神庙。其绘画技艺主要表现在古手抄典籍上,上面用各种表意图形来传递信息。

3．阿兹特克文明的终止

在当今的墨西哥境内依然能感受到古老的阿兹特克文明的影响。当西班牙人到来时，正处在发展阶段的特诺奇蒂特兰被毁，金字塔被摧毁，典籍被焚烧，艺术品被破坏，金银首饰被劫掠一空。西班牙人出于中世纪的宗教狂热，对一切有阿兹特克文化印迹的东西一律视之为异教的、魔鬼的、邪恶的而予以毁灭。当西班牙远征军首领埃尔南·柯尔特斯带着他手下的兵卒们翻过雪山进入谷地来到此城时，看到眼前的湖光山色，满城的用白石砌成的金字塔、宫殿，看到整齐的街道和热闹的集市，看到壮观的广场和满眼的奇花异树，他们以为到了天国或是仙境。然而当他们从欣赏美的本能中清醒过来时，便开始了疯狂的掠夺和之后更疯狂的屠杀与破坏。

似乎一切都中止了。然而就在这片废墟上建起了墨西哥城。城名和日后的国名都是为了纪念阿兹特克古老的族名——Mexica，城市的地基下就是特诺奇蒂特兰城，二者至今仍息息相通。

五、玛雅文明（La civilización maya）

玛雅人被称为新大陆的希腊人，因为他们创造出美洲最先进的文明。

玛雅文明覆盖的地区包括墨西哥的尤卡坦半岛、恰帕斯州、塔巴斯科州、伯利兹、危地马拉的大部分地区，洪都拉斯西部和萨尔瓦多，总面积30多万平方公里。在这一带有山地、平原、高原和低地，气候和自然环境都适合人类繁衍和发展。

玛雅文明在公元前1000年至公元前400年形成，开始其发展历程。一般将其历史划分为三个阶段：早期（公元前1000年至公元250年）、中期（公元250年至1200年）和晚期（公元1200年至1500年）。

在中期阶段，文明发展中心转移到今危地马拉的蒂卡尔和洪都拉斯的科潘以及墨西哥的帕伦克等地。其成就主要是君主（酋长）统治体制得到强化，在建筑、绘画、雕刻、科技等领域的进步也十分突出。

在晚期，奇琴-伊察城邦国家出现在尤卡坦半岛，以后又有几个小的城邦国家在南部高原和北部低地兴起。这些城邦实行议事会集体统治制度，相互争夺土地和势力范围。当西班牙人到来时，这些城邦之间连年混战，玛雅文明已经处在没落阶段。

在这三个时期，都出现过戏剧性的文明中心急剧衰落，甚至一夜之间就被放弃使之变成空城的现象，成为玛雅之谜，至今没有找到一个合理的解释。

1．农业和手工业

农业是玛雅文明发展的基础。

玛雅人的农作物以玉米为主，还有红薯、木薯、马铃薯等粮食作物，还栽种辣椒、葫芦、菜豆、芋头、蚕豆等蔬菜和番石榴、木瓜、鳄梨、菠萝、番荔枝等水果。其他经济作物包括可可、香草、烟草、棉花、黑钠金（剑麻）等。此外，玛雅人饲养狗、火鸡和蜜蜂。

耕作方法除了刀耕火种，还采取了较为先进的措施，如修水利，开梯田和台田，善于使用各种肥料以提高产量。

在手工艺方面，他们能制造实用美观的陶器，用棉花织布，还能用金、银、铜等材料制作装饰品。

2. 社会组织和政体

玛雅社会是阶级社会，分为贵族、中等阶级及平民。

政体是城邦国家，最高统治者专权，实行政教合一，并以议事会的形式实行集体统治。各城邦之间主要是贸易联系和经济关系，因此受利益驱使，彼此时有战争，政局不稳。

3. 宗教

玛雅人崇信多神教，认为万物皆有神。他们的许多神话都来自于对大自然的观察和对自然力的畏惧，这些神话塑造出一些原始神，它们大多象征着某种自然现象。随着文明的发展，玛雅诸神又多了些社会性，神祇们有主宰生死、时间、商业、战争等的权力。但是总的来说，玛雅人的宗教仍处于自然教的阶段，神谱杂乱无章，还未经过人为的系统化改造。神的形象通常是半人半兽，或者是完全不具人形的象征。

由于虔信神灵，玛雅人建了许多祭祀中心，常常举行祭神活动，由祭司或酋长们主持，以求护佑。祭品有食物、金银玉石制品、人血，有时用活人祭祀。在尤卡坦地区有一种自然形成的岩井，叫"塞诺代"（cenote），是当地玛雅部族祈雨时的祭拜之地，人们焚香、舞蹈、祈祷，投放祭品，甚至还向岩井中扔下少男少女以取悦雨神。

4. 贸易

贸易，尤其是长途贸易的开展和繁荣是玛雅文明的一大特色。各城邦之间并不存在严密的政治联系，但是在经济上却早有交往，商品的流通意味着交通的开启、人员的流动和文化思想的交流。

由于城邦之间的贸易往来，玛雅地区形成了一个横贯东西、纵穿南北的贸易网，无论是本地区的，还是远至南美洲的商品都源源不断地汇集到中美洲低地一带，再由此分散出去，这种以货易货的交易内容，包括生活用品、生产用品、奢侈品等。例如：食盐、蜂蜜、烟草、胭脂虫、染料、琥珀、羽毛、木材、龙舌兰、棉花、陶制品、石制品、纺织品、粮食、调味品、可可、玉石、兽皮、贝壳等等。

贸易形式主要是集市贸易，买卖双方用以货易货的方式进行交易。玛雅人的贸易是在有监督管理的机制下进行的,交易有区划,商品有分类,一切井然有序。由于玛雅地区处于北方与南方之间的中间地带,便成了中枢区域,这种得天独厚的地理条件使得玛雅统治者利用这一便利积累财富,为其文明发展打下基础。

5. 建筑

玛雅人的建筑水平高超,从功能上可分为以下类别:公共建筑(广场、球戏场等)、宗教建筑(庙宇、金字塔及其附属建筑等)、住室(殿宇、宅邸、民居等)、水利工程(水渠、梯田、台田等)、交通设施(桥梁、道路等)、防护设施(堤坝等)、景观(花园等)。

马雅文明的遗迹——奇琴·伊察金字塔

最有特色的建筑当属金字塔。玛雅地区常有金字塔群,在坚实的方形基座上层层垒起塔身,塔高可达几十米,十分巍峨壮观。塔顶上建有庙宇,塔的正面有阶梯直通顶部的小神庙。内壁外墙上装饰有绘画、浮雕和雕刻。玛雅的观星台也很特别,是其他文明中不多见的。

6. 绘画和雕刻

在宫廷和庙宇中,常见到墙壁上的壁画,在陶器和古抄本中也可见到一些绘画。多为写实手法,表现日常生活、战争、劳动、祭祀等场景,也有神话故事的内容

（如玉米神、雨神等），人物形象生动。颜色以褚红色、蓝色为主，颜料均从植物和矿物中提取，画笔是毛刷和木棍，刷子用植物纤维或人的头发制作。绘画的内容丰富多彩，通过画面可以了解当时的社会习俗、宗教信仰、劳作场景，甚至人的体貌服饰、房屋的式样和日常生活的器物。

雕刻从材质上可分为玉雕、石雕、木雕、贝雕、骨雕、泥塑等等。既有单独的刻品，也有作为建筑装饰品的配件。石刻较多，有石柱、石碑、石座等。有玉制的面具，非常精美，而一些写实的陶俑反映出当时社会上的人物百态，从贵族到平民，有男有女，各行各业，表情传神，动作逼真。

7. 数学

玛雅人是世界上最早发现"零"概念的人（比欧洲人早数百年）。他们还发明了二十进位制，同时制定了符号表示各个数字。其数字计算方法应用在天文历法、建筑以及日常生活的计算上。

8. 天文和历法

玛雅人具有丰富的天文学知识。根据农业和宗教的需要，他们把观察星象当作一项重要的工作。金字塔除了祭祀神，也可以当作观象台使用。根据长时间的观察和总结，他们测算出行星绕日运行的周期，确定出每月为 29.53020 天，一年有 365.242 天，计算结果与现代天文计算相差无几。他们对地球公转周期、月球运转周期以及对其他行星都有研究，例如，他们准确测出金星的公转周期，确定了大熊星座、猎户星族、昴星团等的位置，并能预测日食和月食。他们就是凭借金字塔的高度和一些简陋的如十字棍类的工具用肉眼来作观测的。

他们还制定出功能各不相同三种历法：神历、阿布历和轮回历。

9. 文字

也许玛雅人是新大陆居民中唯一发明并使用了文字的人，尽管这种文字还只是一些象形文字。从石柱、石碑、陶器、各种雕刻和壁画上，都能看到用象形文字符号记录下的铭文，大多是关于占卜、大事件、统治者的世系这类内容。根据一些古文字专家的研究，玛雅文字是表音与表意相结合的形式，每个文字都呈矩形，其形态被简化、抽象化、夸张化和以点带面地予以抽取和浓缩。一部分文字代表了由元音和辅音组成的音节，更多的是表达具体事物。目前对现存的 850 多个玛雅文字的破译还在进行中。他们的典籍基本上都被西班牙人焚毁了，仅存的三个古抄本目前分别保存在马德里、巴黎和德累斯顿。

玛雅文明是中美洲土著民族在与欧、亚、非古代文明完全隔绝的情况下，独立开创的辉煌文明。其成就可以与旧大陆的人类文明相媲美，特别是在农业（驯化作物）、科学（天文历法、数学、医药）、文化（象形文字）等方面的伟大建树。西半球的另外两大文明阿兹特克和印加虽然各有其特点,但仅文字一项就难以与玛雅匹敌。

玛雅文明的几度兴衰和几次"消失"的原因始终是现代人孜孜不倦地研究的目标,而神秘的玛雅文字的完全破译也一直牵动着人们的关注。玛雅文明的全部辉煌还有待人们去进一步揭示和了解。

六、印加文明(La civilización inca)

印加文明的发祥地和势力范围在南美洲,即今天秘鲁的沿海和山区,延至整个安第斯山中部,包括太平洋沿岸地区、山区和森林区,即今厄瓜多尔和玻利维亚的部分地区、阿根廷北部和智利北部。这一带的气候和自然条件对于人类的生存和发展很有利,早在1万多年前即有人类在沿海和高原地区从事渔猎采集,而后逐步过渡到耕种、定居。根据考古发现,2000多年前已有一些驯化的野生植物:南瓜、菜豆、辣椒、棉花等。同时,在人类群居的地方还发现了原始庙宇。

1. 前印加文明

在公元前1000年左右,文明形成,以查文德万塔尔(Chavín de Huantar)为代表。社会为氏族公社形式,农业上出现了初级的灌溉系统,农作物有玉米、花生、鳄梨、木薯等。定居的村落扩大了,甚至还建有简陋的庙宇,主要祭祀豹神。在手工艺方面,查文人能做金银首饰和加工简单的纺织品。

在查文德万塔尔文明发展的同时,还有一些文明中心出现了,社会等级还在形成。从日后出土的木乃伊身上的残留织物和装束特点上,可以分辨出不同的社会阶层。农业生产和手工业都有了进步,人们能用棉花、龙舌兰纤维、羊驼毛等织出衣物,服装类型较过去完备,出现了铜、金、银制品。

公元前200年至450年间,社会等级形式明晰,武士、祭司等构成社会上的统治阶层,最高领袖掌握神权、军事权和管理权。农业有明显的发展,种植的作物达数百种,羊驼和骆马为畜牧的主要种类。手工艺达到很高水平,特别是制陶业,陶器的形式、图案、色彩都很精美,其图案表现了当时的祭祀、战争、农耕等场面。

在公元3—8世纪,一个新的文明中心——蒂亚瓦纳科(Tiahuanaco)文化在高原南部兴起,在其兴盛时期,势力遍及整个安第斯山中部地区。其时,社会结构、政治体制均已基本确立,宗教模式稳定,耕地面积扩大,人口不断增多,为了维持各自国家的存在和发展,为了满足各自生存的需要而攻城略地,军事扩张便成了蒂亚瓦纳科和其他文明中心或曰国家的主要国事。蒂亚瓦纳科就是通过对邻国、弱国的劫掠和征伐,扩大了自己的疆域,充实了国库,并把自己文化的影响扩散到周边地区。

世界上最高的湖泊之一——的的喀喀湖

这一文明的中心位置在玻利维亚的的喀喀湖区南岸,在其遗址留下了建筑的废墟,有不少石台、石刻、石梯、石门,还有一些巨石,是当年的"城堡"、祭祀台的遗物,后来印加人的巨石建筑大约受此影响。最著名的遗迹是"太阳门"。在被称为卡拉萨萨亚平台上矗立着著名的太阳门。门是用一整块巨岩雕刻而成,高 3.048 米,长宽各 3.96 米,门洞高 1.95 米,厚度为 0.91 米。门楣两侧均刻满图像,都是一些兽首或鸟首的人像。门楣中央处有精细的浮雕,中间是太阳神。其形象是一豹头神祇,头部放光,张口,眼中似有泪水滴落,故又称之为泪神。它一手持矛,一手持箭袋,上身有些许装饰。这座太阳门是印第安人的圣地。此地还有一人像石柱,其形式影响到周边的广大地区,似乎是蒂亚瓦纳科人四处征伐时传过去的。

这一文明在公元 12 世纪解体,主要原因是战事频繁,农业荒废,各地反抗不断,国家难以维持。在此之后崛起的一些文明中,以奇穆(Chimú)最为突出,其最大的成就是发明了铜锡合金——青铜。此时市镇的规模变大,数量增加,布局日渐完备,从民居到宫室,从神庙到市场,从菜园到仓房等应有尽有。

15 世纪中期,强盛起来的印加国吞并了奇穆。

2. 印加文明

在公元12世纪,一个强盛的文明——印加在今秘鲁的库斯科(Cusco)兴起。库斯科在克丘亚语中的意思是"世界之脐"。印加人自奉为太阳神的子孙,印加王为太阳神之子。

这一文明并不是凭空产生的,而是以其前期各代文明为基础,在顶峰之上的再发展。

被称为印加国的社会是由11个艾柳"ayllu"组成,所谓艾柳,是指"共同耕作并从事其他劳动的家庭组合",即氏族公社。[①]

1493年,第12代印加王瓦伊纳克·卡帕克统一安第斯山中部地区部落,形成印加帝国,其疆土包括今秘鲁、玻利维亚(大部分地区)、厄瓜多尔和智利及阿根廷北部,人口约400万。1532年,由弗朗西斯科·皮萨罗(Francisco Pizarro)率领的西班牙人入侵印加帝国。1533年印加王阿塔瓦尔帕(Atahualpa)遇害,帝国灭亡,印加文明的发展即告终止。

印加文明的特点十分显著,体现在以下几个方面:

1. 政治体制

与美洲其他土著文明相比,印加帝国的政治制度最严密完善,其中央集权制确保全国的政治、经济、军事、社会生活和宗教活动均由印加王和中央政府掌控。这一制度的实施依靠其行政体系、交通网络等因素。

印加帝国的行政建制分为4个"苏约"(suyo,即区域),每个"苏约"下分若干"瓦马尼"(wamani,类似省),下面再细分若干级,最基层建制是村子。几个高层的头领要么由王族成员,要么由地位较高的原氏族公社首领担任。

印加人与罗马人的相似之处,就是喜欢逢山开路,遇水搭桥,而且在修桥筑路方面讲求质量,以保证中央政权的政令畅通,军队出征顺达,同时也确保经济流通,信息无阻,保证国家的统一。印加境内有两条大道,其主干与无数支干将边远地区与中枢地区连成一片。有些道路可宽达4米,路的形式依地形而变,在山上则建石阶梯,过河则搭绳索桥,过沙漠时立石碑或界标以作标志,道路全长约4万公里,至今还有部分段落可以使用。

值得一提的还有其司法制度和军事制度。由于帝国庞大,中央政权必须用一套严格的法律法规来约束其臣民和臣服的小国。其道德标准较高,当年印加人见面时的问候语是"阿马—苏阿,阿马—尤克利亚,阿马—克利亚(莫偷盗,莫说谎,莫

---

① [秘]欧亨尼奥·陈-罗德里格斯:《拉丁美洲的文明与文化》,商务印书馆,1990年,第44页。

懒惰)"①，即可为证明。亵渎神灵，对王、贵族或官员不敬均为重罪，其典刑很严酷，对平民百姓或任何反抗者都施以重判，甚至极刑。印加国因战事多，故采用征兵制，军队负责镇压叛乱和监督对战败国征收赋税。

2. 社会结构

印加国是个等级分明的阶级社会，统治阶层包括王族、贵族、祭司、各"艾柳"的头领等。他们行使各种权力，不事农耕，有仆役侍奉，生活条件比平民要优越得多，还可享受一系列法定特权，如受特殊教育、受国王的封赏（财富）等。

平民阶层主要指农民。农民除了耕种土地、服徭役、服兵役，还从事其他政府安排的劳动。农民提供劳动力，然后领取自己应得的一部分粮食和报酬，这种服务方式类似服役。一般来说他们不可能致富，但也不至于饿死。他们的生活条件非常简陋，从日用品到服饰，与上层阶级之间有明显的距离。手艺人、工匠也属于这一阶层。此外，还有一定数量的最底层的人，类似奴隶，他们常常是战俘或罪人。

3. 科技与文化

由于印加实行中央集权制，可以把境内各地的有专长的人集中起来，根据统治者的要求从事劳作。标准统一，管理严格，因此科技与文化的成就非常突出，特别体现在建筑、冶金、医学、天文历法等方面。

印加的建筑以"巨石建筑"为特色。以马丘-比丘（Machu Picchu）的建筑群为例，在这座建于山上的城池中，军事要塞（堡垒）、宫室、祭祀中心、浴室、民居、墓地、圣器室以及日晷等均用巨大的石块建成，石块可重达数吨，被切割成正方体或长方体，垒砌严整，石头之间甚至连刀片都插不进去。更为奇特的是，石料间不用任何黏合剂，而仅用凹凸法结合，或者根据石头的边角形状相互紧密咬合。这148座石头建筑作为印加人高超技艺的见证，至今仍留存在马丘-比丘遗址上。

印加人的纺织业很发达，基本上是继承前期文明的结果。匠人们使用横式和竖式织机，可织出平纹布或彩色织毯，其原料有棉花、羊驼毛等，色彩与图案都极有土风，图案有几何图形、夸张的动植物、风景等。有的织物极华丽，供上层人物使用。由于印加境内有高寒区，纺织品可用来加工较复杂的服饰：帽子、头巾、被毯、上装、裙子、裤子等等，比其他文明地区更加先进。

境内丰富的矿藏为冶金的发展提供了极为便利的条件，而帝国的制度又保证了集中规划，分工开采，用最优秀的匠人从事生产加工，所以工艺大大提高，产品精美。他们已掌握一整套铸造、锻造、压模、镶嵌等工艺，可制青铜和其他类合金。印加人的金银饰物、青铜武器和生产工具等都较之其他文明中心更为先进，武器和工

---

① [秘]欧亨尼奥·陈-罗德里格斯：《拉丁美洲的文明与文化》，商务印书馆，1990年，第46页。

具的种类多,金器制作精细,结构复杂,其中不少是祭器。

在医药方面印加人也有其独到之处,他们掌握了数百种草药,了解其性能和药用价值,特别是发现了奎宁(quinina),对人类的健康事业做出很大贡献。他们能从古柯中提炼可卡因用作手术中的麻醉药,实施穿颅术,当时的手术刀是金、银制成的刀片。另外制作木乃伊也需要掌握人体解剖学和做干化处理等技术手段。

印加人像美洲另外几个较先进的文明一样,对天文和历法有较深的研究和精细的观测。在库斯科城中有多座观象台,用来监测天体的运行规律,其历法较精确,太阳历定一年为365天,一年为12个月。

印加人虽然没有文字,但是他们发明了一套纪绳纪事法,称之为"基普"(quipu)。在一根长长的横线上系上许多细绳,纵向下垂、颜色不同、长短各异,以离横线不同的距离处打结,这些区别代表不同的数字和实物。据说可以计算到千位。其用法主要是供收税和收粮的官员计算数量,供印加大道上传递消息的信使们(chasqui)用来记军队人数和计算居民人口。据说,目前在秘鲁的深山里尚有印第安部族能够破译结绳符号的含义。

4. 农业和贸易

印加社会的经济基础是农业,其特点是土地所有制的集中性和水利工程的应用。

境内土地均为印加王所有,此外无私产。土地部分归宗教系统,被称为太阳田,即建庙宇,供奉诸神,维持祭司们所用;一部分归村社所有和农民所有;还有一部分供王室、大小官吏所用。但是在几部分土地上劳作的均为农民,农民自己的土地由政府根据每户人口而定。

为了提高产量,印加人克服境内多山地的困难,在山坡上修筑整齐的梯田,筑坝护土,修渠引水,同时还用鸟粪作肥料,增加土壤的肥力。他们种植花生、马铃薯、玉米、南瓜、红薯、菜豆、西红柿、辣椒、各类水果、古柯(印第安人有嚼古柯叶的习惯,以增强体力)等等。其他经济作物还有马黛茶、棉花、烟草、芦苇等。农民们在种地时,因地制宜,根据各个地区不同的土壤和气候条件,选择适宜的作物。在劳动时,他们互帮互助,有严格的组织形式,精耕细作。因此,印加帝国的农业产量高,效益远远高于同时期的其他文明中心。

印加人重视畜牧业,政府拨出土地专门用于牲畜放牧。主要饲养骆马和羊驼。骆马作运输工具,特别是用于山区间运输,一般可驮50公斤重物;羊驼的毛可用来纺织,可织出极细密柔软的织物。作为肉类食品,他们还饲养狗、兔、豚鼠和鸭子。

由于境内多山地,贸易流通并不发达,不如玛雅地区,交易形式均为易货贸易。

5. 宗教信仰

宗教信仰的基础是印加人的主神——维拉科查(Veracocha)，即创造之神，如同创造天地万物的万能之神，另一位主神是太阳神(Inti)，印加王自奉为太阳神之子，而印加人认为自己是太阳神的子裔。他们的信仰是自然神教，即自然界中的一切皆为神，任何一种自然现象和天体现象均有神明相附，因此他们扩建神庙，多行祭祀，供养为数极多的祭司、贞女来侍奉无数的神祇，以保佑印加人的国运。主要受香火的是太阳神。根据印加人的信仰，太阳神可护佑农业收成，保障风调雨顺。

主持祭祀的是祭司们，他们中大部分人是贵族阶层出身，还有一部分是所谓有超自然能力的人，严格的等级制度将他们区分开，使之各司其职。大祭司被称为威亚克·乌姆(Uillac Umu)，由国王的叔叔或兄弟担任，他主持库斯科的太阳神庙。祭司们除了主持各类宗教活动，还要预测未来，协助国王和政府维持现行的社会规范和秩序。他们的生活除了斋戒等内容，还根据需要吸食"兴奋剂"类草药，以使自己进入一种迷幻状态，用这种方式来与"神交"，看到别人无法看到的种种幻象。

在祭祀活动中，特别是在祭太阳神时，印加人献上一切珍贵之物作为祭品，如宝石、羽毛、兔、玉米、其恰酒等，最大的祭品为骆马。印加人很少像阿兹特克人和玛雅人那样用活人作牺牲，只在极特殊的情况下才用此办法，如战争、地震、瘟疫等情况。人祭常常用童子，他们认为这是供奉给神的极品。最隆重的典礼就是祭太阳神，时间在6月份，冬至。场面极宏大，各部落首领、高级官吏们都在太阳神庙前的广场集合。当最初的光线射出时，人们都拜倒在地以迎接太阳的升起。印加王用金杯向太阳神祭酒，然后率众进入神庙，献上金银祭品。大祭司用一头骆马做祭献，然后根据骆马的毛发给予的启示，说出神谕。如果神谕是吉利的，则再宰杀两种动物献给神；如果神谕对他们不利，他们就会离开神庙，感到惶恐不安。

祭司们是宗教活动的灵魂，他们被认为是神与人的中介。他们利用在祭祀中的特殊身份，实际上掌握着对国家大事的参谋权、议事权，甚至决策权。连贵族们、军事领袖们，甚至印加王本人都受其影响，就如同中世纪的欧洲高级僧侣们对君主和贵族们起的作用一样，而且更甚。

印加文明是史前印第安文明中历史最短的，仅100多年，库斯科建都的历史更短，只有50年，而后便被皮萨罗统领的西班牙入侵者全面摧毁。城池陷落，一切建筑和数量巨大的文物被毁，1533年印加覆亡。

第二节 古文明辉煌的实证

位于秘鲁境内的印加文明遗迹——马丘-比丘

最初的西班牙入侵者面对灿烂的古印第安文明的成果感到震惊,人类对美的本能使他们在开始阶段并没有摧毁和破坏。但是他们的另一个本能——对黄金的贪欲很快占了上风,更助纣为虐的是他们中世纪的信仰驱使他们认为眼前的一切都违背上帝的意旨,是邪恶的,于是一场浩劫从北美洲的墨西哥蔓延到南部大陆留存的土著文明中心,西班牙人留下了黄金、白银、宝石,破坏和烧毁了典册和其余的珍宝,连那些石头建筑也不放过。即使是金银制品,在这些野蛮入侵者的眼中,只有贵重金属的闪光,所以他们把精美的金像、银饰等都熔化,制成块状、条状,以重量计量,用船运回西班牙。

结果是,在今天的美洲土地上所能见到的古代城池、典礼中心、宫室、金字塔、浮雕、壁画、石刻等都是残垣断壁、支离破碎、残缺不全。劫后余生的一些工艺品,有的是墓葬,有的是被入侵者弃之不顾的,总算得以保全。在这种情况下,一无足够的典籍可查,二无大量实物可考,对古印第安文明成就的了解就变得十分无奈。人们似乎永远也无法真正估计那个时代、那个地区、那些民族的智慧和能力到底达到了何种高度。

下面是两例玛雅和印加文明的实证。

1. 马丘-比丘(印加)

马丘-比丘位于库斯科古城以北,在安第斯山脉一处海拔2458米的山顶上,俯瞰着乌鲁班巴河。山间云雾缭绕,因此这座古印加人的城池也被称作"消逝在云雾之中的城市",也被叫做"空中之城"。

这座被废弃的城市在深山中不知沉睡了几百年,荒草藤萝覆盖在建筑物上,只有那些山里的印第安人才知道它的存在。1911年，美国耶鲁大学教授希南·宾翰姆（Bingham）发现了它，并组织了对遗址的考察，之后向世界公布了马丘-比丘城的考古结果。

城市所处的地势非常险要，几乎与世隔绝。城中约遗下200座建筑，包括神庙、祭坛、宫宇、广场、仓库、监狱、街道和其他公共设施，一应俱全，而且都用巨石建成，非常坚固。城中布局完整，城池居于悬崖峭壁之上，围以石墙，城中小巷纵横如迷宫，一条阶梯沿山路而上，横贯全城，如主干道。其面积约为5平方公里，分为城区和外部梯田两部分。城区按地势分为上城和下城。城中有水道和引水设施，至今水流不断。主要建筑有太阳神庙、印加宫、神鹰庙、三窗庙、谷仓、中央广场和祭坛——拴日石等。

拴日石是一个奇妙的建筑，在一块巨石平台上矗立着一块造型奇特、经过雕琢的石头，似乎是个复杂的天文观测装置。据推测，人们常在夏至、冬至时来此祭拜，因为传说中冬至是太阳神的节日，而那一天太阳会回来并被象征性地拴在这里。整个印加帝国祭太阳神的日子都是在冬至这一天。

长时间以来，人们对马丘-比丘的性质、建成年代、废弃年代、废弃的原因等争论不休。经过多方研究，考古学家们发现，荒城中挖掘出的头骨绝大多数是女性（男女比例为1∶10），因此推断，这不是一个由普通居民构成的城市，而是一处祭祀中心，在没有宗教活动时，只有那些被称为"太阳贞女"的女子住在城中，照料寺庙和祭坛，封闭的城变成一个女儿国，以侍奉太阳神为唯一的生活内容。在节日或祭日期间，贵族、平民们才从山下其他地方汇集过来，举行盛大活动，那时，这座寂静的城池才活起来。

至于其建成年代，始终没有一个令人信服的答案，较多的观点倾向于15世纪，即印加帝国的鼎盛时期，印加人耗费多年的功夫和不可估量的人力兴建起这座云雾中的圣城。仅以巨石刻凿加工为例，巨大的石块运到山巅，需要多少人力？如何运输的？巨石的相接无灰浆黏合，却天衣无缝，这需要极费工时的打磨、切割、磨合、打凿、拼接，这又需要多少人力？以当时印加人无运输工具、无铁器、无大牲口的困难条件，这一切的工程都是匪夷所思的。

正当城中一切都有条不紊地进行着，突然在某一时间，一切都中止了，城市被放弃了，并走出了人们的记忆，直到1911年，一个美国人的到来，才唤醒了这座被安第斯山和丛林封存起来的神秘国度。

至于马丘-比丘留给现代人的谜，仍然是未知数。

1983年，马丘-比丘被列为世界文化遗产。

2. 奇琴-伊察古城（玛雅）

　　位于墨西哥东南部尤卡坦半岛的奇琴-伊察（Chichen Itza）是一座在不同年代陆续建成的城邦，大约始自公元250年至900年，即古典时期，而后一度衰落。8世纪之后又一批来自普顿部落的玛雅人来到这里，再度兴建城市。到了11世纪，奇琴-伊察变成一个重要的宗教、商业和文化中心，城内居民有3～4万人，并且成为中部美洲最大的中心之一。但是到了1250年前后，城市再度被荒废，文明又消失了，只剩下一座空城。

　　这个区域的遗址占地约9平方公里，分为南区（旧区）和北区（新区），分布着许多大大小小的金字塔和神庙，还有一些象球场、宫室、观星台、祭井（石井）等公共建筑，其功能各有不同，但主要都服务于宗教。

　　人们的注意力首先会被一个气势恢宏的金字塔吸引，西班牙人按本土习惯称之为"城堡"（castillo），本地印第安人称之为库库尔坎金字塔，因为在塔顶的神庙里过去供奉着玛雅人的主神之一——羽蛇神库库尔坎。塔为梯形，高约50米，有四面斜坡，坡上有一层层的石阶梯，直通塔顶，顶部有一个平顶的神庙。塔身四面各有91层台阶，加上神庙的台阶，合计365层，正好与太阳历中一年的天数相符，平台的层数为9层，而52块刻有各种图案的石板象征玛雅历法中52年为一轮回的思想。塔身的位置显然经过精心计算，其四面阶梯分别朝向正北、正南、正东和正西，为其春秋祭羽蛇神提供了一个天人相契的绝妙场景。每年的春分（3月21日）和秋分（9月21日），许多人（包括普通游人和科学研究人员）便来到这里观赏一个奇景：日落时分，阳光照在库库尔坎金字塔上，塔身一侧石阶的角度的光影便形成一道蛇形曲线，犹如一条巨蟒从金字塔顶缓缓向下爬行，与塔基处刻的高1.5米的蛇头相重合。古代玛雅人运用高超的天文学、数学和建筑学的知识，制造了这一奇观，虔诚的玛雅人深信不疑的是：他们的大神苏醒了，自庙宇爬出了。这一景象每次可持续3小时22分。

　　除了供奉羽蛇神，这里还有武士神庙、美洲豹神庙等。残庙的墙壁上画满了壁画，可以看出表现的是战争场面。在一个贞女庙和一个被西班牙人称为"大教堂"的庙宇里，从墙壁到窗户到门楣，布满了华丽细致的雕饰，有动物图案和抽象的条格图案。经常能看到的神像是恰克·莫尔，它始终保持着坐靠的姿势，双腿并拢屈起，双手放在胸前，捧着一个容器，那是放祭品的地方。通常放置的是人的心脏。

　　奇琴-伊察的球场也非常有特点，这种作为宗教仪式而非体育比赛的活动是以血淋淋的祭献场面而告结束的。比赛场地宽阔平坦，两侧各有一面高墙，中间的距离约为30多米，一侧墙上连接着一个石制圆环，环的直径刚好能穿过一个小小的实心橡胶球。比赛的关键就是双方队员是否能把球投进圆环。两队分别是玛雅人和被他们征服部落的战俘组成,战俘队必须输球,胜方会不惜在赛前以饥饿等惩罚来使对方丧失体力。进球者代表胜方,败者要付出生命的代价。墙上的浮雕显示出,失败者被砍头,或被捆绑四肢从金字塔顶部被推落下来。据说,比赛结果可能表示象征光明和生命的力量一定会战胜邪恶与黑暗。这种仪式后来又传到其他土著部落。

在这一区域更古旧的部分,即南区,有一座被称作海螺宫的建筑,是圆形的,微带螺旋状,像一个巨大的海螺壳,有两层楼梯和平台,通向圆形塔身,塔上开有窗户。整个外形与现代人建的天文馆非常相似,据说这可能是一座观象台。玛雅人是优秀的天文学家,他们通过对星辰的细致观测,计算出时间的流逝和天体的运行规律,服务于农业生产。

人们在北区会发现许多带有托尔特克文明风格的建筑,例如一处被叫做千柱台的平台,那里有成排的石刻柱子,笔直而立,形成一座长廊,如今这些石柱已经严重损坏,但仍能依稀看出曾刻有托尔特克勇士。连玛雅人最崇敬的羽蛇神库库尔坎,也有托尔特克神的影子。武士、神庙、美洲豹神庙的壁画、石刻都在一定程度上体现了托尔特克风格。

这座弃城里包含着多少玛雅人留给现代人的秘密,还有待人们去一一破解。大约在13世纪中期,也许遭到更加强大部落的袭击,奇琴-伊察衰落了,它被遗弃的年份大约在1224年前后。

思考题

1. 请简述美洲印第安人的起源。
2. 玛雅文明有什么特点?
3. 如何看待古代印第安文明的成就?
4. 印加文明最突出的特点有哪些?请详述。

附录:关于印加人的结绳记事法——葵布(基普)

……奇妙的是帕查库提及其继承者们在不曾借助任何书面语言的情况下成功地统治这个辽阔的帝国。不过印加人创造了文字的一个替代品——人类发明中独一无二的葵布(基普),恰恰符合他们的需要。葵布由打结的棉制或羊毛制绳子组成,染成多种颜色,有时包括几百股各种长度的绳子。葵布这一名称来自于快赤瓦语"结"一词也就不足为奇了。

　　葵布或许在印加时代之前就出现了,不过在印加人手中,葵布成了帝国统治的理想工具。它将官方需要的所有统计数据编码,从某个月份能够提供米达劳役的男劳力到国内每个粮仓存储的谷物。由于葵布的存在,印加人能够进行人口及财产普查,据一位西班牙编年史家所说,精确到一双羊驼呢拖鞋都不会漏掉。另一位年代史编者写道,"葵布统治着这个帝国"。安第斯地区的农民至今还使用原始的葵布记录放牧的动物和收成的数量。

　　印加人利用绳子记录数据的秘密部分是由20世纪初期纽约美国自然历史博物馆的考古学家L.里兰德·洛克破译出来的。洛克的研究成绩卓著,但是除了数字记录,葵布作为用途多种多样、意义微妙的表达方式,还有待更多的探究。美国历史学家玛西娅和罗伯特·阿舍不辞劳苦地对现存的400个葵布中的近一半进行了分析。像其他学者一样,阿舍夫如认为,颜色、位置甚至结本身都极有可能代表着概念、事物和言语模式,例如词组或一系列相关词组的重复等,而不仅仅是数字。加西拉索写道,葵布制作者"不仅是会计,还是历史学家"。他还指出葵布被用来帮助口头历史和文学的记忆和回忆。某省的要人想了解他们前辈的一些历史细节时,他们就去问那些官方记忆员,据加西拉索说,这些人"双手从不放下葵布,让绳、结不断地从指间滑过,以牢记这些记录背后的口传"。

……

　　印加官僚体制中,葵布保存者起着螺丝钉的作用。在传达绳子蕴涵的三维信息时,他必须同时是会计、逻辑学家和艺术家,而他的重要性也大概会随着接近库斯科权力中心而增长。确实,据加西拉索所说,葵布保存者身份高到"被免除了所有的税和一切劳役"。这不足为奇,因为在很多情况下,只有创造葵布的人才能够解读它。尽管一些迹象表明有过标准化的努力——例如黄色可能代表黄金——但是最终诠释属于制作人自己,他也许用黄色表示谷物。葵布的保存和解释在印加被视作生死攸关的职业,据说一次错误或疏忽就会被处死。……

摘自戴尔·布朗:《印加人——黄金和荣耀的主人》,
华夏出版社,2002年,第64—66页。

第九章

近代文明的形成与发展

"发现"——征服——殖民化——独立战争——
多元文化的形成——现代社会的基本轮廓

第一节 "发现"

　　1492年8月3日,得到卡斯蒂利亚女王伊莎贝拉的资助,怀里揣着君主致中国大汗的国书,哥伦布率领他的船队从帕洛斯港起锚。经过了40多天艰难的航行,在10月12日这天,一个水手发现了地平线上陆地的轮廓。"Tierra"(西班牙语:土地)这声呼喊犹如叩门声,一个新世界的大门被逐渐开启。

　　哥伦布登陆了,那个地方是今巴哈马群岛的瓜那哈尼岛。但是哥伦布像那个时代所有的西方探险家一样,他所"发现"之处就是他的,他有权为之命名,似乎这块地从未有过主人。他命名为"神圣救世主",西班牙语的音译是圣萨尔瓦多(San Salvador)。他在土地上插上十字架,并宣称该地属于卡斯蒂利亚和莱昂之主、伊莎贝尔女王。

　　在这次航行中,他陆续发现了古巴和今多米尼加诸岛。

　　在后来的三次航行中,哥伦布先后到达今波多黎各、牙买加、海地、维尔京群岛,并沿南美大陆北部上溯到中美洲(包括哥斯达黎加等地)的大陆沿海地区航行。1496年建的圣多明各镇是新大陆最早的居民点。

　　在哥伦布之后,一支又一支探险队蜂拥到这一带,新的岛屿、新的陆地逐渐被这些外来者填写到过去他们手中那幅空空荡荡的世界地图上。

　　1500年,葡萄牙人到巴西。

　　1511年,西班牙人登上古巴岛。

　　1513年,西班牙人到达佛罗里达。

1513年,巴斯科·努涅斯·德巴尔沃亚穿过巴拿马地峡,发现太平洋。

1515年,西班牙人到达拉普拉塔河口。

等等。

拉丁美洲的轮廓逐渐呈现出来。

这个所谓"发现"的过程,只是欧洲人(以西班牙人和葡萄牙人为主)为下一步的大规模劫掠和屠杀而做的试探和准备。这时候他们的表现还不是那样狰狞。哥伦布和他的手下刚刚登陆时,看到当地土著人后,仅表现出了最初的贪婪,急切地询问哪里有黄金。而土著人以礼相待,温和而友好。拿出食物给这群饥肠辘辘破衣烂衫的冒险家们。在拉斯卡萨斯神父(Partolomé de las Casas,1474—1566)的书中也有关于印第安人如何搭救深陷沼泽地濒于死亡的西班牙人的记述。在西班牙人即将进入阿兹特克人的都城特诺奇蒂特兰时,大酋长赠送他们大量的礼物,以换取他们的离去。总之,土著人表现的是文明的,西班牙人是试探的,双方都还处在两个世界最初接触那一时刻的混沌之中。

以哥伦布为例。这位热那亚水手最初的狂喜是难以形容的。他在他的《航海日记》中用最为夸饰的语言把这种心情和感受宣泄出来,甚至有时把现实和他的想象、他的梦想混淆起来,以至于制造了一系列神话。"当哥伦布到达圣萨尔瓦多的环形珊瑚岛时,他被加勒比海水的清澈透明、绿色的风景、清新温和的空气、色彩斑斓的飞禽、好身材的小伙子,以及生长在那里的'美俊而温顺的人'搞得眼花缭乱。"[①]

但是,序幕很快就结束了,因为这些为黄金而来的"发现者"已经按捺不住了,哥伦布在欣赏新大陆的人文景观的间隙就已经开始留意了,"我非常留意,竭力要知道这里是否有黄金。"[②]

对黄金的贪欲是征服行动的第一动力。征服开始了。

第二节　征服

西班牙人(以及后来的葡萄牙人和其他欧洲人)对拉丁美洲的征服是剑与火的征服,也是十字架的征服。这一过程并不长,欧洲人有战马、火枪、钢铁的冷武器、16世纪的思维和战略头脑,他们面对的是用原始武器(要知道土著人还没有掌握冶铁的技术)步行作战,对已经进入资本主义萌芽阶段的欧洲世界一无所知的印

---

① ［乌拉圭］爱德华多·加莱亚诺:《拉丁美洲被切开的血管》,人民文学出版社,2001年,第3页。

② 同上,第4页。

第安人。而在当时,玛雅文明已处在衰退阶段,阿兹特克和周围的土著部落打得不可开交,只有印加人还在按部就班地种玉米、垒石屋。于是西班牙人用挑拨离间的手段,拉拢阿兹特克人的敌人一同进攻特诺奇蒂特兰城,用背信弃义的手段攻占了大神庙,屠杀了数千名印第安人,绑架了酋长莫克特苏玛。对印加人,则利用其王室成员之间的内讧,趁火打劫,灭掉了印加王朝。针对玛雅人分散的特点,他们逐个进攻,逐一消灭。从北向南,远征军逐渐扫平了整个中、南美洲地区。西班牙人占领了除巴西外的全部陆地和海岛。

在征服过程中,主要的几次行动发生在墨西哥、秘鲁和智利。

一、征服墨西哥

1517年,弗·埃尔南德斯·德科尔多瓦首次发现尤卡坦海岸。1519年,以埃尔南·科尔特斯(Hernán Cortés, 1485—1547)为首的远征队从古巴出发,前往尤卡坦。远征队由11条船、508名士兵、16匹马和不足百名水手组成,带着32把弩弓、10门铜炮和一些火绳枪。他们在科苏梅尔岛登陆后,从当地玛雅人口中得知,在腹地深处有一个帝国,那里有黄金。于是他们一路向西北上行,在太平洋沿岸今韦拉克鲁斯(Veracruz)上岸,并建立了第一个市政议会。阿兹特克人的首领莫克特祖马(Moctezuma)得知白人已到附近的消息,派人送去大批礼物请求他们撤退。科尔特斯已经得知,根据古老的传说,托尔特克人的主神羽蛇神曾发出预言:500年后他将从东方返回。他的形象是白皮肤、长胡子。1519年西班牙人出现时,正好是阿兹特克历法52年周期的末年。因此阿兹特克人恍惚间以为这些白人是天神,对他们充满了畏惧感。特别是一些印第安信使亲眼看到这批他们从未见过的人以及奇奇怪怪的装备之后向酋长报告说,"一座巨型山在海上漂浮,爆炸声隆隆作响,人们都昏了过去,一枚枚火球射出,火光四射……外国人骑在像房顶一样高的'鹿'的身上,全身武装,只露出脸,如同石灰一样的脸膛……"①

科尔特斯利用了这种心理。他直截了当地向莫克特祖马的使者索要黄金。遭到拒绝后,于1519年11月,西班牙人进入特诺奇蒂特兰。看到眼前的繁华,他们的贪欲更加强烈。他们软禁了首领,迫使他交出金银宝物,而这些入侵者疯狂地搜刮黄金,不惜从神像上、器皿上、武器上凿下黄金,充分暴露出极端的野蛮和贪婪本性。1520年5月,他们利用阿兹特克人在大神庙举行宗教祭祀时,开始了疯狂的大屠杀。数千名武士和平民倒在血泊中。在此后一段时间里,清醒了的阿兹特克人开始了反抗。他们在新君夸乌特莫克(Cuahutemoc)的率领下展开艰苦卓绝的

---

① 转引自索飒:《丰饶的苦难——拉丁美洲笔记》,云南人民出版社,1998年。

特诺奇蒂特兰保卫战,直至最后弹尽粮绝。1521年8月,城市陷落,金字塔、大神庙变成废墟,文明的成果都被投入到火海中,化为灰烬。随着夸乌特莫克遇害,阿兹特克即告灭亡。

1522年,卡洛斯五世任命科尔特斯为墨西哥——当时改称为新西班牙——的省督。1523年,卡洛斯授予墨西哥城城徽,上面的图案带有明显的西班牙王朝的标志:城堡、狮子、桥梁等。

二、征服秘鲁

在中美洲地区(今巴拿马、洪都拉斯、危地马拉、哥斯达黎加等地)陆续被西班牙占领之后,弗朗西斯科·皮萨罗(Francisco Pizarro,1475—1541)率领100多名士兵(其中还有一名传教士)乘小船从巴拿马出发,另有由迭戈·阿尔马格罗(Diego Almagro)率领的一支70人的后援部队也赶去汇合,对秘鲁做了初步探察之后,无功而返。

1531年,皮萨罗和他的兄弟们率领180名士兵,带27匹马,分乘3条船出发前往秘鲁。当时印加国内两位王子为争夺王位发生内讧,他们是同父异母兄弟,一个叫阿塔瓦尔帕,另一个叫瓦斯卡尔。皮萨罗抓住了前往库斯科城的阿塔瓦尔帕,以此要挟印加人供出所谓黄金所在地。阿塔瓦尔帕提出,他可以用填满两间屋子的白银和一间屋子的黄金作为获得自由的赎金,皮萨罗接受了。于是印加人沿着崎岖的山路,用各种方式运来黄金白银,包括他们珍贵的祭品、面具、雕刻等。然而收到赎金的西班牙人却背信弃义,他们借口阿塔瓦尔帕杀害了亲兄弟瓦斯卡尔并且反对西班牙人,于是杀死了这位最后的印加王。群龙无首的印加人只能眼睁睁地看着这个前卡塞莱斯的猪倌任意践踏他们的神庙、劫掠库斯科城。而印加大军似乎已经无力抵抗。印加覆亡。

西班牙人,或者说白人,他们视黄金为命,认为有了黄金就有了一切。哥伦布的话更露骨:有了黄金,有罪的人也可以进天堂。而印第安人的观念却充满诗意,他们把黄金看做是"太阳的汗珠",而白银是"月亮的眼泪"。黄金并不是最贵重的东西,它是一种凝聚了太阳能量的神圣之物,它的光给人以美感和神圣感,制成精美的器物之后才获得了新的意义,代表地位、权势、政治力量和神力。金块本身并不说明什么。因此印第安人感到不可思议:西班牙人疯狂地索要黄金,而一旦拿到黄金艺术品,却愚蠢地投入火中熔炼成毫无美感的粗笨的金块和金锭,把美还原成原始状态。

面对黄金,谁是文明人?谁是野蛮人?

抢劫了大量黄金之后,西班牙入侵者之间因争夺土地、权力和财富而爆发了内乱，这种混乱局面持续了将近10年，最初的几个征服者首领死于内讧。直到安东尼奥·德门多萨（Antonio de Mendoza）出任总督之后，秘鲁才开始步入殖民轨道。

三、征服智利

在秘鲁的征服行动之后，皮萨罗的伙伴迭戈·德阿尔马格罗受命征服智利。1535年，他率领150名西班牙人和大批印第安人从库斯科出发，穿越安第斯山，通过阿塔卡马沙漠，途中因恶劣的气候和自然条件，死伤惨重。过了若干年又重返库斯科，阿尔玛格罗参加了反对皮萨罗的内战，后死于该处。

皮萨罗又任命了佩·德巴尔迪维亚继续对智利的征服。他于1540年出发，经过了5个月的艰难行程抵达今日智利首都圣地亚哥所在地，建立了此城。在征服过程中，西班牙人的主要敌人是骁勇善战的阿劳坎人（araucano），双方交战多次，西班牙人残酷地惩罚反叛的阿劳坎人，处死或者残害他们。而阿劳坎人便进行报复，在一次战斗中，他们俘获了德巴尔迪维亚和他手下的士兵，把他们全部杀死了。西班牙人的处境十分危急。于是秘鲁总督门多萨任命了新的智利总督，率领军队到达智利之后镇压了阿劳坎人的反抗，智利成为西班牙帝国版图上的一块属地。

但是阿劳坎人的斗争断断续续一直没有停止。

四、征服其他地区

西班牙人的征服行动全面展开，有些得到西班牙国王的批准，有的得到总督们的任命，有些属于擅自作为，但是无论怎样，他们是出于同一个目的。于是，西班牙的王家旌旗逐渐升起在广袤的新大陆的各个地区。

1524年，克里斯托瓦尔·德奥利德在洪都拉斯登陆并建立了西班牙殖民地。

1524年，佩德罗·德阿尔瓦拉受命于科尔特斯去征服危地马拉，此人残酷地镇压了当地的玛雅人，之后被任命为危地马拉总督。

1527年，何塞·德阿尔瓦拉征服了今哥斯达黎加一带。该地曾数次被西班牙人"光顾"，但都因各种原因失败了，最初建立殖民地的尝试也因该地无金银矿藏而夭折。

1533年皮萨罗的部下塞·德贝纳卡萨尔进入基多，征服了基多王国之后，将其并入秘鲁。同年，他从基多出发向北，进入今哥伦比亚，建立波帕扬城。1537年，西班牙人希门内斯·德克萨达建波哥大市。当时称今哥伦比亚地区为新格拉纳达。

1535年，阿根廷划归西班牙帝国。

1537年，巴拉圭划归西班牙帝国。

对玻利维亚的征服早在16世纪20年代即已开始，在远征拉普拉塔河的西班牙远征军中,以阿雷霍斯·加尔西亚为首的一批人在1516年从巴拉圭出发,穿越了查科地区,来到安第斯山东科迪勒拉山麓的"丘基萨卡",作为第一批西班牙殖民者。中间几经周折,直到1538年,才由皮萨罗的弟弟贡萨罗·皮萨罗建立了殖民统治机构,算是最终占领了上秘鲁,即今玻利维亚。

自墨西哥以南的整片地区除巴西外,都被西班牙占领。

1494年西班牙天主教双王与葡萄牙国王若奥二世签订了托德西利亚斯条约,根据由教皇确定的分界线,分界线以西的土地归西班牙,以东的土地归葡萄牙①。1500年,葡萄牙航海家佩德罗·阿尔瓦雷斯·卡夫拉尔(1460?—1518?)登上这片土地并宣布归葡萄牙所有。1530年,第一支考察队到达,两年后建立了圣维尔森特镇——第一个永久性定居点。

少部分西班牙占领区,如圭亚那、苏里南等,日后转归其他欧洲殖民主义国家。

五、关于征服的历史评价

在漫长的美洲历史长河中,征服只是一个相对短暂的时期,硝烟尚未散尽,大火的余烬还在发着红光,征服者们已经着手殖民化行动。尽管时间短,其意义非同一般,这意味着一种文明的终结,一种文明的兼并,一种新文明的开始。作为拉丁美洲这一新概念,其文明、文化和种族,也许就是源自于由这个大冲撞引起的阵痛和阵痛之后的分娩。

征服的始作俑者就是哥伦布本人。在1495年,他亲自率领200步兵和一些骑马的军士,还有一批受过专门训练的凶恶的狼犬,袭击了多米尼加的印第安人。大批印第安人被屠杀,500名青壮年被押解上船,像运牲口似的运到西班牙,在塞维利亚作为奴隶出售,最后凄惨地死在异国他乡。②

与哥伦布相比,他的后继者们为了彻底征服印第安大陆而用的手段有过之而无不及。数字最雄辩。根据一项调查,西班牙人到来之前的墨西哥约有2500万至3000万人口,在安第斯地区也有近乎同样数量的居民,中美洲和安的列斯群岛有1000万至1300万人。"外国征服者出现之时,美洲印第安人总共不少于7000万,也许还要多,一个半世纪以后就减少到总共只有350万"。③

征服者的暴行造成了加勒比地区诸岛屿的印第安人几乎灭绝,原有30万居民

---

① 1493年教皇亚历山大下诏:在亚速尔群岛和佛得角以西100里格处划出一条南北走向的分界线,分界线以西的所有"未归化土地"归西班牙,以东归葡萄牙。翌年,西、葡两国在西班牙的托德西利亚斯(Tordesillas)会谈,将100里格改为370里格。这样,两国瓜分了美洲。

② [秘]欧亨尼奥·陈-罗德里格斯:《拉丁美洲的文明与文化》,商务印书馆,1990年,第451页。

③ [秘]欧亨尼奥·陈-罗德里格斯:《拉丁美洲的文明与文化》,商务印书馆,1990年,第30页。

的古巴岛被1511年后上岛的入侵者破坏殆尽,变成死岛,现在的居民是白人和从非洲贩来的黑奴的后裔。现在加勒比地区的居民基本上只有黑人和黑白混血人,这就是当年种族灭绝的铁证。

与土著人相比,远涉大西洋而来的西班牙人显然是少数。科尔斯特的队伍只有500多人,皮萨罗的人马不到200人,但是他们都畅通无阻地进入了将要征服的土地:特诺奇蒂特兰和卡哈马卡。要知道,前者拥有两倍于塞维利亚的人口,而塞维利亚是当时西班牙最大的城市。之所以极少数人征服了(至少是物质上的)大多数人,原因是多方面的,其一就是双方发展的差距太大:美洲土著文明尽管已经达到较高的程度,但是严重受制于没有铁器、火药、犁、轴承(轮子)、大牲口……的状态,而且土著人的思想意识受制于其生产力、生产方式和社会形态,有很大的局限性(例如迷信、对外部世界一无所知等),而欧洲当时正处于上升时期,

加勒比的黑人姑娘

文艺复兴催生了人的创造力,解放了人的思想,推动人去发现和尊重科学,因此从物质到思想观念,欧洲人似乎都占了上风。

欧洲人随身携带的致命武器,除了枪炮和刀剑,就是给印第安人带来恐惧的战马和狼犬。美洲没有马,也没有狼犬,仅驯养一种供食用的无毛犬,娇小可爱。在印第安人眼里,骑着高头大马,身上穿着亮闪闪的金属甲胄,留着胡子的白人无疑就是天神。而作为帮凶的狼犬,在西班牙人袭击印第安人时,在主人的唆使下,疯狂撕咬这些惊恐万状的人,造成许多人惨死。披着马具的马匹和饥饿的狗,对于印第安人来说,是死亡和恐惧的象征。

最后一件致命武器就是白人带来的细菌和传染病。从欧洲跟着三桅船一起漂洋而来的有天花、性病、破伤风、肺部和肠道疾病甚至麻风病等,而新大陆的土生居民对此毫无抵抗力,一场普通的感冒就能夺命,让一个部落消失。西班牙人走到哪里,疾病就蔓延到哪里。印第安人成批死去,有时整个部落、整个村庄的人都死于同一种欧洲病。据研究者估计,美洲土著死亡人口中有一半是被染上传染病而丧生的。

当然,西班牙人还采用了其他战略技术以赢得其征服行动。

站在印第安人的立场,征服是一场灭顶之灾,不少地区(如加勒比)遭受的是种

族灭绝,其他地区人口锐减,文明被毁,信仰被践踏(例如,墨西哥的乔路拉城365座金字塔全部被夷为平地,在废墟上建起了天主教教堂以震慑所谓的异教),土地丧失,人民变得一无所有,从主人(至少是自由民)沦为奴隶,从文明发达地区被驱逐到偏远贫瘠的山林和沼泽地。

站在西班牙人和其他欧洲人的立场上,征服美洲是一项空前的伟业(甚至有人称之为"自耶稣基督诞生以来的第二大事件"),占领了一个大陆,改变了一个种族,传播了欧洲人的文化:语言、信仰、制度、生活方式,等等。犯过很多错误,但基本上是推动了美洲的发展和世界的发展。

在1992年哥伦布"发现"美洲500年之际,大西洋两岸的冲突再次爆发了,双方各执一词。一方在欢庆,另一方在哀悼和谴责。

如果换个角度看待这个问题,结论也许会不同。

如今占拉美人口一半以上的人既不是纯血统的印第安人,也不是纯血统的白人,而是混血人,即梅斯蒂索人、穆拉托人、桑博人、夸特龙人等等。而拉美的白人,也不再是欧洲白人,他们有自己的性格特点、自己的价值观和生活方式,是拉美式的。拉美的黑人也不同于非洲的黑人。所有生活在这块大陆和这片岛屿的人都打上了深深的拉美文化的印记,这是无法抹杀的。站在他们的立场,也许可用二分法来分析两个世界和两个文化在拉丁美洲的相遇。

著名的秘鲁学者欧亨尼奥·罗德里格斯·陈(Eugenio Chang-Rodríguez)在他的名著《拉丁美洲的文明与文化》(La civilización y la cultura de América Latina)中提出这样的观点:"西班牙人用剑和十字架统治了美洲,而新大陆也征服了自己的征服者,给予他们一种新的美学观点、新的思维方式和新的行动方式,从而具有了一种新的生存方式。"①

这一点绝对不同于美国清教徒对北美的征服。

在拉美,印第安文明以不同的方式潜移默化地影响了新诞生的文明,关键之一是血缘的融合,关键之二是生存方式的融合。西班牙人和葡萄牙人有很强的适应能力,他们吃玉米和土豆,而不是马上种小麦;他们睡吊床,而不是马上忙着打欧式家具;他们穿上"蓬乔",而不是立即从马德里招裁缝;他们娶当地女子为妻,生儿育女,而不是非欧洲女人不娶,否则宁愿独身一辈子;他们甚至还抽上烟草,喜欢上印第安人那种悠悠然的生活节奏……当然,还有其他因素。

今天,即使科尔特斯、皮萨罗、门多萨们的后裔,也未必能无动于衷地读着费利佩二世在西班牙瓜达拉哈拉法庭上的断言:美洲有1/3的印第安人已经死亡……

---

① [秘]欧亨尼奥·陈-罗德里格斯:《拉丁美洲的文明与文化》,商务印书馆,1990年,第67页。

那是在 1581 年,即哥伦布登上美洲土地之后的第 89 个年头。① 所以,西班牙人征服者们不会重复恺撒那句名言:"我来了,我看见了,我赢了。"因为他们留下来了,并且投身于两种文化交融的过程。在此过程中催生了一个既多元又多源的拉丁美洲。

混血人种的诞生始自征服。

混血文化的出现也始自征服。

第三节　殖民化

拉丁美洲的殖民史是最漫长的,从 16 世纪中期到 19 世纪。

首先是西班牙,之后是葡萄牙以及后来的英国、法国、荷兰等国家,基本上都是把自己国家的政治、经济、文化等方面的体制移植到殖民地,再根据各殖民地的历史条件和具体社会状况进行改良,在此基础上逐渐建立起一整套殖民体系。

一、西班牙美洲殖民地

自 1492 年到 16 世纪末,西班牙占有了北起今美国—加拿大边界,南至合恩角的全部土地(巴西除外)。但是其殖民活动主要集中在过去文明较发达的地区,即阿兹特克、玛雅、印加文化区域,利用其人口集中,有农业、手工业、畜牧业的发展基础以及具备初步市镇规模等有利条件,来建立殖民制度。

1. 政治组织

在政治体制方面,西班牙将中央集权制搬到其美洲殖民地,建立了完整而严密的统治机制。宗主国将美洲领地划分为两大总督区——(virreinato)新西班牙总督区和秘鲁总督区,并分别任命了总督。总督的使命就是代表国王行使统治权,西班牙文"总督"一词的含义是"副王"(virrey)。新西班牙总督区包括今墨西哥、中美洲和安的列斯群岛。秘鲁总督区包括除巴西之外的整个南美洲。总督集行政、军事、财政、立法、宗教权力于一身,俨然是殖民地的君主。

总督区下设若干检审庭辖区(la presidencia de audiencia)。新西班牙设有五个检审庭辖区,分管安的列斯群岛、委内瑞拉和佛罗里达,墨西哥中、南部,墨西哥北部和今美国西南部,以及中美洲。秘鲁总督区设五个检审庭辖区,分管秘鲁、今哥伦比亚、玻利维亚、阿根廷、巴拉圭和乌拉圭、厄瓜多尔以及智利。以后又增设了机构,分散了部分检审庭辖区的权力。

---

① [乌拉圭]爱德华多·加莱亚诺:《拉丁美洲被切开的血管》,人民文学出版社,2001 年,第 58 页。

检审庭辖区划分为若干行省(gobernación),行省由总督管理。

行省划分为若干市镇辖区(alcaldía mayor 或 corregimiento),市镇辖区如同在西班牙一样,是行政管理体系中最基层的建制。市镇分为两类:西班牙人市镇和印第安人市镇。前者是在早期西班牙殖民者的居民点基础上发展而成的,后者由土著原聚居的村落或强制迁移而形成的居民点构成。此外,在偏远地区(如巴拉圭),则由教会管理,教会委派一些宗教团体(如圣方济会、耶稣会等)协助建立居民点并实施管理。

市镇辖区综合了欧洲(主要是西班牙)城市发展的传统和印第安传统的行政建制(如沿用了印加的酋长制)。其特点体现在市镇的自治权上,西班牙人的市镇设有市议会,其成员由选举产生,每年更换。市议会拥有发布法令、维持政治经济秩序、可直接派代表朝见国王、征收赋税等自治权,更重要的是,当中央政府(国王)下达的谕旨如有悖于市镇辖区的实际情况的,可不执行。印第安人的市镇也设有市议会,有权立法,管理地方事物。但是其自治权有限,通常要在地方当局的监护下行使。

18世纪,政治机制发生变化,波旁王朝增设总督区:新格拉纳达(首府波哥大)和拉普拉塔总督区(首府布宜诺斯艾利斯),在下一级的行政制度上也做了调整,同时向殖民地派驻了军队,以加强防御其他殖民主义国家的不断入侵。

王室为了加强对于这些远在大西洋对岸的大小官吏的管理,特别是为了防止这些人大权在握另立朝廷,经常向美洲派遣总巡察官,相当于钦差大臣。他们在各地巡察,直接对国王负责。

2. 经济结构

西班牙人到新大陆的目的之一(应该是主要目的)是发财,是占有黄金和香料。结果他们不仅发现了黄金,还有储量极为丰富的白银、钻石、其他宝石、锡和一些具有极高经济价值的特产(木材、橡胶、烟草等)。所以宗主国立即设立了贸易署(Casa de Contratación),负责组织、监管西班牙和美洲之间的物资运输。

西班牙在经济上实行了严格的垄断,为确保殖民地纳贡的物资全部流入西班牙,政府设专门的港口负责接纳船队和之后的分流,有专门的运输船队,有固定的周期和航线。来自美洲的特殊经济物资(农产品等)均由宗主国控制,不得流到境外。

殖民地的经济开发陆续全面展开。

——矿业

由于殖民者对黄金的渴求达到无以复加的程度。他们对金、银矿藏的探矿活动便付出了最大的人力、物力和心血。16世纪,在今墨西哥和玻利维亚先后发现了银矿,集中在瓜那华托、帕丘卡、波托西等几处矿山。其中波托西不仅是玻利维亚的、美洲的,也是当时世界上最大的银矿。同时,在哥伦比亚发现了储量丰富的金矿。1541年在智利也发现了金矿。从此,黄金、白银源源不断地从拉丁美洲通过大西洋航线流向西班牙,从西班牙又流向欧洲其他国家的口袋。据一位德国银行家厄尔·J.汉密尔顿从交易所获得的材料,"从1503年到1603年,有18.5万公斤的黄金和1600万公斤的白银运抵塞维利亚港。在一个半世纪多一点的时间内运到西班牙的白银,超过欧洲白银储量的三倍。这些不完整的数字还不包括走私的。"[1]

从事开采和熔炼工作的都是印第安人,矿主们采用所谓"征调制"来强迫土著人在矿山当劳工。"征调制"部分来自印加时期的"米达制"(mita),以诱骗印加人替西班牙人卖命。最初的生产技术均来自于过去土著人的传统手工操作。16世纪后期,一些欧洲技术传入,用以提炼白银。黄金生产基本采用淘洗法。

来自拉丁美洲的黄金白银支撑着一向不够充盈的西班牙国库,更重要的是加速了欧洲资本主义的发展。但是那些采矿的人(无一例外都是印第安人和从非洲贩来的黑奴)却被非人的劳动条件、饥饿、疾病和寒冷而折磨,死亡率是惊人的。即使活下来,他们的寿命也被大大缩短了。

采矿业造成的另一个后遗症是疯狂无序的开采导致周边土地荒芜,矿层迅速枯竭。当一片矿被开采殆尽后,留下的是满目疮痍,难以作其他用途。

——农业

西班牙人不断从本土迁往殖民地,这些殖民者把半岛上的农业生产模式和庄园制都移植到美洲,同时利用美洲各个地区特殊的地理环境和自然条件,发展起传统和新型的作物栽培及畜牧业。传统作物包括小麦、水稻、甘蔗、葡萄等,在欧洲已有上千年或几百年历史的品种;新型的指新大陆特有的作物,如玉米、木薯、甘薯、棉花、烟草、可可、各种热带水果等。在畜牧业方面,因美洲本土的牲畜品种少,西班牙人引进了牛、羊、马、骡、猪等。

很快,美洲地区就出现了固定的区域分工:亚热带和热带地区开辟种植园和大片土地种植甘蔗、可可、烟草、棉花;而温带地区种植小麦、玉米、薯类,同时发展畜牧业。这些模式发展到后来就成为这些国家和地方的传统生产,如智利的葡萄、古巴的甘蔗和烟草、阿根廷的小麦、厄瓜多尔的靛蓝、巴西的甘蔗、哥伦比亚的咖啡、中美洲国家的可可等。其后遗症就是大部分拉美国家的经济在几个世纪的时间里,被定型为单一生产式,严重制约了其发展,并且被欧美资本主义国家所利用,对

---

[1] [乌拉圭]爱德华多·加莱亚诺:《拉丁美洲被切开的血管》,人民文学出版社,2001年,第14页。

这些国家进行经济讹诈和操控。

哥伦比亚咖啡农

农业劳动力是印第安人和从非洲贩运来的黑人。劳动制度主要是委托监护制(encomienda)、奴隶制、征调制和督办辖区制(corregimiento)。

委托监护制始于1503年,一些西班牙殖民者被任命为监护人(encomendero),监护人得到一定数量的土著居民,使之皈依基督教,而土著居民必须提供劳役和纳税。在这种制度下,土著居民在监护人的淫威下如同奴隶被压榨。18世纪末,委托监护制被废除。

奴隶制指黑奴制,主要用于从非洲贩运来的黑人奴隶,是一种非常惨无人道的剥削制度。

征调制是印第安人的传统体制,即前文所说的米达制。

督办辖区制是西班牙人的发明,即把土著居民安置在督办辖区的特别地区,强迫他们为督办服徭役并从督办手里购买任何高价出售的东西。这种制度最后演变成公开的贪污和对印第安人的盘剥,但是督办们搜刮来的钱财并未流入宗主国的国库,而是被他们中饱私囊。

——贸易

美洲殖民地贸易的主要形式是同宗主国西班牙的贸易,而西班牙朝廷实行贸易垄断政策,殖民地各地区必须通过它实施进口和出口,而它从中谋利。另一种形式是地区间互通有无的贸易。传统的集市贸易仍然很活跃,这种来源于印第安人的商业活动在中小市镇和农村起着很大作用。

美洲的走私活动一向非常猖獗,参与者不仅有西班牙人,还有很多其他欧洲国家的人,他们利用西班牙政府管理的漏洞,走私进口欧洲工业产品,输出可可、烟草等本地特产。当殖民地紧缺劳力时,走私贩子们竟然偷偷贩卖黑奴,从中谋取巨额利润。走私贩子经常与英、法、荷兰等国的海盗联手做非法贸易。

3. 社会结构

西班牙美洲的殖民地社会形成了严格划分的阶级金字塔,这座金字塔的结构基本上以种族制为其基础,也就是说,种族是划分阶级的主要标准。

在殖民时期,美洲社会上有 5 个种族群体并存:白人、印第安人、黑人、印欧混血人和黑白混血人。其他混血人种所占比例极少,没有形成社会影响。这 5 个群体中,印欧混血人,即梅斯蒂索人的数量不断上升,印第安人的数量处于下降趋势。

在社会等级金字塔中,上、中、下层成员之间的最显著区别是肤色的区别,也就是种族的区别。社会上层阶级基本上由白人构成,白人主要指来自伊比利亚半岛的西班牙人,其次是被称为克里奥(criollo)人的土生白人。这两种人是宗主国派遣的官吏、大庄园主、大牧场主、矿主、高级神职人员、大种植园主等。但是,政治、司法、教会、军队指挥、经济等领域的最高职位只能由半岛人担任。中层阶级大部分是白人或梅斯蒂索人,他们拥有规模较小的种植园、庄园、矿产、店铺和牧场,或者在大庄园、大矿山上担任管理者(总管、工头等),或者是医生、律师、有较高技能的工匠等。社会下层的成员是从事体力劳动的普通劳动者、小手艺人、小商贩、水手、脚夫等等,他们绝大多数是印第安人、梅斯蒂索人、穆拉托人和赎身的黑人。被压在社会最底层的是奴隶,他们几乎百分之百是黑人。

随着时间的推移和社会的发展,人种构成的比例在变化,各个地区的民族结构也在变化。到了 1800 年前后,混血人种(梅斯蒂索人和穆拉托人)已占殖民地总人口的 1/3。[①] 黑人和穆拉托人主要集中在安的列斯岛屿和大西洋沿岸地区,印第安人集中在今墨西哥和中美洲一带以及当时的秘鲁总督区,而白人则分散在各个区域,比例较高的白人地区是今阿根廷、乌拉圭、智利和哥斯达黎加。

这种区域的民族结构也体现在城乡差异上。市镇出现了,大城市出现了,这类大型居民点的设立往往与良好的自然地理条件、丰富的物产、便利的交通、初具规模的生活设施等有关联,于是西班牙殖民者成为其主要居民成分,其次是混血人,而印第安人则住在市镇的外围,即他们自己的社区。由于土地不断被侵占,人口不断减少,印第安人逐渐退居到更偏远的地方:山区、林区、亚热带草原等处。这种情况一直持续到现在。

在 16 世纪殖民时期出现的著名城市有:圣多明各(1494 年)、波多黎各的圣胡安(1508 年)、古巴的圣地亚哥(1514 年)、哈瓦那(1515 年)、今墨西哥的韦拉克鲁斯(1519 年)、巴拿马城(1519 年)、危地马拉城(1524 年)、今哥伦比亚的卡塔赫那(1533 年)、今墨西哥的瓜达拉哈拉(1533 年)等等。

其中今玻利维亚的波托西城(1545 年)是因该地发现了当时世界上最大的银矿之后而迅速崛起的一座城市。据 1573 年人口普查的资料,波托西当时的人口已

---

① 转引自〔英〕莱斯利·贝瑟尔:《剑桥拉丁美洲史》,社科文献出版社,1994 年,第 2 卷,第 35 页。

猛涨到 12 万，之后仅 28 年间，"这座城市就魔术般地拥有同伦敦一样多的人口，居民人数超过了塞维利亚、马德里、罗马或者巴黎，一项新的人口普查证明，1650 年，波托西已拥有 16 万居民，成为世界上最大、最富有的城市之一，其人口是波士顿的 11 倍，而那时纽约市还没有现在这个名称。"① 而在建城之前波托西不过是被印加王抛弃的一座荒凉的银矿山，之所以被称为"波托西"（印第安语：轰鸣、爆炸的山），是因为那里常常从地下传出巨响。波托西成了财富的代名词，西班牙语成语中出现了一个新的语例：Tan rico como un Potosí（像波托西一样富有）。在小说中，堂吉诃德对桑乔引用了这句成语。但是波托西的没落就像它的暴富一样迅速。当很多矿层被疯狂开采殆尽之后，它对宗主国的价值便一落千丈，人们离它而去，留下了枯竭的土地，千疮百孔的山地，被废弃的城市和无数土著人的尸骨。如今，这一地区——当年西班牙经济命脉的输血者——是玻利维亚贫困地区之一。殖民地时期不少矿业城市或以某种单项产业为依托的城市，后来大多沦为落后地区。

4. 宗教

众所周知，在哥伦布探险队的成员中有 6 名神职人员，当哥伦布踏上今巴哈马群岛时，传教士们在新大陆的土地上竖起了十字架。西班牙人越过重洋探寻新航道和新的土地的宗旨有三项：为了黄金、为了上帝、为了国王。还没有摆脱中世纪思维的半岛人，像他们的君主天主教双王以及后来的卡洛斯五世、费利佩二世一样，以在全世界范围内清剿"异教徒"并建立一个天主教帝国为己任。他们要去一片陌生的地区去传播福音，教化那些"没有信仰的群氓"。因此，西班牙人在美洲的主要任务之一是改变土著人的信仰，使之皈依天主教。这一点使他们区别于英国人、德国人和荷兰人，这三个国家的殖民主义者们的目的要单纯得多，直奔财富而去。

殖民社会中的天主教教会在许多方面都起着主导或者至少是举足轻重的作用。其作用体现在以下几个方面：

——直接参与殖民扩张活动

在殖民当局难以控制的边远地区，教会派遣传教士进入那些文明程度不高的印第安部落，建立教区或"天主教归化村"，说服不肯"归化"的土著人放弃其传统生活方式，在当局规定的区域定居。这样，殖民化范围得到扩大，有利于实施"委托监护制"和征调制（米达制）。

——行使调查、监督、建言的辅助殖民化的作用

教会利用其特殊地位，可对殖民者和被征服民族两个方面进行监督，并将结果

---

① ［乌拉圭］爱德华多·加莱亚诺：《拉丁美洲被切开的血管》，人民文学出版社，2001 年，第 11 页。

直接上报朝廷,提出其建议、措施或者只是反映情况。直接从事这种工作的是各教会的教士们,主要有方济各派、多明我派、耶稣会派等。他们中有为统治阶级作鹰犬的,但是也有一些教士较为客观理智,他们将殖民地的种种弊端、行政管理的漏洞、经济管理上的巧取豪夺、官员们的贪污和徇私舞弊、封疆大吏们的不轨等等上报,其目的是完善和巩固西班牙在美洲的殖民制度。

——行使其社会职能、慈善事业与教育制度

一些天主教会建立了专门救助穷人(特别是印第安人)的机构,成立医院、收容所和育婴堂,建立学校并在很长时间内控制了各个层次的教育。同时教士们深入到农村或者印第安部落中,一方面传教,一方面对其遭受的苛刻的盘剥和虐待做调查,向有关方面反映,力争保护印第安人的权益。在这方面,拉斯卡萨斯神父是一位楷模,他被称为印第安人的保护神。

巴托洛梅·德拉斯卡萨斯(Partolomé de las Casas,1474—1566)是西班牙天主教多明我会修士,曾担任今墨西哥恰帕斯州主教。他担任过远征军的随军教士,经过美洲的许多地方,包括古巴、海地、墨西哥等地区,亲眼目睹了入侵者对待印第安人的惨无人道,亲历了西班牙士兵屠杀手无寸铁的土著男女老幼的血腥场面,深切地感到监护制及其他强加给印第安人的体制的不公正,他公开谴责自己的祖国在这场入侵与掠夺中扮演的角色,向国王和朝廷呼吁改变美洲大陆的非人道情况。在他和其他富于人道主义精神的宗教人士的努力下,西班牙王室制订了一些法令以限制某些出格的行径,罗马教皇也介入了这个问题,不幸的是远在大西洋彼岸的殖民地官员们和有权有势者从未执行这些指令。拉斯卡萨斯神父用毕生精力完成了巨著《西印度史》,说明历史的真相,捍卫正义,驳斥了当时大量对印第安民族及其文明的恶毒污蔑与攻击,力图还这个不幸的种族以尊严。他无愧于"印第安人的守护神"的称号。

——传教及主持和组织宗教活动

这是教会的第一要务。西班牙天主教会在美洲殖民地建立了主教区、教区、代牧区和小教区,陆续建起许多教堂、礼拜堂、修道院。西班牙殖民者在原有的市镇甚至人口很少的村落,都建起了规模不等的教堂,并按照西班牙本土的市镇模式,将教堂建立在中心广场一侧,与市镇当局的办公地点相对,表示世俗权利与宗教权利的对等关系。

从本质上说,传教的过程也是兼并另一种文化的过程。西班牙传教士们在这方面表现出的热情和狂热使人回想起十字军东征时的那种状态,他们不怕任何艰难,也不怕死(确实有不少深入腹地的传教士被杀),人人都想成为殉道者,成为圣徒。除了少数像拉斯卡萨斯神父那样的人文主义者,绝大部分神职人员都把印第安文明视为"异端"、"魔鬼的印记"而加以毁灭,玛雅人的手抄本、印加人精美绝伦的黄金工艺品、阿兹特克人的羽毛冠冕,还有乐器、礼器、纺织品等大量人类历史上绝无仅有的精品都被投入火海,而那些大型的建筑:祭坛、金字塔、宫殿、城堡和神庙,都被破坏殆尽,化为瓦砾。这是西方文明对新大陆文明最彻底的灭绝,彻底到连对遥远过去的记忆都被消灭了。在其中,教会扮演了极不光彩的角色。

从最初登陆的日子开始,神职人员就一如既往地组织一切常规的宗教活动,使西班牙殖民者(无论军人还是平民)都被置于传统势力的轨道上,不得离经叛道。在殖民者的生活走上正规之后,婚姻、生老病死、长大成人……所有这些人生的关键程序都有教会介入,使教徒们完全按照教规生活,保持自己文化与信仰的纯正。

除了行使上述这些职能,美洲殖民地的天主教为适应新的文化环境和人文状态,自身发生了一些变化。质而言之,这是一种本土化的嬗变。

天主教教士们在向印第安人传教的过程中发现他们非常固守祖先的信仰,不愿接受征服者的一神教,为了使其尽快"归化",传教士们在教义、教规的解释方面做了一些变通,甚至将印第安人的某些信仰"嫁接"到天主教上,争取后者的认同。比较明显的例子是关于墨西哥守护神瓜达卢佩圣母(la virgen de Gudalupe)的传说。

据说在1531年,印第安农民胡安·迭戈在今墨西哥城的特佩雅克山上见到一位圣母显灵,她不是白皮肤,而是像梅斯蒂索人或印第安人一样是棕色皮肤。她曾在此山三次显灵,胡安·迭戈向祖马拉格主教报告此事,主教让他拿出证据来。于是胡安·迭戈找到圣母,圣母便在他身上撒了一些玫瑰,印第安人用"蓬乔"(poncho,披毯)兜着玫瑰花向主教展示时,玫瑰花突然消失了,代之显现的是瓜达卢佩圣母的形象。后来在该地建起一座圣母教堂,祭坛后供奉的就是这位棕色皮肤的圣母。这个消息传出后,成千上万的印第安人赶来朝拜并皈依天主教。尽管圣母的名字从未在罗马教廷的神祇经典中出现过,但是墨西哥人认可她。在独立战争中,起义者们高举的旗帜就是瓜达卢佩圣母旗。20世纪60年代罗马教廷终于承认了这位混血人圣母并封之为拉丁美洲守护神。

在其他地区也存在着类似的情况。

5. 教育与科技

根据当时欧洲各国的惯例,负责教育的是教会,具体实施者是各个教派的传教士。也可以说,教会基本垄断了教育。最初的教育是针对印第安人的非正规语言教学,传教士们主办各类语言学习班,向酋长们及其子女们教授西班牙语,以此推动殖民化的全面深入发展。与此同时,传教士们也学习土著语言,以利于其传教活动和在印第安地区做考察。

正规教育,即学校教育始于1505年,当时圣方各济会在圣多明各开办了美洲第一所学校,招收的学生是西班牙人和部分土著人。此外,还开设了专门招收印第安人学生的学校(今墨西哥的皇家圣克鲁斯学校)和专门招收酋长的学校(今秘鲁库斯科酋长学校)等。这类学校的教学内容以西班牙语和宗教为主,学校一般设在修道院。

16世纪30年代以后,各市镇陆续建立了小学和中学,分公立和私立两种,数量不多。

1538年,美洲殖民地的第一所大学圣托马斯·德阿基诺大学创办于圣多明各城。自16世纪至17世纪末,在美洲共建立了26所高等学府,最著名的包括墨西哥大学、秘鲁的圣马斯大学等。大学通常只设4个系:神学系、医学系、法律系和艺术系,在各系开设的专业中除必修的拉丁文、拉丁文语法、修辞学、逻辑学等,还开设过占星术。这些专业要应付当时社会上对医师、律师、教士这类职业的需求,因为这些人是殖民地社会必不可少的专门人才;同时也与白人上层阶级的子弟在官场和交际场合所需的知识与技巧相符合。

这时期还开设了一些神学院。

殖民地教育(特别是大学教育)的指导思想沿袭了西班牙社会的近乎中世纪的教育方针,只注重宗教教育和文学艺术学科,以经院哲学为基础。大学教育严重脱离现实,脱离实践,轻视科学技术和实用型及应用型学科。当时许多大学竟采用拉丁文授课,仅此一例就证明了殖民地教育思想的陈腐。

18世纪后期,为适应拉美社会发展的需要,在欧洲启蒙思想的影响下,一批新型学校建立起来,如矿业学校、医科学校、航海学校等;学校采取了重实践、重理性的原则,改变了过去重人文轻自然科学的做法。

在这一思潮的推动下,在许多大城市出现了植物园、自然科学博物馆和图书馆。

其实早在16世纪,西班牙人就已经在拉美的大学和修道院开设图书馆,收藏欧洲大陆的经典著作以及教会允许进口的有关文学、文化、宗教、科学常识类书籍。1539年在墨西哥开办了印刷厂,之后各地又陆续开办了几处,主要印刷有关宗教、法律以及史地文学医学方面的书籍,17世纪开始发行正式出版的报纸。

在科学研究方面,以土著人及土著文化为研究对象的人种学、语言学和史学有了很大突破,贡献最大的是一些与印第安人直接接触的传教士。他们出版的几部土著语词典,成为研究印第安文化必不可少的工具。史学家们出版了《墨西哥纪年》、《秘鲁历史实录》、《南美洲基多王国史》、《西印度自然史》、《西印度通史》等多部著作。与此同时,一些自然科学家也在天文、地理、植物、矿物、航海等领域有所建树。

在这些学者中,除了西班牙人,还有一些梅斯蒂索人和克里奥人,表明殖民地的土生居民的文化水平已经有了显著的提升。

二、葡萄牙美洲殖民地——巴西

1500年,葡萄牙航海家佩德罗·阿尔瓦雷斯·卡夫拉尔(1460—1518?)在巴西沿海地区登陆时,宣布这片土地归葡国所有。在此之后,几支考察队前去了解情况并建立商业代理处。但是当时正忙于征服亚洲的葡萄牙几乎无暇顾及这块陌生的地区。以商业活动作为开端的殖民化进展缓慢,虽然中央政府将巴西划成了15个都督区(capitanía),并任命一些贵族管理各区,但是贵族们管理不善,或者因不适应巴西的自然环境(如气候条件)而根本不到巴西亲自管理,因此大部分处于瘫痪状态。

虽然葡萄牙人漫不经心,但是法国人和荷兰人一直觊觎此地,他们多次犯境,于是葡萄牙政府再次派远征军登陆并任命了一位全权总督:托梅·德索萨。索萨建立了巴伊亚城,并以该地为首府。

巴西印第安文明的发展程度比西班牙殖民地低,因此未对新体制、新文明的产生带来影响。而且,土著人由于白人强加的奴役、饥饿和新型疾病大量死亡,在人口构成上的比重不断下降。由于劳动力匮乏,从16世纪初期,白人从非洲陆续贩来数以百万计的黑奴,黑奴人口的总和大大超过葡萄牙本土的居民人数,于是非洲文化的影响强烈地渗透到巴西的殖民地文化中。

在经济活动中,葡萄牙人主要发展种植业、畜牧业、林业和矿业。白人从欧洲引进了甘蔗,在各地建了许多制糖厂,特别是在东北部。糖业带动了巴西经济的发展,17世纪中期达到鼎盛时期,成为世界市场上食糖的主要供应者。17世纪末在戈亚斯等地发现了金矿,18世纪初在同一地区发现了金刚石。采矿业的迅速崛起促进了一些城市的形成,这些城市很快繁荣起来。在18世纪,巴西产的黄金占世界总量的44%。[1] 大量的黑人奴隶成为矿业的主要劳动力。与此同时,巴西也成了世界上最大的贩卖奴隶的市场。

巴西的殖民地社会等级分明,在社会金字塔的最高层是白人,即葡萄牙人(还有少数犹太人、法国人、荷兰人等),其次是土生白人(被称为马梅卢科人,mameluco)和黑白混血人(被称为穆拉托人),中下层是几个种族的混血人以及再混血的巴西人,下层是获得自由的黑奴,最底层的是黑奴或印第安人奴隶。像西班

---

[1] [秘]欧亨尼奥·陈-罗德里格斯:《拉丁美洲的文明与文化》,商务印书馆,1990年,第89页。

牙美洲殖民地一样,肤色是阶级划分的标准,种族几乎决定一切。其中黑人因人数不断上升,逐渐和白人一样成为人口构成的主体。据统计,殖民时期贩进的黑奴约700万。① 在殖民地进行行政管理制度方面,葡萄牙人采取了与西班牙人极其相似的模式。但是从执行殖民政策方面看,葡萄牙人的方式要宽松得多,因此巴西殖民地享有一定的自由度。

三、法国、荷兰和英国的美洲殖民地

1. 法国殖民地

法国殖民地包括海地、法属圭亚那和其他安的列斯岛屿。这一地区的人口构成为白人(主要来自法国,另有部分德国人、荷兰人和爱尔兰人)、黑人(来自非洲的奴隶和赎身的自由民)和黑白混血人。从人口比重上看,黑人最多,其次是混血人,最少的是白人(安的列斯岛白人与黑人的比例是0.11:1)②。

其社会结构与巴西相似,上层阶级由白人构成,他们都是大庄园主、大种植园主和官员,还有少数经商或从事专业技术工作的其他欧洲国家的移民。中间阶层的成员主要是小庄园主、代理、总管、手工艺人、小商人等,他们是白人、混血人和自由民。最底层是黑奴,他们是种植园和农场的主要劳动力,因为这一地区的印第安人几乎绝迹了。殖民地经济以种植为主,主要作物有棉花、咖啡、可可、香蕉和甘蔗。

岛上的城市一般都建在海边,规模不大,人口不多。18世纪后期,城市才渐渐扩大。

法国人大庄园主并不都在岛上生活,他们建了一些法式住宅,由代理人或总管们居住,监督种植园和庄园的生产经营。

法属圭亚那在很长时间里成为法国政府安置犯人的流放地,因为该地自然环境恶劣。

在宗教信仰方面,法国当局采取了比西班牙人更宽松的政策,允许欧洲其他教派与天主教并存,甚至不强迫黑人放弃对伏都教的信仰。

荷兰殖民地包括苏里南和荷属安的列斯群岛。岛上人口构成与社会构成都很简单。居民只有少数来自荷兰的白人和黑人奴隶(岛上白人与黑人的比例是0.12:1)③。白人是种植园主、商人和官吏,黑人是奴隶。苏里南的人口中除了黑

---

① 郝名玮、徐世澄:《拉丁美洲的文明》,社科文献出版社,1999年,第139页。
② 同上,第143页。
③ 郝名玮、徐世澄:《拉丁美洲的文明》,社科文献出版社,1999年,第143页。

人和白人,还有黑白混血群体,他们多为自由民,从事小型经营和手工制造业。白人中除了荷兰人,还有少数经商的葡萄牙人和犹太人。荷兰人通常经营种植园。

苏里南社会的一个特殊阶层是逃亡黑奴,一些黑奴组成了一个群体,逃到丛林中以表示对奴役制的反抗。他们的斗争迫使当局承认了他们的自由身份,这些人就是"丛林黑人"的祖先。

殖民地经济以种植甘蔗和别的热带作物为主。与美洲殖民地保持贸易往来。

当时荷兰的国教是新教,但是在其殖民地人人有信仰自由,甚至连新教的敌人——天主教也可以有一席之地。当局也不干涉天主教在土著中宣教,黑人的宗教信仰也未被禁止。

2. 英国美洲殖民地

英国殖民地包括今圭亚那及安的列斯岛屿中的大多数岛屿(牙买加、巴巴多斯、百慕大、格林纳达等15个岛),由英国国王派出的总督治理,而岛上事务由本地议会决定。白人、黑人、黑白混血人构成了英属殖民地的人口,白人与黑人的比例是0.075∶1。白人居民以英国人为主,其次是爱尔兰人、犹太人和法国人。

安的列斯岛社会构成比较复杂,肤色和种族只是划分阶层的标准之一,财产的多少是一个重要尺度。只有那些占有土地超过10英亩并拥有10个以上黑奴者,才被视为种植园主并获得选举权,其他小产业者是自由民阶层,无选举权。少数没有产业的白人和卖身为契约劳工的白人与黑人一样处于社会底层,而混血人中有少数人掌握了一定的产业后,流入城市经商或从事手工制造业。

在圭亚那,社会由白人种植园主、黑人奴隶和作为自由民的黑白混血人构成。

殖民地的经济以种植园生产、奴隶贸易和蔗糖贸易为主。

在宗教信仰方面,因英国教会主要注重白人殖民者的宗教生活,因此黑人的一些传统信仰得到保留,但是在与基督教的长期接触中已经产生了一些混合成分。白人信奉新教和天主教。

第四节　独立战争

在18世纪末和19世纪初爆发的拉丁美洲独立战争席卷了整个地区,参加人数达数百万,其最终结果是结束了绝大部分区域的西班牙殖民统治,催生了一批共和国,揭开了伊比利亚美洲近代史的序幕。

一、独立战争的背景及起因

1. 启蒙思想的传播

早在17世纪末,起源于法国的欧洲启蒙思想就已经通过从欧洲归来的拉丁美洲知识分子传入西班牙殖民地,有识之士了解了人权论、三权分立思想和反对君主专制的思想,他们以这些理论以及社会平等、民主权利等原则为武器,抨击宗主国奉行的殖民制度,提出了独立的政治主张。一些美洲殖民地的思想家和后来独立运动的先驱们,如弗朗西斯科·德·米兰达(Francisco de Miranda,1750—1816),西蒙·玻利瓦尔(Simón Bolívar,1783—1830)等人撰文宣传欧洲启蒙思想,揭露和控诉殖民者的暴行,主张实施民主共和制,给拉丁美洲自由和主权。

美国的独立宣言(1776年)震撼了格兰德河以南殖民地的自由派人士,而十几年后法国革命的胜利更是大大鼓舞了这些爱国志士。1806年8月2日,米兰达发表了《告哥伦比亚大陆①人民书》,号召殖民地人民争取独立斗争。此后一段时间里,人们利用书籍、新闻宣传等手段不断为独立运动作舆论准备,克里奥人和梅斯蒂索人对此尤为敏感。

2. 西班牙抗法独立战争带来的契机

1807年拿破仑的军队入侵伊比利亚半岛,西班牙国王卡洛斯四世投降,将王位拱手让给拿破仑的兄长约瑟夫·波拿马,王室的无能激起西班牙民众和爱国将士们的愤怒,他们自发地组织起来,发动了起义。在南方城市加的斯,西班牙爱国者和美洲代表共同草拟了西班牙宪法,确定了君主立宪制。

当时伊比利亚半岛的局面是葡萄牙被法军占领,西班牙王室已成为法国人的阶下囚,而篡权者约瑟夫为应对西班牙的抗法游击战而疲于奔命,拿破仑拉开战线在整个欧洲大陆作战。因此无人认真过问美洲殖民地的动态,这种松懈给美洲的爱国者们制造了一个有利的契机,他们在各地密谋起事。

二、独立战争

蓄势已久的反抗终于爆发了。

在法属殖民地海地,起义者于1790年打响了独立战争的第一枪。在杜桑·卢维杜尔(1743—1804年)的领导下,以黑人奴隶为主体的起义者们与法国殖民者进行了长达14年的斗争,终于在1804年1月1日建立起了拉丁美洲第一个独立的共和国。

---

① 即美洲大陆——编者。

1810年4月，在拉丁美洲独立运动先驱米兰达将军领导下，在南美洲北部的加拉加斯爆发了起义。两年后，米兰达被捕，英勇就义。西蒙·玻利瓦尔接替了他的位置，继续指挥反抗殖民者的斗争。1813年起义军将西班牙人赶出委内瑞拉。

1810年5月，在南美洲南部的布宜诺斯艾利斯爆发了独立运动，其领导者是阿根廷将军何塞·德圣马丁（José de San Martín，1778—1850），当时的市政议会宣布拉普拉塔总督辖区独立。

1816年玻利瓦尔再次率军作战，因皮钦查等几次大型战役（1821年）的胜利，确保了新格拉纳达总督辖区和委内瑞拉总督辖区的联合，联合之后的共和国被命名为大哥伦比亚。

圣马丁将军又联合智利和秘鲁的起义者，分别于1817年和1820年先后攻入这两个战区。

1824年12月9日，玻利瓦尔率军赢得阿亚库乔战役，完全解放了秘鲁。

拉美独立战争领袖圣马丁

1825年，上秘鲁宣布独立。为纪念其解放者玻利瓦尔，新生国家被命名为玻利维亚。

1826年1月23日，最后一支西班牙殖民军在秘鲁的卡亚俄港投降，标志着西属南美洲的独立。

在北美洲，1810年9月15日在墨西哥中部的多洛雷斯镇，教区神父米格尔·伊达尔戈（Miguel Hidalgo y Costilla，1753—1811）敲响了教堂的大钟，率领民众起义，开始了墨西哥的独立战争。1810年12月6日在瓜达拉哈拉城宣布废除奴隶制。这个宣言比林肯在1864年南北战争中颁布的解放奴隶宣言早54年。当起义军迅速扩大到10万人时，战争急转直下，伊达尔戈神父和几名将领被俘，西班牙人残酷地处死了他们，并把首级挂在瓜那华托城示众，一直到1821年。此后，伊达尔戈神父的继承人们把战争持续了下去。中间曾几起几落，1823年共和国宣布成立。

在墨西哥打响独立战争的翌年，即1811年，中美洲地区展开了独立运动。1821年，中美洲地区宣布独立；两年后，中美洲联邦成立。

至此，除古巴等几个岛屿外，西班牙美洲的殖民体系基本上被摧毁。

葡萄牙殖民地巴西的情况有些不同。1808年拿破仑军队进犯伊比利亚半岛时,葡萄牙王室在英国军舰的护卫下转移到巴西的里约热内卢。国王若奥六世(1816年—1821年在位)虽推行了一些有利于巴西发展的政策,但是他加强了宗主国的专治。在军事方面,他占领了法属圭亚那,并且入侵乌拉圭,将该地区划归巴西。1821年,葡萄牙国内制宪的呼声日益高涨,迫使若奥六世返回里斯本。临行前,他任命王子佩德罗为摄政王。

早在1789年,巴西的独立运动在席尔瓦·沙维尔(1748—1792,绰号"拔牙者")的领导下爆发了。3年后起义被镇压,沙维尔就义。1817年巴西人再度组织武装起义,也惨遭失败。此时里斯本当局努力恢复巴西的殖民统治,要求摄政王回国,命令将殖民地政府的权力移交给宗主国。摄政王佩德罗在自由派人士的推动下于1822年9月7日宣布独立。1825年葡萄牙承认巴西独立。

北美洲和南美洲的西班牙及葡萄牙的殖民体制已经瓦解,18个新国家先后成立:墨西哥、危地马拉、洪都拉斯、萨尔瓦多、尼加拉瓜、哥斯达黎加、海地、多米尼加、委内瑞拉、哥伦比亚、厄瓜多尔、秘鲁、玻利维亚、智利、巴拉圭、乌拉圭、阿根廷和巴西。

三、独立战争的意义

拉丁美洲的独立战争是一场史诗,也是人类历史上最大规模的一次反对奴役的战争。经过二十几年的持续斗争,欧洲老牌殖民主义的统治被摧毁,许多国家获得了民族独立,赢得了主权,结束了君主制,确立了共和体制,按照西方模式制定了宪法,组建议会,实行三权分立,不少国家实行了政教分离,大大削弱了教会的特权,取消了从西班牙等国继承的贵族封建特权,不同程度地改变了土地所有制,推动了资产阶级的民主法制的建立,废除或限制了奴隶制,人权状况略有改善,等等。在经济上,由于摆脱了宗主国的剥削,实现了自由贸易,在一些领域开始采取资本主义经营方式,促进了资本主义因素的增长,为19世纪末、20世纪初的经济发展打下一定基础。在文化教育等方面,民族主义、爱国主义、印第安主义,实证主义等思潮形成了适宜的环境,使得一种崭新的拉丁美洲民族意识和一种本土化的混血型文化迅速萌芽、成长,并发展成一种逐渐摆脱了依附性的独立文化形态。

与此同时,必须看到这是一场不彻底的革命,不少史学家称之为"半途而废"的革命。[①] 独立运动的领导核心是克里奥人,即土生白人,他们之中包括接受了欧洲资产阶级教育的知识分子、军官、地主、商业资产阶级成员等,但是缺少欧洲和北美那样的工业资产阶级,因此这场革命的反封建和反殖民体制的目的并未完全达到,

---

① [秘]欧亨尼奥·陈-罗德里格斯:《拉丁美洲的文明与文化》,商务印书馆,1990年,第124页。

造成的后遗症就是在共和国期间大庄园制依然存在,在国家政体上保存着严重的封建制特点,导致了军队独裁(亦称"考迪罗"现象①)长期成为拉美地区的通病。这些通过军事政变上台的反动军人绝大部分代表大庄园主、大产业家的利益,扼杀了人权和民主,使法律、议会、共和国沦为他们手中谋取私利、迫害人民群众和进步势力的工具。

由于这场革命的不彻底性,对于广大人民群众,特别是对于印第安人和黑人来说,他们的状况没有改变,只不过是新主人代替了旧主人而已,新主人大部分是土生白人,也有部分梅斯蒂索人和穆拉托人,他们通过独立战争攫取了权利,并且堂而皇之地继承了西班牙人留下的财富,成为共和国时期的统治阶级。

在独立战争中有一种很特殊的现象,证明了在社会底层群众对战争的模糊认识,那就是两大阵营并没有绝对的种族界限,印第安人和黑人分别投入到保皇派一边或者共和派一边。大多数印第安人被迫参加保卫殖民体制的阵营,出于主人的命令或形势所迫。但是黑人对反抗奴役争取自由有一定的认识,作战英勇。土生白人也分为两派,甚至半岛人也不是百分之百都是保皇派,有一小部分人同情拉美人的独立运动,转而投向起义军。

独立战争结束了,新的国家建立起来了,但是,此后拉丁美洲经历了很长时间的动荡,新生国家的内战和国与国之间的武装冲突此起彼伏,军人成了国家政治生活的主角,独立运动的领袖们要么黯然退出政治舞台,要么蜕变成新"考迪罗"。与此同时,新殖民主义者乘虚而入,加勒比地区一些岛屿更换了新主人,依然处于殖民制度之下。

但是共和国毕竟在发展。

19世纪末,古巴——西班牙在美洲的最后一块殖民地独立了。拉丁美洲近代史结束了。

第五节 多元文化的形成

在拉丁美洲,不同种族、不同民族、不同文化经过三四百年的激烈冲撞、磨合与交融,最终形成了一个多源性与多元化的拉丁美洲文化,它不同于其源头文化,但又蕴含着源头文化的特点。在所谓征服者与被征服者之间,在外来移民者与本地土著之间出现了血的混合,漫长的混血过程也造成了文化的混血,混血型的文化影

---

① 考迪罗,caudillo,西班牙语,意为"军事首领"。

响了一切:拉丁美洲人的民族性格、思维方式和行为方式、语言、信仰、价值观、审美心理、文学艺术、政治形态、经济体制……

这种拉美的混血文化就是多元化的文化,之所以是多元化,就因为它有多源性。

一、伊比利亚的文化遗产

应该承认,西班牙人和葡萄牙人为拉丁美洲文化的形成作出了重要贡献。这种贡献构成混血文化的主干。

可以从物质的和非物质的两方面予以阐述。

1. 物质遗产

西班牙人和葡萄牙人为新大陆引进了许多此地从不曾有过的物种(包括动物和植物)以及种类繁多的运输工具、劳动工具、生活日用品等等。例如:动物类的牛、马、骡、羊、鸡、猪、欧亚品种的狗及其他家畜家禽;植物类的稻、大麦、小麦、大豆、甘蔗、柑橘树、橄榄树、无花果树、葡萄、桑树、各种温带果树等;器械、用具、工具类的铁器、轴承(车轮)、车辆(牛车、马车、轿车等)、船、渔猎工具、武器、新式生产器具(织布机、碾磨机、印刷机等)等等。

尤其需要提及的是西班牙人把中国人的四大发明(印刷术、造纸术、指南针和火药)传播到美洲,养蚕造丝、生产丝,造纸印刷也是美洲较早发展的工业项目之一。

2. 非物质遗产

主要有以下几项:

——语言

伊比利亚人带来并传播了(也许最初传播方式更多的是强行的)西班牙语和葡萄牙语,这是两种表现力强、规则完备而且应用范围很广的语言,是当时欧洲的流通语言。由此不仅使过去因语言繁杂而彼此隔绝的土著人能够相互沟通,也有助于拉美各民族与外部世界融为一体,有助于接受世界文化,接受新思想、新知识,也有助于他们宣传自己,使世界了解拉美。也正是用这两种语言和文字,充满激情的、感性的拉美人发展了他们的文学,用诗歌、散文、小说和戏剧升华了拉美民族的思想和情感,并与全世界分享。

这就是这两种古老的欧洲语言的功能:打破了樊篱,构筑了桥梁。

——欧洲的国家模式和社会体制

在殖民初期,伊比利亚人将君主制和中央集权制运用到新大陆,在行政区划方面,也将半岛上应用已久的省制、市镇辖区等模式照搬过来。其中西班牙的市镇管理沿袭了中世纪的某些传统,例如其行之有效的自治权。自治权确保了如下内容:每个市镇均设有市议政会,该会有权根据本地区需要发布政令,有权征收赋税,发展公益事业、管理经济秩序和贸易活动,有权不遵从不符合市镇利益的国王谕旨,有权要求直接觐见国王。议政会成员由市民选举产生,这种模式符合欧洲发展的传统,也推动了新大陆城市的建制,稳定了社会发展。其某些特点与土著传统较接近,即集中了民事管理、宗教、文化、经济的权力。

市镇和后来大城市的发展最初均来源于古希腊—罗马的城市概念,甚至城市的布局与规模也都可上溯到地中海沿岸和爱琴海文明,伊比利亚人继承并予以发展,之后传到新大陆。在此要特别强调一下市镇中心广场的作用:中心广场是矩形,那里可以举行公众活动;广场中心有时还建一座摩尔式亭子,上面可以演奏音乐或宣读国王或政府公告。在礼拜日,人们从教堂出来可以在广场上聚会,特别是上层人物喜欢在广场四周的林荫路上散步,或者骑马、乘车兜风,利用这个机会炫耀自己华丽的马车和女士们的珠宝及盛装。这已经成为那个时代拉美地区的城市景观。

——新的哲学体系

伊比利亚人传播了欧洲古典和近代的哲学体系,把一种既不同于印第安人传统观念也有别于黑人传统观念的古希腊的斯多葛主义、文艺复兴思想、荷兰的伊拉斯谟思想和犹太—基督教思想体系等观念传播到新大陆人的头脑中,形成了新的思维模式,决定了新的行为模式,造就了拉美人的属性,从而拉近了两个半球之间的距离。

——新的美学观念

美学观念所包含的范畴很广,特别体现在民族审美观上,具体表现在造型艺术、视听艺术、日常生活的审美表现形式等方面。伊比利亚人的审美观念是多元的、开放的,因此他们传播到拉丁美洲的同样也是兼收并蓄的,极具包容性的。正是这一点为后来拉美民族在文学艺术创作上能独辟蹊径、卓尔不群、创立出自己的风格流派、做出令全世界瞩目的表现奠定了基础。在本书第九章中对此将予以阐述。

——统一的宗教信仰

伊比利亚人从征服时期开始,就采取了一手持剑一手高举十字架的战略。在几个世纪的时间里,几乎全部西班牙和葡萄牙的美洲殖民地都成为罗马天主教的辖区,这也正是他们征服新大陆的主要目的之一。过去,在各个印第安文明中并没有统一的信仰,其宗教要么是自然崇拜,要么具有二元论倾向,而且在宗教活动中还存在不同的图腾崇拜、巫术、活人祭祀等成分。天主教统一了各族群的信仰,对于拉丁美洲民族意识的产生,对于使其彼此认同并产生向心力这一点来说,有催化作用。至于如何更加客观地、历史地予以评价,则要从不同的立场来看待这一问题,但是不能简单地从征服者与被征服者的立场出发,因为今天的广大天主教信徒来自的西半球各个民族和种族,占比例最大的是混血种人。

然而必须要看到,伊比利亚人通过征服和殖民留给拉丁美洲的遗产是有争议的,应从正反两面予以认识。半岛的某些负面成分被传入美洲后,变得变本加厉,成为阻碍新大陆发展的弊端。例如:食古不化地恪守中世纪精神的体制和价值观、作为封建残余的大庄园制、反理性的宗教狂热、以亲缘关系和裙带(或教亲)关系为基础的社会人际关系、家长制、教会与军队的重权、经院哲学导致的空谈和缺乏深刻思想性的作风、轻视科学技术等等。这些弊病造成了严重的后果,许多在日后变成地区性痼疾,如严重的无政府主义、暴乱、内战、政治上的腐败作风、低效率、松散的社会结构等,追本溯源,都或多或少地与这些"遗产"或"文化遗传"有牵连。

二、其他欧洲文明的遗产

法国、英国、荷兰等国殖民者在其殖民地文化的形成过程中,也都留下了深深的宗主国的印记,主要表现在体制、社会模式、语言、宗教、艺术形式等方面,但是宗主国的影响并未原封不动地得以延续,而是与殖民地的文化成分,特别是与黑人奴隶带来的非洲文化相结合,混合成一种新型文化。以语言为例,尽管在几个殖民地区域分别采用了各自宗主国的语言,但是在新环境下,语言发生了变异,其发音、语调、词汇、语法都有变化,或受到非洲一些地区语言的影响,或掺杂了西班牙语或葡萄牙语的成分。宗教情况也是这样,上述三个国家对宗教的限制较宽松,允许黑人保留自己的信仰,但是法国的天主教、荷兰及英国的新教仍占主导地位,从而主导了价值观的形成,对思维方式和生活方式也起了导向的作用。

三、印第安文明的遗产

作为美洲大陆最早的主人和开发者,印第安文明对于拉丁美洲文化的形成起了奠基作用。主要表现在以下两方面:

1. 物质方面

印第安人经过长时间的摸索和实践,培育和驯化了许多经济作物,其中玉米、马铃薯、红薯、豆类等构成了美洲人赖以生存的主要食粮。西班牙人在登陆之初,凭借着印第安人好心提供的玉米饼等食物才得以存活。此后,玉米始终是一代又一代美洲人(不管什么种族)重要的营养保障。

据考证，早在 5000 年前，印第安人就已经将野生玉米培育成人工栽培植物了。玉米品种多达数十个。品质不同，生长期和生长环境也不同。因此玉米的适应性强，在美洲各地均有生长，成为印第安人的主要食粮，也是印第安文明的物质基础。后人恰如其分地称印第安文明为"玉米文明"。在古代神话传说里，人类的始祖是用玉米做成的。

玉米也是印第安人对全人类的贡献。如今，在全世界主要的 5 种基本粮食作物中（小麦、稻米、玉米、马铃薯、红薯），美洲印第安人驯化的作物占了 3 种。其中，仅马铃薯的种类就达数百种之多。

除了玉米、马铃薯和红薯，古代印第安人还培育出 40 多种其他农作物，例如花生、向日葵、西红柿、西葫芦、豇豆、菜豆、黄瓜、扁豆、菠萝、鳄梨、草莓、可可、木瓜、番石榴、龙舌兰、木薯、辣椒等等。

这些原产地为美洲的作物由西班牙人和葡萄牙人引进欧洲，又从欧洲传到其他大陆，为人类的生存立下大功。拉丁美洲的文明和文化之所以形成和确立，首先应归功于印第安人驯化动、植物的贡献。

在印第安人培育的物种中，橡胶的作用也不可忽视，"橡胶"在当地土著语的发音为 cauchu，西班牙人引进了这个词：caucho。它是现代工业的基本原料，特别是在汽车制造工业。另外。球类运动也离不开它。很难想象如果没有印第安人的这一发明，现代世界会是什么样。

许多药用植物成了现代医药的至宝，如治疗疟疾的特效药金鸡纳霜（quinquina）。

烟草在印第安人的传统文化中主要用于宗教活动，在祈雨的仪式上，祭司们点燃烟叶，喷云吐雾，制造一种雨神降临的效果。一般的平民百姓并不吸烟。但烟草后来变成一种休闲消费品，被白人和混血人接受，备受欢迎。（最初传到欧洲时曾遭教会禁止，视之为邪恶）烟草加工成香烟和雪茄，成为殖民地男性居民必不可少的恩物，而上等雪茄更是上流社会绅士们的标志。烟草本身的独特功能使之成为一种具有文化内涵的商品：知识分子在思考和写作时，艺术家在创作时，政治家们在辩论时，似乎都离不开烟。烟草传到欧洲后更是改变了人们的生活方式，吸烟室、吸烟服、烟具应运而生，同时又带动庞大的烟草业产业群。经研究，烟草对人的身体有害，这是后话，跟印第安人无关。

古巴雪茄

巧克力也是墨西哥印第安人给人类的馈赠，连这个名称都是西班牙语依照原始发音而定的，如今全世界都这样称呼这种名列甜品名录第一的美食。

在拉美人的日常生活中，白人和混血人继承了印第安人劳作的器物和服饰，并保存至今。以墨西哥为例，印第安人的披毯"蓬乔"（poncho）和萨拉披（zarape）、女式绣花无袖上衣微披尔（huipil）等都成为各族居民喜爱的服饰，因其色彩绚丽，式样独特，穿着能彰显民族个性；烹饪用的陶锅、平底锅、陶罐、陶碗、陶杯等都出现在平民的家中和大饭店的餐桌上，甚至在国宴上使用，为了增添传统色彩；家具方面最典型的是席子、吊床和一种软扶手椅，吊床和扶手椅的土著语词汇已经被收入皇家语言科学院编撰的大字典，分别是 hamaca 和 butaca。

2. 非物质方面

印第安文化的许多因素成为伊比利亚美洲新文化的基础，其存在方式也许并不是显而易见的，但其影响力仍旧潜移默化地在拉美人的生存方式、思维方式和行为方式上发挥作用。比如：无论是中美洲还是南美洲的印第安农民、混血人农民都曾经遵循一种集体耕种属于自己群体的土地的制度，他们对土地的眷恋、公有化倾向、对社区的依赖、怀乡情绪等都可在古代印第安文明中找到根源。古老的图腾崇拜渗入到新的信仰中,拉美人对鹰、蛇、美洲豹的推崇和某种模糊的畏惧感,使这些动物的形象出现在国旗上、国徽上、教堂的装饰上和艺术品中。印第安人的生死观对北美和中美洲人有很大影响,白人和梅斯蒂索人及穆拉托人都不同程度地接受了这种豁达地面对死亡、相信轮回的观念。由此引发了一些独特的习俗和传统,如墨西哥的亡灵节、节日食品骷髅糖等等。在拉丁美洲民族性中也能发现不少印第安文化的遗传因子,如松散的时间观念、大男子主义、对信仰和传统的执著、对血缘关系和家族的依赖、宿命论等等。在艺术领域可以清晰地触摸到印第安人传统的审美观,拉美的造型艺术(绘画和雕塑)、文学创作(诗歌、小说、戏剧)、建筑、音乐、舞蹈之所以成为具有鲜明地区特点的作品,就因为其鲜明的土著风格与其他风格的完美结合。有关这个题目,在第九章中将进一步予以阐述。

印第安语言遗产是一个应该重视的题目。高傲的半岛人发现他们必须部分地接受"野蛮人"的语言,因为他们接触到的是一个全新的、完全陌生的世界,他们的语言储备根本无法应付那么多的新鲜事物和概念,只得屈尊使用那些"古怪的"词汇。在哥伦布的首次航行中,在他的《航海日记》中已经出现了即使旧大陆最渊博的智者也没见过的 13 个词:canoa(独木舟)、hamaca(吊床)、caníbales(食人肉者)、cacique(酋长)、caribe(加勒比人)、caona(黄金)、ají(辣椒)等等。其中 canoa 一词被内布里哈收入他在 1493 年编写的第一部西班牙语词汇表里,那是唯一的一个美洲语言的词汇。此后,随着征服行动的逐步扩张,越来越多的美洲词汇出现在西班牙人的书信、公文和发表的文章中,例如 batata(甘薯)、bohío(茅屋)、guanábana(番荔枝)、higuero(加拉巴木果)、iguana(鬣蜥)、yuca(木薯)、maguey(龙舌兰)、maíz(玉米)、mamey(人心果)等。1525 年,在王室编年史家奥维多(Gonzálo Fernández de Oviedo)呈递给国王的"《西印度群岛自然通史》概要"(Sumario de la natural historia de las Indias)中,在短短的几页里竟然出现了不下 70 个美洲印第安词汇。在塞万提斯和洛佩·德·维加的作品中也出现了来自美洲的土语。例如,在塞万提斯的剧作中,能够检索到最早进入西班牙的几个土著词汇:cacao(可可)、caimán(鳄鱼)、bejuco(藤本植物)、huracán(飓风)、caribe(加勒比) 和 chacona(恰空舞)。

土著语主要是以词汇的形式进入西班牙语,这些词汇大多用于表现那些本土特有的动物、植物、器物、食物、服饰、仪式、礼制、地名和人名等。随着社会文化的演变,有些名词又派生出新词,或以土著语词汇为词根按西班牙语方式造出新词。词汇之多已经足以编纂出拉丁美洲西班牙语辞典。在几百年的文化融合过程中,印第安语言在口语和书面语言两个方面施加了影响,最终形成了有鲜明地方特色的拉美西班牙语,极大地丰富了西班牙语的词汇量和表现力。

构成了拉美文化基础的印第安文化遗产是独特的,也是丰富多彩的。

四、非洲文明的遗产

从16世纪初到19世纪末,白人奴隶贩子从非洲劫掠和诱骗大批黑人,把他们像货物一样塞到船里,穿过大西洋,运到美洲。据说这些黑奴大约有数百万,但在贩运途中死亡率极高,到达美洲后他们在甘蔗田、棉田、咖啡园里劳作,在矿井和热带雨林里劳作,大批人死于苦役和疾病。正是这支劳动大军奠定了美洲许多国家(如加勒比海诸岛和巴西)的经济基础,而且也是欧洲商业资本积累的巨大动力。

非洲人创造了物质文明,也带来了非洲文化,并把这种外来文化融入美洲文化之中。

非洲宗教并没有在殖民者的摧残之下完全湮没,而是以不同方式存活在黑奴和黑奴后裔的信仰里。在巴西和大小安的列斯岛,黑人们通过其舞蹈、圣歌和各种仪式表达对非洲神灵的崇拜、对祖先的追忆。虽然他们之中绝大部分人信奉基督教,但是这并不妨碍他们同时也集体做非洲祭祀,同时他们还使基督教非洲化,改头换面,使之成为一种混合教。许多传统节日具有双重色彩,包括狂欢节,那里既有正宗基督教、天主教的圣像,也有来自非洲宗教(如伏都教)的面具。

非洲人对拉丁美洲艺术的贡献有目共睹,主要体现在音乐、舞蹈和造型艺术方面,他们为拉美的艺术表现形式增添了新的成分,丰富了内涵,增强了个性化,把奴隶们追求自由、追求信仰和对幸福与安宁的渴求凝练成永恒的主题,激起各民族艺术家的创作灵感,完成了许多充满生命力的作品。

五、多元文化的形成

在各民族的血缘相交叉的过程中,文化混血的过程也开始了。在漫长的三个多世纪中,拉丁美洲民族形成了,其成分是欧洲白人(以西班牙人、葡萄牙人为主)、美洲印第安人、非洲黑人、梅斯蒂索人、穆拉托人、桑博人、少量亚裔和全面混血的人。

与此同时,一个混血的多元文化也渐次形成了,其构成成分是欧洲文化(古希腊—罗马文化和犹太—基督教文化)、美洲印第安文化、非洲黑人文化和少量东方文化。在这种混血文化中,跨境西班牙语和跨境葡萄牙语作为文化的载体也日渐成熟,在后来的文化传播、文学创作和拉美民族意识的构建中起到无可替代的作用。

欧洲殖民者和一批又一批的移民把欧洲文化移植到拉丁美洲,当他们有了某种本土意识(拉美意识)时,又会自觉或不自觉地吸收和继承印第安文化;而美洲印第安人努力保护和保存古代美洲文化的同时,也不同程度地受到外来的欧洲文化的影响,学习并吸收了其中的部分因素。这样,双方都在既维护自己的文化又吸纳着对方的文化,黑人和其他民族的、形成群体规模的移民也是同样的情况。久而久之,在文化的碰撞和磨合中,一种独特的、新型的、混血的拉丁美洲文化诞生了。

第六节 现代社会的基本轮廓

进入20世纪之后,拉丁美洲的政治地图已基本标定,国家体制稳定,各国区划早已确定。(尽管边界冲突和边界争议在部分地区仍然存在,直到现在)拉丁美洲不再是独守一隅的"新大陆",它以几十个主权国的身份融入国际社会,并且积极参与国际事务。但是其特殊的历史背景、老殖民主义留下的后遗症、新殖民主义的控制等因素,造成一系列严重的问题,从政治、经济和文化等方面制约着拉美的发展。这些问题中最突出的是贫穷、暴力、不合理的经济结构、不健全的民主制和社会不平等现象。

在21世纪的今天,情况有了明显的改观,宏观形势正在朝着积极的方向发展,主要表现在以下几个方面:社会民主程度有所提高,过去构成拉美地区病的军人独裁政府已基本销声匿迹,经济有不同程度的增长,单一生产现象已逐步被多种经营取代,教育科技卫生状况得到改善,在一些国家扫盲运动取得很大成就,贫穷人数在缩减(根据CEPAL的统计,2006年比前一年减少了3.3%),地区一体化增强了拉美国家在政治经济贸易方面的合作和协调性,在国际舞台上拉美的声音越来越自信。旧的问题正在解决,新的问题又不断出现,尽管如此,那个破碎的、贫穷而落后的拉丁美洲,早已被固定在历史的旧篇章中了。

在这一节将简要介绍20和21世纪发生在拉丁美洲的若干重大事件和重大思潮。

一、墨西哥革命(1911—1917)

20世纪初,执政长达34年的独裁者波菲里奥·迪亚斯(Porfirio Díaz,1830—1915)已使墨西哥陷入暴政、贫穷、贪污腐败的境地。1911年全国爆发了起义,迫使独裁者逃往国外。但是虽然专制统治被推翻,新政府的某些政策和当时政界、军界首领们的矛盾又引发了新的暴力事件,刚被任命的佛朗西斯科·马德罗被杀害,继任者执政不够一年又被推翻。农民起义推出了归还土地的口号,要求土地改革,北方民众义军领袖是潘乔·比利亚(Pancho Villa,1878—1923),南方的农民领袖是埃米利亚诺·萨帕塔

(Emiliano Zapata,1879—1919),他是印第安人。联邦政府的士兵与革命派之间的战争持续了七年,城市和农村都被卷入,起义者们曾一度占领了墨西哥城。战争使上百万人死亡,国家的元气大伤。1917 年宪法获得通过,这部宪法是那个时代拉丁美洲最进步的宪法,其主要条款包括:土地和地下财富均为国家所有;国家保护世俗教育;教会不得购置、占有和经营不动产。要进行土地改革。

这场革命充满暴力,起义军领袖先后被暗杀,几任总统死于非命,美国也曾出兵干涉。1920 年武装冲突才告结束。虽然墨西哥革命有其局限性,但是它开启了拉丁美洲现代史的一页。

二、古巴革命

20 世纪拉丁美洲影响最大最深远的大事件之一是古巴革命。

1953 年 7 月 26 日,以菲德尔·卡斯特罗(Fidel Castro,1926—)为首的一批青年爱国者袭击了政府军的军营蒙卡达,目的是推翻巴蒂斯塔独裁政权。起义失败了。1956 年 11 月 25 日,卡斯特罗率领 82 位勇士乘"格拉玛"号游艇从其流亡地墨西哥出发,在古巴东部奥连特省登陆,进入马埃斯特腊山区,建立了根据地,开展反独裁政府的游击战。在各派爱国力量的支持和配合下,游击队迅速壮大,并于 1959 年 1 月 1 日胜利进军哈瓦那,推翻了巴蒂斯塔政府,建立了革命政权。1965 年卡斯特罗率领的"七·二六运动"与其他党合并,正式改名为古巴共产党。

卡斯特罗和格瓦拉

新政府在短短几年时间里推行了一系列有利于劳苦大众的社会主义政策,如实行了土地改革,将美资企业收为国有,开展扫盲运动,等等。古巴和当时的社会主义国家苏联、东欧国家及中国建交,获得政治上的支持和经济上的援助,而美国已宣布与古巴断交,停止一切经援,并多次派雇佣军入侵古巴,但均告失败。自 60 年初起,美国及其盟友对古巴采取贸易禁运、经济封锁、武装干涉和外交孤立等手段,企图消灭古巴革命政权。

自那时起至今天,古巴革命已经走过了 50 年,其历程充满艰辛,有成功的经验,有失败的教训,也有正在实践着的探索。从 20 世纪 90 年代中期开始,古巴经济逐年增长,社会环境稳定,对外关系得到改善,经贸政策较过去宽松。目前有数百家外企在古巴投资,与古巴有经贸往来的国家达 138 个,建立外交关系的国家有 164 个。同时,国际上反对美国对古巴实施达半个世纪的经济制裁的呼声日益强烈。

作为位于美国大门口的古巴,一个面积仅有 44,000 平方英里的岛国,不顾超级大国美国及其追随者的高压政策,始终坚持其主权、独立和社会主义原则,深受拉丁美洲和世界各国人民的尊敬。

迄今为止,古巴是拉丁美洲唯一的由共产党领导的社会主义国家。

三、智利的社会主义政权

在 1970 年的全国大选中,以社会党领袖萨尔瓦多·阿连德(Salvador Allende, 1908—1973)为首的"人民团结阵线"获胜,此前他获得了包括智利共产党在内的左派联盟的支持。上任之后,他立刻着手推行他的经济纲领,主要内容有:对银行和基础工业实行国有化;进行土地改革,征收私人庄园的土地;提高普通劳动者的收入,改善社会福利(最低工人工资增幅达 50%),改善医疗保健制度等。在外交方面,阿连德政府努力维护国家主权和民族独立,支持第三世界国家的争取独立民主的运动,积极发展与当时的社会主义国家的外交关系,在南美国家中第一个与中国建交并恢复了和古巴的外交关系,充分显示了独立自主的民族精神。

阿连德本人信奉马克思主义,他在 1971 年 5 月向国会提出的第一个总统咨文中提出要在智利建设社会主义,但这个社会主义模式不同于当时的苏联模式,而是多元化的、更加民主和自由的,允许政治观念、意识形态和经济体制的多元化,允许公有制、私有制、合营制并存;同时,他主张国家要在资产阶级法制范围内进行社会主义变革。

在阿连德执政的三年时间里采取了许多大胆的社会变革措施,如将智利最大的 3 家美国铜矿公司收归国有,这一天被定为"全国尊严日",被智利人民视为第二个国庆日。而这些激进的变革刺激并强烈打击了国内外(主要是美国)的利益集团,它们动用手中的美元策动了一起又一起的阴谋,破坏智利的经济秩序和社会秩序;美国对智利实行经济封锁,停止贷款,压低铜价,甚至鼓动欧洲港口拒绝智利运铜船靠岸。国内通货膨胀愈演愈烈,破坏活动和罢工频频出现。美国用各种方式公开或间接地支持反政府活动,在中情局的支持下,以皮诺切特(Augusto Pinochet)为首的右翼军人于 1973 年 9 月 11 日早晨发动了军事政变。政变部队动用了飞机、大炮和坦克,将总统府包围。阿连德总统拒绝了军方提出命他投降以换取流亡国外的条件,与他的卫队一起手持武器、头戴钢盔保卫共和国的莫内达宫和宪法。在政变者的轰炸和机枪扫射下,阿连德总统殉职。

这场政变和随后开始的对左翼人士的疯狂镇压,造成大量人员死亡、失踪、被监禁、流亡,至今没有一个准确的相关数字。事后,美国中情局局长科尔比承认,美国政府批准 800 多万美元用于颠覆阿连德政府,尼克松总统也承认美国参与了智利政变。[1]

对于智利的社会主义革命措施和通过议会选举改进社会变革等尝试值得讨论和反思,而阿连德总统始终是一位勇敢的社会变革家和政治家,是一位拉美人民尊敬的民族英雄。

四、21 世纪的"左派"政府

进入 21 世纪以来,在拉丁美洲政坛出现了一个引起全世界瞩目的现象:一批民众主义领袖和左翼政党领导人通过大选成为执政者,这些政府的崛起改变了拉丁美洲的政治格局,影响了这些国家社会发展的方向与模式。

被公认的左派或中左派当政的国家有南美洲的阿根廷、玻利维亚、巴西、智利、厄瓜多尔、乌拉圭和委内瑞拉以及中美洲的尼加拉瓜,共 8 个国家。这些国家无论在领土面积还是在人口上,都在整个拉美地区占优势。(领土面积占 71.8%,人口占 53.8%)[2]

最先执政的是委内瑞拉总统查韦斯(Hugo Chávez),他于 1998 年在大选中以进行"玻利瓦尔革命"为竞选口号,获得成功。

2000 年,智利社会党领导人拉戈斯(Ricardo Lagos)在大选中胜出。之后,在 2006 年该党领导人米切尔·巴切莱特(Michelle Bachellet)又在大选中取胜,成为智利共和国第一位女总统。

2002 年巴西劳工党总书记卢拉·达西尔瓦(Inacio Lula da Silva)竞选总统并于 2006 年连胜。

2003 年阿根廷正义党左翼领袖基什内尔(Ector Kirchner)当选阿根廷总统。他任满之后,其妻克里斯蒂娜·费尔南德斯也在大选中获胜,成为该国第二位女总统。

2004 年 11 月乌拉圭竞选联盟推举出的左派领导人巴斯克斯(Tabaré Vázques)在大选中胜出,当选乌拉圭总统。

2005 年 12 月,"争取社会主义运动"领导人埃沃·莫拉莱斯(Evo Morález)以超过半数的选票当选玻利维亚总统,他是该国历史上第一位印第安人国家元首。

2006 年,原尼加拉瓜桑地诺阵线领导人奥尔特加(Daniel Ortega)在失去执政

---

[1] 转引自索飒:《丰饶的苦难——拉丁美洲笔记》,云南人民出版社,1998 年,第 187 页。
[2] 江时学:"社会主义在拉美复兴?",《环球时报》,2007 年 3 月 19 日,第 11 版。

地位16年后,竞选成功,再次成为尼加拉瓜总统。

同年,"主权祖国联盟"领导人科雷亚(Rafael Correa)在厄瓜多尔大选中获胜,组建新一届政府。

这些"左派"政治力量并不是传统意义上的左派,而是相对于90年代的积极推行新自由主义政党而言的资产阶级阵营内的左翼。是一种没有严格意识形态指导的、融合实用主义与民众主义的左派。

这些左翼力量可以根据其宗旨、政策和战略方式分为激进派和温和派,前者主要以查韦斯政府、莫拉莱斯政府和科雷亚政府为代表,后者以巴西、阿根廷、智利、乌拉圭等国政府为代表。激进派的变革主要是经济上反对新自由主义,政治上提出"参与民主",外交上与古巴建立紧密联系,坚决反美。具体措施包括对重点工业领域(如油气资源)实行国有化,实行"社会救助计划",给农民分配土地等。查韦斯还明确提出了由"玻利瓦尔革命"转向"21世纪社会主义"的目标。温和派的基本目标是重建民主体制,对新自由主义经济政策进行修正,保持经济稳定增长,提高民众福利,对美态度比较缓和。虽然二者有距离,但也有不少共同点,最主要的是双方的变革都是在现存体制内实行的变革。

在21世纪,拉丁美洲人民在选择各自发展的方式和方向上将会更加理性,机遇会更多,前景会更加乐观。

思考题

1. 以哥伦布为首的西班牙船队是怀着什么样的目的出发的?
2. 如何历史地看待伊比利亚人对美洲的征服?
3. 为什么说拉丁美洲文化是混血文化?是由哪些主要成分构成的?主要特点是什么?
4. 如果没有欧洲人的入侵和殖民化,美洲印第安文明会怎样发展?
5. 如何看待21世纪拉丁美洲左派的崛起?

附录 1：

西班牙国王胡安·卡洛斯在 1978 年首次出访多米尼加共和国时在欢迎仪式上的讲话摘录：

"……

今天早上我就对你们说过，所有来到美洲的西班牙人在踏上多米尼加的土地上时，都会在这里寻找到自己的根。作为西班牙人，我是最新的来访者；而作为西班牙人的国王，我是第一位来访者。在美洲，我们找到了某些在伊比利亚半岛被我们抛弃的东西，而在这里不仅被移植过来，而且被再创造。生活就是不断地创造，你们的生活和我们的生活过去不同，现在也不同，你们的生活更加生气勃勃，非常真实——也非常有自己的特色，但是我们依然有许多共同点：语言、文化、历史、血缘、城市的建筑和生活方式，这些因素把我们联系在一起，同时也使我们保持了特有的同一性，就像一座座的山脉一样，山的根基彼此相连，山的顶峰才彼此分开。分开不等于分离，我通过这次难忘的访问确认了这一点。你们也对此表示赞同，这就是我来到这里所倾听到的美洲的诺言。"

J. Cortes-Cavanillas, *Crònica de Juan Carlos*, *Rey*, ALCE, Madrid, 1978, p.399.

附录 2：

拉美国家中央权力机构一览表

国　家	总　　　统	议　　会	近期变化
阿根廷	任期 4 年，可连选连任一届。如果任何候选人都未能在第一轮选举中获得 45% 或 45% 以上选票，就举行第二轮选举。	两院制。众议员 257 名，任期 4 年，可连选连任，每 2 年改选 1/2；参议员 48 名，按地方各省宪法所确定的选举程序选举，每两年改选其中 1/3。	1994 年修改宪法，总统任期由 6 年减为 4 年，可连选连任一届，取消选举人团制度，实行直接选举。

国　家	总　统	议　会	近期变化
玻利维亚	任期5年,不可连选连任,但隔一届后可继续竞选。如果任何候选人都没获得多数选票,议会通过秘密投票从得票最多的3位候选人中选出总统。	两院制。130名众议员和27名参议员,任期5年,不可连选连任。	1994年8月修改宪法,把有选举权公民的年龄从21岁改为18岁,把议会两院议员和总统任期由4年改为5年。
巴西	任期4年,可连选连任一届。如果没有候选人在第一轮获得多数票,要举行第二轮选举。	两院制。议员选举采用比例代表制。513名众议员,任期4年,可连选连任,到期全部改选;参议员81名,任期8年,第一次改选2/3,4年后改选另外1/3。	1993年就国家体制进行全民公决,绝大多数人赞成现行的总统制。1994年修改宪法,把总统任期由5年改为4年。
智利	任期6年,不可连选连任。如果无任何候选人在选举中获得多数,需进行第二轮选举。	两院制。众议员120名,任期4年,可连选连任。46名参议员,任期8年,可连选连任,每4年改选一半;46名参议员中38名由选举产生,8名由任命产生(军队、总统、国家安全委员会各任命3名、2名和1名)。所有前总统自动成为参议员。	1989年通过公民投票对宪法进行64处修改,把直接选举的参议员由26名增加到38名,总统任期由8年减为6年。
哥伦比亚	直接选举,任期4年,不可连选连任。如果没有任何候选人在第一轮获得多数票,需进行第二轮选举。	两院制。众议员161名和参议员102名由选举产生,任期4年,均不可连选连任。	1991年修改后宪法扩大少数民资的公民权。1994年首次进行副总统选举。在参议院中分配给土著人2个席位。
哥斯达黎加	任期4年,不可连选连任。如果没有候选人在选举中获得40%以上的选票,就举行第二轮选举。	一院制。61名国民议会议员由选举产生,任期4年,不可连选连任。	1949年后选举一直正常进行,变化不多。

国家	总统	议会	近期变化
多米尼加	任期4年,不可连选连任,隔一届后可再次竞选。如果任何候选人都没有在首轮获得多数票,需进行第二轮选举。	两院制。20名众议员和30名参议员均任期4年,不可连选连任。	1995年5月中央选举委员会宣布巴拉格尔在总统选举中获胜,但选举结果引起争议。经谈判,议会把巴拉格尔的任期减为2年,并禁止将来的总统连选连任。
厄瓜多尔	任期4年,不可连选连任,但隔一届后可再次竞选。如果没有任何候选人赢得多数票,需进行第二轮选举。	一院制。82名议员(都成为众议员)通过比例代表制选举产生,其中12名全国众议员在全国范围内选举产生,任期4年。70名省级众议员任期2年,由各省选举产生。所有议员可以连选连任。	90年代以后允许独立人士竞选任何职务,同时允许总统隔一届后再次竞选。
萨尔瓦多	任期5年,不可连选连任。如果没有候选人获得多数票,需进行第二轮选举。	一院制。84名议员由选举产生,任期3年,可连选连任。	
危地马拉	任期4年,不可连选连任。如果没有候选人获得多数票,需进行第二轮选举。	一院制。80名议员通过比例代表制选举产生。其中16名在全国范围内选举产生,64名在各省选举产生。全国和各省的选举分开举行。	1994年修改宪法,把总统任期由5年改为4年,把议会议员由116名减为80名。
洪都拉斯	任期4年,在第一轮选举中产生,不举行第二轮选举。	一院制。134名议员按比例制原则,按照在总统选举中各候选人所在政党得票数产生。任期4年,可连选连任。	1995年警察部队归文人政府管辖,司法警察归总检察长指挥,实行志愿兵役制,废除强迫兵役制。对司法制度做了许多修改。

国 家	总 统	议 会	近 期 变 化
墨西哥	任期6年,不可连选连任,只进行一轮选举。	两院制。500名众议员中,300名按多数原则直接选举,200名按比例代表制选举。	1993年对议会和联邦选举委员会进行了重要改革。在1994年大选中,首次要求联合国培训选举监督员。改革参议院组成和选举方式,保证少数党可获得25%的席位。
尼加拉瓜	任期5年,不可连选连任。如果没有人获得45%或45%以上的选票,需进行第二轮选举。	一院制。92名国会议员按比例代表制选举产生,任期6年。	1994年,议会作出规定,从下届开始,国会议员和市长的任期由6年改为5年。
巴拿马	任期5年,不可连选连任。只进行一轮选举,获得简单多数票者即当选。	一院制。72名议员由选举产生,任期5年。	
巴拉圭	任期5年,不可连选连任。如果没有人在第一轮选举中获得多数,需进行第二轮选举。	两院制。80名众议员和45名参议员任期5年,可以连选连任。	1992年新宪法设立副总统职务,禁止总统和副总统连任。市政当局不再由总统任命,而由选举产生。
秘鲁	任期5年,可以连选连任一届。如果没有候选人在第一轮选举中获得多数,需进行第二轮选举。	一院制。120名议员由选举产生,任期5年,可以连选连任。	1992年藤森解散两院制议会后进行新的议会选举。新议会的80名成员任期2年,并负责制定新宪法。1993年10月,公民投票通过新宪法。按照新宪法,建立120名议员的一院制议会,并允许总统连任。
乌拉圭	任期5年,不可连选连任,但隔一届后可再次竞选。只进行一轮选举。	两院制。99名众议员和30名参议员按比例代表制原则选举产生,可连选连任。	1996年,参议员曾就宣发修正案进行投票,改革总统选举程序,其中包括预选,但当时未获通过。

国　　家	总　　统	议　　会	近期变化
委内瑞拉	任期6年,副总统由总统任命。只进行一轮选举。	一院制。203名议员任期5年。	1998年查维斯当选总统后成立立宪大会,制定新宪法,建立一院制议会,把总统任期由5年改为6年。

——转引自袁东振、徐世澄:《拉丁美洲国家政治制度研究》,世界知识出版社,2003年,第346页。

第十章

宗教以及宗教对社会生活的影响

*古代印第安人的信仰——天主教与征服——黑人宗教——
拉美宗教的本土化与混血——天主教与拉美当代社会——解放神学*

研究拉丁美洲的文化不能不研究其宗教。研究拉丁美洲的民族,更需要研究其信仰。

第一节 古代印第安人的信仰

如同任何一个古代文明一样,宗教信仰是文明的核心部分。在拉丁美洲的各个土著部落中存在着不同的信仰:自然崇拜、鬼魂崇拜、神灵崇拜、萨满教、图腾崇拜、巫术等,十分盛行。但是,在文明程度比较高的玛雅、印加、阿兹特克、其普恰等文明中心,已经有了较高形式的宗教信仰,有了虽然混乱但是已大致分出等级的神谱系,有了专门执掌宗教事务的祭司,有了相对固定的祭祀形式。各个部落和各个文明中心的宗教有差异,但是也有很多的共性。正如奥克达维奥·帕斯指出的,"尽管名称不同,语言不同,但是其仪式、典礼和意义相近。每座印第安城镇所供奉的神都日趋彼此相似。在同一种宗教里。司农业的神(土地神、植物神或者像特拉洛克那样的丰收之神)与来自北方的诸神(天神、战神、猎神,如威齐洛波齐特利、特斯卡利波卡和米斯夸特)并存。"[①]

古代印第安宗教基本上可以分为两种观念:万物有灵观和巫术。前者认为世间万物皆有灵魂,外在形态可以消失,但是灵魂不死;无论在自然界还是在人类社会,到处都有精灵,因此要用宗教仪式保护自己。后者在古代印第安人中间也极有

---

① Octavio Paz: "El laberinto de la soledad", Fondo de Cultura Económica, México, 1989, pp. 83—84.

影响,这是一种迷信观念,巫师充当人、灵之间的中介,驱鬼祈福。

一、阿兹特克人的宗教信仰

阿兹特克宗教有其前期文明的印记,如奥尔梅克文明、特奥蒂瓦坎文明和周边地区的托尔特克文明和玛雅文明等,其基础是自然崇拜和农事崇拜,即信奉太阳神、月亮神、花神,也信奉与农事有关的玉米神、雨神、丰收之神等神祇。

作为一个极具宗教感,甚至可以说匍匐在众神脚下的民族,阿兹特克人创造了一个庞大的神谱,包括大大小小约上千个神灵,他们的一举一动都受神的制约。这些神都有各自的职能,但是有时分工并不十分明确,常常发生权限混淆的现象。这证明其宗教形式还未进入高级阶段。

诸神之中有四位香火极盛:源于部落图腾的羽蛇神盖查尔科亚特、太阳神特斯卡特波利、墨西卡部落之神威齐洛波齐特利(也称作南方蜂鸟)和战神墨西特利。太阳神的形象特征是一面护心镜,象征日。根据传说,它需要用活人的心脏和鲜血来维持生命,残酷而令人胆寒。为此,阿兹特克人需要大量的战俘做活人祭,这类祭祀活动常在盛大节日期间举行,充当牺牲的人必须符合一定的条件。在祭祀时,被祭献的人被带到神庙前的一个石桩前,将其身体放倒,祭司用石刀取出他的心脏,献给太阳神。这样人们就相信,太阳又可以精神抖擞地照耀大地,保佑他们武运长久了。

南方蜂鸟之神也被尊为大神和战神,与太阳神一样渴血,须以活人献祭。每年有两次大型祭祀活动。

比较温和并且极受人爱戴的是羽蛇神盖查尔科亚特,它已经人形化了,是一位白皮肤长胡须的长者。在传说中,他驾舟向东驶去,留言500年后归来。

祭司们组成了阿兹特克社会一个特殊的阶层,他们大多数来自上层社会,不事农耕,受过专门训练,掌握各类常识,是文化层次最高的群体。除了宗教礼仪,他们还懂一些医学知识,可以给人看病;懂一些天文学知识,承担天文观测和历法推算的工作;他们决定祭祀日期,主持典礼活动,行巫术,甚至直接操刀做活人祭献。他们还有一份神圣的工作:当老师,办教育。在阿兹特克这个以宗教为全部社会活动和生产活动的中心的群体中,祭司们享有充分的权威,属于仅次于大酋长和上层贵族的重要人物。

祭祀中心是金字塔形的神庙,那里也是整个部落的中心地带。

二、玛雅人的宗教

玛雅文明的历史远比阿兹特克文明悠久,其宗教信仰有一个比较长的演化过程,其基础也是自然神崇拜。玛雅神数不胜数,在不同的玛雅部族中,已知的神约有166位。如果按照主题划分,玛雅神可分为4类:主管世俗现象的神、人格化的神、兽形神和动物。主要神有雨神恰克、风神、玉米神、天神兼太阳神伊察姆纳、死神阿普契等,库库尔坎神相当于托尔特克人和阿兹特克人的羽蛇神,形象也近似,大约都起源于对蛇的崇拜。

玛雅人有自己的宇宙观,有天堂和地狱之说,也有关于人的起源的传说(他们认为人是用玉米粉调和而成的)。另外,他们和许多古老民族一样,也有关于史前洪水的传说。

玛雅宗教和中美洲的宗教一样,都有这样几个主题:"包括二元性、死亡和地狱概念;具有特定个性、功能并在不同场合为了不同目的显灵的众神;祭品——包括动物、人和自我献祭——以及周而复始的时间和一系列的关于创世的故事。"[①]

玛雅人的祭祀中心是梯形金字塔的神庙。人们为了取悦神,常常向神献祭。一般的祭品是食物或者珍宝(玛雅人喜欢用金器和玉器),偶尔也用人祭。主持祭祀的是祭司,他们在活动之前要斋戒,甚至自残或服用致幻类草药、毒品,以使自己产生幻觉。

三、印加人的宗教

印加人继承了前期文明的宗教观念,也信奉自然神,接受万物有灵论。在其宗教成分中有图腾崇拜、偶像崇拜和巫术。印加人为了统一远近的各个部落,强调太阳神印帝(Inti)是其主神,而印加人是太阳的子孙,印加王是太阳神之子和最高祭司。因此,建在库斯科的供奉太阳神的神庙被奉为帝国的圣地,庙里有极其富丽堂皇的装饰和大量金银珍宝作为祭品。他们同时也敬奉整个安第斯地区人人信奉的造物神维拉科恰,它有无数的化身,很善良,其主要功绩是在的喀喀湖创造了大地、太阳、月亮和人类,并且周游四方以传播文明。

安第斯的宗教往往把众神想象成不同的形象,具有不同的神力,掌管不同的领域,既有太阳神、月亮神、雨神、海神、雷神等比较常见的神,也有代表更加具体的自然现象或者部落资源的神,例如彩虹神、农神或金属加工神。

印加社会中的特殊阶层之一是祭司们,他们来自上层社会,接受过严格的教育。其中大祭司的权限极大,他住在太阳神庙里,过着戒律极严的隐修生活,社会地位非常高,几乎仅次于印加王。最重大的仪式就是祭祀太阳神印帝。按照印加人的信仰,太阳神赐给他们农业收成、雨水和牲畜兴旺,因此他们必须向太阳神献

---

① [英]D. M. 琼斯、B. L. 莫里努著:《美洲神话》,希望出版社,2006年,第92页。

上丰厚的祭品。

印加人的信仰的另一个特点是祖先崇拜。当人们认为某位死去的祖先具有超自然能力，便将其视为部落的保护神。这种集体崇拜会形成同族人的凝聚力。印加人将印加王的尸体制成木乃伊加以膜拜就是典型的祖先崇拜，而且他们认为，用这种方式，死者的生命就会得以延续。遇到战争，人们会抬出木乃伊，作为祖先庇护而提高士气。此时的木乃伊已经具有神的功能。

印加人的宗教分为国家崇拜和民间崇拜两种形态，前者是整个印加社会（包括被他们征服的部落）对民族保护神太阳神的信奉，后者包括百姓对祖先、部落图腾和一些比较低级的神灵的崇拜。

四、土著宗教的共性及其延续性

我们在对古代印第安宗教有了些许了解之后会发现，尽管各个文明中心都有其特点，尽管其图腾崇拜、祖先崇拜、鬼魂崇拜和巫术中有各不相同的膜拜对象，但是随着交通的日渐开发，由于贸易和战争，文化之间的交流出现了，并且加强了。当一个部落或部落联盟打败了另一个时，征服者的文明就会对被征服者施加影响，强势文化就会进入战败者的文化中，甚至取而代之。所以一度强盛的托尔特克人的神被日后更加强大的阿兹特克人和南部的玛雅人接受，印加人的祭祀对象也被周边被征服的部落所供奉。

这样，我们就看到三大文明中心和其他地区的文明在宗教上的共性，例如对自然万物的崇拜、对天象（主要是太阳和雨）的崇拜、或多或少的活人祭献、一些祭祀典礼的形式（如美洲中部和东南部共有的球赛仪式）、祭品中使用的贵金属、诸神与农事的紧密联系，等等。

从表面上看，古代印第安人的宗教信仰随同征服行动的结束而永远消失了。其实不然。一种信仰绝不是随着其偶像和祭坛的被毁而不复存在了，更不是一朝一夕就可以被灭绝的。当滋生这种信仰的基本环境还存在时，信仰就作为一种习惯力量顽强地生存下来，只不过会有某些改变或者变通而已。从另一方面看，当西班牙天主教势力消灭"异教"的狂热开始退烧时，较为包容的、灵活的、理性的思维抬头了，这就为出现在16世纪之后伊比利亚美洲轻度的宗教混血打下了基础。

第二节 天主教与征服

在哥伦布的几次航行中,总有传教士出现在远征队伍中,因为无论是"大发现",还是随之而来的征服行动,都被看做是为了上帝和国王。在1493年,即"发现"美洲的翌年,教皇立即宣布新大陆为天主教统治区。此后,大量传教士随同征服者和殖民者一同进入美洲,建立各级教会组织,协助西班牙和葡萄牙王室及其派遣的官员,建立世俗社会秩序。征服与传教同时进行,在殖民统治的3个世纪,整个拉丁美洲的民族几乎无一例外地成为罗马教皇的臣民。

自1492年10月12日,随同哥伦布一道在华特林岛登陆并插上第一个十字架起,直到独立战争之后各共和国成立,天主教势力到底发挥着怎样的作用呢?质而言之,教会的宗教力量,即精神力量,与世俗政权紧密配合,共同维护和支撑西班牙、葡萄牙和其他殖民当局的统治。

教会的具体作用有如下几点:

一、传教者

"发现"行为与征服行为的赤裸裸的宗旨是对土地和黄金的渴求。但是对于在思想意识上还固守着中世纪废墟的西班牙人和葡萄牙人来说,迫使一个"异教"社会归化到天主教旗下是他们可以堂而皇之,甚至名正言顺地动用暴力去征服的绝妙理由。正如陈-罗德里格斯所言,"虽然经济因素在伊比利亚对新大陆的殖民活动中居于首要地位,但传播基督教也给它提供了宗教上的理由,如同是进行一次新的十字军东征。"①

1493年,在西班牙港(埃斯帕尼奥拉)建立了第一个美洲教会组织。此后,各传教会纷纷前往新大陆,主要有方济各会、多明我会、奥古斯丁会、施恩会和稍后的耶稣会。凭借各种特权,这些传教团体占有了大片土地,修建教堂、修道院和其他设施。

1504年,经教皇钦准,在圣多明各建立了第一个主教区。之后,就像在旧大陆一样,按照罗马教廷的规定,各级教区陆续建起来,形成了与世俗行政建制并行的规模。到殖民统治的后期,在美洲大陆共有10个大主教区、38个主教区以及下辖的规模不等的教区。教会的基本建制是大主教区、主教区、代牧区、高级教士管辖区以及下属的小教区,小到一个村庄也必有一个教堂、一位神父和若干助手。于今亦然。

---

① [秘]欧亨尼奥·陈-罗德里格斯:《拉丁美洲的文明与文化》,商务印书馆,1990年,第341页。

二、殖民统治的参与者

殖民地教会下辖的各级宗教机构是殖民统治体系中重要的组成部分,主教、神父、教士的职位都分别由国王和总督来任命,他们还获准在世俗机构任职,直接参与殖民统治。

教会对印第安人、黑人和混血人实行的强制性入教,是确保殖民制度建立和巩固的重要步骤。由于改宗,土著人口失去自己的信仰,这意味着逐步放弃自己的文化传统,而终身只能受教会的辖制,包括人的思想和价值观。为了防止出现"异端",土著和黑人的原始宗教被尽可能地灭绝,其他教派也被禁止在西班牙、葡萄牙殖民地登陆。即使如此,殖民当局还是在几个总督区引进了宗教裁判所,用以惩治被天主教视为异己的教派和巫术。

文化教育事业也是殖民统治的重要环节,教会几乎垄断了这一领域。所有的学校都是教会创立的,或者由其监管。教学体系、教育管理始终都处在教会的直接控制之下,所开设的课程以神学和经院哲学为主,很少涉及自然科学,这一现象直到独立战争后才有明显改观。书籍的出版印刷也是须经教会审查,来自欧洲的关于先进思想的书籍难以入境。教会通过这些方式禁锢了人们的思想,保障了殖民地统治的稳定。

除了精神统治,教会还直接参与了经济和财政事务。由于教皇的批准,教会有权征收什一税,可以经营商业,放高利贷,没收"异教徒"的财产充为教会财产,收取洗礼及婚丧费用,其浩大的地产也成为生财之道。教会财产的积累与殖民统治者的财富积累同步进行。

三、文化混血与精神混血的推动者

西班牙传统文化有其多面性,也可以说有其矛盾性,作为传统文化的关键因素之一的天主教同样也有其矛盾行为。其顽固的保守性和所谓的正统性导致了多次宗教战争和对其他宗教的残酷迫害,驱逐犹太人和改宗的摩尔人以及宗教裁判所的令人发指的判决就是这种倾向的明证;但是其基督教教义中的精神性、人道主义精神和文艺复兴思想(如人文主义)又促使相当一部分天主教修士甚至高级神职人员去保护印第安人,去和世俗殖民当局和奴隶贩子的恶行作斗争,去敦促朝廷和罗马教廷颁布法令限制征服者对土著的暴行。

尽管在 16 世纪初期,宗教界对土著人的看法有分歧("他们是有灵魂的人吗?"),但是在经过 45 年的研讨之后,教皇宣布"印第安人是人"。看起来很可笑,但是比起英国新教徒殖民者在北美的所作所为,似乎还更可取一点,因为对"人"

(特别是对待一个印第安皈依者)就要采取人道的态度,至少在理论上是如此。这为日后大规模的传教、大规模的血缘交融、大规模混血种人的出生和一个混血文化的诞生发出了开启的信号。即使西班牙王室和教皇也未反对白人与土著人通婚,而北美殖民地的新英格兰人却从不肯屈尊改变自己白种人的"高贵"血统,因为他们未把土著人视为同类。直到20世纪20年代,在亚利桑那、南北卡罗来纳等州的法律中,仍禁止白人与印第安人通婚。

300年殖民化过程从另一个角度看也是文化混血的过程。其间教会起到推动者的作用。从殖民初期开始,天主教修士们就协助当局建立各级行政建制,并在其中成立各级宗教机构,同时为那些生活在偏远地区的印第安人聚居地建立另一种形式的村镇,即"天主教归化村"。除了"归化"的目的,从文化方面给予当地人不少的帮助。例如教印第安人用欧洲方式耕种土地、纺织、饲养家畜,教印第安儿童学西班牙语等等。当这些村落与当局发生冲突时,有时神父和修士们能够引证相关的圣谕或法律条文维护土著人的利益。这类"归化村"遍布拉丁美洲殖民地,仅奇基多人和莫霍人(他们的后裔如今聚居在玻利维亚东部)集中的地方就有30多个,直到18世纪70年代"耶稣会"被驱逐,情况才略有变化。

在这些来自西班牙的宗教人士中还保留着一些源自早期基督徒的建立乌托邦社会的理想。在17世纪初,耶稣会修士们曾在巴拉圭河沿岸建立土著瓜拉尼人村落。这一地区十分封闭,修士们按照一种古代社会的理想模式在村落中组织男耕女织的生产方式,民主选举首领,建立扶贫帮困的平等制度,用自给自足的方式解决社会需要,拒绝接受来自外部社会的生活方式和思想,甚至拒绝使用货币。在整个传教区内禁止实行监护制、米达制和奴隶制,宣布土著人有自己的权利。修士们在传播福音的前提下有效地组织起瓜拉尼人的近乎原始共产主义的社会生活。自1610年耶稣会开始在巴拉圭传教后的100年时间里,他们建立了拥有10万瓜拉尼人的20个传教区。到1700年,又有10万印第安人皈依天主教,投奔了耶稣会,又扩建了30个传教区。为了抵御英、法、葡萄牙人的不断入侵,耶稣会还获准组织了印第安人的军队。到了18世纪中期,耶稣会区域里教民自给自足,而且由于享有免税权,积累了大批资产。这一成功刺激了当地殖民统治者和白人大厂主、大庄园主们,他们只想要土著人给他们当牛作马,于是他们密报朝廷,说耶稣会建"国中之国"是为了谋反,最终卡洛斯三世在1767年下令驱逐耶稣会。这一乌托邦团体存在了约200年,给巴拉圭人留下深深的耶稣会的影响,也把本来就比较隔绝的状态封闭得更紧了。

在与印第安人接触的过程中,一些文化修养较高、受文艺复兴思想影响较深的教士,对于已经濒临灭绝的印第安文化做了极为可贵的记录、整理和抢救工作。现存的哥伦布到达之前的诗歌、神话传说、部分编年史、宗教典礼、典籍等,均出自他们之手。他们探访印第安老人和幸存的祭司们——土著部落的知识精英,用拉丁文记录下逐渐湮没的历史,留下不少手抄本,而且他们还组织有绘画天赋的印第安人为手抄本作画。由于印加、阿兹特克和其他部族都没有文字,玛雅人仅有的典册也基本上被西班牙人作为"异端"、"邪教"之物证而焚毁,后世了解前哥伦布时期的历史、文明,只能凭借传教士们的手抄本和科学家们的考古发现了。像《波波尔·乌》、《契兰·巴兰之书》、《拉雅纳尔武士》等作品均由修道士们收集整理之后再译成西班牙文或其他欧洲文字才得以流传的。

在整理印第安文化遗产方面作出贡献的传教士中,贝尔纳尔迪诺·德·萨阿贡是很突出的典型。他是圣方济会的教士,为了传教他常常深入到印第安部落中,了解其语言、信仰和风俗习惯。有了初步了解之后,他被那些丰富多彩但不为人知的土著文化深深吸引了,于是他刻苦学习纳瓦语,用了约 10 年的时间去搜集、整理阿兹特克的文化遗产,《新西班牙事物通史》就是其劳动的成果。该书共 12 卷,内容包括古代墨西哥印第安人的社会结构、等级制度、行政管理、宗教信仰、典礼仪式、经济状况、生产制度、动植物及矿物资源、语言修辞、道德伦理以及西班牙人的到来和阿兹特克的覆亡。这部用西班牙语和纳瓦语写的巨著就是一部印第安百科,但是最初被西班牙的西印度事务委员会封杀,直到 16 世纪末才重见天日。值得一提的还有迭戈·德·兰达(Diego de Landa)主教编的《尤卡坦纪事》(1560 年)也弥足珍贵。

这确实是个矛盾现象:破坏史前文明的有教会参与,抢救这一文明的也主要是教会下属的神职人员。

为了方便宣教,在殖民地活动的一些西班牙传教士开始学习各主要土著语言,如纳瓦语、玛雅-基切语、阿劳坎语、奇普恰语、克丘亚语等,他们还编纂了多部西班牙语—土著语言的词典,介绍了这些部族语言的词汇和语法,成为今天不可多得的珍贵语言文献和工具书。例如 1547 年出版的《纳瓦语或墨西哥语法》(安·德奥尔默斯教士)、1555 年出版的《卡斯蒂利亚语—墨西哥语词典》(阿隆索·莫利纳教士)、1560 年出版的《秘鲁王国印第安人通用语言词典和语法》(多明戈·德圣托马斯教士)、1612 年出版的《艾马拉语词典》(佛·德尔坎多教士)、1639 年出版的《瓜拉尼语珍贵文集》(安·鲁伊斯)等。①

与此同时,西班牙传教士们也是在殖民地传播西班牙语的主要推动者和实践者。由于印第安部落的语言纷繁复杂,传教士们不可能掌握成百上千的语言分支

---

① 马联昌:《西班牙语与西班牙文化》,湖南教育出版社,1999 年,第 26 页。

进行传教。于是 1596 年 6 月 20 日,西印度事务委员会向费利佩二世上书,建议让印第安人学习并使用西班牙语,他们认为,要像当年罗马人把拉丁文变成所有被征服地区的语言一样,西班牙语这种征服者的语言必须成为美洲殖民地唯一的语言。执行这一严厉的语言政策最得力的就是传教士们。他们编纂词典和语法书,创办学校,亲任教师,在印第安贵族和儿童中间首先推广西班牙语,最终使西班牙语成为伊比利亚美洲的第一语言。

语言同化是促成文化混血的重要手段之一,各个种族和各个民族群体之间可以交流了,而交流会缩短彼此的距离,会增强认同感,由此慢慢形成拉美文化的向心力和同一性。西班牙殖民者的语言政策是强加的、强迫的,但是必须客观地看待其结果。在这方面,教士们的付出是不可低估的。

四、慈善事业的组织者

根据历史记载,在殖民时期,所有的医院都是由教会创办的,神职人员直接参与其中的服务和管理,许多护士工作都由修女担任。此外,像孤儿院、育婴堂、济贫所、救济院等机构也由教会控制,后两类机构主要是收容孤苦无依的老人、病人、流浪者等弱势人群。17 世纪,教会建立了一个济贫教团"贝特莱米塔会"(Betlemita),专门致力于对印第安人的救助。这一模式至今在西班牙、葡萄牙和拉美一些国家仍得到部分保留。修道士和修女们的日常功课之一是到医院和孤儿院等慈善机构提供服务。

在巴西活动的天主教团主要是耶稣会、本笃会、圣方济各会和加尔默罗会。这些教团对巴西的慈善事业做出了相当的贡献。修士们创办医院、孤儿院、女修道院、殡葬机构和济贫所,开办印第安儿童学校。

在加勒比海诸岛的情况与此近似,但宗教的作用小于西、葡殖民地。

第三节 非洲黑人的宗教:唯灵论

黑人奴隶从非洲大陆带来的宗教以唯灵论为主。

所谓唯灵论,其核心观点是人死后灵魂不灭,可以通过灵媒(如巫师)与活人沟通。灵魂对人世有左右的能力,可以是善意的,也可以是邪恶的。唯灵论教有诸多门派,其差异在于巫师"通灵"或者做法事的手法、神的个性等。拉丁美洲最主要的唯灵论派别有伏都教、"乌姆班达"和"坎东贝"。

伏都教的影响区域主要集中在海地和加勒比个别地区,其神灵统称为"劳阿斯"(Loas),具有不同的功能。这些神灵的来源呈多源化,有的来自非洲,有的来自本土,还有的是来自天主教的圣徒。信徒们通过巫师与神交流,而巫师们举行各种神秘的仪式,并利用某些器物(如蜡烛、偶像、植物、动物的甲壳等)来施法术,或者获取神谕。他们一般都掌握一定的用草药治病的本领,在社会上与头面人物保持联系,这样他们可以确保自己的威信与权威地位。

伏都教派时常举行祛除灾患的仪式,但是由于门派不同,导致了教徒的分裂,甚至发生教派冲突。该教建立了一些附属机构和社团,有自己的宗教中心。在海地历史上,伏都教曾经不止一次地卷入政治斗争中。

在巴西最有影响的唯灵论教派是"乌姆班达"和"坎东贝"。

"乌姆班达"教主要流行在巴西社会中下层的黑人和黑白混血种人中间,少数白人也信奉它。其神灵虽然源自非洲,但是其功能与特征都与基督教的诸神相似。所不同的是,这些神灵可以通过灵媒来传导其训示,以帮助信徒们避祸祛邪保平安。在其宗教中心常常举行仪式,并组织各种辅助性的社会文化活动,如医疗服务等。"乌姆班达"教的中心在里约热内卢。

"坎东贝"教的信众主要是穷困的黑人,他们受教育程度低,生活艰难。其部分神灵与基督教的神已合二为一,例如,其智慧之神奥萨拉(Oxala)与耶稣合为一体。此教重视仪式,常把神的形象融合到传统舞蹈、狂欢、节日聚会和聚餐中,强调其实效性功能,例如强身健体、在精神上涤污去垢等。

在大、小安的列斯岛和圭亚那,唯灵论和拜物教都有普遍影响,甚至在奴隶制初期,在一些奴隶居住的村落,还建有同几内亚神庙相似的神庙,跳加纳的舞蹈,行加纳的礼仪,还敲鼓传信,鼓点很像加纳某些部落习用的鼓点。非洲的神灵、非洲的神话传说始终活在黑人奴隶和他们的后代的心中,他们企图通过礼仪、圣歌、舞蹈甚至巫术获得种族的同一性和向心力,即使在皈依基督教后,传统信仰依然以上述方式存活着。殖民主义者禁止奴隶们交谈,但是允许他们唱歌、跳舞。于是,自那时起,黑人的圣歌和舞蹈的语汇中都融进了反抗者的信仰。人们用纳戈语、约鲁巴语和其他非洲语言唱赞美诗,用非洲鼓传递信息,甚至用鼓声建立各居民点之间的秘密联络,这些做法都与其传统宗教仪式紧紧地联系在一起。

第四节 拉丁美洲宗教的本土化和"混血"

1493年,罗马教皇亚历山大六世宣布,新大陆为天主教世界。从那以后不到300年的时间,伊比利亚美洲和加勒比部分地区基本上都成了罗马教廷的天下。无论是印第安人还是黑人或者混血人,都受洗成为基督徒。从形式上看,基督教化似乎非常彻底,土著人受洗后都取了基督圣徒的名字,连姓氏都拉丁化了。即使在最偏僻的山区,那些不识字的艾马拉人或者玛雅-基切人名字都叫做胡安,或是赫苏斯(耶稣)、安赫尔(天使)、玛利亚等。他们能用不太规范的西班牙语祈祷,能用西班牙语唱赞美诗。纵然如此,西班牙王朝的统治者仍嫌不够,他们认为一个基督徒不能穿"异教徒"的服装。于是,卡洛斯三世下诏,规定印第安妇女的服装必须仿效西班牙埃斯特雷马杜拉、安达卢西亚和巴斯克地区劳动妇女的服装式样,连今玻利维亚高原地区印第安女人的中分式发型都是当年西班牙总督托雷多定下的。殖民主义者要制造出成千上万的从内到外都天主教化的土著人。

但是,从西班牙人和葡萄牙人传教开始,印第安人、黑人和混血人就始终采取一种"阳奉阴违"的做法。他们绝大部分人士被迫接受征服者的信仰,而在内心深处以及在本族人中间时,古老的传统信仰从未丢弃。他们不放过任何机会表示自己的执著,只不过方式是隐蔽的、温和的、中和的。负责督建教堂和修道院的修士们不止一次地发现,在神圣的"上帝之家"里那些有固定的基督教内涵的装饰图案被印第安工匠们给偷梁换柱了。例如,百合花被换成产自墨西哥的大丽花,小羊羔被换成羊驼,鸽子被换成金刚鹦鹉;甚至在不太引人注意的角落,还会隐现美洲豹的形象。有些印第安人在给一座新教堂打地基时,会悄悄地把本族人信仰的"托南钦"(阿兹特克人的太阳神)或者"印帝"(印加人的太阳神)的标志砌进砖石中,以求得到庇护。

面对一个庞大的民族群的软性抵抗和他们精神上的巨大疑惑,西班牙的宗教代表们呈现出较为罕见的灵活性和通融,个中缘由一方面是出自实用目的,即尽快把这批被教皇承认有灵魂的人变成驯顺的臣民和羔羊,进一步变成劳动力;另一方面也许是文艺复兴思想中人道主义和人文主义精神在这些伊比利亚人身上的折射。教会允许天主教的教义和礼仪在美洲殖民地有某种灵活度,从而为天主教的本土化开了绿灯。巴托洛梅·德·拉斯卡萨斯神父本人就曾将上帝的形象嫁接到印第安人的自然神雷神"图帕纳"身上,创造出"圣父图帕纳",帮助印第安人理解和接受这一概念。

而作为拉丁美洲天主教本土化最典型的例子,是瓜达卢佩圣母的出现,我们在前一章已经予以介绍。在墨西哥,没人不知道瓜达卢佩圣母,她的形象出现在几乎所有的公共场所,包括出租车上。一位目不识丁的印第安农民也许不能一一道出基督教的诸神,但是他能毫不犹豫地说出墨西哥守护神的名字和她的奇迹,原因就是圣母的皮肤是棕色的,是他们的人。这也就是为什么恰恰在独立战争中瓜达卢佩圣母被宣布为墨西哥的守护神并且成为起义军的标志。

如今在一些印第安人相对集中的国家,如玻利维亚、秘鲁、危地马拉等国,不少印第安人既信奉天主教,又参加自然神教的仪式,甚至还相信巫术。以玻利维亚为例,艾马拉部落的人仍然相信自然界万物皆有神:湖神、闪电神等,因而产生了许多对诸神的祭拜。另一些印第安部落虔诚地相信太阳之子比拉科查(Viracocha)和大地之神帕查妈妈(Pachamama)。在祭祀这些非基督教圣灵时,信众们举着十字架或圣幡,有时神父也参加。在墨西哥,每年的12月12日是全国性纪念日,因为那一天是瓜达卢佩圣母的升天日。参加人数最多、最虔诚的是从四面八方赶到墨西哥城圣母大教堂的印第安人,其次是梅斯蒂索人。教堂内,大主教主持着庄严的弥撒;在外面的广场上,印第安人穿着他们传统的服饰,带着羽毛冠,在跳着阿兹特克人的祭神舞蹈。舞者都垂首低目,边跳边祈祷,向天主教的圣母。气氛异常肃穆。更有一些印第安人采用传统的自残方式向圣母乞求恩赐,他们从几十公里甚至上百公里外的村庄一路跪拜而来,为了给家中的重病患者或颗粒无收的年成消灾。

简而言之,拉丁美洲统一的天主教信仰只是一种表象,实际上墨西哥、中美洲、安第斯山一带的印第安人以及巴西和加勒比地区的黑人所信奉的是天主教和祖先留下的信仰相中和的教义,与所谓社会"精英"的白人信徒的信仰之间有很大距离,因为这种本土化的或曰"混血"的天主教教义与仪式所代表的是社会底层的信仰和利益。一些史学家把拉美这种调和的信仰的外部表现形式概括为:敬奉守护神的节日,在圣徒显灵的地方举行祭礼,敬奉并崇拜宗教象征物(圣骨骸、圣烛、法衣等),供奉本土化的神像,在民间节日上接受特别祭礼等等。[①]

所谓纯粹的印第安宗教和纯粹的黑人宗教基本上不复存在了。

存在于数百万拉丁美洲民众中的天主教被混血了,一如这些民族和这些民族的文化。这一特质为20世纪60年代兴起的解放神学运动打下了基础。

在结束这一节之前,我们读一段一位名叫胡安·佩雷斯·霍洛特(Juan Pérez Jolot)的印第安农民对耶稣的认识,他住在墨西哥恰帕斯州恰木拉村(San Juan de Chamula del Estado de Chiapas, México),那是一个如同保留地的小山村。

"这个摆在匣子里(指圣龛——作者)的就是圣曼努埃尔,他也叫圣救世主老爷,或者是圣马太;就是他在照看人们,照看所有的生灵。人们祈求他保护在家里的人、走在路上的人、在田里干活儿的人。站在十字架上的那个人也是圣马太老爷,他在教导我们,在告诉我们他是怎么死在十字架上的,他用这个教我们去尊重……在圣马太出生之前,太阳和月亮都变冷了。在大地上生活着一批*扑库骇死*[②],它们吃人。当圣

---

① 参阅[秘]欧亨尼奥·陈-罗德里格斯:《拉丁美洲的文明与文化》,商务印书馆,1990年,第343页。
② 此处为音译指一种类似魔鬼的精灵。

婴,就是圣母的儿子圣救世主老爷出生的时候,太阳就开始变暖了。"①

在这个恰木拉的印第安农民的信仰中,祖先的宗教和后天的天主教已经浑然一体了。

第五节 天主教与拉美当代社会

一、概况

19世纪,当独立战争结束了,各个共和国陆续建立起之后,这些新的政体便通过立法形式开始限制教会的权限,削除其过度的特权,并逐步实施政教分离。从19世纪后期起,天主教会在许多国家里已经丧失了全部或部分世俗权力,其经济特权(如土地占有权)也被剥夺。例如:

智利——1865年法律允许所有教派均可举行礼拜仪式。1874年取消教士的豁免权。1925年,宪法规定政教分离。

阿根廷——1853年宪法规定宗教信仰和做礼拜的自由,以吸引欧洲各国移民。1884年,政府取消了公立学校正规课程中的宗教课。19世纪末,阿根廷已成为世俗国家。

巴西——1890年,天主教会与政府实行分离。1891年,宪法确立宗教信仰自由,实行世俗教育。1892年,政府撤销了对教会的经济支持。

哥伦比亚——19世纪60年代,自由党政府宣布允许信仰自由,禁止天主教会干预政治事务,禁止教会社团占有不动产。

厄瓜多尔——1904年,宪法规定保障宗教自由。1906年新宪法规定教会和国家实行分离,公立学校取消宗教课程。1908年,规定教会的土地不得转让,后收归国有。教会的世俗权力被剥夺,国家实现了世俗化。

墨西哥——在该国,因调整国家与教会的关系爆发了多次战争和暴力事件。1855年,"华雷斯法"取消了教士的豁免权。1857年,宪法规定出版和言论自由,禁止教士参加国会选举,政府可以干预信仰。1910年革命的主要内容之一就是反教权。1917年通过的宪法规定教会不得购置、占有和经营不动产,禁止在教堂以外的地方举行公共宗教仪式,国家保护世俗教育,一切初级教育必须是世俗的。

---

① Octavio Paz, *El laberinto de la soledad*, Fondo de Cultura Económica, México, 1989, p. 97.

在玻利维亚等国,虽然承认罗马天主教是国教,但是对其财产、特权等也都严加限制。

总之,在这一阶段,天主教会的资产大幅度下降,神职人员减少,机构在萎缩。至今,绝大多数拉美国家在宪法中都规定了公民有信仰自由的权利,天主教一统天下的局面不复存在了。

目前根据不完全统计,基督教新教、东正教、伊斯兰教、印度教、犹太教、佛教在拉丁美洲都有一定数量的信徒,但是其规模仍无法与天主教抗衡。

进入20世纪后期,天主教依然是拉丁美洲影响力最大的宗教,而拉丁美洲则是世界天主教徒最集中的地区。据1989年统计,拉美天主教徒占世界天主教徒总数的一半。[①] 70年代中期,拉美天主教徒占总人口的90%。根据2000年前后的统计,一些主要国家的天主教徒与其人口比例如下[②]:

阿根廷	90%	多米尼加	90%	墨西哥	90%
巴拉圭	95%	厄瓜多尔	94%	尼加拉瓜	91%
巴拿马	85%	哥伦比亚	90%	萨尔瓦多	75%
巴西	78%	哥斯达黎加	93%	危地马拉	70%
秘鲁	89%	古巴	85%	委内瑞拉	98%
玻利维亚	90%	圭亚那	50%	乌拉圭	60%
伯利兹	62%	海地	80%	智利	81%
		洪都拉斯	95.8%		

但是,在这些数字的后面还隐藏着一种现实,即信徒人数在减少,特别是在城市的年轻人中间;由于其他宗教(特别是新教的各教派,如福音派)的进入,教徒人数在分流;不参加弥撒和各种宗教活动的信徒在增加;不遵守教规的教徒在增加。实际上到底有多少符合教义规定的教徒是很难准确计算出来的。

在二次世界大战之后,天主教会开始面向社会,开始逐步摆脱停滞的、保守的、固守古代教规、教义、不思变革的现状,参与了社会问题的讨论和思索,如劳工的权利、国家的作用等。之所以发生这样的转变,是因为当时的国际政治格局发生了巨大变化。

二、教会改革的背景

自20世纪40年代以后,在欧洲和亚洲出现了社会主义阵营,亚、非、拉三大洲

---

① 参阅《世界宗教研究》,1989年第2期,付乐安文。
② 参阅《简明拉丁美洲百科全书》之"国别"。

的殖民体系崩溃,第三世界国家逐步形成一股新兴力量,科学技术的发展推出累累硕果,使20世纪成为人类历史上科技发明最多的100年。教会的思维离现实越来越远,人们也离宗教越来越远。罗马教廷感到生存受到致命的威胁,要么改革,要么被抛弃。

1958年教皇约翰二十三世登基,他提出了明确的改良方针,即教会要适应新的社会现实,要关心穷人,要改变社会财产分配不公所造成的贫富悬殊的现象,他还直接谴责了资本主义的剥削。在1962年召开的第二届梵蒂冈大公会议上,教皇又明确提出了关注穷人和社会正义的问题,号召教会面对社会现实,实施改良;主张教会要了解科学进步的成果,与其他宗教派别和解,甚至应与无神论者对话。1963年他又发表了几份教皇通谕,重申了他的观点以推动罗马天主教会的改良。这位担任最高圣职仅六年的教皇被他的反对者称为"红色教皇"。而他的继任者保罗六世继续执行这一路线,为拉丁美洲也为其他地区的天主教的改革提供了时机。

来自教廷的改革号召在拉丁美洲宗教界引起了共鸣。教会内部逐步形成一股革新势力,强烈要求自上而下地深入研究拉美社会日益尖锐的社会矛盾和日益衰退的教会影响力。

拉美教会当时面临两大问题:一是古巴革命在进步势力与保守势力两大阵营中所引起的一连串反应及造成的剧烈的社会动荡,二是各种教派(尤其是新教)趁天主教的式微大量涌入所形成的信徒外流和"藩镇割据"的局面。

1959年,以菲德尔·卡斯特罗为首的革命游击队占领了首都哈瓦那,革命取得胜利并在西半球建立了第一个社会主义国家。一石激起千层浪。用武装斗争的形式对抗军事独裁和其他形式的暴政成为一种潮流,在一些国家出现了游击队。这些游击队并非乌合之众,而是有其政治纲领,是对50—60年代拉美社会现状的一种回应。当时政治上的独裁统治、军人专政、美国的干预、政府的腐败和极端的贫富两极分化,已经成为拉美社会共有的痼疾,而由美国支持的频繁的军事政变变成了地区病,严重困扰着社会民主和正常的秩序。由于"现代化"进程的实施,大批农村人口涌向城市,新的城市贫民阶层迅速形成。根据联合国拉丁美洲经济委员会的估计,在拉美城市人口中,至少有1/4的人住在"达不到城市现代建设标准的临时棚屋里",也就是贫民区。[①] 贫富悬殊扩大,社会矛盾激化。当时的拉美被视为全球分配最不公的地区,于今亦然。

这样的一种政治生态环境必定是贫穷、落后、暴力、专制和造反的温床。

---

① 参阅[乌拉圭]爱德华多·加莱亚诺:《拉丁美洲被切开的血管》,人民文学出版社,2001年,第280页。

古巴首都哈瓦那街景

在19世纪初期,新教和其他教派就开始进入拉美,主要在外国移民中进行宗教活动。20世纪40、50年代之后则大量涌入,并在拉美中下层民众(包括印第安人中间)广泛传播,争取了为数不少的信众,尤其在危地马拉(25%)、巴西(20%)、智利(约20%)、海地(18%)、萨尔瓦多(17%)。新教传教士大多来自美国、加拿大和部分欧洲国家,他们除了传教,还开展社会服务,建学校、诊所,组织各种社区活动,其影响在不断扩大。70年代以后,新教的传播速度加快了。1970年,拉美各国的新教徒约为总人口的2—3%,到90年代末已达到15%。这一数字无疑对天主教会是沉重的一击。活跃在拉美的新教教派约有300多个,包括浸礼派、路德教、福音传教团、五旬节派、圣公会等。

三、教会的改革

1968年8月26日在哥伦比亚的麦德林召开了拉美第三届主教会议,经过激烈的论战,大部分与会的主教们主张革新。最终会议确立了拉美天主教会的革新路线,其长达140页的决议内容包括:谴责社会不公正现象,敦促各国政府实行彻底的结构改革;要求用和平手段伸张正义,避免暴力;批评政府制造的"制度化暴力"造成的不公正现象;提出"穷人教会"的主张,鼓励并支持中下层民众建立自己的基层组织,等等。

麦德林会议是拉美宗教史上的里程碑事件,其通过的文件为教会在60—70年代实施的局部改革指出了方向,也为一些开明的进步神职人员在社会斗争中所发挥的作用提供了依据。

在这次会议精神的指导下,革新势力把其重点转移到下层民众之中,包括农村和偏远地区的印第安村庄的农民中间,把教会的活动扩大到与社会现实紧密结合的活动中,其作用主要体现在以下几方面:

1. 在拉美军政权期间充当反对派的代言人

20世纪60—80年代,巴西、智利等国先后出现军人独裁,宪法被废除,政党被取缔,左翼人士和工会成员遭迫害,国会被解散,教会成为唯一能公开、合法地与军人当局抗争的机构。巴西和智利的教会及基层组织为受害者提供了物质上的帮助,在国内和国际社会上呼吁给予受害者的司法公道,维护人权。在某些地方,教会的基层组织成了非暴力抵抗的基地。

在巴拉圭的阿尔佛雷多·斯特罗斯纳独裁时期(1954—1989),这个靠政变起家、自行连任8届总统的独夫,做了大量侵犯人权的勾当。教会公开对其体制提出批评。许多教士和天主教大学的学生教会组织不断组织争取民主、争取宪法权利的运动,政府派军队镇压,将教士们驱逐出境,逮捕许多教会人士,取缔其刊物,解散其基层组织,甚至于否认大主教之职。到了80年代前后,教会成为巴拉圭反斯特罗斯纳独裁统治的最重要力量,它组织抗议游行,要求举行自由公开的民主选举。其作用是显而易见的。

2. 参加国家的民主化进程

在来自国外的财政支持下,一些教会建立了专门机构,用以调整在智利、阿根廷、巴西、危地马拉等国侵犯人权的罪行并给被当局羁押的政治犯提供法律帮助,同时还为失踪者家属和其他受害者的家属提供物质帮助和解决就业问题。在海地、危地马拉等政治民主不健全的国家,教会向政府提出尊重民主进程和实行适当政策以解决国家长期经济社会问题。在一些国家(如玻利维亚)部分神职人员对经济政治发展模式、民主过度等现实问题做调研,直接介入国家的社会进程。

3. 在政治冲突中充当调解人,以促进国内各派政治力量的和解

在一些拉美国家,当其各政治派别冲突加剧,而政府又无能力控制时,常常由政府出面,邀请高级神职人员充当调解人。例如,在巴拉圭,教会推动政府与劳工组织、反对党和工商界之间的对话以建立一个公开、民主、多元化的政府。当政府与反政府游击队的对抗加剧时,教会介入进行调停,促进签署和平协定。例如,1994年墨西哥恰帕斯州农民游击队发起反政府游击战,圣克里斯托瓦尔主教鲁伊斯曾在双方之间调解,最终签署了和平协议;哥伦比亚游击队革命武装力量(FARC)在与政府的多次谈判中,中间人常常是教会人士;在与游击队就人质问题进行谈判时,神父们常常是人质家属的代表。甚至在国际红十字会代表无法进入的地区,神职人员也可以自由出入。在中美洲国家处理政治危机时,主教们、神父们多次承担调解人的角色,在各派之间斡旋,因为在这个有着广泛而悠久的天主教文化背景的地区,尽管教会的影响在减弱,但是仍在一定程度上被视为在政治上中立的、可以信托的一大势力。

4. 自我改良

在教会的神职人员(教士、修女)严重不足的情况下,在农村和城市中下层居民聚集区出现了一种自发的、基层天主教团体,其主要功能是担负起讲授圣经、主持圣礼、分发圣餐、主持婚礼和葬礼等本应由神父担负的日常工作,以保证信徒们的基本宗教活动的正常进行。这些基础组织的领导者往往是修女或年长的女信徒,这并不符合教会的规定,但麦德林会议承认了其合法性,从而改变了男性统治教会的传统。在具体实施过程中,教会采取了对基层信徒进行教会的教规、教义、准则和社会观念的培训,然后再放手允许他们在教育、组织和日常活动中承担责任。尽管基层的覆盖面并不十分广泛,但是有助于恢复天主教与社会各阶层的联系和影响力。

第六节　解放神学

一、什么是解放神学

20世纪60年代,解放神学诞生在拉丁美洲,这是一种宗教改革的神学理论,也指在该理论指导下以天主教神职人员和天主教徒为主体的群众运动。

在60和70年代,拉美天主教内部分化出一批比较激进的代表,他们强调原始基督教的教义和传统,即早期基督教反抗奴役的革命性,试图使宗教信仰面向社会现实,把基督徒的使命与人的解放结合起来。"解放神学"的理论就是在此基础上形成的。

1968年7月,秘鲁神学家古斯塔沃·古铁雷斯[①](Gustavo Gutiérrez,1928—　)

---

① 古铁雷斯神父是拉美主教理事会的神学专家,曾在比利时和法国攻读神学等专业。

在秘鲁全国神职人员大会上发表了题为"走向一种解放神学"的报告。这份报告在1971年以《解放神学：前景》为题正式出版，书中系统阐述了解放神学的理论。

二、解放神学的基本理论

解放神学是一种有别于正统神学的基督教神学思想，它所强调的是宗教信仰与世俗生活的结合，反对逃避现实；认为上帝及其理想王国代表公正合理的社会秩序，因此基督教的信仰就不可避免地反对罪恶和不公正，反对罪恶的剥削和压迫制度，要谋求人类的解放，这样才能实现上帝的天国。因此，解放神学旗帜鲜明地提出基督的拯救工程与人类解放相一致的命题，即拯救史就是人类的解放史。解放神学还强调，教会是世界的一部分，是为世界服务的，因此应该反对穷人遭受的苦难，反对"体制性暴力"，认为信仰者是平等的，反对等级制度。在论述反对罪恶现象时，指出"罪恶是由各种压迫结构、剥削、统治和奴役、种族和社会等级等形成的"，并号召与贫困作斗争。

在基督教诞生将近2000年之后，解放神学的理论再度把基督教先驱者反对古罗马帝国的奴役制度、严酷的等级制度、民族压迫的精神和穷人立场作为旗帜高高举起。

三、解放神学的实践内容

在拉丁美洲，解放神学的实践有多种方式，内容丰富。

1. 贫困地区的天主教徒们自发地组织了许多天主教基层团体，学习和讨论《圣经》，60年代中、后期，仅巴西就有约10万个这样的团体。人们根据自己的社会实践和生活体验，加深对上帝的认识，坚定信仰。由于这些团体的成员大多是穷人，因此人们称这些团体为"穷人教会"。其成员从穷人，即被压迫者的角度解读《圣经》，重新发现原始基督教的革命性。

2. 创立"穷人的教会"。在一些地区，信奉解放神学的神职人员在教堂的大门上挂上"穷人之家"的牌子，为穷苦教徒们提供庇护。有的教会（巴西）把自己辖区内的地产交出来，专门用来给穷人盖房子。一些神父和修女深入到乡村和印第安人聚居区，与当地人共同生活，教他们耕作和手工劳作，以增加穷人的收入。为此，不少神职人员放弃了自己稳定的收入，自愿当工人、农民、木匠、小学教师，自食其力，增加与下层人民的直接接触，亲身体验他们的艰难和他们的诉求。

3. 革新宗教仪式以适应普通劳动者和穷人的需要。墨西哥奎尔那瓦卡地区主教塞尔西奥·门德斯·阿塞奥德改革措施很有代表性，他用墨西哥百姓喜闻乐见的"马里亚奇"乐队演奏教堂音乐，代替农民听不懂的欧洲古典宗教音乐；有些地区的神父在布道时,用当地的土著语言;在教堂内部的装饰和布置上也尽量朴素,贴近百姓。总之,要用亲切的人道主义而不是刻板的、高高在上的训诫式态度来对待普通教民。

墨西哥的马里亚其乐队

4. 亲身参加受压迫的普通劳动者要求正义的社会运动。许多信奉解放神学的神职人员亲身参加工人们的罢工、农民们的夺地运动、学生们抗议不合理制度的罢课和其他与当局发生冲突的斗争,而不仅仅是当双方的调解人。上文提到的门德斯主教就曾经支持工人大罢工。他表示:"我是冲突的一方,而不是调解的法官。"[①] 在一些拉美地区,当无地农民举行游行时,常常能在队伍的前列看到身穿法衣、高举十字架的神父。这就是解放神学的一种实践。

5. 亲身参加反独裁政府的武装斗争。教会的行为原则之一应是非暴力,但是解放神学在谴责"体制性暴力"和"威胁性暴力"的同时,并没有完全否定在争取社会正义反对罪恶的斗争中被迫采用的暴力手段。因此,在60年代危地马拉的游击队中可以看到同情游击队员的修士和修女,在尼加拉瓜反政府游击队的成员中有埃内斯托·卡德纳尔神父,在哥伦比亚游击队员中有卡米洛·托雷斯神父。

---

① 索飒:《丰饶的苦难——拉丁美洲笔记》,云南人民出版社,1998年,第290页。

6. 亲身参加革命政权的行政管理工作。尼加拉瓜的桑地诺民族解放阵线在1979年7月19日推翻了独裁近半个世纪的索摩查家族,成立了民族复兴政府。在政府阁员中有普通教徒,还有3名神父担任部长。这不仅在拉美,在全世界也几乎是史无前例的。其中重要原因,是在尼加拉瓜这个中美洲国家里,饱受专制统治和战争苦难的人民都义无反顾地投入到民族解放斗争中,其中不仅有天主教徒、新教徒,也有天主教的神职人员,他们之中不少人本人就是游击队员。新国家成立之后,他们又投入到国家治理和建设之中。新政府的文化部长是诗人埃内斯托·卡德纳尔神父,他尽职尽责,深得民众的敬爱。人们不称他为"部长先生",而是简单地称他为"神父",充满信任感和亲切感。

7. 向天主教会沿袭了几个世纪的教规——独身制发起挑战。一些思想激进的修士和修女,对天主教会古老的独身传统提出质疑,并表明态度:要争取千百万人已经获得的权利,那就是在爱情中生活,像人一样生活的权利。有些修士和修女不仅在言辞上提出新主张,而且身体力行,未经教会批准即结为夫妇。

8. 建立相关机构,对拉丁美洲社会现状(贫穷、腐败、侵犯人权等)进行深入的调研,将结果整理成文,在社会上发表。

在这一期间还有其他具体表现,如巴西累西腓主教的布道活动,智利塔尔干地区主教在该区庄园进行的土地改革,智利和阿根廷一些教会组织对基督教派劳工运动的支持以及与改良主义政党——基督教民主党的合作等。

四、对解放神学信奉者的迫害

拉丁美洲的天主教会并非铁板一块,其内部一向有保守派与改革派之争。

在解放神学兴起之时,保守势力一直千方百计予以否定和阻挠。特别是教会上层分子中的保守派,他们甚至和军人政权或独裁政权相互勾结,迫害持解放神学观点的神职人员,其惩罚手段包括降级、剥夺权利、禁止他们主持弥撒等宗教仪式、革除教门,甚至听凭反动政府逮捕、残害和杀害这些教士。

而罗马教廷的反应是认为解放神学过于偏激,批评拉美天主教会的一些做法是"不适当的"。对一些主教、神父和修女给予处罚,如剥夺其主持宗教活动的权利,甚至革除教门。教廷曾发表敕令,称"解放神学"是异端。

而拉美各国军政府、极右翼政府和反动势力对解放神学的迫害是无以复加的,是令人发指的。

据《国外社会科学》[①]杂志介绍,自1968年至1978年间,在拉丁美洲被捕、被杀

---

① 中国社科院出版社,1982年第4期。

害、被刑讯、被流放和迫害的神职人员约有 850 人。在失踪者的名单上有神父,也有修女。他们是正义事业的殉道者。1980 年 3 月 24 日,萨尔瓦多主教罗梅洛,一位解放神学的追随者,1979 年诺贝尔和平奖金获得者,在教堂做完弥撒之后被暗杀,胸部中 4 弹。被杀的直接原因,是他公开谴责萨尔瓦多当局对群众的镇压,他本人布道的主要内容是反对暴力。

自 80 年代末 90 年代初,国际形势发生变化,拉美的政府格局也在变化,解放神学的活动方式与 60 年代和 70 年代相比已有些不同,在天主教主流神学和罗马教廷的压力之下,这一神学思想的观点有所修正,激进色彩似乎减弱了。但是其影响仍然存在,而且在某些地区已经变成一种传统,坚持为穷人服务,争取社会正义的宗旨。不仅如此,解放神学的思想还传播到欧洲、亚洲等广大地区,引起神学家们、神职人员和教徒们的反思。

古巴革命领袖菲德尔·卡斯特罗曾高度评价解放神学。他说:"解放神学意味着基督教重新找到了自己的根源,重新翻到了它自己最动人的、最富有魅力和英雄气概的、最光荣的一页历史……这一重要性迫使拉丁美洲所有的左派意识到,解放神学是我们时代所发生的最根本的伟大事件之一。"[①]

在 21 世纪的今天,天主教和教会在拉丁美洲依然有很大的影响,包括在政治生活、文化教育、医疗卫生、社会服务和日常生活方面。

显而易见的是,教会不再像 20 世纪之前那样与军队和大地主集团共同构成社会势力的鼎足之势,但是因为深远的天主教文化背景,使得拉丁美洲人不可能完全与之分离,更何况还有体制在起作用。例如,教会仍保留在慈善事业、社会服务等领域的一些特权,并得到政府的相关资助;部分国家支持天主教会,补贴主教、教堂神父和随军神职人员的薪酬,补贴慈善工作经费;教会可以主持或出席(以贵宾的身份)一些半官方甚至官方的仪式,例如工程的开工典礼、工程的竣工典礼、祈福仪式、国葬、婚礼、要人的就职典礼等等;具有一定权威性的功能,甚至政府级的功能;有向政府或其他职能机构或一般社会机构建言的功能,其作用超过通常的压力集团;在政府就某些问题采取决策时,教会的态度往往有相当的分量。

正因为如此,政府与天主教的关系受法律约束。以玻利维亚为例,在教育方面,教会有宗教教育自由,可以建立私立的教会学校,但是在公立学校,只能开设宗教选修课程;同时教会办的私立学校的教学大纲、管理原则和相关规定必须符合政府法规;宗教组织举行游行集会,必须先向有关当局申请或协商;教会的《募捐资金

---

① 索飒:《丰饶的苦难——拉丁美洲笔记》,云南人民出版社,1998 年,第 301 页。

报告》必须办理公证手续,以避免教会陷入洗钱或接受毒资等刑事问题,等等。

在一个信徒人数占总人口绝大多数的拉丁美洲,天主教的影响几乎无处不在,尽管其张力与深度已远逊当年。2008 年在萨尔瓦多举行的第 18 届伊比利亚美洲峰会上,东道主萨尔瓦多总统在开幕词中阐述了对全面发展、社会包容、社会公正和自由贸易协定的见解之后,用一句从公元元年之后基督徒们就习用的话语结束了其洋洋洒洒的发言:"愿上帝保佑我们大家。"

对于大部分拉美人来说,全能的上帝无处不在。

因此,为了研究拉丁美洲的政治、文化、经济、社会及其他,有必要对其宗教有一定的认识。

思考题

1. 印加人的宗教信仰的主要内容是什么?
2. 在征服行动和殖民化过程中,教会起了怎样的作用?
3. 什么是解放神学?解放神学的具体实践活动有哪些?
4. 你怎样看待发生在 20 世纪 60 年代的拉丁美洲的宗教改革?

第十一章

文学艺术的发展

拉丁美洲文学的历史分期—— 当代文学的代表作家—— 巴西文学简况—— 建筑艺术—— 造型艺术—— 拉美的民间音乐和舞蹈—— 电影

第一节 拉丁美洲文学的历史分期

拉丁美洲文学包括两部分内容：一是指哥伦布到来之前印第安人的口头传说以及极少量文字记载；二是指从殖民时代开始到现在用西班牙语、葡萄牙语、法语和英语等欧洲语言完成的文学作品。

其发展大致可分为以下阶段：

一、古代印第安文学阶段（公元 4 世纪—16 世纪初期）

所谓印第安文学，主要指流传于玛雅、阿兹特克和印加三大文明区域的口头传说。这类传说包括神话故事和诗歌；此外，还有由玛雅人用象形文字记述的史诗和类似编年史的记载。当西班牙人到来之后，典籍被焚毁，流传至今的只有《波波尔·乌》和《契兰·巴兰之书》两部。一些西班牙传教士在传教过程中，对印第安人的传说与诗歌作了一定的收录和整理，并翻译成拉丁文或西班牙文，使之得以流传。从这些流传下来的作品中，人们能够感受到印第安古老文明的魅力，印第安人的传统、习俗、战争、祭祀、劳动场面、爱情、对大自然的挚爱与膜拜等均有鲜明的反映。虽然作为文学体系并不成熟，但是仅就作品而言，这些口头传说充满了艺术表现力和感染力。

1.《波波尔·乌》(*Popol Vuh*)

这是一部玛雅-基切人的英雄史诗，又名《公社之书》，或者《咨询之书》，是用基切文字符号记录下来的手抄本，大约出现在 16 世纪。

基切人是玛雅民族的一个分支,其活动范围在今危地马拉,目前仍有相当数量的基切人生活在该国的西北部地区。

《波波尔·乌》集中了玛雅-基切人的许多神话传说,讲述了部落的起源和发展历程。主要分为三部分:第一部分叙述了造物主如何创造世界并介绍了生活在这个世界上的人类和动物。据说,神最初用泥土和木头造人,但是不成功。而后用玉米造人,玉米人就成了人类的始祖。第二部分讲述了一对孪生兄弟如何战胜邪神,以其历险和战争场面为主。第三部分叙述了基切人的由来和如何发展壮大的历程,相当于一部部落的编年史。这部史诗讴歌了半人半神的英雄,他们是为后代子孙造福的部落领袖。

18 世纪初,多明我会的传教士佛朗西斯科·希门内斯(Francisco Jiménez)把原著翻译成西班牙文并作了一定的整理工作。作品问世之后引起了轰动,甚至有人将它与荷马史诗《伊利亚特》相比。

这部书对于了解古代玛雅人的文明程度有重要价值。

2.《契兰·巴兰之书》(*Chilam Balam*)

这是一部综合各种知识的文集,共 6 部,大约由玛雅-基切人撰写于 17 世纪。在征服时期和殖民化初期,玛雅人的典籍被当局以异教的罪名加以破坏,这一批《契兰·巴兰之书》应是玛雅知识精英的后裔在自己传统文化的精髓还没有完全湮没之前的大抢救的结晶。书的原始资料是印第安人世代相传的占诗,由已经掌握了西班牙文的祭司们整理,行文流畅,文字技巧成熟。其内容十分广泛,除了本民族的宗教信仰和礼仪,还包括历史、民俗、天文、医药等知识,是古代玛雅人智慧的总结。

此书在最初应分为若干册,但是历经劫难,目前只剩下这几部残书。欧洲传教士们把书翻译成西班牙文、法文和英文,使之成为研究古代玛雅文化不可多得的原始资料。

3. 阿兹特克诗歌

阿兹特克人说纳瓦特语,但是没有文字。他们在 12—16 世纪期间创作了许多诗歌,表达了对世界和人生的认识,描绘了战争、生产、祭祀的场景,具有相当的表现力。这个尚武的民族对抒情诗情有独钟,大量的抒情诗讴歌了神明和英雄的伟业,抒发了对生、死、荣誉、爱情和美的感受。与玛雅人不同的是,有些诗歌的作者并非无名氏,而是酋长、贵族等社会高层人士。最有代表性的是奈查瓦高尤特尔(Netzahualcoyotl,1402—1472),他是德斯科科部落的大酋长,在位 40 年。他也是一位诗人、艺术的保护者。他的诗歌主要表现对生与死、阴间与神明的思索,作品很多,但是流传下来的仅有 30 余首,收在《墨西哥谣曲总集》中。其中一首短诗是这样的：

"我们用鲜花和歌声装饰自己，
鲜花和歌声使我们感到富裕：
那就是春天的花朵，
我们用花朵装点大地。

迄今我的心幸福无比，
我听到了那歌声，看到了那鲜花，
愿歌声和鲜花在大地上永不凋敝。"

4. 神话传说

在各个民族流传的神话故事、寓言、民间传说往往历经几代，反映出人们对大自然的了解和对大自然的感情，表达了人们对征服自然的渴望和对超能力英雄的向往。同时这些口头传说也直接或间接地刻画出当时社会生活的核心内容：战争、祭祀和劳作。例如，在玛雅神话中，宇宙由 13 重天构成，每重天均由神祇管理；大地犹如一只巨大的鳄鱼，人们生活在它的身上，而各种植物、动物和山川湖泊构成人们的生存环境。大地的下面是地狱。这一类内容也出现在阿兹特克人、托尔特克人的传说中。

在阿兹特克人的传说中不乏对英雄、勇士、天神的歌颂，其中最著名的是关于盖查科亚尔特神的悲剧，结尾部分描述他辞别故土走向远方，故事告诉人们，这位白肤长须的神有一天会从东方回来。后来这个传说被西班牙人利用，借机占领了特诺奇蒂特兰城。

5. 印第安文学的基本特点

印第安文学的发展极不平衡，其发展程度取决于文明程度。因此，目前所记录到的零散作品大部分来自玛雅-基切部落，还有一部分来源于墨西哥中部的阿兹特克人和托尔特克人的传说以及印加人（克丘亚语）的传说，其余地区的较少。在这些诗歌和故事中，共同体现出对大自然和宇宙的敬畏、膜拜和服从的态度，充满宿命论和为神献身的盲目虔诚；同时在作品中也体现出对祖先和战争英雄的崇拜，因为他们开拓了部落的发展，带领本族人民战胜困难，打败敌人，为子孙开创了基业。

二、殖民地文学阶段（1492 年—19 世纪初期）

16 世纪是西班牙和葡萄牙的冒险家们对印第安人的征服、劫掠和屠杀时期，在文学上这两个民族以及梅斯蒂索人的作家创作了一些记录征战的纪实文学和史诗,这些所谓"作家"都是远征队的队员、官员和宗教界人士。主要作品有《新西班牙征服信史》(贝尔纳尔·迪亚斯·德卡斯蒂略)、《王家述评》(印加·加尔西拉索·德拉维加,1539—1616)、史诗《阿劳加纳》(阿隆索·德·埃尔西利亚·伊·苏尼加,1533—1594)等。《新西班牙征服信史》的作者是科尔特斯的部下,他亲身参加了全部对墨西哥的征服行动(他自称经历了119次战斗),难得的是他在吹嘘西班牙人功绩的同时,也揭露了科尔特斯和他的士兵们的暴行,同时用一个闯入者的角度描绘了新大陆的风物,显得新鲜活泼。

这一时期,文学作品中有特殊意义的应属哥伦布的书信、呈文、《航海日记》以及拉斯卡萨斯神父的《印第安毁灭简史》、《印第安人的历史》和《西印度史》等。哥伦布本人并不是一位文学造诣很高的人,他的语言水平也并非完美,因为他常常把家乡热那亚方言、西班牙语和葡萄牙语混合在一起。但是他确实是第一个用充沛的感情把一个新世界的部分风貌形象而夸张地介绍给旧大陆的人。另外,他也是第一个把西班牙语带进美洲并把美洲印第安语言的部分词汇带到欧洲大陆的人。

17世纪,美洲进入比较稳定的殖民统治时期,政权得到巩固,财富积累得越来越多,统治阶级模仿宗主国的宫廷生活,崇尚豪华奢侈,因此为从西班牙传来的巴洛克风格准备了温床。巴洛克在文学上的表现是形式典雅,追求语言的别致和修辞的华丽,喜用对比、联想、夸张、隐喻等手法,堆砌典故和冷僻的词汇,故作深奥,内容空洞。美洲的巴洛克风格除了具有西班牙文化的特点,也添加了殖民地的特殊色彩。其文学体裁包括抒情诗、讽刺诗、宗教诗、散文和戏剧。西班牙17世纪的巴洛克派代表人路易斯·德·贡戈拉(Luis de Góngora,1561—1627)是殖民地诗人潜心模仿的对象,他的风格和常用词汇出现在许多拉丁美洲诗人的作品中。

在这一百年中,征服时期的硝烟几乎散尽,殖民地社会的金字塔结构已成定局。少数来自宗主国的王室贵族构筑了美洲的总督宫廷,土生白人中的有钱人也攀龙附凤,这些人垄断了文化,文学由当年的纪实文学和宗教文学转向宫廷文学,巴洛克深合这个封建阶层的审美心理。同时,拉丁美洲特有的文化环境,特别是印第安文化中的某些成分对舶来者产生了熏染,使之具有本地特点。当时欧洲人文主义思想(如笛卡儿)进入美洲后,知识分子逐渐接受了趋向理性、反对迷信和盲从、反对经院哲学的观念,在文学创作中掺进了反对封建束缚的内容。

17世纪殖民地文坛上有一颗极其耀眼的明星,那就是出生在墨西哥、被称为"第十个缪斯"的索尔胡安娜·伊内斯·德拉克鲁斯(Sor Juana Inés de la Cruz,1651—1695)。胡安娜从小便聪明过人,但是作为女孩无法去学校读书。于是她凭着顽强的毅力和如饥似渴的求知欲,学会了读和写,又自学了算术、语法、历史、修辞学、物理、神学等课程,并且学会了作诗。15岁时,她因才貌出众而被总督和总督夫人召进宫廷,担任侍从女官。但是她很快就厌倦了宫廷生活,特别是频繁的社交活动和复杂的宫廷礼仪妨碍了她去钻研学问。于是一年之后她便离开总督府,进入修道院。从那时起,她就成了修女索尔胡安娜。在此后的岁月,她除了必须完成的宗教职责,便潜心从事科学研究和文学创作,尽管存在着来自教会和世俗两方面的压力与偏见。1695年,墨西哥城爆发了严重的瘟疫,她在看护病人时被感染,不幸去世,年仅44岁。

索尔胡安娜的文学创作有诗歌、戏剧和散文。诗歌包括自由体诗、抒情诗、14行诗、叙事诗和谣曲。她不仅用拉丁文写诗,还用西班牙文写谣曲,用印第安的纳瓦特语写民谣。据说,她还曾经用黑人的方言写歌曲。其目的是传达一种博爱思想,希望与民众同甘共苦。她的文学创作涉及范围很广,有神学、哲学、音乐、绘画、天文学等。她的代表作是长诗《初梦》,发表于1689年,自由体,共975行。诗人将自然科学形象化,并与神话故事相融合,把读者带进宇宙之梦。她的散文也很有成就,特别体现在《答索尔·菲洛特亚·德拉克鲁斯的信》中,这是她公开答复普埃布拉大主教劝她多看圣经少看闲书,放弃科研的一封信。她阐述了妇女的权利,并批判了社会对妇女的偏见。这是一篇文学价值和社会价值都非常珍贵的文献。

18世纪的美洲文坛仍以法国影响为主,继巴洛克之后,其变种洛可可风格又传入美洲殖民地。在18世纪后期,法国启蒙主义运动思想进入美洲,新古典主义和崇尚理性之风渐渐吹进文坛,出现了一批朴实无华、返璞归真的诗作。但是小说创作似乎没有引起文人们的重视。

三、独立运动时期的文学(1790—1826)

1790年海地起义拉开了拉丁美洲独立运动的序幕。1826年西班牙驻秘鲁卡亚俄(Callao)军队向玻利瓦尔的起义军投降。至此,西班牙和葡萄牙在美洲大陆长达近300年的殖民统治宣告结束。

在这场席卷南北美洲的革命运动中,涌现出大批优秀的诗人、散文家、政论家和小说家。他们以文学为武器,为争取民族独立而大声疾呼,不少人直接投身到独立战争之中,甚至为了祖国的独立和解放献出生命。在这一时期最有代表性的作品有何塞·华金·德奥尔梅多(José Joaquín de Olmedo,1780—1847)的诗歌《胡宁大捷:献给玻利瓦尔的颂歌》、安德烈斯·贝略(Andrés Bello,1781—1865)的诗作《美洲的席尔瓦》、古巴著名诗人何塞·马里亚·埃雷迪亚(José María Heredia,1803—1839)的《在乔卢拉的神坛上》和《尼亚加拉的颂歌》等。其中《胡宁大捷:献给玻利瓦尔的颂歌》充满激情地讴歌了独立战争中重要的战役——胡宁大战的胜利和起义军的统帅玻利瓦尔,诗人运用丰富的想象和激荡的灵感,借用古希腊—罗马神话和古印加神话中的形象,纵情高歌为美洲的独立与自由而战的伟大的"解放者"西蒙·玻利瓦尔和他麾下的英勇战士。这首906行的长诗是一首爱国主义和英雄主义的赞歌。

从1800年到1830年期间,欧洲的新古典主义传入美洲,它又被赋予了新的内涵,因此被称为"美洲的新古典主义"。其主要特点有:

1. 拉美作家在独立运动的感召下,主张文学的社会功能是战斗和宣传的工具,要维护和倡导科学与进步,独立与自由。

2. 重视古代印第安文化的价值,努力挖掘和整理印第安文学的手抄本。

3. 作为拥有独立主权的拉丁美洲各共和国的公民,着力讴歌自己祖国的壮丽山河,体现出开发和建设新家园的蓬勃热情。

4. 在诗歌方面继承西班牙文艺复兴的传统,在散文领域积极传播启蒙主义思想,在戏剧领域开始了美洲戏剧民族化的尝试。

四、民族文学发展时期(19世纪30年代—1916年)

在这一时期,拉美文学主要分为两个阶段:浪漫主义文学和现代主义文学。

浪漫主义诞生于欧洲,反映了资产阶级上升时期对个性解放的要求和对传统封建统治的反抗。在19世纪上半叶传入拉丁美洲,很快引起强烈反响。那个时期正是共和国成立之初的动荡时期,军阀(考迪罗)争权夺利,频频发动内战,专制独裁比西班牙殖民统治有过之而无不及。约30年后,社会局势才渐渐趋于稳定。在这种社会背景下,拉美的浪漫主义文学发展起来了。它分为前期和后期两个阶段,前期的时间约为1830—1860年间,后期在1860—1890年间。前期浪漫主义积极宣扬自由、平等、博爱的思想,主张社会变革,推动国家的进步和复兴;从文学本身而言,前期浪漫主义强烈要求在文学中突出美洲人民的民族感情。浪漫主义诗人们深受欧洲文学大师们,尤其是雨果、拜伦、歌德、海涅、贝克尔等人的影响,他们将浪漫主义的理念与拉丁美洲的现实融合在一起,将自己的命运与民族的命运联系在一起,爱情、大自然、生活、变幻莫测的命运,都是他们吟咏的主题。在这些诗人中,阿根廷诗人何塞·埃斯特万·埃切维里亚(José Esteban Echeverría,1805—1851)的《埃尔维拉,又名拉普拉塔河的新娘》(1832)、《诗韵集》(1837)等都是杰出的代表作。浪漫主义小说的成就非常突出,代表作品有:阿根廷作家何塞·埃斯特万·埃切维里亚(1805—1851)的短篇小说《屠场》、阿根廷作家多明戈·福斯蒂诺·萨米恩托(Domingo Fustino Sarmiento,1811—1888)的散文《文明与野蛮》、阿根廷作家何塞·马默尔(José Mármol,1817—1871)的长篇小说《阿玛利娅》等。后期浪漫主义也被称为伤感浪漫主义,其发展期恰逢社会逐渐稳定之时,这一流派的作家多以人生哲理、风俗传统、个人情感、悲欢离合为主,不再强调文学的社会功能,力求以情动人,讲究唯美的形式与技巧。其代表作有:哥伦比亚作家霍尔赫·伊萨克斯(Jorge Isaacs,1837—1895)的长篇小说《玛丽娅》、阿根廷诗人何塞·埃尔南德斯(José Hernández,1834—1886)的史诗《马丁·菲耶罗》、乌拉圭诗人胡安·索里亚·德圣马丁(Juan Sorilla de Sanmartín,1855—1931)的诗歌《塔瓦雷》。

19世纪末,浪漫主义诗歌渐渐褪色,代之而起的是远离社会现实,躲进象牙之塔,以技巧和形式为上的现代主义风格。在艺术上,现代主义诗人们具有鲜明的个人主义气质,追求新颖奇特的构思、典雅绮丽的辞藻、自由和谐的韵律、虚幻的意境、异国情调、忧伤的感情。在这些诗作中,满篇是东方的宫殿和花园、公主和王子、天鹅和玫瑰、珍珠和玛瑙。这是资产阶级文人处在精神危机中的产物,以追求所谓唯美主义和纯粹艺术来逃避当时拉丁美洲惊人的贫穷和落后状态以及被新殖民主义者美国欺凌的残酷现实。但是现实是无法规避的。诗人中公认的佼佼者是鲁文·达里奥(Rubén Darío,1867—1916),他对西班牙语语言风格和语汇的贡献使得半岛上的文学家们开始把目光转向前殖民地的诗坛。到了19世纪末和20世纪初,激烈的社会矛盾扭转了现代主义的方向,美洲又成为诗人们关注的焦点。他们通过对本土传统文化的发掘,重新发现并认识了自己的美洲,一个"具有印第安血统的天真无邪的美洲"(鲁文·达里奥)。这一时期的代表作有鲁文·达里奥的《致罗斯福》、《生命与希望之歌》和何塞·桑切斯·乔卡诺的《美洲魂》等。

在现代主义诗人中有一位卓尔不群的诗人、散文家、文艺批评家兼革命家,他就是古巴的何塞·马蒂(José Martí,1853—1895)。似乎很难将他划入现代主义的范畴,因为他和他的作品都与拉美的社会和拉美的人民紧密相连。但是他的一些关于文学创作的艺术主张却是开现代主义之先河。他主张创新、个性化、新颖,反对模仿和因循守旧。与其他人所不同的是,他用鲜活的语言和文学形象表达了充实而现实的内容,而他的一些散文和评论如同战斗的檄文,犀利而深刻。他的作品流传至今,始终得到人们的喜爱和欣赏,包括《纯朴的诗篇》(1891)、《自由的诗篇》(1878—1882)等等。

五、现代和当代文学时期(20世纪初期至今)

现、当代拉丁美洲文学经历了四个发展阶段:

第一阶段从20世纪初期至30年代。现实主义文学与先锋派文学并驾齐驱,许多作家在这一时期创作出对后世产生深远影响的作品,这是拉美文学的一个重要发展阶段。诗歌方面出现了以智利的卡夫列拉·米斯特拉、豪尔赫·路易斯·博尔赫斯为代表的后现代主义和先锋派两种潮流;在小说方面,墨西哥革命为现实主义小说提供了丰富的创作源泉,而关注农村和印第安人生活的"大地小说"紧随其后。这些作品都是用现实主义手法揭露社会矛盾,特别是揭露大庄园制的腐朽没落,同时歌颂了人们的反抗精神。代表作品有:墨西哥作家马里亚诺·阿苏埃拉(Mariano Azuela,1873—1952)的长篇小说《在底层的人们》、玻利维亚作家阿尔西德斯·阿尔盖达斯(Alcides Arguedas,1879—1946)的长篇小说《青铜种族》、委内瑞拉作家罗慕洛·加列戈斯(Rómulo Gallegos,1884—1969)的长篇小说《堂娜芭芭拉》、哥伦比亚作家何塞·埃乌斯塔西奥·里韦拉(José Eustasio Rivera,1888—1928)的《漩涡》、厄瓜多尔作家豪尔赫·伊卡萨(Jorge Icassa,1906—1978)的《瓦西蓬戈》,等等。

第二阶段从1930年到50年代末。当时的国际环境发生剧烈动荡,西班牙内战、第二次世界大战、社会主义运动的兴起都对拉美文学的发展方向产生了影响。欧洲先锋派依然是拉美作家的榜样,但是后者在追随的同时,又结合了本地区的特点,而且不少人仍然坚持现实主义的原则。作家们关注的焦点转向城市,把普通人甚至最底层人的无助、苦闷、幻想作为作品发掘的重点;同时也用自己的笔揭示和解剖拉美社会的痼疾——贫穷、落后、剥削和不平等。在表现手法上出现了重大变化,受超现实主义、表现主义、立体派等潮流的影响,一些作品的结构、叙述方式、时空关系、语言都从传统形式改为更加新颖而复杂的模式。如在叙述上采取复线结构,时空交错,用潜意识、梦呓和内心独白代替逻辑性强的常规语言,引导读者参与到作品中等。这些技巧的革新大大增强了作品的表现力。代表作家有古巴的阿莱霍·卡彭铁尔(Alejo Carpentier)、危地马拉的米盖尔·安赫尔·阿斯图里亚斯(Miguel Angel Asturias)、墨西哥的阿古斯丁·亚涅斯(Agustín Yáñez)、秘鲁的西罗·阿来格里亚(Sirro Alegría)、古巴的尼古拉斯·纪廉(Nicolás Guillén)和智利的巴勃罗·聂鲁达(Pablo Neruda)等。

第三阶段从60年代到80年代。这一阶段被称为"拉丁美洲新小说"时期,也是所谓"爆炸文学"时期。拉丁美洲小说家以群体形式走上世界文坛,第一次成为他们的老师——欧美作家学习和研究的楷模。他们坚持反映社会,用文学反抗社会不公和陋习,特别针对军事独裁政权以及外国资本的剥削和压榨。在表现手法上,拉美新小说的作者们运用魔幻现实主义、心理现实主义、社会现实主义、结构现实主义等理念,使作品展现出丰富多彩、引人入胜、令人耳目一新的艺术效果。代表作家是墨西哥的卡洛斯·富恩特斯(Carlos Fuentes)、哥伦比亚的加西亚·马尔克斯(Gabriel García Márquez)、阿根廷的胡里奥·科塔萨尔(Julio Cortázar)、秘鲁的巴尔加斯·略萨(Mario Vargas Llosa)、智利的何塞·多诺索(José Donoso)、乌拉圭的胡安·卡洛斯·奥内蒂(Juan Carlos Oneti)等。

第四个阶段是80年代至20世纪末。新阶段的作家不满足于前一时期的成就,他们要求突破与创新,有些作家要求回归现实主义。新作家中的代表人物有曼努埃尔·普伊格(阿根廷)、古斯塔沃·萨因斯(墨西哥)、雷纳尔多·阿雷纳斯(古巴)、爱德华多·加莱亚诺(乌拉圭)、伊莎贝尔·阿连德(智利)等。

拉丁美洲现、当代文学硕果累累,成就斐然,真正摆脱了对欧洲的模仿和亦步亦趋的追随,形成了独树一帜的拉丁美洲当代文学。在短短40多年的时间里,文坛上涌现出一大批优秀作家和大量的具有独特地方色彩、时代特点、创新意识的作品问世,大踏步跨入了世界文学的先进行列。仅西班牙语作家中就已先后有卡夫列拉·米斯特拉尔、巴勃罗·聂鲁达、加西亚·马尔克斯、米盖尔·安赫尔·阿斯图里亚斯和奥克达维奥·帕斯获得诺贝尔文学奖。与此同时,拉美作家群又是一个善于变革,善于学习和善于创新的群体,他们不断决裂,不断开辟新的路径,一方面学习世界文学大师的经验,博采众家之长,另一方面又植根本土,不断吸取传统文化的精髓,锻造自己的风格。更重要的一点是,20世纪的拉美作家始终以社会为创作源泉。不少作家身兼政治家、外交家、社会活动家之职,他们不是象牙塔里的精神贵族,而是社会一分子。他们始终与拉美的社会与人民保持同步。

第二节 当代文学的代表作家

在当代世界文坛上能够代表拉丁美洲文学成就的作家很多,其中最重要的有以下几位:

1. 卡夫列拉·米斯特拉尔(Gabriela Mistral,1889—1957)

杰出的智利女诗人、拉丁美洲第一位诺贝尔文学奖获得者。她一生中共发表了四部诗集:《绝望》、《柔情》、《塔拉》和《葡萄压榨机》。1945年获得诺贝尔文学奖,"因为她那富于强烈感情的抒情诗歌,使她的名字成为整个拉丁美洲理想的象征"。

米斯特拉尔出生在智利北部埃尔基山谷的一个小镇上,从未进过学习读书。她的全部文化知识和修养都来自她的生活经历,博览群书和刻苦自学。她当过乡村小学的助理教师、教师、中学教师、中学校长,贫寒的生活、坎坷的经历、不幸的爱情悲剧……都成为她诗作的灵感。她的诗歌的主题永远是对真、善、美的追求,讴歌大自然、纯洁的爱情和对劳苦大众的热爱。她在艺术创作上一向主张诗风要朴实无华,清新自然,直抒胸臆,既要继承传统又要勇于创新。她自己正是这样在不断开拓,不断创作。

她的诗歌使她获得了巨大的荣耀,她曾作为记者、教育家和外交官周游了许多国家,这些经历开阔了她的视野,拓宽了她的写作题材,使她的境界向更高的层次升华。她的作品中充满了对美洲的热爱和对被压迫的人民,特别是印第安人的同情。这种博爱精神使她的作品赢得了广大拉美人民和世界其他地区人民的喜爱,她的文学成就对美洲文学甚至欧洲文学都产生了深远的影响。

2. 米格尔·安赫尔·阿斯图里亚斯(Miguel Angel Asturias)

阿斯图里亚斯是当代危地马拉作家中的泰斗,也是拉美文坛上一位杰出的人物。他脚踏实地地站在美洲印第安人的土地上,借鉴欧洲的超现实主义理论,创作出一系列充满民族情感和艺术特色的长篇小说,如《总统先生》、《玉米人》、《强风》、《绿色教皇》、《被埋葬者的眼睛》,出版了故事集《危地马拉神话》、短篇小说集《危地马拉的周末》等作品。此外,他创办过报纸,担任过驻外记者,当过外交官,曾多次被本国和外国反动军政府迫害,被迫流亡。但是,他无论在什么情况下都始终坚持其文学创作,特别是长篇小说的写作。1967年,他被授予诺贝尔文学奖。

阿斯图里亚斯的文学思想的核心是拉丁美洲文学是战斗的文学,是抗议文学,要"将新大陆面临的问题放在首位"。在危地马拉的玛雅-基切部落里有一种被称为"伟大喉舌"的人,他是部落群体的代言人,负责表达人民的愿望。作家称,"从某种意义上说,我也是这样的人:是我部落的代言人"。阿斯图里亚斯忠实地行使这一职责,用他的小说来揭示印第安人和普通人的疾苦,反映他们的诉求,切实地干预生活。

在文学创作上,他积极主张革新。他很早就将欧洲的超现实主义理论引入拉美文学界,深入挖掘拉美人内心世界的重要方面:潜意识和梦幻。然而,他从未把本能和非理性看做是唯一的真实,他努力要传达出的是时代和民族的回声,是拉美人的民族精神和社会本质。在这一严肃的使命般的前提下,产生了魔幻现实主义的手法。他借鉴了印第安文化的精神,糅和到超现实主义的创作手法中,忠实地反映出拉美人独特的感知现实的视角。

阿斯图里亚斯是一位杰出的语言大师。他从不拘泥于语言的清规戒律,而是从生活中去寻求更鲜活的表达方式。他认为,为了更好地反映拉美人和拉美社会,应该摆脱欧洲式西班牙语,创造一种更符合本土人群的语言思维逻辑的"美洲的语言"。在他的许多作品中,特别是揭露独裁暴政的《总统先生》这部长篇小说中,其语言的表现力、形象感、地域色彩、梦幻般的诗意,极大地提升了作品的艺术成就。

阿斯图里亚斯是一位革新者,他的文学创作和艺术观为60年代的新小说创作高潮奠定了基础。

3. 豪尔赫·路易斯·博尔赫斯(Jorge Luis Borges)

博尔赫斯是著名的阿根廷诗人、小说家、散文家、评论家,也是蜚声世界文坛的文学大师。他的主要作品有诗集《布宜诺斯艾利斯的热情》(1923)、《面前的月亮》

(1925)、散文集《探索》(1925)、《我希望的大小》(1926)、《圣马丁手册》(1929)、短篇小说《小径分岔的花园》(1941)、《诗歌集》(1943)、小说集《世界性的丑闻》(1935)、《阿莱夫》(1949)等。除了诗歌、散文、小说,博尔赫特还写了大量小品文和文学评论。这位著作等身的作家,一生笔耕不辍,其作品被译成多国文字,具有极大的影响力。西方评论界认为,博尔赫斯是阿根廷文学最重要的代表者。

《小径分岔的花园》被公认为他的代表作,其情节较简单,叙述一个中国博士生在第一次世界大战期间为德国人充当间谍的故事。但是小说的结构极其复杂,就如一座迷宫。按照作者的解释,小说的主题就是时间,"时间是无限延续的","时间是一张正在扩展、变化、分散、集中、平行的网","它的网线互相接近,交叉、割断,或者几个时间各不相干,包含了一切的可能性"。这是一部充满深邃哲理的小说。其他作品也用不同方式表现复杂的哲学见解,阐述了关于有限和无限、瞬间和永恒的主题。

博尔赫斯的渊博学识、精湛的语言造诣、独特的艺术风格、欧美文化的积累、过人的才智,使他本人及他的作品对拉美文学界乃至欧美文学界都产生了深远的影响。他开启了一种将小说和散文、诗歌和散文相互交融,打破彼此界线的新形式,这种革新为拉美新小说提供了理论依据和实践的模式。不少欧洲作家也追随其风格和创作思想。可以说,博尔赫斯是一位享誉世界文坛的拉美作家。

4. 巴勃罗·聂鲁达(Pablo Neruda)

这位伟大的智利诗人是继米斯特拉尔之后第二位获得诺贝尔文学奖的智利人。他的主要诗歌作品有:《二十首情诗和一首绝望的歌》(1924)、《大地上的居所》(1935)、《漫歌》(1950)、《元素的颂歌》(1954)、《狂歌集》(1958)、《爱情十四行诗一百首》(1960)、《船歌》(1967)、《燃烧的剑》(1970)等。

聂鲁达的作品大多以人民和时代为题材,所以被称为人民的诗人、时代的歌手。20世纪许多重大事件都出现在他的诗作中,如西班牙内战、苏联卫国战争、智利人民的反独裁斗争、拉丁美洲的民族独立运动等。他是诗人,也是政治家、社会活动家、外交官、国会议员,还曾被提名为总统候选人。丰富的人生阅历使他的作品大气磅礴,内容深沉,涵盖面广,赢得了读者的喜爱和崇拜,其中包括伟大的革命者切·格瓦拉。

聂鲁达是人民之子,祖国之子,也是大自然之子,他从小生活在智利南部,喜欢观察大自然。在他的诗歌中有许多对智利和拉丁美洲的壮丽山河和绮丽风光的歌颂,特别是对他一生钟爱的大海。他也写了许多优美的爱情诗。在这两类诗歌中可以触摸到诗人浪漫主义的情怀。其作品清新流畅,节奏明快,感情真挚,尤其博得青年读者的推崇。

在创作思想方面,聂鲁达既向传统诗歌借鉴,又不断创新。他深入生活,关注社会现实,把自己的命运和民族的命运紧紧连在一起,因此他的作品充满时代感和现实感。他不受任何文学流派的束缚,采取唯我所用的态度,博采众家之长,以加强自己的表现力。他的语言风格鲜活,富于形象感和音乐感,读起来朗朗上口。他的诗歌和散文是智利人民和拉美人民的文化财富,也是世界文库的瑰宝。

1973年9月11日,智利发生了反动军人的政变,民主政权被推翻,诗人的挚友阿连德总统英勇殉职。在一片白色恐怖的重压下,重病在身的诗人辞谢了墨西哥总统派来接他的专机,坚持留在他全心全意热爱的祖国智利。人们回忆起他在《漫歌》的第九章《伐木者醒来》中的诗句:

> ……
> 但是我热爱我小小的寒冷国家,
> 哪怕是它的一条树根。
> 如果我必须死一千次,
> 我也要在那里死,
> 如果我必须生一千次,
> 我也要在那里生。
> ……①

9月23日,他与世长辞。

在他死后的几年中,国外陆续出版了他的全部文学作品。

5. 奥克塔维奥·帕斯(Octavio Paz)

墨西哥诗人、散文家,诺贝尔文学奖获得者。主要作品有:《野生的太阳》(1933)、《人之根》(1937)、《石与花之间》(1941)、《在世界边缘》(1942)、《有限的自由》(1949)、《鹰还是太阳》(1951)、《太阳石》(1957)、《狂暴的季节》(1958)、《白》(1967)、《东山坡》(1969)与杂文《孤独的迷宫》,等。

作为拉丁美洲后先锋派诗歌的领军人物,帕斯对诗歌概念的理解与聂鲁达和其他大师们有所不同。他主张将所谓"纯诗歌"和"社会诗歌"结合起来,要使语言从清规戒律中解放出来,恢复其原始的魅力,从而使诗意变得隐晦朦胧。在艺术手法上,帕斯常常出奇制胜,例如在《太阳石》中,他完全打乱了时空界限,将现实与梦幻、回忆与憧憬、神话与想象相互融合,表现出诗人高超的语言能力和丰富的想象力。他惯用的另一种技巧是象征手法,形象、贴切而自然;有时还采用隐喻和明喻

---

① 赵德明等:《拉丁美洲文学史》,北大出版社,1989年,第422页。

相交替的方法,达到极深刻的效果。

《孤独的迷宫》从独特的角度剖析了墨西哥人的民族性,解析了墨西哥社会文化的特点及其产生的原因,具有很高的文学价值和社会学价值,在知识界引起极大的反响。

帕斯还是一位诗歌理论家,他的理论和创作对当代拉美诗人产生了深刻的影响,许多人追随他的思想,探索人类的自然属性,追求诗意的深邃与朦胧。他的作品曾先后在西班牙、美国、法国、德国等国获得数十个文学奖项。他不仅在拉美诗坛上占有重要地位,在当代世界文坛上也是一位引领潮流的人物。

6. 加夫列尔·加西亚·马尔克斯(Gabriel García Márquez)

哥伦比亚作家,以小说见长。1982年获得诺贝尔文学奖。主要作品有:《百年孤独》(1967)、《家长的没落》(1975)、《霍乱时期》(1985)、《迷宫中的将军》等。

《百年孤独》是作者的扛鼎之作,被视为他艺术成就的顶峰。通过书中布恩迪亚家族七代人的经历,生动地描绘出一个加勒比沿岸的小镇马康多的变迁:从小镇开埠到一连串重大事件的发生,直至小镇毁灭在一场连下四年多的大雨中。这些大事件包括移民开发、保守党和自由党因争权夺利而引发的内战、外来侵略、军人独裁统治、"香蕉热"、香蕉工人大罢工和群众的爱国主义运动。作者本人曾揭示,书中所写的关于马康多镇和布恩迪亚家族的全部历史,就是拉丁美洲的历史的缩影,是拉丁美洲许多年来闭关自守的落后孤独状态的真实写照。写书的目的是提醒世人,牢记这段历史以打破孤独。

作者在《百年孤独》中采取了现实主义的手法,但是它把现实放置在一片神话构成的环境中,主观与客观、想象与实际交织在一起,非理性的魔幻色彩开拓了客观世界的空间,深化了对题材的拓展和对人物性格的刻画。例如,作者运用了印第安的传说、东方的神话和《圣经》典故,使得现实与魔幻不分彼此,产生了鲜活的艺术效果。

诗人聂鲁达对《百年孤独》的评价是:"加西亚·马尔克斯是塞万提斯之后最伟大的语言大师。"

这本书先后被译成30几种文字,在欧、美、亚各大洲均引起强烈反响。

第三节 巴西文学简况

1601年,由移民巴西的葡萄牙人本托·特谢拉撰写的史诗《拟声》在里斯本正式出版,这就是巴西文学诞生的标志。此后,历经了巴洛克时期、新古典主义时期(也称阿卡迪亚时期)、浪漫主义时期、现实主义时期、象征主义时期等阶段,涌现出一批立足巴西本土,借鉴来自欧洲的文学思想和理论,反映巴西的社会、民族、自然风貌的优秀作品。巴西作家群在初始阶段全部由葡萄牙人和克里奥人组成,后来逐渐出现了穆拉托人和少数黑人作家。虽然很多作家是在葡萄牙和其他欧洲国家接受的教育,但是他们对巴西怀有深厚的感情,不满巴西的殖民地状态,于是他们用文学作武器,抨击宗主国的殖民统治,揭露社会的不平等,赞颂巴西的大自然和风土民情,抒发对人生的感怀,表达对社会底层的黑人和土著的同情。但是在17、18和19世纪,从作家的艺术风格和创作思想上看,模仿欧洲的痕迹十分明显。

进入20世纪,作为官方文学的学院派文学成了因循守旧的保守主义的代表,其作品脱离现实,即使是某些地区主义的小说,也只是停留在猎奇的水平上,未能深入到生活的核心。在这种文坛停滞不前的局面下,一批民众作家异军突起,他们敢于直面巴西的社会现状,批判地揭示并分析社会矛盾,推出了具有鲜明时代标志的作品,翻开了巴西文学史的新篇章。从1902年出版的长篇小说《迦南》和《腹地》,到1922年在圣保罗创刊的《克拉雄》杂志,这一阶段被文学界称为先现代主义。

1922年恰逢巴西独立100周年,巴西文艺界出现了大动荡。一些从欧洲归来的作家和艺术家激烈抨击国内沉闷的现状,他们志在改革,其主张引起了广泛的回应,于是一个革新群体诞生了。巴西文学进入了现代主义阶段。这一时期的文学主张趋向于反映社会现实,树立巴西的民族特色,在艺术上则不断努力探索,追求独到的表现形式。在30年代,巴西"东北部小说派"的地区小说真实地描写了农村现状,把过去被浪漫主义文学理想化的农村问题客观地呈现在读者面前。作家们不再模仿葡萄牙和欧洲,而是写实巴西。以此为起点,巴西文学获得了真正的独立。

在1945年前后,巴西文坛上异军突起,一些新的改革派突破了30年代小说的模式,他们在揭示人与社会之间的关系时,注重对人的内心世界的探究,研究人类共性的问题,因此他们的小说和诗歌的内容更加深刻。在技巧方面,作家们对用词、句式结构、篇章结构、文体形式等都做了大胆的创新。代表人物之一是吉马朗埃斯·罗萨(1908—1967),他的代表作《广阔的腹地:条条小路》被看做是20世纪巴西当代小说的巅峰之作,为巴西文学赢得了世界荣誉。

在20世纪后期,巴西文学始终处在变革的过程中。

第四节 建筑艺术

一、古代印第安建筑

在西班牙人到来之前,美洲的建筑基本上可以分为三类:宗教建筑、军事建筑和世俗建筑。其中宗教建筑最能体现古代印第安文明的特色,其表现形式为金字塔、神庙及各种祭祀中心。军事建筑包括一些城堡、围墙和其他有战争意义的设施。世俗建筑主要体现在公共建筑上,例如宫室、广场、球场、宅第、水利工程等。每座建筑几乎都有相应的附属物或配件:壁画、雕塑和碑柱。

古代的三大文明中心的建筑艺术达到了一个较高的发展水平,并且各具特色。

1. 玛雅建筑

玛雅建筑在历史上的古典时期(5—9世纪)和后古典时期(9—16世纪)经历了一些变化。

在第一阶段,即古典时期,玛雅人在科潘(位于今洪都拉斯)修建了平顶金字塔和观象台,因为科潘被视为天文研究中心。在同一时期,玛雅人在帕伦克(在今墨西哥尤卡坦半岛)建造了太阳神庙、铭文庙和一些宫室、宅邸,这些建筑的外墙上装饰着灰泥浅浮雕和雕刻。在有的地方还建有刻着浅浮雕的方柱或圆柱组成的列柱廊。

在第二阶段,即后古典时期,文明中心转移到尤卡坦半岛。在靠近东海岸的女人岛(拉萨姆赫莱斯岛)和科苏梅尔岛至今仍保留着部分玛雅后期的古迹,从中可以辨别出当年城市的布局:神庙与广场位于中心地区,周围环绕着贵族和祭司们的住所,平民的住处都在外环。在位于半岛西北部的奇琴-伊察可以真正领略到玛雅人在建筑艺术上的造诣。被西班牙人恭敬地称为"大城堡"的库库尔坎金字塔雄伟壮观,周围的整个城邦建筑群都体现出后古典时期的恢宏气势和高超的工艺水平。从风格上看,这一区域含有两种风格:一是典型的玛雅本土风格,二是明显的托尔特克印迹,例如神庙中采用的由羽蛇神图案装饰的石柱,还有位于广场上的由上千根石柱组成的列柱廊。在乌斯玛尔古城发现的古迹反映出另一种迥然不同的风格,即用更加精细和复杂的雕刻和装饰来美化宗教建筑和宫殿,例如贞女庙、"总督宫"(西班牙人的称呼)等。此外,在尤卡坦半岛上还发现了少数圆形建筑。例如奇琴-伊察地区的卡拉科尔堡(Caracol,意为"海螺"或"蜗牛"),这座建筑外观很像一个巨大的海螺壳,圆形,呈螺旋状。这一特例说明,尽管美洲印第安人普遍不会使用拱,但是技术上已经在进步。至于这座废弃的卡拉科尔堡(亦称海螺宫)到底有什么功能,至今众说纷纭,有一种说法认为,它是玛雅人用来观测天象的,因为建筑的形状与现代天文台十分相似。

玛雅金字塔历来被视为印第安建筑艺术的顶峰。其功能与埃及金字塔有区别,后者唯一的作用是法老陵寝,而前者的功能主要是祭祀,同时也利用其高度用作天象观测。人们一直这样认为。直到 20 世纪 50 年代,一位墨西哥考古学家在帕伦克的铭文神庙发现了一条地下甬道,在地下 25 米处有一个拱形密室,内置一个巨大石棺,高 1.1 米,宽约 2 米,长 2.8 米,棺内外刻满花纹。棺内有一具人的骨骸,头戴绿玉面具,身上佩有各种玉制首饰;还有一个绿玉太阳神像。根据石棺的铭文,表明安葬的墓主是帕伦克的统治者帕考,死于公元 684 年。这座地宫通过一条阶梯与神庙的平台相连接,根据玛雅人的宗教观念,死者可以用这种方式与在平台上主持祭祀仪式的祭司们交流,下达旨意。此后,在 1989 年和 1992 年分别在科潘的一座金字塔中心部位发现了两座墓室,从而证明了玛雅金字塔所具有的陵墓功能。

在玛雅地区,金字塔基本上有四种类型:一是最常见的是梯形,平顶,顶上建有小型庙宇,塔身的斜面上有自下而上的阶梯;二是以蒂卡尔城为代表的尖顶金字塔,所谓尖顶,是指在塔顶部建的如同塔尖的小庙;三是以韦拉克鲁斯的塔尔欣遗址为代表的壁龛式金字塔,塔身上嵌有 365 个壁龛;四是陵墓式金字塔,即在塔的中心部位或者塔的底部设有墓室的金字塔。

从目前所发现的遍布中美洲和墨西哥东南部的玛雅金字塔来看,其作用不是像埃及金字塔那样用来供奉法老遗体以巩固地上的奴隶制,而是侍奉神灵,企图用大量的祭品(甚至包括活人的鲜血和心脏)获得神的护佑。金字塔是大地和上天的连接点,充当媒介的便是那些无所不能的祭司。有的金字塔还有观象台的功能,这说明玛雅人力图与上天建立某种能相通的渠道,因为在那个时代没有纯粹的科学研究,对天体、天象的观察都带有一定的宗教意义,所以玛雅人的"天文观测家们"无一例外都是祭司。

2. 阿兹特克(包括前阿兹特克时期)建筑

对阿兹特克人的建筑产生最大影响的是托尔特克文明和特奥蒂瓦坎文明。前者在公元 7 世纪建成的图拉城在当年曾辉煌一时,而后者的城池一直被看做是北美地区的印第安圣城。

建于大约公元 677 年、毁于 1116 年的图拉城是托尔特克人的都城,城内有神庙、金字塔、宫殿、列柱廊和其他必要的设施,人口达 4 万多。在现存的遗址中,最引人注目的是建在一座金字塔上的羽蛇神殿,殿的顶部没有了,仅剩下原先支撑屋顶的 4 根巨大的石柱。每根石柱的高度约为 4.6 米,都雕刻成托尔特克武士亚特兰蒂斯的模样,顶盔贯甲,表情严肃。外墙上的浅浮雕图案是郊狼、美洲豹和正在吞食心脏的鹰。图拉城的建筑大量使用廊柱和嵌在墙里的壁柱作为建筑物的基础,武士雕像柱往往被用作金字塔的塔基,门廊上经常出现羽蛇神的图案。这些特点表明了图拉建筑装饰是以宗教性为主。在这个遗址还发现了一座半卧的玛雅神恰克-莫尔雕像,说明了玛雅人和托尔特克人之间存在着相当的联系。

在图拉城建成之前,公元前 200 年,特奥蒂瓦坎城已经屹立在墨西哥河谷一带了,在公元 4—7 世纪达到全盛期。其建筑以宏大庄严为特点,太阳金字塔高 64 米,底边宽 220 米,长 225 米,体积 100 万立方米;塔身共分 5 层,斜面上有台阶,共 244 级;顶部没有神庙,坡度平缓。这是中部美洲最大的金字塔。在这个巨型的石头城堡的下面,据说有许多洞穴和隧道,阿兹特克人认为那是世界的发源地。城区的主体建筑物是羽蛇神(Quetzalcoatl)庙,羽蛇神被奉为战争之神,也是水、农业、黎明之神,神庙和金字塔的基座上都刻满龇牙的羽蛇头。雨神特拉洛克也出现在众神之中,这一特点后来被阿兹特克人继承了。

当从北方荒原迁徙过来的阿兹特克人来到墨西哥谷地时,一些先前的文明已经没落(特奥蒂瓦坎在 9 世纪已经衰亡)。这个骁勇好斗的民族逐渐征服了周边部落,在谷地的湖光山色中建立起自己的家园——特诺奇蒂特兰城,时间大约是公元 1325 年。那一带五湖相连,城市就在湖区,远处是两座火山,雪冠终年不化,城中满是绿色植物和奇花异草(顺便一提,至今世界上不少著名花卉都来源于古代墨西哥:大丽花、金盏、圣诞红、水芋、康乃馨等等),其间错落分布着广场、花园、雕饰精美的神庙以及高大的宫殿,许多用白色巨石建成的平顶金字塔倒映在湖面上。城中还有一些必不可少的公共设施:输水管道、水渠、集市、球场等。

阿兹特克人继承了前期文明的金字塔的模式:平顶式造型、刻着羽蛇神头的基座、武士形石柱以及灰泥浅浮雕装饰的墙体等。他们在原有基础上又做了少许改动:塔顶有时建有双座神庙,供奉雨神特拉洛克和战神威齐洛波齐特利,塔的斜面上也设有双阶梯,直通双庙。

当西班牙人初到这座城市时,惊得目瞪口呆,他们发誓说从未见过如此美妙的地方。贝尔纳尔·迪亚斯·德·卡斯蒂略(1496—1580),这位科尔特斯手下的士兵,杰出的编年史家,在他的《新西班牙征服信史》中曾用生动的笔墨描述了远征军一行人在翻过雪山之后远远望见神话般的特诺奇蒂特兰城时的情景。而这座他们认为在欧洲也是无出其右的城市,不久之后就毁在他们的手中,化为灰烬。

3. 印加建筑

印加建筑艺术的精华主要表现在公共建筑上,其特点是巍峨壮观,异常坚固,与周边的自然景观浑然一体,十分和谐。由于时间和空间的影响,不同地区的印加

建筑各具特色。主要风格有:

1) 沿海地区的前印加风格。代表作是奇穆文化的中心昌昌、特鲁希略附近的太阳和月亮金字塔、利马附近的帕拉蒙加堡等。昌昌古城四边环以城墙,城内有世俗、宗教和军事建筑,在平顶金字塔和宫室的外墙上刻有高浮雕。其特殊性有两点:首先,其建材为土坯砖,即一种经阳光烤干后制成的土砖(昌昌城被考古学家们称为世界上最大的土砖城);其次,用黄金装饰神庙,在此地居民中有不少做金属制品的能工巧匠,他们的具体做法之一是将金箔嵌在土砖墙面上的图案上(美洲的天然沙金纯度高,易于加工,工匠们先把黄金制成薄薄的金箔,再用石刀切开,嵌在浮雕上)。能够证明昌昌古城建筑艺术水平高超的还有一例,那就是一座尚存的议事厅,24个座位围着矩形庭院,在每一个座位上轻声说话,周围都清晰可闻。帕拉蒙加堡设有8个要塞,城墙表面涂泥浆抹光,饰以海鸟和猛兽的图案,与陶器的花纹相似。

2) 山区的前印加风格。以查文德万塔尔和蒂亚瓦纳科为代表。其共性是规模宏大,形态粗犷恢宏,与安第斯山的气势融为一体。查文德万塔尔以石块建造的平顶金字塔著称,蒂亚瓦纳科以太阳神庙和用一块巨石雕成的太阳门为特色。蒂亚瓦纳科的名称在印第安语的含义是"创世中心",城中原有大批宗教建筑、雕刻和绘画,太阳门是其中最重要的部分。门上的图像多为有翼人像、猫科动物的头部和鸟类的头部,这些形象经常出现在安第斯地区的建筑、纺织品和陶器上,为其文化的一个特点。

3) 印加时期风格。以库斯科城、萨克萨瓦曼城堡、奥扬泰坦博城堡和马丘-比丘为代表。其特点除了规模宏大之外,采用巨石作主材是区别于其他建筑的突出之处。最大的独块巨石重量可达200吨,高度可达8米,厚度3.6米。在当时一无铁制工具,二无车马等运输工具的条件下,工程的难度可想而知。印加人的智慧确实令人赞叹。以萨克萨瓦曼为例,这是印加人最伟大的工程之一,据说是由印加王帕查库蒂于15世纪后期下令建造的,持续了50多年还未完工。它是保卫库斯科的军事要塞,设有防御工事,可供战时库斯科居民避难。整个建筑群(平台、塔楼、粮仓等)均用独块巨石修建,异常牢固。遗憾的是,当西班牙人入侵时,工程仍未结束。如今残破的遗迹还在,现代人对于当年印加人是如何从几十公里外把这些巨石搬运到山上,又如何把石头一块一块地垒起,接合得如同黏合一样牢固,仍感到百思不得其解。

二、殖民时期的建筑

西班牙人和葡萄牙人在将其政治制度、经济制度移植到拉丁美洲和加勒比地区的同时,也将其文学艺术风格照搬到殖民地,建筑风格也位列其中。殖民者在新的领地上开始兴建公共建筑及住房时,本能地想到其本土的流行风格。于是,凡是伊比利亚半岛上曾经有过和正在时兴的流派都被引进到美洲,例如哥特式、穆德哈尔式、伊莎贝尔式、埃雷拉式、文艺复兴式、巴洛克式、银匠式(普拉特罗式)、丘里格拉式、新古典式等等。所有这些建筑风格在越过大洋到达拉丁美洲的土地之后,为了适应新的水土,都发生了或多或少的变异。有时,在这种变异中孕育着新的拉美风格,即在同一个建筑上嫁接着几种不同的流派,因为所有的欧洲流派到了拉美之后都是滞后的,但是对于拉美人来说,都是新兴的,于是便会同时展现在一座宫殿上或者一座教堂上。

但是总体上看,不同时期的建筑体现出各自的艺术倾向。

1. 宗教建筑

16世纪的教堂凝聚了当时建筑艺术和技术的精髓,而且也是殖民统治者和半岛移民们倾全力完成的浩大工程,一方面是出于本身信仰的需求,另一方面是出于让土著人皈依天主教的目的(整个殖民时期,在美洲建起了近7万座大大小小的教堂)。在这100年中,哥特式处于突出位置,圣多明各大教堂支撑穹顶的圆柱、尖拱和彩色玻璃尖型窗都是这一风格的典型形式。在西班牙风行一时的伊莎贝尔式和费利佩二世最欣赏的埃雷拉式也以其朴实无华的特点成为殖民地一些宗教建筑的首选。

在17世纪,文艺复兴风格显示出其号召力。自17世纪中期起到18世纪上半叶,巴洛克式处于主导地位,其审美特点符合当时处于财富积累时代的上层人物的夸富心理,也与印第安建筑多用雕饰的传统有默契之处。于是,巴洛克迅速发展起来,甚至在结合本土特点的基础上,形成了"印第安巴洛克"和"安第斯巴洛克"。而作为巴洛克的极端形式的丘里格拉风格在美洲也得到热烈的呼应。在墨西哥等地的一些教堂出现的这种装饰过度、累赘繁琐、矫揉造作的建筑风尚,与当时社会风气和社会审美观念有某种程度的趋同。更加极端的是,匠人们把过多的炫耀色彩和嵌金镀银的做法添加到教堂的装饰上,有时还把彩瓷砖或中国瓷器的碎片镶嵌到墙壁上,以达到令人炫目的效果。许多当地居民,包括印第安人和梅斯蒂索人都崇拜丘里格拉风格。

巴洛克的代表作有基多的耶稣会教堂、墨西哥城大教堂的圣殿、特波索特兰的耶稣会的圣马丁教堂等。作为"安第斯巴洛克"的典型之作当属利马的托雷·塔格莱宫。

在18世纪,新古典主义从伊比利亚半岛传入拉美,其模仿古希腊—罗马的倾向,追求理性、规范、均衡和线条完美端庄的特点被拉美人有条件地接受了。代表作有波哥大大教堂、布宜诺斯艾利斯大教堂等。

在殖民时代,巴西的宗教建筑也基本上以宗主国葡萄牙的为蓝本,但是在风格和结构上为适应巴西的环境而作了某些变动。

拉美殖民时期的宗教建筑是拉美建筑史上重要的一个篇章,它从欧洲引进了丰富的资源:设计思想、艺术理念、工艺技术、专业人员和原装的建材和配饰(绘画、雕刻、家具、配件等)。同时,它承上启下,继承了欧洲的遗产,也保存了古代印第安建筑艺术的某些因素。本土艺术家和工匠们把这些古代本地区的因素和舶来品加工整理,形成了拉美的宗教建筑风格。

这一时期的另一个特点是印第安人的参与。在所有大型建筑工程中,设计者和督造者都是白人,以后出现了梅斯蒂索人,而印第安人只是普通劳动者,他们把愤怒和反抗以及对祖先文化和信仰的追忆与怀念倾洒在建筑物上。他们趁白人监工疏忽之时,把自己的宗教符号、图腾、本土的动植物甚至神像都留在教堂和修道院的墙壁上和祭坛上。例如,在圣多明各大教堂(18世纪建于哥伦比亚的涌哈)的罗萨里奥小礼拜堂里,上帝的头像被画成太阳神的模样;在秘鲁阿雷基帕的耶稣会教堂里,装饰图案是太阳神和月亮神;玻利维亚的一些教堂有明显的印加时代特色,在装饰风格上出现了安第斯地区的动物(羊驼、骆马、美洲豹)图案;在哥伦比亚和厄瓜多尔的一些教堂出现了印第安人面孔的小天使、穿披毯的天使和演奏土著乐器的仙女们。建材也是因地制宜,教堂使用土坯砖、黏土墙和石板顶。

2. 军事建筑

军事建筑也是殖民时期的一大特色,特别是沿海地区和大安的列斯群岛上的工程。之所以修建这类建筑,是因为上述地区经常遭受海盗和欧洲敌对国家舰船的袭击,主要是来自英国、法国和荷兰。

建筑的类别有军事堡垒、城墙、防护工事、要塞。建材以石头为主,坚固持久。当时几乎所有的港口都有带雉堞的城墙,城墙上有防御塔楼,墙体又厚又宽,可以作为运输辎重的公路使用。哥伦比亚的卡塔赫纳港、墨西哥的韦拉克鲁斯港、哈瓦那的埃尔莫罗城堡等均为典范,至今还屹立在大洋岸边。埃尔莫罗城堡建于1589—1630年,位于海岬的尖角处,俯视整个海面。其形状是不规则多边体,按照传统的米兰式军事堡垒而建,四周的壕沟直接在岩石间开凿。入口处用吊桥连接,堡内有练兵场、弹药库、多处临海炮台、瞭望台和10米高的灯塔。城墙厚度达10英尺,作为外线屏障护卫着哈瓦那城。1762年,英军曾将城堡围困了40天,最后用大规模轰炸才攻下埃尔莫罗。

3. 世俗建筑

能够展现较高艺术风格的世俗建筑主要集中在贵族们的府邸、政府所在地、富人的豪宅和城市的街区、广场等地方。这些工程虽然不像大教堂和大宫殿那样宏大，但是更加精巧华贵，风格多样化，有许多出奇制胜的细节，尤其体现在内部装潢上。墨西哥城和利马的两处总督府于今仍是政府所在地，前者被命名为国家宫，是墨西哥总统的办公地，同时也对游人开放。巴洛克风格对这类建筑的影响深远，除了外观，内部装潢尽显欧洲的华美和东方的异国情调。例如天花板上的古典式壁画、门楣上的雕刻、大厅里摆放的中国屏风和东方瓷器、墙上覆盖的中国丝绸，等等。

16 世纪后期，西班牙国王费利佩二世通过"规划法令"的颁布，使美洲殖民地的城市建设更加规范化，也更加半岛化。由于受意大利文艺复兴风格的影响和伊比利亚传统模式的启发，新生城镇把街道、建筑群和作为公共空间的广场三要素加以整合，使之构成城市布局的主要部分，空间和实用功能也得到很好的结合。这样，殖民风格的城市和小城镇的基本结构就定位了：每一个行政区划都有一个中心广场，广场的中心可能设一个摩尔式亭子，广场周围有林荫路，广场的一侧必有一个教堂，旁边也可能有修道院，与教堂相对的是市（镇）政府所在地。这里便是城市的中心区域。墨西哥城、利马、加拉加斯等均始建于 16 世纪，采用的是同一类模式。

三、19 世纪的建筑

19 世纪初期是整个拉丁美洲爆发独立运动的时期，直到 30 年代前后绝大部分地区都已脱离西班牙的殖民统治宣告独立。在建立新体制和新型社会的同时，需要新的文化思想来指导上层建筑领域。新古典主义的理性和简朴的特点符合当时的宏观环境，因此很快就被接受并历时达一个世纪之久。

新古典主义建筑的代表作基本上都是由来自欧洲的设计师担纲设计，例如西班牙建筑师多明戈·德佩德鲁斯（1764—1842）设计的波哥大大教堂、法国设计师普罗斯佩罗·卡特林设计的布宜诺斯艾利斯大教堂等。在古巴的富人区西班牙和意大利的风格风行一时，生铁栅栏、大理石楼梯和地面、喷泉和雕像，装点着住宅和庭园。在巴西，里约热内卢的若奥六世王宫、圣若阿金神学院等都是这一时期的重要作品。

19 世纪后期，因各国形势逐渐稳定，建筑业出现了高潮，各国都开始兴建政府办公大楼、议会大厦、豪华剧院和富丽堂皇的私人宅邸。在风格上往往直接取自欧洲国家，如法国、意大利和英国，既有新式的，也有传统的，兼收并蓄。代表作品有墨西哥城的美术宫、布宜诺斯艾利斯的大剧院等。新古典主义于 1870 年前后开始衰落。

四、20世纪的建筑

20世纪是拉美建筑艺术最辉煌的时期,也是走向世界前列的时期。

在初期,一些从欧洲和美国学成归来的拉美建筑师将现代建筑学的思想理念传入本七,之后在借鉴诸如著名的法国建筑师科比西埃的理性主义的基础上,结合本地区和本国的特点,把美学和现代功能主义糅合在一起,建造既符合民族审美习惯又具有实用价值的现代建筑。自60年代之后,处于成熟期的拉美建筑业重视对民族传统的继承,并将民族传统与最新工艺技术结合在一起,独辟蹊径,开创出独一无二的拉美风格,得到欧洲、美国和全世界的钦敬。在这方面,巴西和墨西哥做出了突出的贡献。

墨西哥人较早就提出了将多种艺术综合为一体和用最先进的技术建造社会实用建筑的主张。建筑师兼画家胡安·奥格尔曼是功能主义的信奉者,他强调建筑美学和工程学相辅相成的密切关系,并且重视民族传统文化因素的应用。他负责设计了轰动一时至今仍然是现代建筑学典范的墨西哥国立自治大学的图书馆楼,该楼外观线条优美简洁,外墙面积约4000平方米,由奥格尔曼亲自绘制了巨幅壁画,用一公分见方的彩石马赛克镶嵌,覆盖了整个外墙,东南西北四面分别表现了古代印第安人的朴素人生哲理、古代印第安社会、印第安人的神灵、墨西哥人民为争取独立的斗争和墨西哥革命。在该校的医学和生物系教学楼外墙是弗·埃佩斯的壁画,在行政大楼外墙上是壁画大师西盖罗斯的巨幅壁画。这种用马赛克镶嵌画或壁画来装饰大型建筑外墙的做法被拉美许多国家的设计师们效仿。墨西哥人重新挖掘了古代印第安文化传统、殖民时期和共和国初期的文化传统,加以提炼加工,与新的建材(如钢铁、玻璃)、本地特有的建材(如墨西哥的火山岩)和新的工艺相配合,建起不少色彩鲜艳、造型奇特、有很高实用价值和观赏价值、充满现代时尚元素的建筑精品,甚至古老的宗教建筑——教堂都一改保守的外观,变得与时俱进。例如墨西哥城的圣母大教堂就兼具传统与现代、美观与实用的优点,墨西哥人类学博物馆在现代风格之中巧妙地渗入印第安传统建筑特色,这两座堪称典范的作品都出自著名建筑师佩德罗·拉米雷斯·巴斯克斯之手。

墨西哥国立自治大学的壁画

巴西人的成就更是令全世界瞩目。早在 20 世纪初,在巴西就已经形成自己的流派,主张将现代艺术与实用功能相结合,在艺术方面吸收土著成分和现代甚至超现代成分。20 年代和 30 年代初,先锋派的作品就出现在里约热内卢和圣保罗,作者是侨居巴西的俄国建筑师葛·沃卡夫契克。他于 1925 年发表的《功能建筑宣言》正式亮出现代派建筑思想的旗帜。卢西奥·科斯塔是先锋派另一位杰出代表。他与其他人合作完成的巴西教育卫生部大厦(1943 年)完美地实践了功能主义的所有要素,如屋顶花园、玻璃幕墙、遮阳板等,同时又用壁画、雕塑、马赛克墙面等手法彰显了巴西的民族风格,这部作品是西欧建筑艺术与拉美本土建筑艺术的成功结合,这一趋势对当代拉美建筑产生了重大影响。

50 年代巴西新首都巴西利亚的设计和建筑是拉美也是世界建筑史上的大事件。科斯塔负责新首都的总体设计,首都市内重要建筑物由另一位巴西顶级设计师奥斯卡·尼梅尔完成,他是建材和空间利用方面的大胆革新者,仅 60 年代他的设计就已达600多项,作品遍布四大洲。由于设计师们高超的工程造诣和大胆的艺术想象力,巴西利亚成为大型群体建筑史上的里程碑。城市被设计成一架飞机,分为北翼和南翼,政府机关和纪念碑位于"机身"部分,"驾驶舱"的位置上分布着议会大厦、司法大厦和政府大厦。主教堂在机身后部,其雕刻立柱、彩色玻璃和4位福音传道士的圣像都极有特点。在这一区域还有国家大剧院、宾馆、电视发射塔和车站。在城市的两翼有不少休闲场所,文化气息浓厚。立体公路、高速公路使城里城外的交通变得方便快捷。整个巴西利亚城被联合国教科文组织列为世界文化遗产。

总之,拉丁美洲的现代建筑如同其现代文学一样,可以理直气壮地、尊严地站在世界先进行列之中。

第五节 造型艺术

在这一节里所说的"造型艺术",主要指绘画和雕刻。

拉丁美洲民族是富于艺术创造的民族,无论是在哥伦布到达之前的古代印第安文明,还是在殖民时期以及近现代,艺术活动始终在生活和社会生活中占据着不可替代的位置。

一、哥伦布到达之前的艺术

古代印第安人的最初艺术表现形式是宗教性的,表达人类对宇宙的认识,对未知事物的畏惧和对神灵的膜拜。这一点是早期人类共有的艺术观。

通过考古发现,4000多年前,在墨西哥、中美洲和南美洲的部分地区,土著人已经能够制作简陋粗糙的陶俑和岩洞壁画。在以后千百年的历史发展中,印第安人表现出对雕刻、壁画和工艺品制作的巨大热情与艺术天分,但是由于来自伊比利亚半岛的征服者们对土著文化的破坏是如此之彻底,目前仅留存下部分雕刻和大量残损的作品以及少量壁画的遗迹(绘画水平明显低于雕刻),因此很难对其做出完整的判断。

1. 壁画类

在安第斯山区发现的一些神庙的墙壁上有壁画,颜色有红、白等10余种,无名画家们用写实的手法描绘了人物、动物、植物以及战争、祭祀、日常生活和生产等场面。在这些壁画上可以看出该地部落对鹰和豹的图腾崇拜。

在今中美洲地区,壁画(包括岩洞画)达到了较高的水平。在后古典时期,壁画主要用于装饰建筑,画笔用人发、鸟羽、兽毛或植物纤维制作,颜料都是从植物或矿物中提炼的,如用胭脂仙人掌汁与天然颜料相调和,可制作蓝、红、赭石等颜色。

1946年在恰帕斯州的博南帕克(Bonampak)发现的几幅壁画是玛雅艺术精华。该地位于乌苏马辛塔河的支流附近,建于公元600年前后。壁画在一座神庙里,三个房间的墙壁上布满色彩依然很鲜艳、图形依然较清晰的图画,分别表现了为酋长的继承人举行的欢庆会、战争和庆祝胜利的仪式。在第一处壁画上能看见身穿华丽的豹皮裙、带着玉石项饰和羽冠的博南帕克酋长查安-姆安;第二处壁画上的战争场面非常激烈血腥,有的战俘在受折磨,有的跪在查安-姆安面前乞求着什么;第三处所表现的舞蹈和庆祝仪式十分复杂而奇特,其中一些贵妇们在用舌头放血,人物穿着华贵。从手法上看,玛雅艺人们掌握了一定的透视法,线条更为真实,人物的表情生动,动作逼真,发型和装束细微,色彩鲜亮。估计壁画作于公元8世纪。

特奥蒂华坎城的壁画也是依附于神庙和金字塔而存在的,题材多为人物、神像、树木(可可树)、花果、飞禽走兽、昆虫(蝴蝶)等,画面上还穿插一些象征性符号,以传递某种信息。托尔特克人的壁画一般以战争为主题,画面上常出现象征战争的动物(美洲豹、鹰、蛇等)。阿兹特克人的壁画水平没有超越前人。

2. 雕刻

印第安雕刻艺术成就比较高,留存至今的许多作品充分表明了史前土著人在雕刻技法上、对材料的选用上和题材表达上的造诣。

按功能分类,一为独立作品,也称独雕;一为附着于建筑物或器皿之上的作品,也称饰雕,如门楣、廊柱、台阶、屋脊以及陶器和金属器物上的配饰。

按材质分类,有玉雕、骨雕、石雕、贝雕、木雕、泥塑六类。

按题材分类,一为宗教类,诸如神像、图腾偶像、含有宗教意义的几何图形面具等;二为世俗类,诸如人物、动植物和生活习俗。

按风格分类,有写实的、抽象的、变形的、写意的。技法上以浅浮雕和镂刻为多。

玛雅文化给后人留下许多富有特色的精美的雕刻品。对位于热带丛林中的帕伦克遗址的发掘,给考古界带来许多意想不到的收获,在铭文神庙的帕考酋长的石棺中发现了多件美轮美奂的雕刻品,而巨大的石棺本身就是一件巨石雕刻的杰作,棺内外以及棺盖上布满了精致的图案,反映出人们对宇宙和世界的认识。在神庙的墙壁、石柱和祭坛上布满了雕刻,许多形象是祭司和武士,他们衣着华丽,装饰奇特,在他们周围还有一些象形文字和图案。玛雅的浅浮雕所表现的人物大多是侧面像,突出了玛雅人的民族特征:窄长的头颅、长而倾斜的前额和鹰鼻。(这两个生理特点并非都是先天的,而是玛雅人根据自己的审美标准对头部和五官进行的"后天加工"。)阿兹特克和印加人的作品除了宗教题材,也有不少表现普通人日常生活的场景,形象生动活泼,表情逼真,形态自然。

3. 其他类别

手工艺品、器皿上的绘画、手抄典籍中的绘画、纺织品等也都反映出古代印第安人的审美取向、工艺技能的水平和当时社会的风尚。比较有代表性的作品类型包括印加人(安第斯地区)的纺织品、披毯、金银饰品、陶器、玛雅人的玉饰品、阿兹特克人的羽毛制品等。

印加人的黄金制品达到了相当高的水平,不仅仅是工艺高超,从美学角度看,也无愧于欧洲的水准。早在公元前1500年秘鲁南部安第斯山一带的工匠们就开始制作黄金饰品,之后这种技术被传播到北部和沿海地区。印第安人掌握了冶金基本技术,包括镕模铸造雕刻、焊接、覆镀和镶嵌工艺,查文人还掌握了制造合金以及改变金属的颜色和纹理的手段。在此基础上,这些工匠们运用他们绝妙的审美观,制作出薄如树叶的金片,在上面压出精致的图案,还可以用不同的部件组合成复杂的器物。在美国考古学家发现的一些殉葬品中,可以看到一根长13.5英寸的黄金节杖,节杖的上端是一个用压花工艺制成的中空的杖头,一根金管将杖头和下端的银质雕刻手柄连接在一起。这也许是印加王拿在手里象征皇权的器物,制作复杂而精致。在出土的墓葬中(因为是墓葬,才逃过了西班牙人的洗劫)还有太阳神王冠、酋长戴的王冠、项圈、胸饰、摆件、祭器等,全部是用黄金、白银、合金等材质制成,有的还镶嵌着宝石,华丽异常,美不胜收。

二、殖民时期的艺术

在殖民时期,特别是在初期,绘画和雕刻都是建筑的附属部分,大部分作为教堂、修道院的装饰,小部分用来美化总督府、殖民当局的大型公共建筑和贵族宅邸。因美洲教堂有数万座,因此这一时期造型艺术的作品数量惊人。其主题基本上都是宗教内容:圣像(耶稣像、圣母像、圣徒像、圣经人物像)、高级神职人员像(主教像、大主教像)和圣经故事。雕刻用于装饰教堂的正面墙、穹顶、内壁、门廊、柱子、祭坛、祭坛后面的屏风、壁龛、唱诗班坐椅、教士坐椅等处,同时还有天使、圣徒、耶稣雕像等独立雕品或配饰。在殖民后期才出现了非宗教题材的作品,在油画作品中出现了印加工公肖像、历史题材的场面、西班牙总督像、动植物的静物画或写生风俗画、风景画等。世俗人物雕像出现于18世纪,是卡洛斯四世的骑马雕像。

画家群体最初由白人组成,后来梅斯蒂索人加入,最后才允许印第安画师参与。当时西班牙美洲出现了4个艺术中心:墨西哥城、基多、库斯科和波托西。前二者的风格中规中矩,严格地按照宗教画的传统作画;后二者表现出某种离经叛道，波托西因其巨大的财富而在审美上更偏爱富丽的、有强烈装饰感的作品，库斯科画派创作了一些历史题材和土风的作品，出现了安第斯山特有的动物（羊驼、骆马等）和鸟类。在宗教题材的雕刻中，艺人们主要遵循西班牙的写实主义风格，但在技巧上和用料上做了一些改动，如采用中国和其他东方国家的着色法、配色法（人像用肉色颜料，使用红蓝绿的配色等）。

总的来说，殖民时期的美术家们是在跟随西班牙和欧洲的风潮而行动，更多的是模仿。

三、近现代艺术

在19世纪的独立战争期间和之后一段时间，欧洲的新古典主义和浪漫主义先后进入拉美，并在美术界占据主导地位。艺术家们被革命热情驱使，创作了独立战争英雄、民俗风情的作品以突出有独立意识和民族意识的美洲人民和美洲土地。高乔人的生活、梅斯蒂索人的习俗、山区集市、修道院、庄园、沿海风光都出现在画家的画布上。此时版画作品增多。

之后，拉美艺术家们追随印象主义、表现主义、欧洲现代主义等流派，所完成的作品良莠不齐，评论毁誉不一。在两次大战时期，拉美人受自身社会状况的影响，开始更加关注作品的社会内容，特别是对社会的抗议。墨西哥革命影响了本国的艺术界，政治—社会内涵始终处于导向地位。在其他拉美国家，艺术家们一方面认同自己所承担的强烈的社会义务，同时也致力于寻找本国和本民族的艺术特色。从艺术表现手法上，人们借鉴了结构主义、后印象主义、野兽派、存在主义、立体主义等。

20世纪的拉美画家和雕刻家较少保守性，他们勇于开拓进取，勇于和自我决裂，在"具象表现"上，基本上可分为表现主义、超现实主义和稚拙艺术三大风格。表现主义特别强调主观表现，墨西哥壁画多遵循其夸张变形和写意的手法；超现实主义倾向于揭示潜意识和时空错位的荒诞景象；稚拙艺术的表现手法主张自由抒发主观感受，不事雕饰，如同古代印第安造型艺术的朴拙表现方式，有回归自然、从原始艺术中汲取营养的趋向。当拉美艺术家的民族意识日益强烈时，他们认为借助于不同的艺术手段来表现拉美本土的人和风物才能最终摆脱从属地位。于是创作题材的地域化也是20世纪造型艺术的一大特点，玛雅金字塔、巴西咖啡园、移民船、潘帕斯大草原等都是艺术家偏爱的素材。

四、墨西哥壁画

能够在20世纪拉丁美洲造型艺术领域中独树一帜并能达到世界超一流水平

的当推墨西哥壁画。

墨西哥的印第安人自古以来就有画壁画的传统,最早的壁画(岩壁画)可以上溯到 4500 年前。目前发现的特拉斯卡拉州卡卡斯特拉的古代壁画是最长的,可达 22 米,出现在奥尔梅克文化的遗址上。玛雅文明、特奥蒂华坎文明、托尔特克文明和阿兹特克文明都留下了一批珍贵的壁画。

20 世纪 20 年代是墨西哥政坛风起云涌的年代,1910—1917 年的革命推动了民族经济和民族文化的发展。1914 年在墨西哥城郊建立了圣阿尼塔艺术自由学校,为壁画自由创作提供了条件,以呼应此前爱国学生提出的为人民而画,为祖国而画的艺术主张。在当时的教育部部长何塞·巴斯孔塞洛斯(1882—1959)的倡导和推动下,墨西哥政府发动了一场壁画运动,号召画家们用壁画这种古老形式来美化首都。艺术家阿特尔博士(1875—1964)是这一运动的先驱,他率先提出在公共建筑上作画。自那时起,在许多公共建筑物上开始出现反映墨西哥的过去和现在的大型壁画。许多画家,包括侨居国外的艺术家们纷纷投入到这场大创作之中。被称为墨西哥壁画三杰的迭戈·里维拉(1886—1957)、何塞·克莱门特·奥罗斯科(1883—1949)和大卫·阿尔法罗·西凯罗斯(1896—1974)是这场运动的领军人物和核心。

1922 年西凯罗斯代表墨西哥画家和雕塑家工会发表了《社会、政治和美学宣言》,号召艺术家们离开画室,到公共建筑物上为人民创造出最伟大的巨幅壁画。属于这一团体的艺术家们肯定了"艺术不仅是社会状况的反映,而且也是地理界限的表达,艺术家在这个范围内进行创作"①的主张,因此他们以复兴民族艺术、服务社会为宗旨,把民族的、传统的、历史的、现实的、自然的题材均搬上高楼大厦的墙面,运用欧洲的技巧和技术,借助于印第安人的一些手法和特点,表达自己的、也是墨西哥人的思想感情。

迭戈·里维拉曾在意大利学习乔托(1266—1337)等大师的古代壁画,应召回国后在 1923 至 1929 年间的 6 年时间里,他怀着火一般的创作激情,在墨西哥城国立预科学校、教育部、查平戈国立农业专科学校和墨西哥城国家宫留下大量不朽的作品。其中《创世纪》(1922)是第一幅作品,表现了人类用劳动创造世界的主题。这幅画揭开了墨西哥壁画运动的序幕。他为农业专科创作的表现大地母亲的《裸女》显示出画家特有的抒情的表现手法,被评为他的杰作之一。自 1929 年开始至 1952 年,他陆续为总统办公处和政府所在地的国家宫绘制了以墨西哥历史为题材的巨作,画面气势恢弘,色彩绚烂,人物形象极其丰富,其中对古代特诺奇蒂特兰的描绘

---

① 郝名玮、徐世澄:《拉丁美洲的文明》,社科文献出版社,1999 年,第 356 页。

尤其令人神往。他是当时美洲首屈一指的大画家,美国洛克菲勒中心落成时,请他作画,他毫不犹豫地把自己对资本主义的蔑视、对工人阶级的同情和热爱、对马克思主义的尊崇都尽情地挥洒出来。画面中心是工人和被工人簇拥着的列宁,而资本家则象征着邪恶。这幅画令洛克菲勒家族和美国上层人士极其恼怒,原画被凿掉。但里维拉回国后,在墨西哥城美术宫又复制了一幅。他是艺术家,也是战士。他一生创作的壁画总量为 3 万平方米。

奥罗斯科的代表作有《战壕》(1922)、《摧毁旧秩序》(1923)、《罢工》(1923)等。1934 年从美国和欧洲回国后,为瓜达拉哈拉市政府大厦、瓜达拉哈拉大学和卡瓦尼西斯孤儿院创作了歌颂独立战争的先驱伊达尔戈神父的《为自由而战》、《圣徒与普罗米修斯》和《火人》等。这些作品已经成为瓜达拉哈拉城的标志和文化瑰宝。

西凯罗斯既是一位画家,也是一位革命者、政治活动家。他一度曾担任墨西哥共产党总书记,30 年代担任墨西哥全国反法西斯和反内战同盟主席。1936 年他亲赴西班牙加入共和国军队,并被晋升为上校旅长。他一生之中曾多次被捕、被流放,但是始终坚持作画,他的作品不仅留在本国,也永远留在他流亡过的一些国家,包括美国、智利、阿根廷等。他为墨西哥城的美术宫创作了《新民主》(1944)、《夸乌特莫克的复活》(1951)和《反对神祇的夸乌特莫克》(1951)。他还为国立自治大学(UNAM)的校长办公楼创作了《文化的蕴含》、《人民到大学,大学到人民》、《大学生走向文化》等大型作品。在国家历史博物馆展厅陈列的 250 平方米面积的巨画《从波菲里奥的统治到革命》也是西凯罗斯的力作,画面上出现了从空想社会主义到科学共产主义各种学说的创始人的形象以及 20 世纪初波菲里奥独裁时期的黑暗。

三位大师的壁画使古代印第安的壁画传统复活了,他们采用了更复杂、更深刻的来自欧洲和某些现代流派的手法,对壁画的理念、创作原则和艺术手段进行了大胆的革新。这些作品有卓尔不群的民族特性(形式、内容)、旗帜鲜明的社会性(政治倾向性、明显的左翼思想导向)和服务于社会的大众性(直接面对大众)。

墨西哥壁画还有一些艺术共性:线条粗犷硬朗,色彩浓重绚烂,有印第安民间艺术的烙印,人物造型的特点鲜明,突出甚至夸张、变形,富于典型性,画面气势宏大,有强烈的动感。作者把全部激情、把批判和颂扬的情绪都融进壁画中,因此他们的作品具有强烈的视觉冲击力和强大的感染力,是现代艺术的一朵奇葩。

第六节　拉美的民间音乐和舞蹈

一、音乐和舞蹈概述

拉丁美洲各民族是热爱音乐并具有音乐歌舞传统的民族。由于多元文化和多种族共存现象的影响，拉美的音乐和舞蹈具有举世公认的个性强、表现力强、艺术形式多样化等特点。之所以不同于欧洲的、非洲的和东方的音乐舞蹈，就是因为在拉美音乐舞蹈中能清楚地发现其源自印第安人、黑人、西班牙人、葡萄牙人和各混血人种的印记。而最能彰显其民族文化印记的是民间音乐和民间舞蹈。

但是在进入上述这两个题目之前，需要简单回顾一下拉美音乐舞蹈的演变。

在西班牙人到来之前的古印第安文化中，音乐和舞蹈是其重要组成部分，其功能并不是制造美学上的激情或愉悦，而是表现宗教情绪，特别是宗教狂热。除了宗教作用，还用于战争、农耕、巫术等方面。以战争为例，古代人类不约而同地都把音乐引入了战斗场面，似乎在肉体相搏时，需要一种能够激励斗志和提升士气的音响和节奏。亚洲人是这样，欧洲人和非洲人也是这样。鼓是最理想的，于是"战鼓"一词诞生了，汉语的"鼓舞"也与此有关。印第安人的军乐乐器是各种鼓、硕大的海螺和笛子。

在殖民时期，欧洲音乐首先进入拉丁美洲，其后进入的是舞蹈。音乐主要是宗教音乐，因为传教士们在布道时，举行仪式时，需要演奏管风琴和唱诗，于是他们便向印第安人传授欧洲乐器的演奏方法，教这些皈依者们唱圣歌，最后还专门开办了音乐学校。第一所学校于1524年建于今墨西哥的特斯特科。殖民地社会秩序基本建立起来之后，欧洲的世俗音乐也为适应本地居民的文化需要而传入。上层社会偏爱宫廷音乐和舞蹈，因此古典音乐有了很大的传播空间，特别是歌剧。西班牙和葡萄牙的民间音乐歌舞随着商人、士兵和大量普通移民在民众中间广泛流传，而黑人奴隶的到来又把非洲音乐舞蹈引进来。一个时期之后，融汇各种文化元素的拉美音乐便渐渐露头头。19世纪末、20世纪初，拉美音乐在欧洲和美国已经引起广泛注意；之后逐渐形成独立的、极富民族特色和地区特色的艺术形式。

拉美的创作音乐在18、19世纪时，深受欧洲音乐各学派的影响，始终难以摆脱模仿的痕迹。20世纪初，民族主义乐派占上风，音乐家们大量吸取民间音乐素材，创作出自己民族和地区的独特的艺术风格和语汇。50年代之后的倾向是放弃民族倾向，主张世界主义、现代主义，追求先锋派的技术。

但是拉丁美洲的文化环境注定其音乐表现形式不可能是单一的。仍然有一些作曲家坚持将现代技法与理念和自己的传统与现实结合起来,致力于能在拉美引起反响的题材。最典型的例子有表现阿连德总统殉职的交响乐《智利·1973》(古斯塔沃·贝塞拉)、表现游击英雄格瓦拉的《切司令》(何塞·阿德雷尔)等。

目前,在大多数拉美国家并行发展着古典音乐、流行音乐、民间音乐、现代音乐和古典芭蕾、现代舞、民间舞等多种形式。艺术团体很多,有国家级的、公立的(省、市级)和私人的或民间的,不少团体享有世界声誉。

二、民间音乐

拉美民间音乐如同拉美文化本身一样,也是多元和多源的,是在欧洲民间音乐的基础上(西班牙的、葡萄牙的、意大利的、法国的……),融合了印第安音乐和非洲的黑人音乐,经过几百年的融会贯通、水乳交融,形成了生气勃勃的、五彩斑斓的拉美民间音乐。

拉美民间音乐的来源有:

1. 印第安音乐

从现存的印第安壁画和陶器上的图案中可以看出,16世纪之前在阿兹特克人和玛雅居住区域、秘鲁沿海地区、安第斯山区和今巴西里约热内卢附近的图皮南巴人居住区,音乐是社会活动,特别是宗教活动的重要组成部分,乐师们手持各种乐器演奏,祭司们手舞足蹈。古代乐器包括管乐器、吹奏乐器和打击乐器,似乎少见弦乐器。运用最普遍的是各种形状的鼓,鼓还应用在战争中。管乐中最多见的是各种类型的笛子,克丘亚人的"盖纳"笛直到现在依然是音乐家们、乐师们最偏爱的乐器,用来表现南美洲高远、寂寥的高山和荒原。在古墓挖掘中发现南美印第安人使用过海螺、摇铃、钟、哨子、骨制的笛子、黏土做的吹奏乐器等。

从音阶与调式上看,古印第安音乐主要建立在不带半音的五声音阶基础之上,与中国音乐相近(宫、商、角、徵、羽);采用自由节拍或者自由节拍与固定节拍相配合。

今天,纯粹的印第安音乐几乎不复存在了,所谓的"印第安音乐"实际上已经演变成以某些印第安传统音乐语汇为主调、采用欧美式节奏、用吉他和改造的土风乐器来表现的一种音乐形式,但其主题是印第安的,如秘鲁名曲《飞逝的雄鹰》(El cóndor pasa)。

2. 非洲民间音乐

自16世纪起,上千万之多的黑人奴隶被贩运到美洲,除北美,大部分集中在巴西和加勒比地区。将这些远离故土的"非洲弃儿"维系在一起的是传统节日、宗教仪式和家乡的音乐舞蹈。

黑人音乐最初的形式是用于宗教仪式的圣歌,奴隶们用合唱圣歌的方式表达他们对家乡和自由的向往,也表达他们的愤怒。他们带来的非洲鼓也是一种传达感情、情绪和其他信息的工具。在加勒比的海岛上,奴隶主们为了防止黑奴逃跑和造反,把他们分别羁押在不同的地方,以切断他们彼此的联系。但是黑奴们通过鼓声将起义的信号由近及远地传递出去,鼓声的强弱、节奏的快慢,停顿的长短都是信息。所以即使是那些对此一无所知的奴隶主们,听到丛林中咚咚的鼓声,也会心惊肉跳,预感到山雨欲来。

黑人音乐的特点是载歌载舞,运用大量的打击乐和响器,节奏强而多变,旋律中乐句短小并且曲调多重复等。

黑人音乐是加勒比地区和巴西民间音乐的基调,它的贡献还在于大大地丰富了拉美的音乐语汇和技巧。仅以乐器而言,非洲裔的美洲人所用的鼓种类繁多,各种用于烘托节奏的响器奇特无比,例如沙球、"卡洪"(抽屉鼓)、刮挫器、钢鼓、"格拉威"等等,其歌舞形式是许多如今风靡世界的舞厅舞蹈的原形。

3. 欧洲民间音乐和古典音乐

拉丁美洲音乐的主要成分是欧洲音乐,欧洲人引进的乐器、变调、半音音阶、和声以及其他乐理等真正奠定了地区音乐的基础。小提琴、曼陀铃、竖琴、吉他等乐器传入美洲,从古典性质演变成民间性质,曼陀铃变成克丘亚人和艾马拉人喜爱的小五弦琴,竖琴演化成小型、便携式的小竖琴,出现在许多地区的土著人乐队中。而吉他在现代生活中得到最广泛的普及,由于其丰富的表现力,吉他成为民间音乐和流行音乐中必不可少的因素。

最初的伊比利亚半岛移民们带来了各自家乡的民间小调,如塞基迪亚、方丹戈、霍塔和塞维利亚纳,其中安达卢西亚的音乐因来自该地区的西班牙移民较多而得到迅速传播。源自于中世纪的罗曼采(即一种叙事歌)和安达卢西亚的科里多歌谣在墨西哥等地极受欢迎并且很快变成典型的墨西哥谣曲。巴西人一方面接受了西班牙人在西葡合并时期(1580—1640)带来的波莱罗舞曲、方丹戈和塞基迪亚舞曲,同时也吸收了葡萄牙民歌的因素。意大利音乐作为古典音乐形式进入拉美,首先被上层社会接受,之后流向民间。

欧洲民间音乐是拉美民间音乐的基础,在那些以白人或混血人种为主要人口成分的国家(如阿根廷、巴西、墨西哥、智利等),更是其民间音乐的基调和主干。

由于复杂的历史条件、地理环境和种族因素,拉美各地区的民间音乐又具有各自的特点:

1) 加勒比地区音乐

该地区音乐是西非黑人音乐和西班牙音乐(少部分地区受法国音乐影响)的混合音乐。其特点是节奏强烈且复杂多变,器乐中多打击乐、弹拨乐,许多乐器是黑人的创造,特别是响器。在演奏时,声乐与器乐之间、乐器之间、演奏者之间形成自发的配合,音响效果有冲击力。无论是歌手还是乐师都有自然的形体动作来融入表演,有水乳交融的效果。而且,无论是歌曲还是乐曲,都可以是舞曲。例如:古巴的"热带音乐"(música tropical)的表演方式,特立尼达和多巴哥的钢鼓乐队的演奏方式等。最典型的音乐形式包括古巴的伦巴(rumba)、坦松(danzón)、哈巴涅拉(habanera)、"恰恰恰"(chachacha)、多米尼加和波多黎各的"萨尔萨"(salsa)、梅林盖(meringue)等。这些音乐形式在20世纪中期就已经风靡欧美。

圭亚那的一支钢鼓乐队

2) 巴西音乐

巴西音乐主要受非洲南部班图系黑人、葡萄牙人和西班牙人的音乐形式的影响,与此同时,在部分地区也接受了土著人的某些音乐素材。民间乐队主要由吉他、曼陀林、小提琴和鼓组成,节奏性强,极富动感。巴西狂欢节最能展现其歌舞的魅力。

3) 安第斯地区音乐

该地区包括秘鲁、玻利维亚、厄瓜多尔、阿根廷北部等地,流行印第安—西班牙的混合音乐;在哥伦比亚和委内瑞拉则流行非洲—西班牙的混合音乐。这一带是古代印加文明的势力范围,还残存着印加音乐的影响,节奏稍慢,"盖纳"笛(quena)、排箫(zampoña)、大排箫(bajón)、"恰兰科"(charango)、印第安鼓和西班牙人引进的吉他和小竖琴是民间乐队的主要乐器。其中"恰兰科"的构造极其有地方色彩,它类似夏威夷四弦琴,共鸣箱用犰狳壳做成,琴弦是用骆马的肠线加工的,音色非常清脆。现在的"恰兰科"琴箱已改成木制的了。哥伦比亚和委内瑞拉濒临加勒比海,沿海一带有黑人居民,因此黑人音乐自然融进本地民间音乐中。例如歌舞曲"昆比亚"(cumbia)、"巴耶纳托"(vallenato)和"霍洛坡"(joropo)的节奏和乐队的演奏方式就带有明显的非洲黑人音乐的特点。此外,秘鲁的瓦伊诺、亚拉维等都有印加遗风,有些歌词甚至是克丘亚语。

4) 阿根廷、乌拉圭、智利和巴拉圭地区音乐

这一地区音乐主要受欧洲移民义化的影响,除西班牙,还包括欧洲其他国家的渗透,被称为克里奥(土生白人)音乐。最典型的有阿根廷的"加托"(gato)、探戈(tango)、智利的"库埃卡"(cueca)等。其中探戈是一种从社会下层人群中诞生的音乐舞蹈形式,从20世纪50年代起就传遍全世界,被阿根廷人视为国粹。在布宜诺斯艾利斯,每年从2月末到3月初是探戈节。

5) 中美洲音乐

这一地区居民成分复杂,所以其地区音乐也带有各个民族的印记,是黑人、印第安人和欧洲人音乐的合成品。在危地马拉,除了吉他,一种叫做"马林巴"(marimpa)的大木琴也非常流行,能演奏抒情的和欢快的旋律。"马林巴"在墨西哥的一些地区也很流行。

阿根廷探戈

6) 墨西哥音乐

墨西哥音乐深受西班牙和印第安民间音乐的影响,形式多样,富于表现力,北方和南方的风格有差异,而各印第安部族则在某种程度上还保留了一部分传统音乐的形式,如乐器(笛子、鼓、沙球、响铃、马林巴琴等)、节奏、旋律、伴舞形式等。比较典型的音乐有发源自哈利斯科州的"马里亚其"音乐、科里多(corrido)叙事曲、南部的马林

巴乐曲、韦拉克鲁斯的乡民音乐等。"马里亚其"(mariach)原指在婚礼上助兴的一种边演奏边唱情歌的男子组合,乐队由两把小提琴、两把以上的吉他、一个大吉他、一个小号组成,有歌手演唱,或者乐手兼歌手。马里亚其是墨西哥民间音乐的典型代表,被视为国粹。乐队成员的演出装束是一身骑士服(亦称恰洛服 charro),即绣花短款上装、缀银饰的紧身裤,戴大宽檐帽(上面往往也镶嵌着亮片和绣饰)。一般均为男子。歌曲大多是情歌。乐曲旋律抒情、悠扬,有浓重的墨西哥民族色彩,极受各阶层人士,特别是普通百姓的喜爱。现在也有女子组合和女歌手表演。

墨西哥革命期间产生了许多革命歌曲和战争歌曲,流传至今。

演奏民间音乐的小乐队

从功能上看,拉美各地区的民间音乐有两个共同点:大众性和社会性。大众性是指其普及程度高,民间音乐无处不在,拉美各民族的音乐为生活的不可或缺的一部分,是一种需要,甚至是一种本能。生活就是音乐。音乐伴随着他们的宗教信仰,伴随着他们生命中几乎所有的关键时刻、所有的节庆活动;即使在平常的日子里,家庭聚会、生日聚会、周年庆典、毕业典礼上也都有音乐相随。在墨西哥的一些城镇和乡村,恋人们互吐衷情也会请来民间乐队和歌手烘托气氛。

社会性是指其社会责任感。拉美民间音乐中的一部分形式(如科里多)并不满足于传统的爱情、思乡等主题,而是直面社会,把百姓最关注的问题变成歌词,配上人们耳熟能详的曲式,到处传唱。墨西哥革命也成为许多民歌的主题,如至今传唱不衰的《阿黛丽达》,《库卡拉恰》等。60年代出现的新民歌运动,把政治歌曲、抗议歌曲推向高潮。新民歌的题材往往与时政、社会问题密切相关,如反对军人独裁、争取民主自由、揭露社会底层人民的贫困状态、支持古巴革命、歌颂游击英雄等。著名的新民歌歌手有智利歌魂维奥莱塔·帕拉、维克托·哈拉(后被智利政变军人杀害)等。对于这一批新民歌的歌手,正义感、社会责任感、使命感是推动他们创作的主要动力源,正如维克多·哈拉在他的一首歌中唱道:

"如果歌手沉默,
生活也将沉默,
因为生活本身就是一首不朽的歌……
歌手你不能沉默,
因为寂静使人胆怯,
没有勇气斗邪驱恶,
歌手从来就不懂得屈服,
他绝不会面对罪行沉默……"[1]

三、民间舞蹈

拉丁美洲的民间舞蹈和其姐妹艺术文学、造型艺术及音乐一样是混血形式,即由欧洲的、非洲的和美洲印第安的舞蹈及其相互融合而成的混血种文化的舞蹈构成,充分体现出多元文化的背景。

按照地区划分,民间舞蹈可分为以下几类:

1. 巴西舞蹈

主要受黑人和葡萄牙舞蹈的影响,也有少许印第安成分。其特点是在二拍子、大调、浓烈激昂的音响和快节奏的音乐伴奏下,用幅度大而夸张的形体动作表达出舞者强烈的情绪。女舞者以扭胯的动作为主,男舞者多展示脚、腿动作的高超技巧,并且常常是边跳边击打乐器。桑巴(samba)舞是最有代表性的黑人民间舞,舞蹈造型自由,而且有很大的即兴空间。

---

[1] 索飒:《丰饶的苦难——拉丁美洲笔记》,云南人民出版社,1998年,第336页。

2. 加勒比地区舞蹈

这一地区主要包括古巴、多米尼加、牙买加、波多黎各、特立尼达和多巴哥等，集中体现了非洲黑人舞蹈的影响。歌舞乐（有时还加上演出者的呼喊、对话等）和谐地结合在一起，有很强的表演性、即兴性和娱乐性。舞蹈动作粗犷、奔放、炽烈，以抖肩、扭胯、旋转为主要动作。音乐以打击乐为主，节奏强烈而刺激。典型的舞蹈有古巴的"伦巴"、"贡嘎"、"恰恰恰"、牙买加的"瑞盖"、多米尼加的"梅兰盖"等。

3. 以印第安人口为主或印第安人比例较大的地区的舞蹈

主要包括墨西哥东南部和北部、危地马拉、玻利维亚、秘鲁、厄瓜多尔、安第斯山区的智利省份与阿根廷山区。其舞蹈特点起源于古代印第安人敬神祈福驱魔等宗教仪式，表演形式严肃虔敬，尚保留一定的古风，如舞者可戴面具，可化妆成鹿、鹰、美洲豹等形象，头戴羽冠，身穿传统服装，佩饰包括能制造音响的手串、脚链，手中可执古代武器作为象征，或拿着摇铃、沙球等为舞蹈伴奏。舞者的表情严肃而专注，仿佛在与神对话。典型的舞蹈有墨西哥的"盖察尔"舞、鹿舞、秘鲁的剪刀舞、阿根廷北部的"瓦伊诺"、中美洲的飞人舞等。

古代印第安人的黄金佩饰

4. 以梅斯蒂索人和白人为主要人口成分的地区舞蹈

这一地区以墨西哥、阿根廷、巴拿马、智利为主。其舞蹈主要受西班牙民间舞的影响，特别是安达卢西亚的踢踏舞和阿拉贡的霍塔舞。舞蹈的表演形式是男女对舞,脚步动作复杂多变、轻盈潇洒,气氛欢快热烈,往往表现青年男女之间的爱情。舞蹈服装也酷似西班牙安达卢西亚的传统服装,尤其是女性穿的宽大长裙色彩艳丽,旋转起来犹如巨大的花朵。典型舞蹈有墨西哥的"哈拉拜"、"瓦潘戈"(huapango)、智利的"库埃卡"、巴拿马的"坦博里托"等。

5. 以梅斯蒂索人和穆拉托人为人口主要成分的地区舞蹈

这一地区包括哥伦比亚、委内瑞拉、秘鲁等国,其民间舞由欧洲—非洲和欧洲—印第安舞混合而成。典型的舞蹈有哥伦比亚的"昆比亚"、委内瑞拉的"霍洛波"、秘鲁的"马里内洛"等。

拉丁美洲民间舞有鲜明的区域性和民族性,与此同时,各地区、各民族的舞之间又有某种相通之处。音乐、歌舞和某些哑剧成分的巧妙结合,使得极具个性的拉美民间舞成为世界文化的一枝独秀。

第七节 电影

电影这门在 19 世纪末诞生的综合艺术形式在拉丁美洲已有一百多年的历史。从 1896 年至今,从无到有,从弱到较强,从局部发展到近乎全面开花,从默默无闻到连获国际重要奖项,从亦步亦趋地追随欧美到自成体系,拉美电影业经历了一条极为坎坷的发展之路。

所谓"拉美电影"是指拉美各国的电影艺术和电影业,并非是一个整体概念。由于拉美各国除了显而易见的共性之外,还存在着许多个性,造成个性的原因是各国民族构成、地域环境、宗教信仰、文化传统、政治环境、经济发展程度的差异,语言也是原因之一。

在这几项因素中,政治大环境直接关系到艺术创作的环境,而经济发展程度决定电影工业的发展水平。至于民族构成往往决定了影片的美学思想、表现手法和主题。实际情况证明,确实如此。例如在 20 世纪 70 年代,拉美大多数国家都处在通过政变夺取政权的军政府统治下,军政府为了维持自己的独裁统治,对意识形态领域,包括文学艺术创作都采取了干预政策,电影也未能幸免。那些以反映社会为己任的进步电影人遭到了迫害,许多人被迫流亡国外,而在国内坚持拍摄的从业者,不得不接受军政府的苛刻的审查和限制,致使拉美电影业蒙受很大损失。经济水准的高低自然也与电影业的发展相关。在拉美,经济条件相对落后的国家,都没有一个竞争能力强的电影业;反之,像墨西哥、阿根廷、巴西等国则发展成为拉美的电影强国。

由于美国这个世界电影业的超级大国是拉丁美洲的近邻,其优势和强势对拉美电影业和电影市场形成的巨大冲击力是无法避免的。尽管如此,拉美电影人仍然抱定社会变革加艺术变革的宗旨,努力创造出具有鲜明拉美地域特点和民族特点、有艺术性、有社会性的影片。60年代在巴西出现的"新电影"、在阿根廷出现的"纪录电影学派"和"政治纪录片运动",以及流亡国外的智利电影人摄制的"流亡电影"都是拉美电影重要的流派,充分显示了拉美电影的活力与潜力。

从20世纪末到现在,虽然由于经济方面的原因,拉美电影一直面临着多重挑战,但是始终有一些优秀影片问世。近年来拉美影片多次在重大国际电影节上获奖,随时提醒世界:拉丁美洲有自己的电影。

一、拉美电影的几次高潮

墨西哥、巴西的电影起步较早,其第一部影片的诞生都是在19世纪末或20世纪的最初几年。此后经历过几次"黄金时期",生产出一些优秀影片,也涌现了一批才华出众的创作人员。

墨西哥电影史上有过至少两次兴旺时期。第一次发生在20世纪40—50年代,即第二次世界大战期间。当时美国和欧洲各国均陷入战争中,而墨西哥相对稳定,政府又在政策上和贷款方面扶植电影业,因此影片的产量和质量都稳步提高,开创了墨西哥影业的黄金时期。这一时期影片的题材包括印第安人的生活、社会问题、道德、宗教、人性等诸多方面,有历史也有现实,同时也有关于墨西哥传统文化、歌舞等较为轻松的内容。影片类型为情节剧和喜剧。著名导演艾米利奥·费尔南德斯(Emilio Fernández)执导的《野花》(1943)、《玛丽娅·坎德拉利亚》(1943)等影片备受瞩目,这两部影片的女主角是天才女演员多洛蕾丝·德尔利奥(Dolores del Rio),摄影师加夫列尔·菲格罗亚(Gabriel Figueroa)也是首屈一指的艺术家,三人的合作可谓珠联璧合。他们合作的一些影片不仅在国内获得好评,也得到国际认可,曾获得多个奖项。多洛蕾丝担纲主演的《被遗弃的人》曾在中国放映,赢得观众的一致好评。她在美国还拍摄了几部片子。此三人被誉为墨西哥影坛三杰。

20世纪60年代末到70年代,由于政府实施了一系列对电影业的改革措施,如实施国有化,优先发放贷款,成立国家电影制片公司等,影片的题材更加多样化,对社会问题表现出极大的关注,政治事件、家庭伦理都成为影片的主题,同时一向受墨西哥百姓欢迎的喜剧片也占有相当的比例。代表作品有:《里德——暴动的墨西哥》(获国内最佳影片奖,1972)、《民族工匠》(1972)、《终身监禁》(1977)、《纯洁的城堡》(获阿列尔奖,1972)、《独木舟》(获柏林电影节银熊奖,1975)等。

但是此后长时间内,墨西哥电影业市场处于滑坡状态,暴力片、低俗片、鬼怪片因成本低而充斥银幕。与此同时,美国影片占领了墨西哥的绝大部分市场。不过近年来,一批锐意进取的年轻导演拍摄了一些思想性和艺术性都比较强的片子,令人耳目一新。

巴西电影在20世纪60年代初受意大利和法国革新思潮的影响,发起了一场振兴民族影业的"新电影"运动。运动的宗旨是改变"电影殖民化"的状态,继承民族文化传统,建立真正的巴西电影艺术形式与主题,挖掘社会矛盾,唤起民众的觉醒。同时,"新电影"运动也力图在提高电影社会功能的前提下,争取经济运作上的独立和创作的自由。这一时期的电影主题主要是反映以农民生活为代表的广大劳动大众的现实生活和取材于民间文学的有魔幻色彩的故事。代表作品有《互访贫民窟》(1960)、《干涸的生命》(1963)、"太阳国里的上帝与魔鬼"(1964)、《挑战》(1966)等。

1968年巴西发生军事政变,"新电影"运动的导演们及其他主要创作人员都被右翼军人视为危险分子,有些人被捕,大部分人被迫流亡国外。

70年代末到80年代,由于政治气候发生变化,"新电影"运动的导演们纷纷回国,同时政府出台政策支持民族电影的商业运作,于是巴西电影又出现了繁荣局面,一批高质量的影片问世。代表作品有:《生活之路》(1980)、《狱中回忆》(1984)、《异乡泪》(哈瓦那新电影节一等奖,1980)、《觉醒》(威尼斯国际电影节金豹奖,1981)、《蜘蛛女之吻》(获四项奥斯卡提名,1985)、《弱肉强食》(获法国、西班牙电影节三项大奖及奥斯卡最佳外语片奖提名,1980)等。这一势头一直持续到90年代,《中央火车站》(1997)又获第48届柏林电影节的金熊奖。

二、开创民族电影的发展之路

到目前为止,拉美国家中除了原英、法、荷殖民地之外,几乎所有的国家都在根据各自的具体条件发展自己的民族化电影工业,虽然情况有别,但是在电影创作方面有以下一些共同点:

1. 看好贴近社会生活的题材

拉美地区是个社会矛盾尖锐、突出的地区,只有敢于揭露社会问题,才能使电影贴近人民,才能使影片具有社会意义,也才能争取观众。阿根廷在1986年拍摄的《官方说法》揭露了军政府迫害进步人士,造成大批"失踪者"的残酷现实,此片获得国内外一系列奖项,轰动了影坛。

拉美电影一直比较关注社会政治题材,60、70年代表现的更加激进,被称为抗议电影。

2. 挖掘传统题材,继承土著文化传统

在电影的早期阶段,墨西哥等国就始终坚持一些与印第安文化传统有关的影片的创作。在20世纪60年代之后这类题材增多,如秘鲁的《神鹰之血》(1969)、《秘密祖国》(1989)等都反映了印第安人生存的艰难。

3. 突出民族主义和爱国主义的主题

长期遭受新老殖民主义压迫的拉丁美洲知识分子、作家与艺术家,一向把爱国主义和民族主义作为自卫和争取真正独立的武器,在发展民族电影的奋斗过程中依然如此。像古巴的《消灭入侵者》(1961)、智利的《智利之战》、萨尔瓦多的《萨尔瓦多,人民必胜》等影片都属于这类范畴。

4. 根据文学名著改编成电影

拉丁美洲不乏优秀的作家,20世纪中期以来,登上世界文坛顶峰的作家和作品不胜枚举。许多电影人把这些经典作品(如加西亚·马尔克斯的作品)改编加工成电影,获得很大成功。

此外,还有其他一些共同点,如有大量适应广大拉美观众欣赏习惯的喜剧、情感剧和包含各种音乐舞蹈因素的音乐片等等。

拉美电影的发展始终遭受着无数挑战,因此繁荣与不景气、高峰与低谷、优秀影片与低俗影片总是相互纠缠,"你方唱罢我登场"。全球化既带来新的困难,也造就了新的机遇,拉丁美洲的电影人是有理想的人,他们锲而不舍,努力创造着植根于本土的有民族个性的电影。

思考题

1. 要求学生阅读《百年孤独》,之后组织讨论:为什么说布恩迪亚家族和马康多镇的经历就是拉丁美洲历史的缩影?如何看待作者的写作手法?
2. 玛雅金字塔的功能是什么?
3. 在殖民初期,西班牙人是如何规划一个城镇的?这种规划的意义是什么?
4. 在艺术上,墨西哥壁画与古代印第安壁画有什么联系?
5. 要求学生听几首拉丁美洲的乐曲或歌曲,试分析其风格特点,或者谈谈自己的感受。(与欧美音乐相比)

第十二章

多元化的传统与民俗

多元性与多源性对民俗文化的影响——衣食住行的特点——
主要节庆活动——特殊的技艺活动

第一节 多元性与多源性对民俗文化的影响

在前面几章多次提到拉美文化的多元性和多源性,正是这两大特点培育出极其富有特色,极其丰富多彩的地区民俗文化。

拉丁美洲民俗文化不是一个单数词汇,而是一个复数的概念,因为民族之间、地区之间、国家之间的区别相当大。虽然有一定的共性,但是更多的是个性,这些个性来自于不同的自然环境、不同的民族传统、不同的生活方式、不同的古代信仰模式及其他因素。

仅以生活方式而言,由于生存环境的巨大差异,各印第安部族或以农耕为主,或以渔猎为主,而一些世居热带雨林中的部落则以采集射猎为主。于是他们的饮食文化也彼此相异,尽管玉米构成了从北到南,从高原、山区到平原、林区的居民们的主食,但副食有区别,烹饪方法有区别。生存环境的不同也造成了服饰文化的不同:高寒地带和低湿地带,山区和沿海,尤卡坦半岛和墨西哥高原,安第斯山区和亚马逊流域千差万别。

在21世纪的今天,地球缩小为地球村,似乎一切都在"全球化",而强势文化派生出的模式导致了在无论哪个纬度都有跟风的"盗版"或者"拷贝"。个性变得难能可贵。而在拉美的民俗文化中,尽管也存在着商业化倾向和现代文明污染的侵袭,但是依然还能看到率真的个性。这些个性源于印第安文化、黑人文化、欧洲文化以及混血文化。

混血文化对民俗文化的影响是本质的,300多年的混血过程的结果,使即使在最民间的民俗传统中,也已经掺杂进许多外来成分,所谓百分之百纯粹的民俗现象在拉丁美洲几乎是凤毛麟角,一切都是多色的。连秘鲁印第安人的一些巫师在行其法术时,都举着天主教的十字架;而在尼加拉瓜的一个小地方 Boaco,印第安人最重要的传统节日之一竟然是纪念圣徒圣地亚哥显灵打败摩尔人一事。也正是这一点,使许多国际学者面对异彩纷呈的拉美民俗文化会感到困惑:似曾相见却不相识。这就是"多源"形成的"多元"现象所致。不过,需要强调的是,在外来影响力中,西班牙和葡萄牙居于绝对优势的地位,这就是为什么在拉美大多数地区都能看到 16、17、18 世纪西、葡文化的"翻版"。

在这一章,由于篇幅所限,只能以点带面地介绍和分析一些典型民俗文化的表现:形式、内容、来源、范围、意义和现状,不以国别为准。

第二节　衣食住行的特点

一、衣饰

在拉丁美洲的各个大城市和中等城市,衣着样式与欧美没有差异。时尚在天天变化,变化的风向标是伦敦、米兰、巴黎和纽约的时装发布会。布宜诺斯艾利斯可能更加欧化,墨西哥离美国太近,所以跟定美国风潮。在时尚方面,大城市早已完成了全球化进程。

能够彰显个性的是民间服饰。所谓民间服饰,一是指传统的,在现代生活中较少使用;二是指在民俗基础上已经普通化、生活化的服饰,目前仍在使用。

下面分类介绍:

1. 印第安风格的服饰

由于生存环境的限制,温带、高寒带和热带地区的服装模式有很大差别。

热带丛林和低地的印第安人至今还是用较原始的方式蔽体,有些人只用树叶等物遮盖下体。寒带和温带的气温迫使土著人用取自于自然的兽皮、兽毛作材料,或者用自然与人工合成的纺织品作材料,后者是文明程度提升的表现。过去,在安第斯山区的印加人中间、在中美洲的玛雅人中间,纺织技术已达到较高的水平。印加人和前印加各部族已发明了竖式、横式织机,用羊驼毛纺成线,织出质地密实的毛料,用小羊驼织出柔软的上等毛料。织物的图案多为当地自然景物,特别是动物,色彩多达 200 种之多。此外,印加人还生产棉制品,包括平纹布和条纹布,是平民服装的主要材料。总之,拉丁美洲印第安人服饰的材料基本上是由兽皮、兽毛、植物的叶片、树皮、棉纺织品、毛纺织品等构成。

居住在墨西哥尤卡坦半岛上的玛雅人后裔,至今仍保留着几款自古流传下来的服装。其一是女人喜欢穿的"微披尔"(huipil),这是一种宽松的、不束腰的白色亚麻连衣裙,领部敞开、无袖、上面绣着色彩极艳的花朵。还有一种豪华"微披尔",即加一个方形小披风,绣满花饰,四周镶白色蕾丝,下系白色长裙。这种衣服非常适应热带五彩缤纷的自然景观,又适应炎热的气候,因此各民族、各阶层、各年龄段的女性都喜爱在休闲或日常劳作时穿"微披尔"。大红大绿的色彩尽显热带风情,也显示出玛雅人浓烈的审美倾向。其二是男人的服装,基本因素是简单的白色的宽松衣裤和草编凉鞋,外加草帽。

在墨西哥中央高原的土著居民中,有几种服饰流行于各个地区:一是女用的大披巾,叫做"雷包索"(reboso),多为素色,平时披在肩上,白天也可戴在头上遮阳,还可以把小孩裹起背在背上,寒时可以当披毯使用,进教堂时披在头上遮住肩膀以示郑重。二是凉鞋,这种被称作"卡特里"(catli)的鞋可以用皮革带编织,也可用植物纤维加工,方便耐用,适用于山区和林地环境。三是男用草帽或毡帽,土著乡民很少光头,通常都戴一顶宽檐帽,草帽是最普遍的。在古代壁画和手抄本的插图上,高原一带的印第安酋长、祭司和武士们头部戴羽冠,或戴头盔及其他头饰。因此可以推断,草帽和毡帽是外来的。四是"萨拉披"(zarape),这是一种彩色披毯,毛纺品,一般有绣花或机制条状图案或几何形图案,男女皆可用,平时可斜披在一侧肩膀上,御寒时可打开用。

同样是披毯,在南美阿根廷一带,人们称之为"蓬乔"(poncho),其样式简单,一块方型毯子,中间留出个大口子,即为领口,边处略装饰。穿在身上显得很潇洒,特别是骑马时,披毯可像斗篷一样扬起,手臂可以自由活动,丝毫不受影响。披毯为毛织品,颜色可花可素,上面可以织出各种美丽的图案。过去阿根廷的高乔人一年四季在草原上放牧,最适宜的装束就是在衬衣外披一块"蓬乔",晚上睡觉时,盖在身上当被子;下雨时,蒙在头上挡雨水;天气炎热时可以搭在双肩上,如围巾;遇到猛兽时,他们用"蓬乔"当盾牌,或像斗牛士挥舞红布一样挥舞着披毯,分散野兽的注意力,然后将毯子缠绕在左手臂上作为防护,右手持刀或匕首刺向野兽。在高乔文学中,常常出现这样引人入胜的描写。如今"蓬乔"的质地和样式越来越国际化,城市的人们,甚至欧洲大都市的时尚白领们也都十分青睐这种土著披风。从最土的到最洋的,从最民俗的到最国际的,这就是"蓬乔"的变迁。

在玻利维亚,克丘亚男人也穿披毯,而妇女的传统服装就是西班牙17世纪前后的安达卢西亚、埃斯特雷马杜拉一带的女装,包括短外衣、裙子和披巾,外加一顶小礼帽。短外衣上带有绣饰,并配有金属饰物;裙子宽大,从上到下有4条褶,每条褶长9厘米,女士们往往一条一条地套在一起穿,里边是衬裙,从长到短,以便露出彩色裙边；披巾是毛料的，镶流苏，两端在胸前用别针扣住，背后折成口袋状，可以背孩子或背东西。

安第斯山区的艾马拉人(Aymará)的服装料子都是用大羊驼或小羊驼的毛纺织而成的。服装的质地、颜色、图案都与社会地位和部落相关。2006年1月22日，艾马拉人埃沃·莫拉雷斯(Evo Morales，1959—)成为玻利维亚历史上首位印第安人总统，人们发现自那一天起，这位出身贫寒的总统始终身着一羊驼毛织的、带有艾马拉传统图案的上装，毛衣或夹克，即使在出席欧盟和拉美峰会时也如此。他不穿西装，不系领带，而是用他的印第安风格的装束去唤起全世界对他的国家、民族和印第安部族的关注。如今他穿的条纹羊驼毛衣成为时尚，称之为埃沃款式。

在安第斯山一带的土著人中，帽子是一件必不可少的服饰。据说，帽子的功效不仅仅是防晒、御寒和美观，而且与其宗教信仰有关。印第安人认为头是人体最关键也是最神圣的部位，"是灵魂的庙宇"。如果头部受伤，人的灵魂就会跑掉了。伤者要回到出事地点，借助帽子，将灵魂招回，让灵魂重新附体。[①] 帽子的另一项作用是体现人的地位和尊严。如果帽子被别人摘掉，那就意味着失去了尊严，受到侮辱。印第安人制帽和戴帽的历史可以追溯到公元前200年之前的前印加文明晚期，当时的帕拉斯卡人(parasca)的装束就已经包括上装、围巾、短裤、腰带、头巾和帽子。如今帽子的种类更加繁多，样式更加美观实用。秘鲁人戴的毛线帽子两侧有下垂的护耳，护耳下有时还有坠饰。如今的秘鲁土著人仍戴这种帽子，前秘鲁总统托雷多在参加印第安人的仪式时，也戴上这种传统式样的帽子，披上披毯，以示与广大土著居民的亲善姿态。在玻利维亚的丘基萨卡省的塔拉布科地区，男人戴一种酷似西班牙军人头盔的帽子，叫做"卡哈"，女人喜欢戴椭圆形的礼帽。同样是帽子，在墨西哥的中部和北部某些乡村，人们把帽子的形状夸张化了，宽大的帽檐的直径可达50～60公分，后沿向上翘起，这是牛仔们喜欢的式样；帽筒则向上延伸，顶部缩小，可高达40～50公分。这种夸张的帽子常常出现在节日或演出中。

与此形成强烈反差的是亚马逊河流域和其他一些远离现代文明的偏僻地区，如委内瑞拉与法属圭亚那交界处的流域，在那里的土著部落的生活状态是原始的或半原始的，人们基本上不着装，仅在腰部围一块树皮作遮羞布。男人和女人都喜欢用颜料涂在脸上或身体上，色彩与图案都含有一定的寓意，部族之间各有各的标志。染皮肤的颜料都取自植物或矿物，五颜六色，耐久不褪色。

印第安人，特别是女子，喜欢佩戴饰物，这些饰物常常是就地取材，例如用贝壳加工的项链、手链、胸饰，用皮条编结的手镯、头带和脚镯，用动物的骨头打磨的项

[①] 曾昭耀：《列国志——玻利维亚》，社科文献出版社，2005年，第70页。

饰,用彩线编织的手链,用植物的种子串成的项链,用木头、小金属片加工的人像或动物像。此外,还有羽毛饰品、泥烧制的饰品、玻璃珠串、彩线编制物等等。当然最贵重的还是金、银、宝石等饰物,例如墨西哥中部地区的居民喜佩银饰,印第安的传统饰品中有不少是黑曜石(obsidiana)制品。但是一般的印第安人很难佩戴贵重珠宝。

根据印第安人的传统,最高贵的饰物是羽冠、特别是用美丽而罕见的热带飞禽的羽毛镶饰的巨大冠冕,高耸在头上,既华美又威严。有的羽冠用鹰和雕这两种猛禽的长羽做成,因猛禽难以捕猎,所以其羽毛弥足珍贵,要完成一顶鹰冠需要很长时间,据说,武士们戴的羽冠上鹰羽数量的多少证明其战功的多少,所以羽冠硕大者,表明其主人战功卓著。如今几乎没人戴这种庞然的冠冕了,除了在传统节日、典礼和舞台上。

在比较原始的部落,其独立的审美观往往催生出一些令现代人瞠目的装饰物。例如,在南美的查科地区的热带丛林中居住着一支被称为查科人的土著部落,他们以渔猎为生,喜佩饰物和纹身,常用仙人掌刺或鱼骨在皮肤上刺出含有某种寓意的图案或符号,再涂上颜色。成年男子还喜欢在嘴唇上和耳朵上系上小木片,在脚踝上系着用坚果壳、动物的蹄角和羽毛制作的脚镯,一运动就发出有节奏的响声。玻利维亚的塔彼特人在自己的上嘴唇上扎一个小孔,穿进一根小木棍,作为装饰品。鼻环也是一种常见的饰物。

从服饰的差异可以看出,不同的生存环境和生产力的水平是产生差异的主要原因。低下的甚至原始的生产力自然就会导致审美心理的原始状态和审美需求的粗糙或缺失。当然,还有一些其他因素也起着很大作用,例如整个文化群体的人文素养、宗教信仰、价值观等。例如在拉美一些地区(墨西哥北部和东南部、玻利维亚圣克鲁斯等地)生活的门诺教徒们,他们的祖先来自低地德语国家,至今仍在自己封闭的小社会里保持古代的基督教信仰,说低地德语方言,坚持其教规,不使用任何现代社会的生产方式—— 电、机器等,服装式样是保守的20世纪初甚至更早些的式样,面料用家织布或家纺毛料,成年男子戴宽檐帽,女人也戴系带的帽子,以示端庄,裙子长及脚面,他们没有时尚的观念,谨遵祖制。

但是,人的服饰作为一种文化形态在社会的发展中不断受到各种因素的影响,同时它也在施放自己的影响。随着现代文明的渗透,大规模的工业开发和旅游业的开发,使得印第安人的生存空间在缩小,有时他们被迫取消自我保护的最后界线,采取门户开放政策,于是外来的力量迅速冲击着传统的审美观,也冲击着古老的生活方式。现在在拉美许多地区,年轻的土著人已经逐步放弃传统服饰,采取了都市人的时尚。但是在这种时尚中往往还固执地残留着过去的影子,成为一种"土洋结合"的模式。与此同时,土著人的一些传统服饰满足了都市人的猎奇心理或民众主义心理,也被一些生态主义者看中,于是印第安人用彩线、皮革、玻璃珠、羽毛、粗陶等制成的首饰在城市青年中广泛流传,一些土风的绣件和配饰装饰了城里人的新款服装,"蓬乔"上了巴黎和纽约的T型台,印加人的双耳绒线帽风靡各大陆。一切都成了商品。传统印第安服饰被卷入全球化的大潮,一方面在施加影响,一方面在接受影响,也处在变化中。

2. 梅斯蒂索式、穆拉托式和欧洲式服饰

西班牙人和葡萄牙人在移民潮初期就已经尽可能地把他们在欧洲老家中的生活方式移植到殖民地,但是由于环境和条件的限制,他们不得不做某些修改,服饰也是这样。

目前还依然保留下来的经过改装的欧式服饰包括以下几种:

1) 墨西哥的"恰洛"式服装(charro,意为"骑士")

这种服装与西班牙安达卢西亚的骑士服装和斗牛士服都有某种相似之处,其构成是紧身长裤、短上装、宽檐帽、皮靴。长裤贴腿,显出腿部的线条,上装的前胸、袖口上也有许多绣花装饰,很华丽;宽檐帽是整个装束的亮点,一般为呢料,宽檐翘起,显得非常俏皮、潇洒,帽檐和帽筒上或绣有图案,或镶着皮革,或贴着闪光的亮片。与服装相配的还有一双尖头牛仔靴和一条领结。"恰洛"服几乎成了墨西哥的国服,也是马里亚奇乐队和歌手们的传统演出服。女式的"恰洛"服只是把长裤改成骑马服中的长裙,其余不变。

2) 普埃布拉的中国姑娘绣花裙(la china poblana)

在墨西哥的梅斯蒂索女性中有一种裙装极为流行,在某种程度上相当于"国服",名叫"la china poblana",意思是"普埃布拉的中国姑娘"。这种裙装由女式上衣(以白色为主)和绣花长裙组成,裙长曳地,宽幅,配色以红、黑、绿为主,配以其他过渡色,图案为大型花卉,如玫瑰、大丽花等,裙摆和上装都饰有花边。这套服装非常适合墨西哥混血人种女性,符合其审美观,也适于当地的气候条件,外观华美大方,图案和色彩可以千变万化。

据当地传说,之所以称这套墨西哥最普及的裙装为"中国姑娘",是因为其设计者是一位来自遥远东方的中国姑娘美兰。相传在17世纪初,出身南方殷实之家的美兰姑娘被海盗劫持,卖到菲律宾。聪明、美貌的美兰引起菲律宾总督的注意,他欲将其买下后转赠给当时的新西班牙总督,于是美兰便随船来到墨西哥濒临太平洋的重港阿卡普尔科。随后因世事变迁她又辗转来到普埃布拉,受洗后改名叫卡塔琳娜·德圣胡安并在该处定居。她心灵手巧,把纺织、剪裁以及一些中国人的生活技巧都毫无保留地传授给当地居民,又亲自设计和制作了这一款日后流传极广的绣花衣裙。如今人们在日常生活中已不再穿它,但是在舞台上,特别是在民间舞蹈表演中,人们依然能欣赏到"普埃布拉的中国姑娘"裙。在闻名世界的哈里斯科的"哈拉拜"舞(也译草帽舞),这套艳丽的服装为舞蹈增色不少。

人们为了纪念美兰,在普埃布拉市为她竖立了一座纪念碑;那位来自东方的姑娘梳着长长的双辫,双手优雅地提着扇面一样展开的裙裾,微笑着站在那里。每位市民都会告诉外来者:她就是中国姑娘美兰。

3)"瓜亚威拉"(guayabera)

这是一种男式上装,类男西装衬衣,以白色为主或者是其他浅颜色,素色,翻领,长袖,束腰,胸前两侧有较素淡的花饰。"瓜亚威拉"流行在热带或亚热带地区,在气候炎热的季节,可以代替西服成为正装。服装面料多为纯棉或亚麻,穿着舒适。在户外举行的正式活动上,男士可以穿这种素色上衣,既凉爽又有美感,还可以不必系领带,因此在墨西哥、中美洲和加勒比沿岸国家十分受欢迎。

在正式场合穿"瓜亚威拉"时,下面要配黑色长裤,以示郑重。

据西班牙王室语言科学院编纂的大辞典的解释,guayabera起源于古巴,是一种农民服装。社会的演变也带动了时尚的演变,当年农民的衣着如今经过稍许改动,已经成为国家领导人在某些官方场合的"官服"了。

除了拉美,菲律宾男子也穿一种类似"瓜亚威拉"的上装,采用的面料更加轻薄,在衣服的下摆处有隐花,呈现透明感,样式轻松雅致。太平洋两岸在服饰上的相似不知是否与两地过去同为西班牙殖民地有关。

在现代社会的都市里,拉美人的服饰已经没有太多的民族特点,但是区域特色还是能够分辨出来。在热带地区,人们考虑更多的是舒适和张扬个性,舒适指衣装的薄、透、露、宽松和随意,人们走在街上似乎不是去上班,而是在度假;而张扬个性指的是与热带环境相配的大胆用色和夸张的图案,无论男女,都喜爱色彩绚烂的图案,如菠萝、香蕉、芒果、金刚鹦鹉、蜂鸟、极乐鸟、扶桑花、热带鱼,缤纷夺目。但是在布宜诺斯艾利斯这种十足欧化的城市,情况就不同了,人们着装非常正式,一丝不苟。在公共场合和正式活动中,无论男女,大都身着整齐的套装;在看歌剧和出席晚宴时,都穿晚礼服,使人感到如身在伦敦或者巴黎。与美国相比,拉美一些大中城市的着装风格更传统、严谨、正式。

服装也是一个社会符号。在任何社会,人都是一个信息发送者,他会运用包括语言和非语言表述方式来传递有关自己的信息,服饰是非语言表达系统中重要的组成部分。在拉美社会,常常可以通过一个人的装束大致推断其政治倾向、社会地位、教育程度等。以民众主义者(类似民粹派)为例,他们喜欢非正式着装方式,穿西服上装,但不打领带,不穿套装;或者穿民族式服装,像玻利维亚现总统埃沃·莫拉雷斯那样穿带印第安传统图案的羊驼毛衣、上装或夹克;或者穿"瓜亚威拉"一类的有区域特点的衣装。委内瑞拉总统乌戈·查韦斯也属于这一类人士,除非参加国际会议,他往往穿一件大红衬衫,或军装式便装,以示与民众接近。在20世纪中后期,许多左派青年喜欢模仿切·格瓦拉的戎装风格;戴贝雷帽,穿军服式上装,留长发。而保守派或中右派人士的着装风格是正式的套装、一丝不苟的领带,无论什么季节均如此。一些印第安人主义者或生态保护主义者通常对土著服装青睐有加,如印第安农民穿的草编鞋或皮革带编的鞋、帽子、彩线编织的饰物等等。

二、食馔

在当今世界上,没有哪一个地区在"食"上能够像拉丁美洲这样千差万别,千姿百态。

是什么原因成就了拉美饮食品种如此之丰富呢?一是来自世界各地的移民汇集到拉美,既有西方人,也有东方人,种族和民族之全无处可比。拉美被称为世界人种"大熔炉"并非没有道理。各地移民都带来了各自的食文化,于是形成了蔚为壮观的拉丁美洲饮食文化。二是地大物博,物产丰富,拉美地区横跨四个气候带,具备了各个纬度的自然条件,因此其他大陆有的陆地出产,此处几乎都有;别处没有的,此处还有。三是海岸线长,岛屿星罗棋布,水产类非常丰富。四是拉美一些国家畜牧业发达(如阿根廷、乌拉圭等),肉制品质量高、数量大、种类多。五是土著人的一些野味菜品食材特殊,烹制特殊,属地道美洲风味。

在不同地区,拉美饮食惯制存在着巨大差异。原因很简单,这种差异源自西半球文明发展的落差:在现代化大都市,人们追求的是高雅的就餐环境,文明的就餐礼仪、科学的烹饪方法、色香味质俱佳的食物。而在文明不发达的山区、林区和海岛,人们的饮食方式与几百年前几乎一样,简单的加工方式、粗糙的食材、不科学的配餐;而在亚马逊河流域的热带雨林中,土著人的生活还近乎茹毛饮血,这三者之间形成了超大的跨度。

下面分别予以介绍:

1. 印第安人的饮食

生活在亚马逊河流域及周边热带雨林中和分布在玻利维亚、巴拉圭部分地区的印第安人以采集和渔猎为主,还没有进入农业社会。他们的食物以天然野果(如棕榈果)、野菜和野生植物的根、茎、叶、草籽、嫩芽为主,还捕捉小的啮齿科动物、昆虫、鱼虾、青蛙、贝类等,有时也猎取林中较大型的动物。加工方法极其原始,或生食,或在火上烤或者在烧红的石头上炙熟。印第安人熟知这一带各种植物、动物、昆虫的性能,能分辨出哪些是可食的,其中被列入他们食谱的不少食材具有丰富的人体所需要的养分。例如在秘鲁境内的亚马逊河支流一带的树林里有一种蚂蚁，可生食，蚂蚁体内有蛋白质，印第安人常采集大蚂蚁窝，食之以恢复体力。墨西哥中部的一些土著部落，喜欢用各类昆虫加工成食品，其中一味是用水生昆虫的卵做成的菜肴，营养非常丰富，被西方人称为"阿兹特克鱼子酱"。此外，鳄鱼、蛇等也是他们的食物。

以农耕为主的印第安人情况大不相同，他们的饮食习惯已经分出主食、副食、饮品、肉食、蔬菜等类。总的来说，他们都以玉米、各种土豆、木薯及其他薯类、豆类等粮食作物加工成的各种食物为主食。用玉米做主料加工的食品种类繁多，主要有玉米薄饼、玉米糊、玉米面包、"阿托莱"（加桂皮、糖、奶熬制成的玉米粥）、"塔玛雷"（用粘玉米团作馅，外裹芦苇叶，蒸熟，类粽子）等，用玉米薄饼裹上鸡肉、猪肉、煮熟的红豆、辣酱、巧克力酱等佐料可制成各种口味的"塔科"，即卷饼，吃时用油炸。整穗的嫩玉米也可煮食，或者放在小火炉上烤，吃时抹上辣酱或者洒上奶酪末。爆玉米花是老少皆宜的小吃。木薯的加工方法主要是晒干磨碎，制成木薯粉，再做成食品。土豆是生活在高山地区的土著居民的主食，土豆的种类多，烹制方法也很多，甚至还可以用脱水的方法，使土豆长期贮存。除了上述主食，哥斯达黎加的土著人（如今还不止是土著人）还偏好一种大蕉，加热后食用。墨西哥和中美洲印第安人爱吃煮蚕豆。

印第安人的肉食较少，除了野味，驯养的家畜主要有鸡、鸭、豚鼠、火鸡、羊、无毛狗、羊驼等。豚鼠早在西班牙人到来之前就成为印加人食谱中的一道美味，这种小动物繁殖力很强，易于饲养。

以畜牧业为主要经济方式的土著人则以肉食为主，如生活在巴塔哥尼亚一带的居民喜欢吃烤肉；在火地岛一带的土著居民则以水产为主食，烹制方法也已烤为主。

印第安人的饮品很有特点，一种用玉米和木薯酿成的酒叫奇恰酒，过去用于祭祀和庆典，在中美洲和南美洲的印第安人中间很受欢迎，甚至连谚语里都提到它："ni chicha ni limonada"，意思是"不是奇恰酒，也不是柠檬水"，相当于汉语的"非驴非马"或者"不伦不类"。在玻利维亚还有一种用甜土豆、花生、木薯及其他果蔬酿制的奇恰，不含酒精。墨西哥人喜欢喝一种用龙舌兰汁发酵的酒，他们称之为"阿瓜蜜儿"（agua miel），酒呈乳白色，微酸，暑时饮用感到十分凉爽。还有一种龙舌兰酒叫"普尔克"（pulque），在古代举行典礼时大量饮用。

需要特别一提的是古柯茶。古柯（coca）是一种主要生长在南美洲的灌木，树高约1～3米，叶子中含有可卡因，有麻醉作用，是提炼可卡因的重要原料。但是，对于印第安人来说，嚼食古柯叶有消除疲劳的作用。据统计，在南美洲的玻利维亚、秘鲁和厄瓜多尔的安第斯高山地区的印第安人中约有 300 万人至今仍保留这一习惯,特别是那些从事繁重劳动的人们,他们每年要消耗 2.8 万吨古柯叶①。一些做过这方面研究的科学家认为古柯叶中含有钙、铁和维生素,单纯咀嚼古柯叶没有危险,也不会上瘾。古柯叶是 4000 多年来印第安人传统文化的一部分,具有神圣的地位,甚至还被祭司和巫师们利用来治病和占卜,这些人在所谓"通神"之前,也会服用一定量的古柯。至今,在上述地区印第安人聚会时,常常嚼古柯叶,或饮用古柯叶泡的水,即古柯茶;或者古柯—马黛茶。下矿井的矿工和在种植园里工作的农民,他们都在疲倦时嚼古柯叶,用来缓解劳乏、寒冷和饥饿感、恢复体力、抵御高原反应。

玻利维亚总统埃沃·莫拉雷斯是艾玛拉人,曾经当过古柯种植农,他在一次采访中这样对记者说:"必须对可卡因和古柯加以区分。所以,同贩毒作斗争与重新评价古柯的作用并不矛盾,重新评价就是承认这种古老植物的叶子在历史、文化、土著民族方面、宗教、礼仪、劳动、医疗上的作用。任何一个对安第斯国家——特别是玻利维亚——稍有了解的人都应该知道,古柯代表的一整套消费方式——从咀嚼到制剂——已经深深扎根在玻利维亚的现实生活中,从农村到城市。通过古柯可以了解玻利维亚的历史,可以了解开矿的劳动和农业劳动,可以了解各种社会关系,还有节庆活动。尽管我们承认古柯是一宗文化遗产,但是我们仍然计划对古柯种植实施合理化改革,这意味着不能对古柯生产采取放任的态度,也意味着不能完全取消它。"②

2. 多种文化合成的现代饮食习惯

文化与饮食的关系是一个庞大的系统工程,当多种文化在拉丁美洲落地生根时,其饮食文化必定同步进行。举例来说,中国人的社区出现在墨西哥、秘鲁、古巴、哥斯达黎加等地,那里中国人的家庭往往以中餐为主,但是在当地缺少中餐的食材,地理距离妨碍蔬菜、调味品的日常供应,于是中国人不得不开辟农场,种上大葱、韭菜、白菜、蒜薹……在条件允许时又开了豆腐坊、粉坊,生产中国人餐桌上的食品。当中餐吸引了外国人时,中餐馆又开设起来而且遍地开花,这意味着更大规模的生产和进一步推广中国的食文化:进餐的观念、饮食营养学的观念、餐具的使用(筷子)、进餐环境的文化符号(中式家具、字画、瓷器)、由中文菜名扩展的汉语单词(如秘鲁人、厄瓜多尔人皆知的 chinfa— 炒饭,wantan— 馄饨,全世界都知道的 lichi—荔枝)。这就是一个系统工程。但是,这种中式饮食文化与中国本土的并不

---

① 李明德:《简明拉丁美洲百科全书》,社科文献出版社,2001 年,第 354 页。
② 摘自美洲国家组织(OEA)创办的刊物 *Américas*,2007 年 6 月,p.19.

完全一样,因为它又被当地文化"侵染"了。为了生存,必须要适应环境,人是如此,动植物是如此,饮馔类也是如此。

因此,我们在拉美的城市生活中看到的饮食文化,其自身就是多元的,是混血的。

根据不同的民族构成,各国的饮食习惯形成了不同的特点。巴西和加勒比地区接受了许多非洲饮食习惯的影响,阿根廷、乌拉圭和智利接受欧洲的影响,以西班牙、意大利为主,兼有犹太人、爱尔兰人、德国人、斯拉夫人的因素;墨西哥、秘鲁、委内瑞拉等国除了西班牙的影响,还有从印第安人那里继承的饮食传统;在苏里南和圭亚那有大量的亚洲移民[①],印度和印尼爪哇的烹饪在那里有所发展。

宗教对饮食惯制也有相当的影响,特别是犹太教、伊斯兰教、佛教、印度教、土著信仰等都将其教规、禁忌等因素引进饮食之中,加强了该地区的文化特色。

下面简单介绍几种影响广泛的传统菜式和饮品:

1) 朗姆酒(ron)

世界闻名的朗姆酒的原产地是古巴,在那里被奉为国酒,因为它凝聚了这个岛国的历史和文化。

1493年,哥伦布在其第二次航行中,从加那利群岛将甘蔗带进古巴,从此这种来自远方的作物便在岛上铺天盖地地发展起来了。之后,制糖厂开始生产甘蔗汁和糖浆,西班牙人用这些原材料加工成了粗制的糖酒。19世纪30年代,由于蒸汽动力装置和新的酿酒技术的引进,糖产量提高了,朗姆酒的质量也得到提升。19世纪中期,一批名牌朗姆酒诞生,遂大量向欧美出口,其中加泰罗尼亚移民巴卡迪(Facundo Bacardi)的"巴卡迪"牌、"哈瓦那俱乐部"牌等被视为上乘之选。

这种酒是用甘蔗汁和废糖蜜混合后发酵而成的,废糖蜜是加工蔗糖过程中的沉淀物,呈深棕色。朗姆酒色清澈,有特有的醇香和色泽。它是调制各种鸡尾酒的基本材料,如自由古巴(兑可口可乐和冰块)、莫希托(兑酸橙汁、糖、苏打水、薄荷叶)、代基里(加酸橙汁、糖和碎冰勾兑)等。

现在全古巴有十几家酿造朗姆酒的厂家,品牌多达60多种,朗姆酒与雪茄一样,是古巴经济的支柱产品。

2) 龙舌兰酒——台基拉(tequila)

墨西哥的国酒就是龙舌兰酒,如今在世界各地的酒吧都能找到"台基拉",这个名字已经出现在各种语言的酒品单上了。早在西班牙人到来之前,在中美洲的印第安人中间已生产龙舌兰酒了,西班牙人又把它推进了一大步。

---

① 苏里南人口中印度裔占37%,印尼爪哇人占15%,圭亚那的印度族占48%。

在墨西哥第二大城市瓜达拉哈拉(Guadalajara)西北约100公里处有一片谷地,那里出产一种蓝色龙舌兰,这就是酿造"台基拉"所需的原材料。而直接被加工的并不是蓝色龙舌兰肥厚的叶片,而是植株上结出的叫做菠萝果的巨大果实,每个重约50多公斤,其甜分、糖分很高,宜于酿酒。蓝色龙舌兰的成熟期为7至12年。

在这片谷地上有一个只有5万人口的安静的小镇,叫做"台基拉"(Tequila),是生产龙舌兰酒的基地,在全世界出产的此类酒中,每20瓶就有19瓶产自该地[①]。镇上有20多家酒厂,因此大部分居民的工作都与酿造有关。参观酒厂,品尝"台基拉"已经成为墨西哥的一种旅游休闲方式,极受欢迎。酒的加工过程处在严格的控制之下,程序包括碾碎菠萝果、煮沸、冷却、榨汁、发酵、两次蒸馏、窖藏等。窖藏要用产自美国和法国的栎木桶盛装,经过一年或几年的时间,美味的龙舌兰酒便可以装瓶出厂了。

一般的龙舌兰酒含有51%的蓝色龙舌兰,而上品则是百分之百。

目前在墨西哥生长蓝色龙舌兰的只有这片谷地,而获准生产龙舌兰酒的只有少数几个地区:台基拉镇所在的哈里斯克州、瓜纳华托州、塔矛里帕斯州和米却肯州。

3) 阿根廷烤肉——la parrillada

众所周知,阿根廷的畜牧业非常发达,南部的潘帕斯大草原是个无边无垠的天然大牧场,养牛业是国民经济的支柱产业,按人口平均计算的牛存栏数、牛肉产量、出口量均名列世界前茅,由此派生出的产业非常多:肉类加工、皮革加工、餐饮、食品加工机械,甚至连文学艺术都与养牛业有沾联;许多文学作品以大草原上的生活有关,许多造型艺术以牛和牧人(特别是高乔人)为原型。

阿根廷人属于食肉一族,按人均消费牛肉计算,阿根廷人一直在世界上名列第一,他们几乎每餐必有肉,而且基本上都是牛肉。阿根廷的牛肉确实名不虚传,由于主要是天然放养,肉质鲜嫩,营养丰富,深受各国消费者欢迎。

用牛肉可以烹制许多佳肴,但最受阿根廷人青睐的是烤肉,其加工方法并不复杂:像铁笼子一样的烤肉架,下面生火,架上放着大块牛肉,有牛排、各部位的肉、内脏、血肠、腰子等等,牛的浑身上下都可以烤着吃。烤之前可用调味汁浸泡,再洒上盐。吃烤肉多在户外,架起篝火,支上架子,放上切割好、加工好的大块生肉,稍候一个时辰,肉香便飘出来。吃时用餐刀切割,肉吱吱作响,冒着热气,肉质嫩滑,切开时中间还嵌着血丝。这种供烤着吃的牛肉,通常都是只有一岁半左右的小牛肉。

阿根廷人吃烤肉的量足以令外人瞠目,他们不吃肉丝、肉丁、肉片,只是大块吃

---

① 参阅元克君主编的《极地跨越》(北美洲篇),中国旅游出版社,2003年,第166页。

肉,配上红酒,饭后再喝一壶浓酽的马黛茶。如果是在野外,周围是绿草地和树林,那么这餐烤肉就会更加味道浓郁了。

据说阿根廷人在盖房子时,首先在院子里砌上做烤肉的炉灶。仅此一例便足以说明他们对烤肉的痴迷程度了。

烤肉在巴西、乌拉圭等地也极受欢迎,吃法大同小异。

4) 马黛茶 (el mate)

马黛茶又称巴拉圭茶,是南椎体这几个国家的"国饮"。

马黛茶树是一种常绿灌木,开小白花,当地土著瓜拉尼人也称之为 yerba mate,意思是马黛草。这种树生长在巴拉圭、阿根廷和巴西南部,将其椭圆形嫩叶烘干(也可研成粉末),用热水冲调就是马黛茶。此茶味道微苦,很提神,茶中含有丰富的维生素和矿物质。

冲泡马黛茶的"茶壶"实际上不是壶,而是一个小罐,通常用干葫芦做,也有陶制的、牛骨粉压制的、不锈钢的等多种材质做成的,罐的外表还可用皮革包上,烫上花纹,做工十分讲究,如同一个精致的手工艺品。喝茶有专用的吸管,一般是不锈钢制作的,管的顶端是一个扁的吸囊,周身有许多小孔。饮用时,将吸管插入壶中,茶汁顺着吸管被吸上来,茶叶被滤出。

冲泡马黛茶的方法很简单,在壶内放上约占 1/2 空间的茶叶,注入热水,可加糖或牛奶,也可以什么都不加。按照当地人的饮茶方式,大家围坐在一起,边聊天,边共饮一壶茶,共用一个吸管,就像牧归的潘帕斯草原牧人一样。

三、居住

拉丁美洲的民用住宅大致可以分为三类:现代风格、殖民地风格和土著风格。

1. 现代风格指 20 世纪和 20 世纪之后建的城市住房,简洁的欧美式风格,内部配有现代化设备,各种功能(水、电、煤气)基本齐全。从档次上可分为简单的、中等的和豪华的,从类型上可分为公寓楼、独栋民宅和豪华的占地面积较大的花园洋房。

由于拉美社会贫富两极分化,所以住房的差别非常大。在墨西哥城、圣保罗、波哥大、加拉加斯等大城市,都能看到美轮美奂的如宫殿般奢华的富人区,而城市外围则布满贫民区,没有水电,没有卫生设施,没有柏油路。

中产阶级的住房条件一般都比较好,除了条件舒适的公寓楼,还有为数相当多的独栋民宅,这是因为在拉美的大中城市,土地面积和人口的比例较适中,因此不必建过多的超高层公寓楼,这类住宅虽然面积并非很大,但功能齐全,室外有小块宅地可种花莳草、美化环境、宜于人居。

2. 殖民风格的民居多为西班牙和葡萄牙风格,在加勒比地区和苏里南、圭亚那等国还保留着地道的法式、英式和荷兰式建筑,其中大部分是过去殖民地官员或者庄园主、矿主们的宅邸。

这类民宅在中小城市尤其多,以墨西哥中部的瓜纳华托城为例,整个城市的风格就如同一座西班牙17世纪的市镇,有许多一层或两层的老宅子,阳台和窗台外面都有黑色的铁艺护栏,墙壁被刷成白色,就像安达卢西亚的风格一样。一些宅子的正门上方还嵌着古老的家徽,回忆着祖先的荣耀。这些宅子的内部结构也是地道的伊比利亚式,四周有回廊,摆着盆花鸟笼,中间是个天井,也许还有一个古老的水井或是花坛。房子的风格和外貌虽然古旧,但室内设备都已更新,完全是现代化的。城区窄窄的道路上铺着鹅卵石,巷子幽深,路两旁竖立着西班牙式的路灯。

这些殖民风格的房子都得到很好的保护,政府拨款维修,使其风貌依旧。为了保证风格的和谐,在殖民式居民区或街道内,一般不建现代化的高楼大厦;对一些有历史价值或艺术价值的古宅,即使是房主也无权随意拆改。这些古宅是拉美中小城镇建筑的一个亮点。

3. 印第安风格的民宅指农村中印第安人居住的传统住房。

在古代,人们造房时离不开自然环境的影响和对自然条件的利用。因此,居住在各地的土著人住房有着明显的差异,有的依山而建,有的临水而居,有茅草棚、茅屋、土坯砖房、木屋、帐篷等多种形式。在热带和亚热带地区,较常见的是草棚子,有的是圆锥形屋顶,有的是长方形双斜面屋顶。草棚子的骨架是树干,再用芦苇和木板做墙壁,用棕榈叶或其他大型植物叶片做棚顶。生活在山区和高原的人们用土坯和石块建屋以抵御严寒,一般情况下用土坯和大石块做墙,用黏土抹缝,用茅草盖顶,有门无窗。艾玛拉人的住房已有所发展,屋内用石块砌炕,炕上铺着骆马的毛皮或蒲草编的席子,还有家织的骆马毛毯。最奇特的是的的喀喀湖区的草编浮岛民居,小巧轻盈的棚子是用叫做tutora的蒲草编的。

印第安人的传统房屋均为平房,没有多层房子;人口增多时便增盖独立房屋;另外,他们不懂得利用烟囱排烟,所以往往在屋外开灶,或者在屋中垒灶,在屋顶留一天窗出烟。屋内基本上没什么家具,在中美洲一带的印第安人睡觉用吊床,最简单的方式是在两棵树中间绑上吊床,在树的上方用大叶片略作遮掩,就是个住处了。吊床是印第安人的发明,如今几乎所有西方主要语言都称吊床为hamaca,源于土著语言。即使在今天,在一些靠近城镇的村子里,多数印第安人的居住条件还是很粗陋,室内除了土炕或是几张吊床外,别无他物。不过现代文明正在一点点渗入,偶尔会看到在石块搭起的灶台上,用来煮木薯的是一只不锈钢锅……

最后要补充一种真正意义上两种文明混搭的建筑,那就是秘鲁库斯科一带的房子。1533年以佛朗西斯科·皮萨罗为首的西班牙人占领了库斯科城,他们一边掠夺一边摧毁,一座巍峨壮丽的古城几乎不复存在了。但是顽强的印加巨石建筑似乎比印加大军的抵抗力量还强,无论是烈火还是刀剑,都无法摧毁它们。无奈之下,西班牙人采取了一个后来被证明极为聪明而实际的做法:保留印加王宫和一些公共建筑的巨石基座,在基座上建起西班牙房子。如今在库斯科城中心可以见到不少房屋被"嫁接"在一些深棕色的方方正正的巨石块的墙基上,这些墙基可高达5—7米,稳固而精细。据说秘鲁经受的几次地震只毁掉了上层建筑,欧洲式的房屋成片坍塌,而印加人的石基纹丝不动。库斯科城中一座殖民时期的教堂被震塌了,碎砖乱石之下是岿然不动的印加基石。在震后修复时人们遇到了一个两难:如果要把教堂复原,就必须毁掉印加地基;要保住地基,就无法再建西班牙的教堂。最后当地居民决定:不惜一切代价,保住印加文化仅存的一点遗迹。

看到这种两类建筑嫁接的房屋,会令人由衷地向那些创造出如此非凡工艺的古代印加工匠们致敬,也会为那些几百年来默默而又小心翼翼地承载着另一种强加的文明的巨石墙基感慨不已。

四、行(交通、通讯)

关于"行",似乎无话可说。因为对于现代拉美人,他们"行"的方式与欧美国家基本一样,在墨西哥、巴西、阿根廷、智利、古巴等国水、陆、空交通都比较发达,大多数国家的运输均以国内公路为主,铁路正在消失。但是也应看到,因经济发展不平衡,地理条件复杂,在一些经济发展较缓慢的国家,交通运输状况相当落后,以至于不少地区无交通可言,即使有道路,也是路况质量很差,缺乏运行的保障。在一些安第斯国家(如厄瓜多尔),往来于乡间的公共汽车极其破旧,常常超载,人畜同车,不定时间。而在阿根廷、巴西等国有些公共汽车很豪华,拥有各种舒适条件,服务也是一流的。不过,在多数偏远山区,至今唯一可用的路还是印加帝国时修的栈道。

实际上,拉丁美洲交通的最初开辟者就是印加人,他们建立了几乎四通八达的道路网,以首都库斯科为中心,向周围"辐射"出大小长短不一的道路。其中工程最庞大的就是著名的印加古道。这条道路北起今厄瓜多尔首都基多,南至今智利的圣地亚哥附近,除了已被发现的路面,还有消失在村落里和被风化的古道,总长度约为40,000公里。它的两条南北向的主干道分别沿海岸线和安第斯山脉伸展,沿途修有阶梯、隧道、桥梁、碑石、吊桥,还设有驿站。由于印加人无车马,所以传达信息的媒介落在被称为chaski的信使身上。他们在古道上奔跑,即将到达下一站时便吹响螺号,下一站的信使便准备好接力,如此而行,信息便一站一站地传递下去,从库斯科这个帝国的心脏传到各个地区。信息就是被称为基普（quipu，或译葵布）的结绳记事（见第八章）。

第三节　主要节庆活动

　　诺贝尔文学奖获得者、著名墨西哥作家、诗人奥克达维奥·帕斯在《孤独的迷宫》中这样写道："孤独的墨西哥人喜好的节庆活动和各种公众聚会。一切机会都被利用来聚会，任何借口都能用来让时间止步，来欢庆和纪念某些人和某些事件。我们是个讲究礼仪的民族。[……]墨西哥那些大规模的宗教节日有浓烈的、刺激的而且地道的特色，有各种舞蹈和仪式，有焰火、光怪陆离的服饰以及源源不绝的、令人叹为观止的在广场和市场上出售的果子、甜食和各种东西，这一切在世界上几乎是无可匹敌的。"[①]

　　几乎可以断言，在地球上的各个大洲，中、南美洲和加勒比地区在节庆活动的数量和规模上名列第一。从类别上划分，节日分为宗教的和世俗的两大类。宗教节日又可按天主教、新教、犹太教、非洲宗教、印第安宗教等教别划分；世俗节日可分为政治性、历史性、民俗性和社会礼仪性。按范围划分，有世界性、全洲性、全国性、地区性、家庭性和个人性。

　　从如此多的类别上就可以推断出数量之庞大。例如，地区性节日不仅指省、市、地区级，更多的是指村镇级，有多少个村子就有多少个守护神，有多少个守护神就有多少个守护神的祭日。再举例：民俗性节日包括以职业划分的节庆，在墨西哥许多传统性职业均有专门的节日，例如教师节、护士节、邮差节、泥瓦匠节、军人节……再举例：拉美以多民族和多种族为其人口构成的特点，每个民族都有自己的历史和民俗，当一个外来移民群体形成了一个社会时，其节日习俗就会被移植到新的生活环境中，因此人们在拉美能欣赏到来自印第安各部族（克丘亚、艾玛拉、萨波特卡、玛雅-基切、那瓦、马普切……）、非洲（刚果等）、欧洲（西班牙、葡萄牙、法国、意大利、德国……）、亚洲（印度、印尼、中国……）的传统节日。

　　最后，也许应该简略谈一下民族性的问题。世界各民族对待节庆活动的态度是有差异的，有些民族把节日看做是勤奋工作中间的一个小小停顿，让身心放松，消除压力和疲劳，恢复精力和体力，以便用更大的劲头投入到工作之中。因此，这些民族的节日是有限的，有节制的。还有一些民族把节日看做是目的，平时辛苦工作为的是快快乐乐地过节，过节是真正的享受生活、享受人生，因此尽可能地多过

[①] Octavio Paz, *El laberinto de la soledad*, Fondo de Cultura Económica, México, 1989, p. 42.

节,因为这是生活,而劳动和工作仅仅是手段。对这些民族来说,过节就要全心全意地投入,就要全身心地放松,甚至要忘乎所以。他们认为,平时在工作中蓝领是个工具,白领们戴着面具,人只有在节日中才是自然的人。

这就是不同民族性的区别。把意大利威尼斯的狂欢节和巴西的狂欢节做一比较,其中差异就会一目了然。

从民族性的角度分析,还可以发现拉美人极为重视本民族或者本国、本地区争取独立、自由与尊严的斗争精神。尽管整个拉丁美洲有文字记载的准确编年史始自15世纪,但是他们很珍惜自己的历史,正因为历史不长,他们才看重每一个战役,每一次运动和每一位领袖。为了牢牢记住这一切,他们便造出许多纪念日,用大规模的仪式和更大规模的节庆活动来把那些历史性的日期、地点和人名烙在一代又一代国民的记忆里。

以玻利维亚为例。

玻利维亚的公众节日分为全国性和地方性两种,全国性的有4个,地方性的计有:2月10日奥卢罗节——纪念1781年2月10日反对西班牙殖民制度的起义;3月28日阿瓦罗亚节——纪念1879年抵抗智利入侵而战死的爱·阿瓦罗亚;4月15日塔里哈节——纪念1817年打败保皇军队的胜利;5月25日丘基萨卡节——纪念1809年5月25日苏克雷城发出的自由呼声;7月16日拉巴斯节——纪念1809年7月16日南美第一次独立运动;9月16日科恰班巴节——纪念第一次击败西班牙人的1810年革命……基本每个月都有1~2个节日。

至于传统节日就更多了,玻利维亚全国有统计的共达1000多个,有些村子甚至每周一个节日。①

玻利维亚的情况在拉丁美洲是比较典型的。

拉丁美洲的公众节日活动除了必要的官方礼仪之外,主要内容和形式就是音乐、歌舞、游艺、集市、传统吃食、饮酒、放焰火、教堂弥撒、游行等。不同的地区、不同的节日还会有不同的余兴节目,如斗牛、斗鸡、传统仪式表演等。

下面介绍几个典型民俗节庆和宗教节日的例子:

1. 客店节(亦称圣母借宿节)

基督教节日,在墨西哥等国家非常流行,时间在圣诞节之前的12月16日~23日。

客店节源自《圣经》故事。相传在耶稣即将诞生之前,怀孕的玛利亚和丈夫约瑟按照罗马皇帝的命令回原籍伯利恒登记户籍。回途中各客店均住满了客人,即

---

① 曾昭耀:《列国志——玻利维亚》,社科文献出版社,2005年,第74页。

将临产的玛利亚只得在一家客店的马棚里生下圣婴。客店节就是以此为背景表现众人帮助圣母求宿的过程。

节日期间，亲朋好友可以集中到其中一人的家中，参加活动的人分为"住宿者"和玛利亚、约瑟一行的"求宿者"两组，"住宿者"在屋内等候，"求宿者"在屋外，手持蜡烛，唱传统的"求宿歌"，屋内的人也用歌声应和，最后屋内的人将大门打开，请玛利亚等人进来住宿。这时主人可以向大家分发礼物和糖果，孩子们则参加一种叫做"比尼亚塔"的游戏。"比尼亚塔"是一种做成玩偶形的容器，里边装上糖果、各种小吃和水果，然后将它挂起来，孩子们蒙上眼睛用棍子击打，"比尼亚塔"被击碎后，糖果等食品洒落在地上，参加者一拥而上去拾取，节日便在这种欢乐的气氛中结束。

这个节日既有宗教色彩也有世俗成分，既有纪念形式也有游戏内容，既是西方的也是本土印第安人的，因为据说"比尼亚塔"源自于印第安人的习俗。

2．亡灵节

这是墨西哥的传统节日，包括宗教和世俗两重成分。时间是10月31日至11月2日。

根据传说，在每年11月1日的晚上，上帝允许所有的亡灵回到地上看望自己的家人，于是人们便齐聚在墓地，给自己逝去的亲人奉上鲜花和供品。

在节前，人们便开始为节日做准备。市场上出售做成骷髅形的面包、各种节日时佩戴的面具、甜食和完整人体骨骼的玩偶，这些玩偶穿着男装或者女裙，戴着宽檐帽，或在发际上插花。墨西哥人承继了印第安人对生死轮回的观念，并不认为死亡是一件多么恐怖的事，他们用一种黑色幽默来对待死神。亡灵节期间最畅销的工艺品就是用各种材料制作的骷髅：铁艺的、纸糊的、木制的，等等。还有一种用白糖做的，大的与真人的头盖骨一般大，小的如同一个网球的体积；比例准确，形象逼真，在眼窝处还贴着闪光蓝纸，很有效果。节日时，人人都捧而食之。除了购买这些节日的应时之物，每家都在角落里设一个小祭坛，上面摆放着逝者的遗像，旁边放着鲜花、香烛和一种彩色剪纸作为装饰。最主要的是要在祭坛上摆放供品，即逝者生前最爱吃的东西和生前最心爱的物品：烟斗、帽子、吉他……。在这个角落当然要有天主教的圣像，有时也会看到印第安人信奉的神祇的标志。

在节日期间，人们在墓地里自己死去亲人的墓旁供放大量的橘黄色的森帕苏其花，那是一种类似万寿菊的花，专门用于祭祀。

夜晚是节日的高潮，教堂的钟楼上响起一阵又一阵的钟声，神父主持着弥撒，更多的人涌向墓地，每座墓碑都被黄色菊花和点燃的蜡烛环绕着，墓碑前摆满各种吃食和物件，还放着洁白的餐巾纸和点燃的香烟，人们有的在默默祷告，有的在吉他伴奏下唱歌,有的人铺开毯子席地而卧,陪伴自己死去的亲人过一个通宵,还有的人在跳舞。当地的土著认为在这两天为亲人扫墓是个神圣的义务,在精神上与已远去的亲人们交流,那是一种阴阳两界之间的亲切交流。

亡灵节不是个充满悲伤之情的节日,恰恰相反,虽然有伤感,但更多表现出的是对现实生活的热爱,故而人们才在陵园里载歌载舞,边吃边开怀畅饮,在逝去的亲人们的陪伴下。

这个节日也是某些基督教仪式和印第安人信仰的混合物。

3. 奥鲁罗狂欢节

玻利维亚最盛大的传统节日之一就是狂欢节,而狂欢节规模最大、最激动人心的要数锡城奥鲁罗的狂欢节。这个节日充满神秘的异教色彩。

据说奥鲁罗狂欢节起源于锡矿最初开采的时期,那时坑道内事故频发,不少人死在里面。于是矿工们便祈求"坑道圣母"(la virgen de socavón)保佑,每年举行一次祭奠活动,在这一天人们彻夜狂欢,以表现对神的虔诚。如今狂欢节变成全地区的节日,但是矿工仍是主体。

庆祝活动在每年的2月份四旬节开始前几天举行,星期六是节日开始的时候,一辆接一辆装饰得无比绚丽的彩车和源源不断的载歌载舞的人们在大街上行进,队伍最前面是一艘彩船,上面放满了给"坑道圣母"的供品,彩船之后是一群戴着狰狞的魔鬼面具、披着五光十色,绣满奇异图案的罩袍的"魔鬼",他们要不停地跳着魔鬼之舞,走完长达4公里的长街。舞蹈以天使圣米格尔制服魔鬼作为终结,表示善战胜了恶。当晚,每户人家都要为"坑道圣母"举行守灵晚会。次日清晨,所有的表演者都要到"坑道圣母"圣殿前举行黎明弥撒,然后是民间艺术团体的表演。下午节日进入高潮,除了民间艺术团体的演员,本地人和外来的参观者都可以参加狂欢,他们穿上各种奇装异服,戴着光怪陆离的脸谱和面具,表演随心所欲的舞步和滑稽的动作。此时奥普罗变成了一个成千上万的人共欢庆的大舞台,人们不停地唱着跳着,有时还相互泼水,当然也少不了豪饮。星期一举行告别弥撒,星期二举行播种赐福仪式。到此,狂欢节才宣告落幕。

相传,狂欢节上的歌舞狂欢是早期的黑奴和囚犯传进来的。但是在拉美各地,其形式、内容和文化内涵有所不同。像举世闻名的里约热内卢的狂欢节、古巴圣地亚哥的狂欢节、墨西哥马萨特兰的狂欢节等彼此都有差异。如果想找到一种共性的话,那就是拉美人试图在狂欢节的几天时间里,打破一切社会壁垒,忘掉一切现实生活中的麻烦,在忘乎所以的狂欢中寻求一种超脱,这也许就是为什么狂欢节来自民间的底层,狂欢节的主体也是由当年的(也许如今亦然)受压迫者、受排斥者构成的。

4. 太阳节——Inti Raymi（La fiesta del Sol）

在拉丁美洲，规模最大、知名度最高的传统节日是巴西里约热内卢的狂欢节，排在第二位的就是秘鲁的太阳节。

秘鲁印第安人的太阳节

在古代印加帝国时期，自诩为太阳神子孙的印加人每年都要在首都库斯科举行一次太阳节，感谢太阳神赐给他们的好收成，并祈求太阳神保佑他们在来年也获得大丰收。太阳节就是在南半球的冬至那天举行，大约是公历的6月21日。西班牙人到来以后，帝国覆灭，库斯科陷落，外围的萨克萨瓦曼城堡被毁，太阳节被禁止了。

1942年，在一些史学家和考古学家的倡导下，根据少数可资参考的古代文献资料，太阳节得以恢复。但是节日的日期改为6月24日，那一天是天主教施洗者胡安（约翰）的祭日。这样，这个所谓异教的节日就和天主教连接在一起了。

节日活动在库斯科城的中心广场拉开序幕，那里曾经是太阳神庙的所在地。

一位神色威严的男子扮演印加王。他用克丘亚语向太阳神致谢,感谢它的保佑。然后,他坐在金色的宝座上,由14名身着传统服饰的卫士抬起他,向着离库斯科2公里远的萨克萨瓦曼走去。印加王和他的扈从共约200多人,其中有侍卫、贵族和祭司们,他们都穿着绣花衣服,披着披毯,女人们戴着花冠,男人们戴着羽冠,在笛子和鼓的伴奏下,这支队伍边行进边用克丘亚语向太阳祈祷,高声赞美太阳神的伟大。到达目的地之后,他们在一块空地上表现古代祭太阳神时一个重要场面:祭献。过去由祭司杀一只羊驼,用其心脏和肺来占卜,预测未来。现在的献祭只是象征性的。另一个重要场面是取火,大祭司手里捧着一个类凸透镜的圆形金盘,里边有可燃物质,当阳光照到金盘上时,火便被点燃了。印第安人视之为太阳火、圣火。在古代,圣火要保留在太阳神庙里,直到来年的冬至。

节日仪式的最后,印加王站起身,在全场一片肃静中,高声用克丘亚语对着太阳说:"伟大的造物主,太阳和雷霆之神,愿你万古长青!保佑你的子民人丁兴旺,永享太平!"

仪式结束后,那些从四面八方赶来的印加人的后裔,成群结队地载歌载舞,饮酒作乐。他们都穿着自己民族传统的服饰,一如印加帝国的时代。他们为自己的传统而骄傲。

为了表示虔诚,节前人们要斋戒。节日活动要持续9天。在这几天,整个秘鲁似乎处于"印加帝国"的统治之下。

如同其他一些被重新演化的印第安传统节日一样,太阳节已经失去了古代的宗教意义,其宗旨只是在努力保留一些有历史意义的习俗和民族文化。

第四节 特殊的技艺活动

在这一节里所说的技艺,主要指介乎于舞蹈、杂技、祭祀、游玩之间的活动,其性质、功能和形式无固定标准,但是体现出拉丁美洲地域性或民族性的特点,有相当的民俗价值。在此仅选取几个有典型性的例子。

1. 飞人舞(Los voladores)

在古代,飞人是一种祭祀仪式,流行于今墨西哥、危地马拉、尼加拉瓜等地,在墨西哥的维拉克鲁斯州的托托那卡人(totonaca)中尤为盛行。飞人具有很深奥的内涵,它反映了古代印第安人的宇宙观和一些哲理思想,是在向天地诸神做出的一种祭礼。

在飞人仪式开始之前,要表演一段祭礼舞。音乐伴奏非常简单,一位乐师用一只手吹奏芦笛,另一只手击打捆在手腕上的小鼓。一笛一鼓合成的乐声似乎有巫师的催眠术的作用,让听者产生恍惚的感觉。舞蹈结束后,飞人上场。

场中间早已竖起一根高达25~30米的粗杆,杆上有供攀登的横木或套索。对于托托那卡人来说,这根杆代表天地之间的连接。在古代人们往往取一颗笔直的参天大树,削去分枝和树叶,立在广场上作飞人用的杆,如今多用钢管代替。在高杆的顶端有一个水平固定住的四方框架,框架中间是一个缠绕着粗绳的圆筒。

仪式开始时,4位飞人和已在场上的那位乐师走到杆下。他们穿着白上装、镶流苏的绣花长裤、头饰上嵌着闪闪的镜子和花朵,这是一套传统的节日盛装。这5个人身手敏捷地迅速攀上立杆,分坐在四方框的四边,乐师站在中间。这个程序有两层含义:1. 代表东南西北中的方位,象征世界的五方;2. 四边分别代表四季,象征时间。

乐师在立杆上站起,一边奏乐一边缓缓地转着圈子,向四方朝拜。在30米的空中,在方寸之地的狭小空间,他需要很强的维持平衡的能力。突然音乐停止,这时面对面坐着的4位飞人一齐向后仰,直飞下来。他们的脚部系着绳索,与立杆的圆筒相连,绳子的长度与立杆成比例。4个飞人开始围着立杆飞旋,如振翅飞翔的五彩斑斓的大鸟,衬着蓝天,分外壮观。他们旋转着,绳子随着他们的旋转徐徐放开,笛声和鼓声为他们伴奏。最后飞人们平稳着地,音乐停止。每个人必须旋转13圈,4个人合起来是52圈。古代玛雅人和阿兹特克人都以52年为一个世纪。因此飞人仪式蕴含着古代印第安人对神、宇宙天地、纪年、农业收成等多方面的思索。

2. 玛雅人的球赛

古代玛雅人常常在祭祀日举行球赛,这种球赛实际上并不是纯粹的体育活动,而是一种有浓厚宗教色彩的祭祀仪式,其影响范围已超出中美洲,达到北美和加勒比的安的列斯群岛。

据考证,这种仪式起源于前古典时期,到古典时期中期已经演变成一种正式的宗教仪式,其中心内容是人祭[①]。作为牺牲者的人就是球赛中失败一方的队员或者队长。仪式的具体内容、方式和象征并非统一的,各部落均有自己的特点,下面介绍古代球赛中的一种[②]。

比赛用的球场面积约为94米×38米,场两边各有一堵高约8米的墙壁,在靠近墙的顶端处有一个用石头凿出的环,这便是"篮筐",即投篮处,或曰"球门"。球员上场时要穿防护装备——鹿皮衣、宽腰带、腰部和臀部的护垫、护膝、护腕和华丽的羽冠。球员之所以"全副武装"是因为球赛的用球是实心野生橡胶球,在有些地区,橡胶球要裹上人的头盖骨。比赛的规则并不复杂,要求球员只能用身体的膝

---

①② 参阅[英]D. M. 琼斯、B. L. 莫里努著:《美洲神话》,希望出版社,2006年,第160页。

盖、胯、肩、肘等部位触球,但不能用手和脚,否则就是犯规。比赛的目标就是把球打入球门。

这是一场真正意义上的生死角逐,因为在比赛结束时,失败的一方将有一人,或队长或队员,被祭司用黑曜石刀宰杀,其头颅被作为神的祭品。在尤卡坦半岛上的奇琴-伊察球场是中美洲最大的,在球场墙壁的浮雕上就有输球的球员被杀的场面。

以后,球赛作为一种有宗教意义的体育表演得以保留。

玛雅人在比赛前一天晚上要静心祈祷,求神保佑获胜。参赛双方各有 7 名球员上场,比赛激烈时,场上观众大声喊叫助威,场面十分热烈。由于进球的难度特别大,有时整场比赛没有进球,此时便计算双方的犯规次数,次数少的一对为胜利者。

玛雅人把球场看做是宇宙,球员们带球奔跑有如星辰的运动。因此,他们虔诚地比赛,并将失败者的头颅用高竿挑起以献神。

据说,玛雅人的球赛源于更古老的奥尔梅克文明。

3. 斗鸡

早在罗马帝国时期就已经出现了斗鸡,后来被罗马远征军的士兵带到许多国家。拉美的斗鸡活动是西班牙人传入的,在墨西哥等国非常流行,它不只是一项技艺比赛,更是一种赌博,在平民百姓中很有影响。由于参加者甚众,斗鸡已经变成一项十分有利可图的产业。

斗鸡场为圆形,直径约 10 米,场地上铺着黄沙,那是斗鸡们厮杀之处,场地四周砌着一圈矮墙,作为场内外的界线,外面是观众席,像体育馆的座位安排。参赛的都是公鸡,是主人精挑细选的品种,精心饲养,专门用于斗鸡比赛。这些公鸡体形大、凶悍、善斗。赛前主人把自己的鸡向观众展示,并介绍其名字、血统、体重、"籍贯"及比赛经历,为观众下注提供参考依据。之后,主人要给自己的斗鸡配上"武器",即用火漆和橡皮膏把刀片固定在爪上。刀片很薄,成弯月形,极锋利,具有相当的杀伤力。两只雄鸡相斗时,常常杀得不可开交,有时一方会把另一方杀得片羽不留,场地的黄沙上落满鸡毛,沾着一片片的血迹。这时场上看客们大声喝喊着,为各自中意的斗鸡加油。

作为一种比赛,观众看斗鸡要买票;如果参赌,可以下数额不等的注。赌注根据下注者对斗鸡各方面条件的判断而定。

斗鸡虽然带有博彩性质,但是人们视之为一种传统,在大部分地区是合法的。参与者基本上是乡镇居民或城市中的中下层,看斗鸡的时候都穿着日常的休闲服装,或者是牛仔打扮。这一点与大城市里的上等"卡西诺"(casino,赌场)形成对比,在那里人们必须穿上晚礼服才能入场,摩纳哥的赌场尤其重视这一传统规定。而斗鸡场毕竟是与鸡有关,与直接的肉体相搏有关,还属于乡民的游戏,因此那一层虚伪的礼仪完全不必要。

斗鸡带有浓厚的民间色彩,同时也反映出普通市民和乡民的心理,从伊比利亚人和印第安人那里继承的宿命哲学,使他们相信命运的陡然转折和天赐福祉;追求刺激,是他们喜爱斗鸡的另一个理由,如同喜爱斗牛。

在亚洲的东南亚一带也流行斗鸡。

4. 卡波伊拉

"卡波伊拉"是葡萄牙语的音译,是从巴西民间体育项目演变而来的格斗竞技,同时其动作又像舞蹈,而且有音乐伴奏。据说,它起源于巴西的安哥拉黑人聚居地。

"卡波伊拉"在两个人之间进行,是一种有表演性质的对抗打斗。在音乐的伴奏下,两个人展开拼搏,动作很惊险,有出拳、踢腿、倒地、旋转等各种类似武术、拳击、格斗、杂技、舞蹈的动作。节奏时快时慢,时激烈时舒缓,这取决于音乐节奏的变化。例如,当音乐放慢时,双方就得以慢动作相对抗,但不能相互冲撞。在另一种形式的对抗中,只要使对方跌倒就算胜出。总的原则是对抗双方避免发生身体碰撞,要始终保持一定的距离,同时不能摔倒在地上。

这项竞技最初是黑奴们锻炼强身,用以对付奴隶主的自卫手段,其动作与古代非洲的格斗有许多相似之处,主要在脚的踢打上。后来逐步改进,增加了手的功夫和其他动作,加强了对抗性,也使得动作更加惊险、刺激、有观赏性。

1972年,巴西正式承认"卡波伊拉"为一项体育项目。目前在巴西有一批学校,专门教授和训练青少年掌握这门传统的技艺。

思考题

1. 在拉丁美洲有大量的、种类繁多的节日活动,主要原因是什么?你能否介绍一个你比较熟悉或者亲身体验过的拉美节日?你的结论是什么?
2. 对人类文明而言,印第安人驯化的几种粮食作物有什么意义?
3. 请学生查找资料,具体了解玉米、马铃薯、红薯、烟草是在什么时间、以什么方式进入中国的。
4. 试比较:墨西哥的亡灵节与中国的清明节之间有何异同?

第十三章

中华文明与拉美文明的接触与交流

从"相似"说起——慧深、法显、郑和、哥伦布：谁是先行者？——中国之船——一页血泪史：中国苦力在拉美——中华文明在拉美——文明交流的新篇章

第一节 从"相似"说起

中国和拉丁美洲相距遥远，浩瀚的太平洋把两地分隔于西岸、东岸，然而两地的文明和民族血缘上都有不少相似之处，这一点早就引起普通人的好奇和科学家们的关注。

在本书的第一章中已经提到过，奥尔梅克文明史在今墨西哥的韦拉克鲁斯（Veracruz）以南和塔瓦斯科（Tabasco）以西墨西哥湾沿岸发展起来的古老文明，存在于公元前1500年至公元300年，即印第安文明的前古典期。拉文塔（La venta）遗址是这一文明的代表，也是中美洲最早的祭祀中心。在拉文塔发现的16座巨石头像引起人民的普遍关注。这些玄武岩雕刻的巨石头像有的高达2.3米，重20吨左右，其形象为长方形面孔，颧骨突出，浓眉大眼，嘴唇厚，鼻梁短，鼻侧宽大，宽额方颌。人种学家们认为这些特征与中美洲其他印第安部族人的面相略有差异，但与中国华北地区的人非常相似。就是说，两个地区人种的典型特征基本一致。除此之外，学者们经过考证和对大量史料、实物的研究，发现奥尔梅克、查文文化与殷商、周文化有许多相似之处。例如：奥尔梅克人的礼器中有大量玉器，特别是绿玉制作的面具、神像等，与商周文化相似；在拉文塔遗址发现的一组玉器被美国考古学家称为"石斧"，但是经中国学者研究后，发现这是一组玉圭，不仅如此，原先被当做石斧裂纹的痕迹居然有可能是殷商时期的古汉字。王大有、宋宝忠、王双有等学者分别于1992年和2001年解读了6片圭板上的文字，其内容分别是：

一号圭："天命玄鸟，降而生商"。

二号圭:"俎()伯茧翟"。
三号圭:"火农辛"。
四号圭:"报媪訾建庇"。
五号圭:"十二示目,二"。
六号圭:"小皋"。
6片玉圭所记述的是殷人祖先名号谱系和祭祖礼制。[①]

这一发现曾在《人民日报》和墨西哥的《至上报》(*Excelsior*)上分别予以介绍,引起了普遍的关注。

奥尔梅克人崇拜美洲豹,而其形象酷似华夏的图腾——虎,这一时期的人兽同形神像、双头龙等艺术造型与周朝的同类神像相似;在玛雅文明古典时期的帕伦克神庙(Palenque)中发现的石棺曾轰动一时,石棺墓主的头部覆以"银玉面饰",手内有玉握,嘴里有"玉晗",与中华古代丧葬仪式十分相似,因为只有中国人用玉殓葬,为的是使墓主升天。

关于两地文明"相似"的实例还很多,比较突出的还包括在语法、语音和词汇方面的相近甚至相通之处,特别是词汇方面。例如:在墨西哥以及中美洲一带的部分印第安部族中,称男性长辈为"tata",音如"大大",与中国西北地区的方言一致;再如"huahua",音如"娃娃",指小孩子,与中国大部分地区的方言一致。

对于现代人来说,最直观的莫过于对两地人民的体质人类学特征的比较,根据对头型、脸型、肤色、五官、齿型、毛发、体态、婴儿的胎记等几个方面的研究,甚至一个外行人都可以肯定地说,美洲土著人的主体应属蒙古利亚人种,甚至有可能是"属于400万年以来形成的中华人种"[②]。

去过拉丁美洲并且接触玛雅及其他古代文明程度很高的印第安部族的后裔时,都会有一种"似曾相见不相识"的感觉。同样,一些墨西哥人、秘鲁人、玻利维亚人到了中国,在西藏或者某些西南少数民族区域,也有一种亲切感和认同感。在《极地探险》这个电视片中,来自中国西藏的牦牛毛纺的藏毯,在花色、图案和质地上竟与秘鲁安第斯山区的克丘亚人用羊驼毛织的毛毯一样,连藏族牧民和克丘亚农民各自用的投石器都相同。难怪在墨西哥常有当地人称中国人为"paisano",意思是"乡亲"。

在这些"相似"的背后到底隐藏着什么秘密呢?

[①] 冯秀文编著:《中墨关系——历史与现实》,社科文献出版社,2009年,第38—40页。
[②] 同上书,第8页。

第二节　慧深、法显、郑和、哥伦布：谁是先行者

扶桑国与僧人慧深东渡扶桑——"殷人东渡"之争——法显东渡——郑和船队东渡之说

1752年法国汉学家吉涅（J. de Guigne）在他的一封信中发表观点，认为根据中国典籍《文献通考》卷三二七关于"扶桑国"的记事，中国的和尚早在公元5世纪就到过墨西哥。此后200多年时间里，关于拉丁美洲古代印第安文明和华夏古文明之间关系的争论从未停止过，而至今无定论。

国内外学术界分为两派。一派认为两个古老文明系统是同源的，即华夏文明是拉丁美洲古印第安文明的源头；另一派持相反观点，认为印第安文明完全是独立发展的，即使双方有过接触，也属个案，对全局并无实质影响。

两派具体争论的问题主要集中在所谓"扶桑国"和"殷人东渡"两大公案上。

一、扶桑国与僧人慧深东渡扶桑

关于扶桑国的记载最早出现在唐·姚思廉《梁书·诸夷传·扶桑国》（卷五十四、列传四十八），吉涅所提到的《文献通考》中的记载也源于此。

《梁书》中对扶桑国记述的短文几乎是所有研究拉丁美洲历史的人耳熟能详的，原文如下："扶桑国者，齐永元元年，其国有沙门慧深，来至荆州，说云：扶桑在大汉国东二万余里，地在中国之东。其土多扶桑木，故以为名。扶桑叶似桐，而初生如笋，国人食之。实如梨而赤，绩其皮为布，以为衣，亦以为棉。作板屋，无城郭，有文字，以扶桑皮为纸……国外行，有鼓角导从。其衣色随年改易……有牛，角甚长，以角载物，至胜二十斛。车有马车、牛车、鹿车。国人养鹿，如中国畜牛，以乳为酪。有桑梨，经年不坏。多蒲桃。其他无铁有铜，不贵金银。市无租估。其婚姻，婿往女家门外作屋，晨夕洒扫。经年，而女不悦，即驱之；相悦乃成婚。"

在唐代《南史》中也有类似的记载。

对此文的争论主要有两点：

1. 何为扶桑木？

观点一：扶桑木即扶桑树，其上有三足太阳鸟和啄木鸟，有崇拜太阳的含义，也即玛雅帕伦克石棺盖上的扶桑宇宙树，阴阳两干交缠，见于中国商代三星堆遗址的青铜扶桑树和西汉马王堆帛画上的扶桑树及其他历史文物上的图形。在中国扶桑具体指高大的桑树，其实桑葚可食，叶如桐，其叶养蚕可织丝帛。总的来说，扶桑木

是太阳崇拜演化的图腾。

观点二：扶桑木是龙舌兰或仙人掌科植物。

观点三：扶桑木是棉花。

观点四：扶桑木是玉米。（以上四种观点为"同源派"）

观点五：扶桑木什么都不是，属杜撰的植物。（此观点为"独立派"）

2. 扶桑国在哪里？

观点一：因棉花、玉米、龙舌兰、仙人掌均为墨西哥土生的植物，因此"同源派"由此得出结论：扶桑国是墨西哥。

观点二：扶桑国是日本，因中国有日出扶桑之说，日本位于中国东部的海上，历来被视为日出之国。

观点三：扶桑国是今属俄罗斯远东地区的萨哈林岛。

观点四：扶桑国实属杜撰，即使有，也当在日本附近。

在这种背景下，僧人慧深也成了疑案。"同源派"认为慧深为南北朝沙门，曾渡洋到达彼岸；"独立派"认为原文说得明白，"其国沙门"，指慧深并非中华人士，而是所谓"扶桑国"人士。如果确如"同源派"所说扶桑国即墨西哥，但该国历史上从未有过佛教的记载，因此和尚也不可能在该国存在。

关于文中提到的扶桑国的物产两派也各执一词。如墨西哥古代确有金银铜而无铁，考古发掘的化石证明曾有过大型牲畜，这些与史料记载相同。但是反对派认为西班牙人到达该地时并未发现牛、马、鹿，也无葡萄可言，情况与史料迥异。

二、"殷人东渡"之争

早在 1940 年中国学者陈志良就在《说文月刊》（1940 年第一卷第四期）上发表题为《中国人最先移植美洲说》的文章，提出"殷人东渡"的观点。即拉丁美洲古代文明受到华夏古文明的深刻影响，起源于后者。针对这一观点也是出现了互不相让、针锋相对的两派："同源派"和"独立发展派"（简称独立派）。

"同源派"认为公元前 11 世纪中叶，殷末朝歌被周武王大军所破之时，殷军统帅攸喜麾下之主力军及百姓二十五万人全部失踪，成为殷史上一大疑案。几乎就在殷军民失踪的同时期，在中美洲兴起了具有殷商文明特点的、高水平的奥尔梅克文明。在殷军及随军而行的殷民和东夷人中有飞鹰族、飞蛇族、飞虎族、飞龙族、乌兔族等五支，其图腾有可能演化为奥尔梅克人、托尔特克人、玛雅人崇拜的羽蛇（飞蛇）、美洲豹等图腾。此外，还有一部分拉丁美洲印第安人的传说、考古发掘出的文物、美洲所发现的图腾柱等支撑"同源派"关于"殷人东渡"的假设。

"独立派"认为：当时中国的航海技术和造船工艺达不到数十万人越洋迁徙的

要求,而奥尔梅克文明的兴起并非突发性,而是渐进的,一些图腾形象的出现与该地区自然环境有直接关系等等。但是不排除历史上华夏文明可能与拉美古印第安文明有过接触,属孤立的偶然现象,"殷人东渡"说不存在。

三、法显东渡

根据我国学者连云山的考证,东晋法显大师于东晋义熙 8 年 8 月底(即公元 412 年 9 月 5 日)从狮子国出发,经过 105 天航行,在同年 12 月底在墨西哥太平洋沿岸的阿卡普尔科(Acapulco)登陆。在该地他受到土著人的友好接待,于次年 5 月(东晋义熙 9 年 4 月 6 日)返航,于 9 月底到达山东青岛崂山。法显将此次经历写成《法显传》。这一段记载见于连云山的著作《谁先到达美洲》(中国社会科学出版社,1992 年 7 月初版)。

四、郑和船队东渡之说

英国学者加文·孟席斯(Gavin Menzies)在《中国发现世界》一书中说,1423 年 7—8 月,郑和船队下属的一支到达了墨西哥,之后又航行到今美国的加利福尼亚、中美洲的危地马拉和濒临加勒比海的委内瑞拉等地。这支船队的统领叫周满。证明此说的还包括以下一些事例:

中国人在今墨西哥格雷罗(Guerrero)、米却肯(Michoacan)等地留下制漆工艺、玉器加工、提炼靛蓝和山茶种植等方面的技术,还留下了明朝的家鸡。

玛雅人称鸡为 ki,与汉语的名称十分相近。墨西哥的漆器风格也有与中国漆器相近似之处,制漆工艺的流程也与中国的相同。

在那亚利特州(Nayarit)的土著居民中流传着亚洲船队到过墨西哥太平洋沿岸的传说。

在危地马拉和委内瑞拉有一些部族的人的血液里含有中国人的基因。根据一项对当地依拉帕族(Irapa)、帕劳哈诺族(Paraujano)和马奎塔族(Macoita)的血液研究表明,他们之中 85% 的人身上存在铁传递蛋白,而这种物质仅存在于中国广东人的身上。周满船队的船员大部分来自广东。这说明,当年中国船员可能与当地妇女结婚生子,繁衍后代[①]等等。

以上关于慧深、法显、郑和船队的周满到达美洲的提法还需要更多的史料来加以证明,到目前为止还只是假设、推断的成分更多些,如果上述假设得到证实,那么他们之中的任何一个都先于哥伦布到达新大陆。

---

① 参阅冯秀文编著:《中墨关系——历史与现实》,社科文献出版社,2009 年,第 55—56 页。

可以肯定的是，中华文明与墨西哥及其他一些古印第安文明大量而明显的共同性，两地民族在特质方面的同一性即相似性，使很多人（中国人和外国人）相信，在远古时代或者在古代二者曾经有过密切接触并产生了相当的文明和血缘的结果。正因为如此，中国人民和拉丁美洲人民之间始终存在着一种特殊感情。

第三节　中国之船（El Nao de China）

1571—1815年间，中国—菲律宾—墨西哥大三角贸易不仅推动了中墨和中拉贸易，也构成了中国和墨西哥关系史中重要的组成部分。大三角贸易航线指从中国（福建漳州一带）至菲律宾（马尼拉）及从菲律宾至墨西哥（阿卡普尔科）的贸易航线，这条太平洋航线长达万余公里被形象地称为"海上丝绸之路"。

早在1600多年前，中国人就已经探明到菲律宾的航路，此后不断有沿海居民去哪里移民或经商。以后发展到中国商船去岛上作贸易，岛上各藩国不断出使中国，双方保持友好的交往。

16世纪西班牙人占领飞宿务岛、吕宋岛和马尼拉，将该地强行纳入西班牙殖民地统治，并更名为菲律宾（Filipinas）以表示对西班牙国王费利佩二世（Felipe II）的忠诚。之后，殖民地当局决定将中菲贸易关系扩大到新西班牙（即墨西哥），以保障对新大陆殖民地的物资供应。由于西班牙人垄断了所有殖民地的贸易，中国商船无法直接前往墨西哥，而是将货物运到马尼拉，将货物装到马尼拉大帆船上，再运抵阿卡普尔科。这种大帆船的西班牙文名称是 galeón de Manila，但是由于货物基本上是来自中国的丝绸、瓷器、漆器、棉毛纺织品、铁锡等金属制品、香料等物品，美洲人便将这些商船称为中国之船（El Nao de China）。

这条从太平洋西岸到东岸的航线的整个航程需要5个月左右。

大帆船在阿卡普尔科港卸下中国货物，空船装上墨西哥和秘鲁的银元和银条（《东西洋考》云："……夷人悉用银钱易货。故归船自银钱外，无它携集……"），因充分利用了冬季太平洋上的海流和风向，一般只需3个月就可以到达马尼拉，华商再用丝绸等商品换取白银，装船，乘东南季风回国。而中国商品在阿卡普尔科卸下之后，除了一部分用骡马运到墨西哥城销售之外，还有一些则转运到利马等地，供其他地区所需；还有一部分运到韦拉克鲁斯港，经大西洋运到西班牙塞维利亚港，供应西班牙和欧洲的客户。

大三角贸易在那个时代发挥了不可估量的作用。

首先中—菲—墨贸易促进了中华文明在墨西哥乃至在拉丁美洲的传播，通过与中国商品的接触，墨西哥人民触摸到历史悠久、丰富多彩的华夏文明。精美绝伦的丝绸锦缎和瓷器使对中国几乎毫无认识的拉丁美洲人意识到，遥远的中国的生产技术、艺术、农业、科技均已达到一个极高的水准，这些促使他们去研究和认识中国，加强与中国的联系，与中国建立更广泛的交流。而许多中国工艺品（如扇子、屏风、家具、字画……）的输出，在墨西哥和中、南美洲大城市掀起一阵对东方风尚的追求，这股"中国热"首先在上流社会兴起，由于它与当时来自欧洲的洛可可风有相呼应之处，因此更受欢迎。连主教们都用中国丝绸制法衣和教堂内的装饰。

在实施大三角贸易的过程中，中国商品的输入带动了墨西哥的农业和手工业的发展，加强了两国在这些方面的交流与联系。例如，一些中国农作物开始移栽拉美地区，诸如芒果、柑橘、茶叶等，使墨西哥农产品品种更加丰富，加强了其农业产品的竞争力。

其次，大三角贸易也促进了中国经济的发展，并且为中国商品经济的进一步提高提供了难得的条件与机遇。例如，这种海外贸易打破了封闭，促进了交流。一些原产于墨西哥或拉美其他地区的新物种被引进中国，如玉米、甘薯、土豆、花生、向日葵等等。这些作物的大面积种植和生产大大改善了中国人的生活质量，极有效地促进了经济的发展，同时也为工业发展提供了原料来源。

大三角贸易也促进了中国商业资本向产业资本的转化。在中国历史上，外国商人进入中华行商的情况很多见，尤其是在唐宋时期。而中国人到国外经商的情况一直较少。在大三角贸易阶段，出现了大批民间的贩海商人，他们不但去菲律宾，还远涉重洋去墨西哥或者经墨西哥去欧洲开展商业活动，他们是中国资产阶级的先驱。

明清时代，这批经营海外贸易的商人使国内商品生产和世界市场的需求建立了紧密的联系。那时在中国南方生产丝绸和纺织品的地方出现了"来样加工"的生产方式，或者调整传统产品的模式以适应国外市场的订货。例如，出口的服装和袜子都改变了传统样式，采用了进口国市场的时尚：安达卢西亚式丝质衣裙、长筒丝袜等。这种与海外贸易联系在一起的商业资本势必会刺激国内商品经济和产业资本的发展，从而刺激中国资本主义因素的发展。

大三角贸易明显地促进了中国东南沿海一带的繁荣，税收增加，充实了国库，而厦门和漳州也变成了对外贸易的重要商埠。

与此同时，中—菲—墨贸易推动了中国向菲律宾和墨西哥及其他拉美国家的移民，而且移民规模在明清两代不断扩大，这些移民在新的生存环境下逐步成长为具有一定经济实力和文化传播能力的团体。

最后要强调的是，大三角贸易使墨西哥银元流入中国，弥补了中国财政上的不足，在一定程度上保障了经济的持续发展。中国国内白银生产有限，常常供不应求,造成财政危机。墨西哥的白银来源显然是及时而必要的。

总而言之,从16世纪一直延续到1815年的中—菲—墨大三角贸易,在其200多年的发展过程中,使中、墨两国人民有了最初的接触。物质上互通有无,文化上促进了解。而来自中国的蕴含着中华文明意义的丝绸、陶瓷、镂花硬木家具、嵌螺钿的屏风、灯笼、礼花、鞭炮、风筝等物品进入了墨西哥,并经墨西哥进入拉丁美洲的社会生活和日常生活之中,成为当地人认识华夏文明的一个窗口。

由于中国商品和随之而来的中国商人、工匠在美洲登陆,作为第一个登陆点的墨西哥也因此变成西方汉学研究中心之一。当时中国——西班牙之间并无直接通航,西班牙传教士们往往取道墨西哥经马尼拉再到中国。返程亦然。像著名的学者马丁·德拉达(Martín de Rada)教士在墨西哥完成了他的巨著《中华大帝国史》,耶稣会教士何塞·德阿科斯塔(José de Acosta,1540—1599)在墨西哥期间研究了中国语言文字(尽管存在一定误区),多明我会教士胡安·德帕拉福克斯-门多萨(Juan de Plafox y Mendoza,1600—1659)是一位墨西哥籍汉学家,著述颇丰,等等。

在长期发展过程中,中—菲—墨大三角贸易几经浮沉。由于菲律宾、墨西哥以及当时整个拉丁美洲都处于西班牙殖民统治之下,这项贸易活动很难自然发展,它必然要受制于宗主国的殖民政策,西班牙王室的利益直接关系到大三角贸易的命运。从中国这方面来看,明清两代的封建统治者历来轻商,对海外贸易更是持消极态度,甚至设置重重障碍,时常颁布海禁令,清朝初年的海禁长达40年(1644—1684)。但是无论如何,大三角贸易在太平洋上架起了一座桥梁,帮助两地文明交汇,帮助两地人民沟通。

当最后一只大帆船"麦哲伦"号从阿卡普尔科返回马尼拉时,大三角贸易终结了。但是新的中国——拉丁美洲交流开启了。

第四节 一页血泪史:中国苦力在拉美

有记载的最早出现在拉丁美洲的中国人被称为"马尼拉华人"。16世纪末期(明朝万历年间)至17世纪中叶,一些中国人通过"海上丝绸之路"航线到墨西哥和秘鲁侨居谋生,他们之中有商人、水手、工匠和仆役。由于这些人都是搭乘马尼拉帆船前往太平洋彼岸,因此被当地人称为"马尼拉华人"。据估计,在这半个多时世纪的时间里,移民美洲的华人约有5000~6000人。他们是第一批拉美华侨。

18世纪末,因中国人的影响有所增加,一些汉语词汇得到传播,如"chino"(中国男人,仆人)、"china"(中国女人,瓷器等)、"tifón"(台风)、"té"(茶,厦门方言的发音),等等。

19世纪初,美洲特别是拉丁美洲迫切需要劳动力来开发经济,而此时非洲奴隶贸易已经被禁止,于是一些西方国家便把目光转向鸦片战争失败后的中国。英国、葡萄牙等国的人口贩子流窜到中国的东南沿海一带,用欺骗和暴力手段,把一些贫困农民、市镇居民贩卖到拉丁美洲充当苦力。他们在出国前定有书面合同,合同的规定极其苛刻,甚至允许雇主鞭打华工。他们被称为"契约华工"(chinos contratados),似乎待遇规格是劳动者而不是奴隶,这是为数不少的西方史学家和政客们的观点。实际上,这些被骗的华工和奴隶一样。他们在被贩运的过程中,因船上的条件非常恶劣,不仅挨饿还遭受船主的虐待,死亡率极高。幸存者到达拉美之后,一如黑人奴隶那样被带到"卖人行",拍卖给各大庄园、种植园和矿山的主人。他们每天的劳作时间是14小时,非人的工作环境和生活环境,疾病和酷热,使相当多的人"身体日渐疲弱,故华奴于未满合约之前而丧失生命者,居75%。惨哉!"①

当时华工主要集中在以下几个国家:

古巴——到1868年在古巴的华人达5万多人,他们大多在种植园和糖厂劳作。残酷的压迫促使数千华人投入起义军。现在在哈瓦那还有一座表彰华人在独立战争中突出贡献的纪念碑。

秘鲁——华工主要在甘蔗田、稻田和棉田里干活,还有相当一批人开采鸟粪和修筑铁路。1849年到1879年,有10万华人被贩运到秘鲁从事上述工作。由于他们无法忍受白人雇主的奴役,多次举行暴动,但是都遭到残酷的镇压。在太平洋战争期间,数百名华人被杀害,理由是这些人曾与入侵的智利军队合作。从1876年到1940年,在秘鲁的华人从占总人口的1.8%下降到与日本人合占0.47%。②

墨西哥——16世纪末期,因大三角贸易的兴起,在阿卡普尔科出现了中国人,而有组织

巴拿马运河

---

① 摘自《华工赞助古巴独立史略》,见李明德:《简明拉丁美洲百科全书》,社科文献出版社,2001年,第431页。

② [秘]欧亨尼奥·陈-罗德里格斯:《拉丁美洲的文明与文化》,商务印书馆,1990年,第337页。

地进入该国是在19世纪中期清朝咸丰年间,大规模移民是在1876—1910年期间。华人在墨西哥主要从事筑路、垦荒、矿山、热带种植园的劳作等。恶劣的气候(华人劳动地点大多在酷热潮湿的气候带上)、蚊虫、瘴气、非人的生活条件、超强的劳动负荷以及雇主的虐待,造成大量华工死亡,弃尸荒野。

巴西——最初的中国人参与巴西的茶树种植,但输入人数有限,直到20世纪初才有所增加。

除上述的几个国家,在19世纪40—70年代输入的华工,还分布在英、法、荷等国殖民地的产糖地区(荷属圭亚那、英属圭亚那、马提尼克、英属特立尼达),其次是在巴拿马修筑铁路,也参与了后来巴拿马运河的开凿。

从16世纪末到20世纪初,从"苦力"到"契约华工"数十万华人组成的劳动大军为拉丁美洲的开发、工农业的发展、财富的积累,作出了重要贡献,在酷热难耐的尤卡坦半岛,生存条件严酷的沿海地区,连土生土长的印第安人都不愿去的深山老林,劳动强度极大的糖厂和热带种植园,都留下中国人开发的成果,拉丁美洲的史学家都承认,在智利的硝石和秘鲁鸟粪的开采,中美洲和加勒比海地区咖啡、棉花、甘蔗种植园的发展,墨西哥等国的铁路修筑,巴拿马的运河的修筑都包含着华人的勤劳智慧和血汗。

第五节 中华文明在拉美

19世纪末,不少中国人在契约期满之后留在当地,用积攒多年的血汗钱或经商、或从事种植业,或者开办小作坊作为谋生手段。凭着中国人特有的埋头苦干和吃苦耐劳的精神,中国人的经济能力逐步提升。他们凭借技术或手艺谋生,一般的经营项目有:垦殖荒地,开办农场,种植当地传统作物并引进中国农作物的品种(例如韭菜、大白菜、水稻、绿豆、芋头……既传播了农业技术,又改变了自身的经济条件和社会条件),经营餐馆、理发馆、成衣店、印刷厂、杂货店、食品店、洗衣店、咖啡馆、副食店等,以小本经营作为积累的手段,再不断地扩大规模。一个时期以后,华人几乎垄断了上述经营中的一些项目,(理发馆、洗衣店、缝纫店等),他们增加了与当地人的接触,逐步打破了自我封闭的状态。在接触中,华人匠人把中华先进的技术传授给当地人。当地人也逐步接纳这些外来者,在拉丁美洲民间的日常生活中,一些中国习俗,如舞狮、舞龙灯、放烟花爆竹、过春节、祭祀等等,在当地得到保留,并进入当地人的生活;中国因素出现并不断地增加(特别是在古巴和秘鲁),以至于少量汉语单词成为当地人惯用的词汇。

华人在拉丁美洲落户的过程就是传播中华文明和接触当地文明的过程。凡是

有华人聚居的国家,至今仍能保留一些源于中国的物产、习俗或技艺。华人对中华文明的传播特别体现在以下几个方面:

1. 水稻种植技术

在 19 世纪之前,拉丁美洲各国基本上不种稻子,或只有少量旱稻(如巴西南部)。而华工都来自中国南方,那里是水稻产区,如湖北、广东等省份。他们便把水稻的种植技术传播到美洲,主要集中在秘鲁、古巴、苏里南、圭亚那等地区。秘鲁的水稻栽种获得成功,逐渐成为该国的大宗产品,替代了此前的甘蔗生产。在上述国家的烹饪中,至今仍保留若干种以大米为主要原料的肴馔,例如古巴的咖喱饭。因此,水稻的引进和大面积种植改变了部分地区人民的饮食习惯,丰富了其营养结构。

2. 种茶技术

19 世纪初,葡萄牙人招募了几名中国茶农到巴西里约热内卢近郊种植茶树,试种获成功。以后又陆续有华人到巴西种茶并加工茶叶,但是规模并不大,因为同为世界主要饮品的咖啡在栽种、加工、出口、消费方面更有利可图。

3. 中华医药

到拉美的华工中有人懂医术,或者本人就是中医大夫,他们把中医的诊疗方法、中医的应用及药理等传播到所在国家。在古巴、秘鲁和墨西哥都有行医看病的中国大夫,他们的医术高明,医德高尚,赢得了当地人的信任与尊重。他们还研究当地的药用植物,配置成药剂,医疗效果明显。正因为如此,至今在这些国家中医和中药都有相当的群众基础,一些中成药成为家庭常备的药物,不像在欧美那样遭质疑。

此外,华人还将大豆的良种、豆油的加工技术、蚕种等引进到拉美,气功、针灸、武术等也是由他们传播开的。

由于华工和后来中国移民的进入,两个地区经济交往增多,华人的经营规模也逐步扩大,大农场、大家畜饲养场、谷物加工厂、铁工厂、糖厂等出现在秘鲁北部,墨西哥的下加利福尼亚、古巴等地,对于活跃当地市场、繁荣经济、满足居民的需求起了很大的作用。经商的华人往往从事小型进出口业务,特别是从中国进口价廉物美的小商品以及传统食品,丝绸、茶叶和一些劳动工具、原材料等,同时他们也把所在国的一些土特产、物种和生活习惯等带到中国,中国人很快熟悉了"鹰洋"(墨西哥银圆)并将其作为可靠的货币储备,同时对这些海外的国度有了或多或少的认识。

在双方接触增加的基础上,中国政府(清廷、中华民国)先后与大部分拉美国家建立了外交关系,表明正式的具有规模的多方位的交流开始了。基本建交情况

如下:

中国—秘鲁	1875 年
中国—巴西	1881 年
中国—墨西哥	1899 年
中国—古巴	1902 年
中国—巴拿马	1910 年
中国—智利	1915 年
中国—玻利维亚	1919 年
中国—尼加拉瓜	1930 年
中国—危地马拉	1933 年
中国—多米尼加	1940 年
中国—哥斯达黎加	1944 年
中国—厄瓜多尔	1946 年
中国—阿根廷	1947 年（以上为民国时期）

1949 年中华人民共和国成立之后,中—拉关系经历了特殊时期。中国政府积极推动了在文化和贸易两条战线上开展的民间交流,50 年代双方民间交往十分火爆,包括拉美一些知名的政治家(如墨西哥前总统卡德纳斯等)、世界著名的文学家艺术家(如智利大诗人聂鲁达、古巴诗人纪廉等)、企业家、学者、议员、专业人士以及友好团体、演出团体等纷纷来华,一方面实地了解在当时被西方封锁制裁的新中国的实际情况,一方面将所得到的关于中国的信息带回拉美,促进了了解,增进了友谊,缩短了距离。而民间贸易也为后来建立外交关系打下了基础。

古巴革命成功之后,以卡斯特罗为首的古巴新政权立即宣布与台湾断交,与中华人民共和国建立正式外交关系,时为 1960 年 9 月 28 日。

20 世纪的 70 年代、80 年代和 90 年代,中—拉关系进入了一个繁荣时期,先后又有 16 个国家同中华人民共和国正式建交,即:智利(1970 年)、秘鲁(1971 年)、墨西哥(1972 年)、阿根廷(1972 年)、圭亚那(1972 年)、牙买加(1972 年)、特立尼达和多巴哥(1974 年)、委内瑞拉(1974 年)、巴西(1974 年)、苏里南(1976 年)、巴巴多斯(1977 年)、厄瓜多尔(1980 年)、哥伦比亚(1980 年)、安提瓜和巴布达(1983 年)、玻利维亚(1985 年)、乌拉圭(1988 年)、巴哈马(1997 年)和圣卢西亚(1997 年)。另有 3 个中美洲和加勒比国家先建交后中止,它们是格林纳达(1985 年建交,1989 年中止)、尼加拉瓜(1985 年建交,1990 年中止)和伯利兹(1987 年建交,1989 年中止)。

进入 21 世纪,中美洲的哥斯达黎加宣布断绝与台湾的关系,与中华人民共和国建交(2007年6月1日)。

这样,与中国建交的国家已经占拉美和加勒比地区领土与总人口的90%以上。中国与拉丁美洲不仅展开全面接触,而且把这种接触推向深入。

第六节 文明交流的新篇章

世界格局在变化,国际形势已不再是中华人民共和国建国初期时的冷战模式,以美国为首的西方国家也逐步改变了对中国采取政治孤立、经济封锁、军事威胁、文化颠覆的敌视策略。最重要的还有两点:一是中国强大了,二是拉美各国取得了真正意义上的主权和独立,基本上摆脱了新殖民主义的羁绊。在此基础上,中国—拉丁美洲的关系在21世纪开启了更新更辉煌的篇章。

从宏观上看,两地高层互访增多,自20世纪80年代以来,中国历届国家主席和国务院总理都先后造访过拉美国家,而拉美的国家元首和政府首脑也纷纷来华进行友好访问,高层互访表明了双方对发展彼此关系的高度重视。

另外,中国—拉美的经贸关系发展稳定并不断扩大。双方在经济领域的合作包括相互投资、合资或独资办企业、劳务输出、技术输出、承包工程项目等内容。到目前为止,中国已经同大部分拉美国家签订了经济技术合作或者经贸合作协定,还和其中10个国家签署了鼓励和保护投资协定。

中国—拉丁美洲关系目前显现出多层次、多渠道的态势,官方与民间、政府与政党、军事与民事齐头并进。以政党关系为例,近些年中国共产党和拉美各国主要政党之间建立了正常的交往。这些政党有执政党,也有在野党,而且分别代表了不同的政治倾向。其中有在墨西哥连续执政近70多年的革命制度党(PRI)、阿根廷前执政党正义党和激进公民联盟、古巴共产党等。

除了上述关系的建立和加强,双方文化交流(也包括科技交流,本文不赘述)的拓展从更高的层面上推动了两大地区和两地民族的相互了解、相互尊重并在此基础上加深了友谊。

文化交流主要由以下几个方面构成:

一、人文学方面的学术交流

过去,无论是中国人对拉美,还是拉美人对中国,都缺乏深入而客观的了解。相互的国情研究也都停留在局部的、间接的、浅层面的阶段,这一点不仅影响了高层领导的决策,也影响了民间的文化距离。例如,直到20世纪七八十年代,一些拉美国家中小城市的居民还以为中国人的服饰应该是清朝的样式,以为中国国粹就是功夫和中医，别无所长。而中国人直到20世纪末也有不少受过初、中等级教育的人不知道乌拉圭、委内瑞拉在哪个大洲。

而在近十年，特别是改革开放以后，中国调整了其发展战略，拉丁美洲理所当然成为服务于国家发展和中拉双方互利共赢大计的研究重点。

拉美学或者拉丁美洲研究一时兴起，它涵盖拉丁美洲政治、经济、金融、军事、文化（历史、宗教、语言、艺术、哲学）等诸多方面，是一个全方位、深入、科学地探究拉丁美洲的系统工程。拉丁美洲研究吸引了诸多学者的加盟，相关机构也纷纷建立，除了中国社科院下设的拉丁美洲研究所，许多综合性大学也开设了相关的研究中心、研究室。为培养致力于拉美研究的专门人才，不少名牌大学都开设了拉美经济、拉美政治、拉美社会研究、拉美文化研究、拉美国情研究、印第安问题研究等专业或课程，近年来已经培养了大批专业人员充实各研究机构、教学单位、国家机关、外贸公司等。

中国的"拉美热"从上到下，从相关机构到民间，经久不衰，其形式多种多样：出版专著、翻译名家名著、办专业杂志、举办讲座、学者互访、办展览、播放有关题材的电视纪录片、开研讨会、实地考察、与国际同行交流学术成果等等。

中国学术界的拉丁美洲研究成果显著，特别是近年来在国家高层领导提出从战略高度去认识拉丁美洲之后，研究领域在扩大，研究深度在加强，研究的热点问题越来越多，其成果有助于中国更客观地了解拉美和扩大中拉友好合作，同时给政府在决策上提供了有价值的建议和参考。

总而言之，深入研究对方，是扩大战略共识，增强政治互信，深化经济互补性，拓宽经贸及文化科技合作渠道，促进不同文明进行对话的必要条件。

与此同时，在拉美各国对中国的研究也进入了一个空前高涨的阶段。在这个区域，有史以来从未像现在这样从政府到民间高度关注中国的发展，对中国的方方面面产生如此之大的兴趣。在政府部门设立了专门机构，一些基金会也拨款用于中国研究，大学设立东方学、汉学研究中心或院系（如墨西哥国立自治大学［UNAM］研究生院级的墨西哥学院［El Golegio de México］等），还出版了与中国研究有关的杂志（如墨西哥的《亚非研究》、《国际论坛》等）和书籍（如佛洛拉·博敦的《中国：1800年前的历史与文化》、《中国古代史》等）。

二、教育领域的合作与交流

在这一部分主要介绍西班牙语和汉语教学在中国和拉丁美洲的简况。

1949年以后，根据外交事业发展的需要，开始在大学里开设西班牙语专业。50年代初期，在当时的北京外国语学院（今北京外国语大学）和北京外贸学院（今对外经济贸易大学)分别设立了西班牙语系和西班牙语教研室,招收本科生。随着国际形势的发展,开设西班牙语专业的高等院校不断增加,到了20世纪80年代,国内先后有14所大学招收西班牙语专业的学生。如今已有40多所。学生分为大专生、本科生、硕士研究生和博士生。教学层次在不断提高,专业课程的设置也大大拓宽了,拉美国情、拉美经济、拉美社会研究、拉美文学史、中拉文化交流史等内容都被列入本科或研究生的授课内容之中。

自50年代中期起,中国就开始向拉美派遣留学生,但数量极少。最初接受中国留学生的国家是智利和古巴。70年代中墨建交后,埃切维里亚总统邀请中国学生去墨西哥留学,于是墨西哥成为(迄今为止)拉美各国接受中国留学生最多的国家。此后,秘鲁、阿根廷、哥伦比亚等国也先后向中国学生敞开了大门。这些学生学习的专业以语言文学、经济、艺术、建筑、农学为主,层次从本科生、硕士生、博士生到博士后和专业人员进修等等。留学生的派遣渠道也呈现多样化,有教育部派遣,自费出国,根据校际交流协议、两国政府文化协定、地方政府的双边协定,财团或公司资助等等。

拉美向中国派遣留学生也在迅速增加。他们之中的大多数人来华首先是为了学习汉语,在此基础上再选学其他专业。但是以学习语言文化为主。不过,近期改读经济、贸易、管理方面学位课程的学生越来越多。一方面说明中国高等教育的教育质量(部分重点大学)得到各国的认可和信任,另一方面说明中国自身地位的提升,在国际上的影响力在扩大。

特别值得一提的是非学位课程的开设,其中包括高级研修班。近些年中国的一些机构(研究院或大学)受国家委托,为一些拉美国家的青年外交官、政府官员等开办研修班,讲授中国外交政策、经济状况、经济策略、贸易政策、中拉贸易关系、中国经济改革战略方针等等题目。除了组织学习,还安排实地考察,与中国专家、学者、官员、企业家的讨论等等。这种形式很受欢迎。

拉美国家目前的汉语热还在升温。以前仅在墨西哥、古巴、秘鲁等少数国家的极少数大学开设汉语课和中国文化课程,现在在中美洲(如巴拿马)和南美洲(如阿根廷、委内瑞拉等)的一些知名大学都开设了汉语课。至于汉语短训班、暑期班就更多了。近两三年,在中国政府的支持下,在不少国家成立了孔子学院,系统地教授汉语,介绍中国文化和中国的现状,这一措施将有效地帮助拉美人学习汉语和了解中国。

三、文学艺术交流

中国与拉丁美洲国家在文学艺术上的交流早在两地建立外交关系之前就已经

开始了。

在20世纪50年代,中国政府积极而灵活地对拉美展开了民间外交,其中的重要项目之一就是派遣艺术团体出访,组织作家、艺术家、文化界名人出访,同时邀请拉丁美洲的作家和艺术家访华。当时中国的京剧团、杂技团、民间歌舞团等在拉美国家的演出引起轰动,激起人们对古老中国文化的兴趣。那是拉美人第一次近距离地欣赏到正宗的、原汁原味的中国艺术。70年代之后,中国政府和一些拉美国家政府签订了文化协定,交流进一步深化,甚至制度化。以墨西哥为例,在中墨双边文化交流协议落实之后,80年代两国文艺团体互访40多次,90年代为100次,而2000年、2001年两年间就达60次之多。①

中国的民族歌舞在拉丁美洲引起了非同一般的反响,其多姿多彩的服饰、曼妙的舞姿、神奇的风情习俗都令他们赞叹不已,特别意味深长的是他们从中发现了一些似曾相见不相识的因素,尤其是云南少数民族的衣饰、头饰、民族乐器、音乐、舞步……

中国的"国剧"京剧走上拉美舞台是一件大事,京剧蕴含着中华民族传统的审美观念,综合了历史、文学、舞蹈、音乐、杂技、武术的精华,具有不同于西方美学的表现形式。中国京剧团在拉美演出时,尽管人们对这种古老的艺术并不熟悉,但仍然被其强烈的异国情调征服了:华美的服饰、奇特的脸谱、精湛而惊险的武打、象征主义的表演方式、虚拟式的舞台背景等等。

而来自拉丁美洲的艺术家们也给中国观众奉上充满奇情异彩的各自国家的音乐、歌舞等等。演出形式十分丰富,包括流行音乐、民间音乐、古典音乐、民族舞蹈、芭蕾舞等,既有国家级的演出团体,也有小组或个人来华献艺。其中古巴国家芭蕾舞团、墨西哥民间舞蹈团、墨西哥"加勒比之风"马里亚奇乐队、阿根廷的激情探戈舞蹈团的表演都让中国观众耳目一新。从这些表演中,中国观众直观地接触到来自拉美不同地区、不同民族的民俗风情,认识了一种与本国艺术表演有很多区别的另一种美,并且在中国掀起了学习拉美音乐和舞蹈的热潮,歌曲"鸽子"(古巴)、"飞逝的雄鹰"(秘鲁),舞蹈"哈拉拜"(中译草帽舞-墨西哥)、阿根廷的探戈、热带地区的"恰恰恰"、巴西的桑巴等都是中国观众喜爱并且熟悉的。

电影、电视剧及电视纪录片的交换,各类文化艺术展览会的开办都为两地人们打开了一扇又一扇相互了解、相互学习的跨文化交流的窗口。仅就展览会而言,中国在拉美各国先后举办过绘画、书法、集邮、摄影、出土文物、工艺品、博物馆馆藏等专题展览。其中2000年9月在墨西哥首都国家人类学博物馆举办的"帝王时代的

---

① 参阅冯秀文编著:《中墨关系——历史与现实》,社科文献出版社,2009年,第339页。

中国:西安文物展"震撼了墨西哥。186件珍贵文物中最古老的可上溯到公元前6000年,其中几件来自秦始皇陵的秦兵马俑是首次在拉美展出,令观众叹为观止。就在同一个时期,在北京、上海、西安等中国城市举办了"神秘的玛雅——墨西哥古代文明展",在187件展品中有许多精美的石雕(神像等)、陶器、绿玉雕刻(面具、神像等)和金银器,吸引了无数中国观众,其影响之大,甚至连书店里关于玛雅文明的书籍都成为畅销书。

两地的文化、文明就是通过这些方式走近各自的人们。

文学流域的交流结出了极为丰硕的成果。

中国和拉丁美洲都有着深厚的文学传统,是文学大师辈出的地区,许多经典之作都被视为人类文学宝库中的瑰宝。但是很长时间里双方在文学上的沟通几乎为零,直到20世纪50年代才有另行的拉美文学作品被译成中文出版,60年代和70年代的译作也不多。但是从70年代开始,中国一批翻译工作者和高校教师着手把精选的拉美文学名著译成中文,介绍给中国读者。这些名著均为拉美文学史上各个时期和各个流派的代表作,其中不乏诺贝尔文学奖和其他重要的国际文学奖项得主的精品。这些作品体裁多样,有戏剧、电影、长篇小说、散文、诗歌、短篇小说、文学评论等,以当代和现代作品为主,也有一些古典作品,时间跨度极大,地域覆盖极广,作者几乎来自所有的西、葡语国家。(附文)

大量优秀拉美文学作品的翻译出版具有极其重大的意义,通过一些历史题材的作品,中国读者了解了拉美的征服期、殖民时期和20世纪之前相当长的岁月里新大陆的社会状况,了解了一个新的混血文明的形成过程,也了解了拉美人民作为一个庞大而复杂的文化群体的民族性的形成过程和特点;通过一些现实主义以及魔幻现实主义作品,中国读者对拉丁美洲民族与文明的了解进入更深的层次。不仅如此,不少中国作家正是通过阅读拉美60年代新小说,在文学理论、创作思路和文学技巧上大大地提高了一步,因为拉美新小说体现的是世界文学的高度。

除了文学作品的翻译,文学评论、文学史的编撰也随即跟上,大学里开设了拉美文学课,外国文学研究所也设置了主要致力于拉美文学研究的机构。同时中国知名作家时常出访拉美地区,与同行们切磋技艺与心得,在大学和研究中心举办讲座,介绍中国文坛现状及个人作品,有效地推动了中国文学在拉美各国的传播。

拉丁美洲文学界和出版界及广大读者对中国博大精深的文学怀有极大的兴趣,虽然在那里汉学家和研究中国文学的专业队伍不如欧美地区那么强,但是几十年来也翻译和介绍了相当一批古典和现代作品,例如《诗经》、《离骚》、《史记》(选编),李白和杜甫的诗歌,鲁迅、巴金、老舍、王蒙等大师们的小说。此外,以墨西哥人为主的一批汉学家们还翻译了中国当代文学新锐们的作品,以帮助拉美人知道中国文学和中国社会的最新动态。这些译作者都出自学识造诣高、中文功底厚的学者之手,因此译文准确传神,深受拉美读者喜爱。

当然,与欧美国家相比,拉丁美洲的中国文学翻译的数量和质量还有待进一步提高,但是在介绍和引进中国文学佳作方面,功不可没。

人们喜欢用"源远流长"来形容中国—拉丁美洲之间交流的历史,但是多"远"、多"长",似乎还是个谜,有待人们去进一步求证。但是不谈远古,只谈16世纪之后,华夏文明在拉丁美洲文明确是留下了抹不掉的痕迹。在近代和现代,两大文明的直接接触频繁了、拓宽了。在21世纪,太平洋作为隔绝的渊薮似乎正变成桥梁,连接起桥两端的两大文明,以建立更和谐的关系。

邓小平曾说过,21世纪应同是太平洋世纪和拉美世纪。这是个充满睿智的、高瞻远瞩的预言。

拉丁美洲小结

1492年,哥伦布统领的那三条西班牙帆船在大西洋的滔天巨浪中颠簸了40多天,终于在瓜那哈尼岛上迈进了新大陆的大门。此后,一拨又一拨贪婪的欧洲白人从门缝挤进去,大门敞开了。500年后,世人发现,虽然西班牙和葡萄牙强加给美洲的文明对美洲人的生活模式产生了决定性的影响,但是美洲人或曰拉美人不是西班牙人,不是葡萄牙人;拉美文明不等同于伊比利亚半岛文明。

拉丁美洲,或者叫印第安美洲,就是它自己。

在长达300年的时间里,统治者的文化在全美洲占据绝对的主导地位,印第安人的帝国被摧毁了,作为其象征的宫殿城池都化为废墟,其信仰被改变了,其语言正在消失或者已经局部死亡,其文化传统被取代或者被稀释或者被"混血",而从欧洲西南端半岛上移植过来的文化覆盖了大部分领域。

这是个文化消失和文化嫁接的阶段。

然而,新的民族及其文化在悄然兴起,这就是拉美民族和拉美文化。在广袤的、充满未知的同时也不断孕育希望的土地上,大群拓荒者、冒险家、水手、农民、武士的后代,所谓战胜者和战败者的后代,白人与黑人与土著人的后代,在几百年的岁月里混合在一起了。多种血缘的因素和荒蛮的大自然的因素造就了这个人种的特质和这新文化的特点。玻利瓦尔在安戈斯图拉国民议会的演说中说:印第安美洲是一个新的种族,一个由白人、混血种人、印第安人和黑人构成的种族,他们已不像他们哥伦布到达以前时期的祖先一样,而是有着自己的特性、思想、感受和反应的新的男人和妇女。[①]

这是个文化共生和混合的阶段。

如何界定拉丁美洲文化呢?著名的秘鲁学者Eugenio Chang-Rodríguez有一段相当形象的话,对这个概念作了最贴切的解释:"印第安美洲的文化犹如一条彩

---

① [秘]欧亨尼奥·陈-罗德里格斯:《拉丁美洲的文明与文化》,商务印书馆,1990年,第329页。

虹,在这条彩虹中可以分辨出在这个印第安—非洲—拉丁美洲大陆同时并存着的七种文化的颜色,即西班牙文化、葡萄牙文化、印第安文化、黑人文化、印第安伊比利亚文化、美洲黑人文化和全面混血人的文化。""拉丁美洲文明是一道由光谱上的各种颜色组成的统一的光束……"①

然而在今天,我们也要看到各种挑战,来自社会和生态的挑战不断影响着这道文化彩虹。全球化浪潮是一阵狂飙,它不只是在经济领域里逞威风,对文化的影响也非同小可,已经不能用"波及"这个词来概括了。彩虹上的印第安色彩在淡化,而外来的强势文化的冲击力是显而易见的。当经济扩张迫使印第安人的生存范围缩小,生态环境恶化(例如亚马逊河流域的开发,石油公司为钻探石油和敷设输油管道工程的无孔不入等),其传统文化自然受到强大的威胁。有时在文化兼并催生新文化的同时,原有的文化已经不复存在了。在现今条件下,争取文化共存是一场艰难的斗争,尤其是在一个弱势文化与一个或若干个强势文化对阵时。

幸运的是鼓励和保护文化多元化在多数情况下已经成为一种共识(哪怕仅仅是在理论上),印第安民族作为一个人种集团已经具有相当的群体意识和联合思想并且以此为武器来反抗经济政治上的依附状态,正是这种状态导致他们日益被同化。自上世纪 90 年代起,在墨西哥、危地马拉、玻利维亚、巴西、厄瓜多尔、哥伦比亚等国的印第安人团体不断通过各种方式,寻求政府修改宪法,目的是要求从法律上正式确认上述国家的多民族国家的性质。要求宪法保护印第安人的公民权利,承认各印第安部族为统一的政治单元。

在尼加拉瓜,世代居住在加勒比沿岸的米斯基托人(miskitos)和苏木人(sumus)在 80 年代取得了自治权,他们成立了自治领地,行使自己的法律,实施双语教育,并且对本地区的自然资源实行实际控制。

在厄瓜多尔,在 90 年代初期,帕斯塔萨印第安人组织(OPIP)就向政府提出自治领地的要求,政府临时拨划了总面积为 1,115,000 公顷的 19 块土地,供 138 个得到正式承认的印第安社区居住。这个组织逐步进入政治体制,在选举中赢得了一些市、镇、县的胜利,最后甚至进入了一些国家职能部门。

这样的实例还出现在墨西哥、玻利维亚、危地马拉等国,说明印第安人作为一个群体正在为争取并维护自己的权利而不懈地斗争。从宏观上看,他们的目的是"la defensa de la identidad",即维护自己的身份、自己的特性,也就是说,保卫自己的文化,保卫彩虹文化上的印第安色彩。

一切都在变化之中。但愿拉丁美洲的彩虹文化永远绚烂。

---

① [秘]欧亨尼奥·陈-罗德里格斯:《拉丁美洲的文明与文化》,商务印书馆,1990 年,第 3,328 页。

参考书目

Guillermo Díaz-Plaja, *España, un modo de ser*, Teide, 1972.
Octavio Paz, *El laberinto de la soledad*, Fondo de Cultura Económica, México, 1989.
E. Sánchez Goyanes, *Constitución española comentada*, Paraninfo, 1983.
Pedro Henríquez Ureña, *Historia de la Cultura en la América Hispánica*, Fondo de Cultura Económica, México, 1963.
Ramón Menéndez Pidal, *Los españoles en la historia*, Espasa Galpe, 1982.
Manuel Lucena Salmoral, *La América precolombina*, Anaya, 2004.
郝名玮、徐世澄：《拉丁美洲的文明》，社科文献出版社，1999年。
李明德：《简明拉丁美洲百科全书》，社科文献出版社，2001年。
马联昌：《西班牙语与西班牙文化》，湖南教育出版社，1999年。
朱　凯：《金阙风雨——西班牙王室》，科技文献出版社，1998年。
廉美瑾：《西班牙文化概况》，上海外语教育出版社，1991年。
[法]让·德科拉：《西班牙史》，商务印书馆，2003年。
[秘]欧亨尼奥·陈-罗德里格斯：《拉丁美洲的文明与文化》，商务印书馆，1990年。
[乌拉圭]爱德华多·加莱亚诺：《拉丁美洲被切开的血管》，人民文学出版社，2001年。
[美]斯特拉文斯基：《拉丁美洲的音乐》，音乐出版社，1983年。
索　飒：《丰饶的苦难——拉丁美洲笔记》，云南人民出版社，1998年。
赵　林：《西方文化概论》，高等教育出版社，2004年。
王　军：《20世纪西班牙小说》，北大出版社，2007年。
赵德明等：《拉丁美洲文学史》，北大出版社，1989年。
沈石岩：《西班牙文学史》，北大出版社，2006年。
袁东振、徐世澄：《拉丁美洲国家政治制度研究》，世界知识出版社，2003年。
张　敏：《列国志——西班牙》，社科文献出版社，2005年。
曾昭耀：《列国志——玻利维亚》，社科文献出版社，2005年。
宋晓平：《列国志——阿根廷》，社科文献出版社，2005年。
邢啸声：《西班牙雕刻》，江西美术出版社，1998年。

推荐书目

1. [英] D. M. 琼斯、B. L. 莫里努著：《美洲神话》，希望出版社，2006年。
2. [美] 戴尔·布朗主编：《安第斯之谜——寻找黄金国》，华夏出版社，2002年。
3. [美] 戴尔·布朗主编：《印加人——黄金和荣耀的主人》，华夏出版社，2002年。
4. 齐世荣主编：《西班牙葡萄牙帝国的兴衰》，三秦出版社，2005年。
5. [法] Alain Gheerbrant：《亚马孙雨林——人间最后的伊甸园》，上海世纪出版集团，2001年。
6. 王军著：《20世纪西班牙小说》，北大出版社，2007年。
7. 何政广主编：《格列柯——西班牙画圣》，河北教育出版社，2001年。
8. 何政广主编：《委拉斯凯兹——画家中的画家》，河北教育出版社，2001年。
9. Xavier Costa Clavell：*Museo del Prado* Editorial. Escudo de Oro, Barcelona, 1984.
10. 李春辉等著：《拉丁美洲史稿》，商务印书馆，1993年。
11. 赵振江编：《拉丁美洲历代名家诗选》，云南人民出版社，1988年。
12. 刘文龙著：《拉丁美洲文化概论》，复旦大学出版社，1996年。
13. [美] 尼·斯洛尼姆斯基著：《拉丁美洲的音乐》，人民音乐出版社，1983年。
14. [法] 乔治·萨杜尔编著：《世界电影史》（下册），中国电影出版社，1982年。
15. 廉美瑾著：《西班牙文化概况》，上海外语教育出版社，1990年。
16. 陈庆煜著：《欧洲的奇葩——西班牙王国》，科普出版社，1994年。
17. 王士雄著：《西班牙》，世界知识出版社，1998年。
18. 林达著：《西班牙笔记》，三联书店，2007年。
19. 冯秀文编著：《中墨关系——历史与现实》，社科文献出版社，2009年。
20. 齐世荣主编：《西班牙葡萄牙帝国的兴衰》，三秦出版社，2005年。
21. 郭伟成：《你好，墨西哥》，世界知识出版社，2003年。
22. [法] 让·德科拉著：《西班牙史》，商务印书馆，2003年。
23. 张荣生编著：《美洲印第安艺术》，河北教育出版社，2003年。

《西班牙—拉美文化概况》多媒体课件信息

尊敬的老师:

您好!

为了方便您更好地使用《西班牙—拉美文化概况》,我们特向使用该书作为教材的教师赠送多媒体课件。如有需要,请完整填写"教师联系表"并加盖所在单位系(院)或培训中心公章,免费向出版社索取。

北京大学出版社

教 师 联 系 表

教材名称	《西班牙—拉美文化概况》					
姓名:		性别:		职务:		职称:
E-mail:		联系电话:			邮政编码:	
供职学校:			所在院系:			(章)
学校地址:						
教学科目与年级:			班级人数:			
通信地址:						

填写完毕后,请将此表邮寄给我们,我们将为您免费寄送《西班牙—拉美文化概况》多媒体课件,谢谢!

北京市海淀区成府路 205 号
北京大学出版社外语编辑部　初艳红　　外语编辑部电话: 010-62759634
邮政编码: 100871　　　　　　　　　　　邮 购 部 电话: 010-62752015
电子邮箱: alicechu2008@126.com　　　　市场营销部电话: 010-62750672